이스터 섬에서 가장 큰 제례용 기단(아후ahu) 통가리키를 찍은 항공사진. 통가리키 기단은 1990년대에 일본의 한 기중기 회사의 도움을 받아 복원되었다.

이스터 섬의 수수께끼

세계에서 가장 불가사의하고 매혹적인 섬 이야기

이스터 섬의 수수께끼

세계에서 가장 불가사의하고 매혹적인 섬 이야기

첫판 1쇄 펴낸 날 2005년 6월 20일

지은이 존 플렌리 · 폴 반
옮긴이 유정화
펴낸이 박성규
펴낸곳 도서출판 아침이슬

등록 1999년 1월 9일(제10-1699호)
주소 서울시 마포구 합정동 364-70(121-884)
전화 02)332-6106
팩스 02)322-1740

ISBN 89-88996-49-6 03960

책값은 뒤표지에 있습니다.

이스터 섬의 수수께끼

세계에서 가장 불가사의하고 매혹적인 섬 이야기

아침이슬

서문

.

이스터 섬은 육지에서 한없이 멀리 떨어진 곳에 있다는 사실로 우리를 압도한다. 가장 가까운 육지에서 제트기를 타고 날아가도 대여섯 시간이 족히 걸릴 만큼 멀고, 배편을 이용하면 며칠씩 걸린다. 지금은 가설 활주로가 건설되긴 했으나 이 작은 섬의 사위로 거친 파도가 치기 때문에 섬을 오가는 배들이 아주 드물다. 19세기 이래 주민들은 이 섬을 '라파 누이'(큰 라파)라고 불렀다. 서쪽으로 3,850km 떨어진 곳에 자리한 폴리네시아의 라파 섬과 비슷하게 생겼다고 해서 타히티의 항해자들이 지은 이름이었다. 초기의 섬 주민들은 이 섬을 특별히 명칭을 정해 부르지 않았을지도 모른다. 이들에게는 이스터 섬이 온 세상이나 마찬가지였으므로.

그런데 어찌된 셈인지 강타하는 파도에 시달린 이 작은 외딴 섬이 세계에서 가장 매혹적이면서 동시에 가장 불가사의한 선사문화를 창조해냈다. 그리고 이 문화는 독특한 성격과 장대한 규모, 그리고 모아이라 불리는 석상 때문에 오랫동안 세계인들의 상상력을 사로잡아왔다. 이스터 섬의 석상은 고대세계를 표현하는 하나의 '상징'으로 자리잡았다. 만화나 광고에 자주 등장하는 이 석상의 모습은 보통 눈을 감고 생각에 잠긴 듯한 석상의 머리 부분이 물끄러미 바다를 응시하는 이미지로 묘사되는데, 이는 그릇된 것이다.

세계적으로 수많은 사람들이 이스터 섬에 호기심을 느끼고 또 매혹되어 있다는 관점에서 보았을 때 지난 30년이 넘는 세월 동안 이 섬의 문화와 고고학을 진지하게 성찰한 개론서가 한 권도 나오지 않았다는 사실은 신기할 정도이다. 그럼에도 이제 우리는 이 독특한 문화의 발달과 몰락에 대해 예전보다 훨씬 더 많은 사실을 알게 되었다. 이스터 섬의 운명에 얽힌 사연은 이 시대를 사는 우리에게 절박하고 깊은 자각을 불러일으킨다.

물론 지금까지 대중적인 인기를 끈 책들은 많이 출간되었다. 그런데 잃어버린 대륙에 대한 환상과 섬을 찾은 우주비행사 이야기들로 채워진 책들을 제외한다면 주로 토르 헤예르달의 저작들이 주도적인 영향력을 발휘해왔다. 그러나 그의 저작물에서 근간을 이루는 유일한 이론은 지금은 대체로 신빙성이 없는 견해로 간주되므로, 편향되지 않고 최신 자료와 설명을 담은 책의 등장이 절실히 요구되는 실정이다. 이 책이 이런 간극을 메워주는 역할을 할 수 있기를 바라는 마음이다.

오늘날 이스터 섬은 일반적으로 기이하고 환상적이고 신비로운 곳으로 알려져 있고, 이 같은 인식은 관련 대중서와 텔레비전 프로그램의 제목에도 그대로 반영되어 있다. 심지어 최근에 발간된 이스터 섬을 다룬 어느 책은 '풀린 수수께끼'라는 부제를 달고 있을 정도이다. 그러나 정작 이런 책에는 이 수수께끼라는 게 무엇인지에 대한 언급은 전혀 없다. 엄밀히 말하자면 평생 동안 신비스러운 장소의 연구에 전념하는 고고학자들에게 수수께끼나 미스터리는 없다. 다만 대답을 찾아야 하는 흥미로운 의문들이 많을 뿐이다.

완만하게 경사진 텅 빈 언덕의 풍광을 바라보노라면 누구라도 경외감이 절로 일 것이다. 갈대 무성한 화구호를 보아도, 수백 개의 거대한 석상이 기울거나 쓰러진 채로 섬 곳곳에 흩어져 있는 걸 보아도, 버려진 채석장들, 폐허로 남은 기단들, 가옥들과 그 밖의 여러 구조물들, 풍성한 암각화들을 보아도 마찬가지이리라. 이스터 섬은 세계 최대의 옥외 박물관으로 불려왔고, 진실로 섬 전체가 하나의 거대한 고고학 유적지로 여겨질 정도이다.

어림잡아 보더라도 이스터 섬에는 800~1,000개의 '모아이'라고 불리는 거대한 석상들이 흩어져 있다. 석상의 수가 얼마나 되는지는 아직 답사작업이 완결되지 않아서 명확하게는 모른다. 채석장의 돌덩이 밑이나 땅속에 묻히거나 숨겨진 석상들이 더 많을 것으로 보인다. 이 석상 가운데 230개가 넘는 상이 아후ahu라 불리는 거대한 제례용 기단 위에 세워져 있다. 아후는 석상을 열다섯 개까지 일렬로 세울 수 있을 정도로 크다. 일반적인 인식과는 달리 이 많은 석상들의 크기가 모두 같은 것은 아니다. 높이와 폭과 무게가 똑같은 것은 단 한 개도 없다.

비록 형태와 크기는 다양하지만 전형적인 모아이는 사람의 얼굴을 하고 있다. 세로로 길고 기품 있는 스타일의 얼굴에서 복부까지 이어지는 토르소이다. 돌출된 이마 아래로 보이는 길쭉한 코는 곧거나 움푹 들어가 있고 턱은 두드러질 정도로 뾰족하다. 심할 정도로 부풀려진 귓불에는 고리를 끼우기 위해 구멍이 뚫린 것 같다. 양팔은 옆구리 쪽으로 착 달라붙어 있고 끝이 가느다랗고 긴 손가락(손톱은 없다)은 앞으로 불룩 튀어나온 배 부분에 닿을 듯하다.

무슨 이유로 섬사람들은 이토록 특이하게 생긴 거상을 만들어 세웠을까? 앞으로 본문을 읽어가며 만나게 되겠지만 해안가에 둘러선 거대한 기단 위에 놓인 이 석상들은 두 세계, 즉 보금자리인 '집'과 아득한 '바깥세상' 사이를 가르는 성스러운 경계가 되었다. 라파 누이처럼 자그마한 섬에서 바깥세상과 단절되어 느끼는 고독감은 감당하기 벅찼을 것으로 짐작된다.

섬사람들은 어떻게 석상들을 그렇게 먼 거리까지 옮겼을까? 그리고 어떻게 기단 위에 올려 세울 수 있었을까? 처음 이 섬을 찾은 유럽인들이 생각했던 것처럼 그 당시 섬사람들에게는 통나무와 밧줄이 '정말로' 없었을까? 이런 의문에 대한 답은 이 문제를 풀기 위해 연구하는 다양한 학자들만큼이나 다양하고 의견 또한 분분하다.

이스터 섬의 문화가 풍요롭게 발전했다는 것을 알 수 있는 더 깊은 단서는 '새사람birdman'을 숭배하는 종교이다. 이 종교는 19세기 말까지도 남아 있었다. 새사람은 지상에서 세상을 창조한 신 마케마케를 대변하는 존재로 여겨졌고 자유롭게 날아다니는 새와는 달리 섬의 안팎을 마음대로 드나들 수 없었던 이 고립된 섬사람들에게는 상당히 중요한 상징 가운데 하나였다. 새사람 모티프는 이스터 섬에 풍부한 암각화에서 반복적으로 나타난다. 특히 오롱고 마을 근처에서 많이 볼 수 있는데, 이 마을은 새사람 숭배의 중심지였다. 심지어는 거대 석상 조각에서 새처럼 생긴 형상이 발견되기도 한다. 그런데 이렇게 불가사의한 종교를 촉발시킨 동기는 무엇이었을까?

학자들은 롱고롱고와 관련된 일련의 수수께끼, 즉 섬사람들이 목판에 새겨 보존한 것으로, 평행선을 이루는 문자들을 해독하기 위해 연구를 해왔다. 전설에 따르면 이 섬에 최초로 정착한 사람인 호투 마투아는 문자가 새겨진 평판 67점을 들고 섬에 들어왔다고 한다. 이 책에서는 이 67점 가운데 오늘날까지 남아 세계 곳곳의 박물관에 흩어져 있는 25점의 목판에 새겨진 문자를 해독하는 연구가 그동안 얼마나 많은 진전을 이루었는지 살펴보려 한다.

이 책에서 우리는 다양한 주제들, 특히 지난 40년 동안 고고학 분야에서 활발한 연구와 활동이 이루어진 주제들을 살펴보려고 한다. 또한 섬사람의 근원에 대한 문제를 본격적으로 검토하고자 한다. 이들은 언제, 어디에서 온 사람들일까? 얼마나 많은 사람들이 이 섬에 살았을까? 맨 처음 온 사람들은 어떻게, 그리고 왜 이 섬에 닿은 것일까? 최초로 섬에 당도한 사람들이 가져온 것은 무엇일까? 어떻게 이 섬에서 살아남았을까? 그리고 그 무엇보다 당혹스러운 의문으로 지금까지도 풀리지 않고 남아 있는 문제, 즉 유럽인들이 이 섬을 찾은 뒤 얼마 지나지 않았을 때 왜 석상들이 쓰러지고 어지러이 흩어져버린 걸까? 의도적으로 석상의 목을 베어버린 흔적은 도대체 어떻게 설명해야 할까? 모든 증거들은 폭력과 전쟁이 벌어졌을 뿐 아니라 섬사람의 생활 방식도 급격하게 변했음을 말해준다. 어떤 지각변동적인 변화가 이스터 섬의 문화에 이렇게 처참한 영향을 미쳤던 것일까?

본문을 읽다보면 깨닫게 될 테지만 이 마지막 질문에 대한 대답은 오늘을 사는 우리 모두에게, 그리고 나아가서는 우리의 후손들에게도 아주 중대하고 근원적인 메시지를 던져준다. 이스터 문화의 몰락을 고려한다면, 이 섬사람들이 자신들의 한정된 자원에 대해 취한 행동과 우리가 사는 이 연약한 자연 환경, 즉 지구를 무모하게 남용하는 우리의 태도를 나란히 놓고 보지 않을 수 없을 것이다.

그러므로 이런 숙고는, 이 특이한 선사시대 문화의 탄생과 몰락에 대한 이해보다 더욱 중요하다. 이스터 섬을 지금 우리가 발 디딘 세계의 축소판으로 본다면 인류 미래와의 연관성 속에서 경종을 울리는 교훈으로 받아들일 수 있을 것이다.

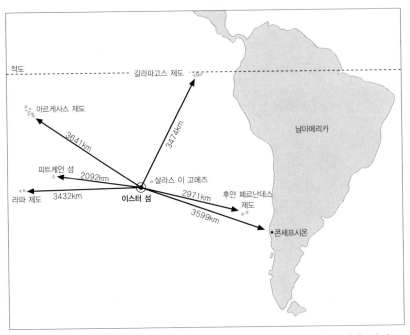

적도

갈라파고스 제도

남아메리카

마르케사스 제도

3641km

3474km

피트케언 섬

2092km

살라스 이 고메즈

후안 페르난데스

제도

라파 제도

3432km

이스터 섬

2971km

3599km

•콘세프시온

1. 이스터 섬은 광활한 태평양에 떠 있는 외딴 섬이다. 사람이 사는 가장 가까운 지역으로부터도 수천
마일이나 아득히 멀리 떨어져 있다.

2판 서문

이 책이 처음 세상에 나온 후로 10년이 지나는 동안 이스터 섬의 과거를 다룬 다양한 측면의 새로운 연구가 많이 이루어졌고, 또 새로운 책도 많이 출간되었다. 그런 과정에서 좀더 명확하게 해명된 문제가 있는가 하면 더욱 어지러운 미궁 속으로 빠져들게 된 문제도 있다. 이 서문을 쓰는 동안 토르 헤예르달이 세상을 떠났다는 소식을 접했다.

헤예르달이 정립한 여러 이론들에 대해 어떤 견해를 가졌더라도, 그리고 고대 폴리네시아인에 대한 헤예르달의 입장과 자신의 입장에 동의하지 않은 사람들에 대한 그의 태도에 대해 어떤 견해를 가졌더라도, 이 분야에서 그가 확립한 위상은 인정하지 않을 수 없다. 우리는 물론이고 이스터 섬 연구에 관여하는 대부분의 연구자들이 이 섬과 이 섬에 깃든 의혹과 문제에 대해 관심을 갖게 된 것은 한결같이 헤예르달이 1950년대에 이루어낸 발굴조사와, 이 조사에서 촉발된 영화와 출판물을 접하면서부터이다.

1992년에 나온 이 책의 초판본에서 이미 명확하게 밝힌 것처럼 중요한 연구 업적 가운데 많은 부분이 이 노르웨이 탐험대의 노력으로 이루어진 것이다. 헤예르달이 이끈 탐험대는 주도면밀한 발굴작업, 꽃가루 분석작업, 토로 미로 수종의 발굴, 석상의 채석과 운반, 세우는 작업 등 일련의 과정을 재현한 실험, 그리고 무엇보다 윌리엄 멀로이에게 섬을 소개한 일 등의 업적을 남겼다.

이스터 섬의 과거를 주제로 쓴 문학작품이 풍성하게 등장한 지난 10년의 세월 동안 사람이 남벌한 거대한 삼림파괴 현장을 개략적으로 설명한 우리의 사진에 대해 의문을 제기한 논문들이 많았다. 이 논문의 비판에 대한 반론을 우리는 여기 2판에 담았다. 하지만 우리의 견해가 섬에서 무슨 일이 벌어졌는지를 설명하는 완전히 새로운 시각은 절대로 아니라는 사실을 분명히 밝혀두고 싶다. 이미 1786년에 라페루즈도 섬사람들이 섬의 수목을 마구 남벌했다는 주장을 한 바 있다.

아득히 먼 옛날에 섬사람들이 남벌한 나무들이 제공했을 유익한 그늘을 부족하긴 하지만 오늘날에는 돌덩이 덮개가 대신해주고 있다.……이스터 섬과 흡사한 일 드프랑스 지방에 오래 머물면서 나는 나무들이 다시 자라나지 못하리라는 걸 깨달았다. 이 깨달음은 이스터 섬이 왜 이토록 황폐한 섬이 되었는지 그 이유를 충분히 납득하게 해주었다. 섬사람들은 오래 전에 불길이 잦아든 화산의 폭발 탓으로 돌리기보다는 스스로 저지른 경솔한 행동을 반성해야 할 것이다.[1]

그리고 윌리엄 멀로이도 1978년 세상을 떠나기 직전에 이 섬에서 일어난 일에 대해 의구심을 품게 되었다. 아키비에서 실시한 발굴작업을 통해 멀로이는 뿌리 형태가 부식되어 있는 토양을 발견했고, 이를 근거로 "과거 이 지역에는 역사시대에 알려진 것보다 훨씬 울창한 초목이 우거져 있었다. 그 속성이 명확히 규명되진 않았으나 어떤 지역은 초목이 상당히 넓고 울창했음이 틀림없다"라는 추론을 하기에 이르렀다.[2]

멀로이는 이 문제를 주제로 예비평가 작업에 착수했고, 그 평가내용을 별로 알려지지 않은 두 편의 논문에 실었다. 그리고 이 논문은 1997년에 〈이스터 섬 재단〉에서 재발행되었다. 두 논문 중 한 편은 원래 1974년에 나왔는데, 여기서 멀로이는 인구과잉 현상과 한정된 자원을 거론했다. 즉, 잠재식량 생산이 한계에 달했고, 이에 따라 그때까지 효율적으로 지켜져왔던 경제적 균형이 와해되는 상황에 주목했다.[3] 멀로이는 비록 이 섬의 삼림파괴 정도가 얼마나 심각했는지, 혹은 이 숲이 무엇으로 이루어져 있었는지에 대해서는 정확한 자료를 제시하지 못했으나 여기서 우리는 이스터 섬을 현재 지구의 상황에 대해 경종을 울리는 하나의 축소판으로 볼 수 있는 싹을 발견한다.

1976년에 쓴 또 다른 논문에서 멀로이는 이렇게 말했다. "사람이 살게 된 이후로 섬의 자연환경은 점점 더 고갈되어 왔다. 이런 생각을 뒷받침하는 몇몇 증거들이 이미 축적되어 있다. 이에 대해 좀더 면밀한 연구가 고생물학계에서 이루어져야만 한다. 헤예르달의 발굴조사에서 수집된 꽃가루 표본에 대한 긴요한 연구와 셸링의 연구결과는 아직 책으로 나오지는 않았지만 주목을 요할 뿐 아니라 확대·발전시켜야 한다."[4]

요컨대 셸링이 시도하였으나 출간되지는 않은 조사결과들에 주목했고 이 분야에 대해 좀더 심층적인 연구를 촉구한 것으로 보아 멀로이는 탁월하고 선견지명이 있는 학자였다. 이렇게 위대한 고고학자가 자신이 요청했던 바로 그 연구가 착수되기 불과 몇 년을 앞두고 타계했다는 것은 슬픈 일이 아닐 수 없다. 우리는 탐사연구를 통해 이스터 섬에서 대대적으로 일어난 삼림파괴의 규모와 그 시기를 밝혀냈다. 이에 따라 멀로이가 섬에서 발생했으리라고 추측했던 바를 사실로 확인할 수 있었다.

현재 쓰이는 용법에 맞추어 이 책에서도 이스터 섬을 '라파 누이', 이 섬에 살던 사람들과 그들이 쓰던 언어는 '라파누이Rapanui'라고 표기했다.

차례

화보 목록

속표지 앞의 머리그림: 이스터 섬에서 가장 큰 제례용 기단(아후) 통가리키를 찍은 항공사진. 통가리키 기단은 1990년대에 일본의 한 기중기 회사의 도움으로 복원되었다.

별지 화보 A, B, D, I, J, M, O, P, 속표지 앞의 머리그림, 화보 36: ⓒ 일레인과 돈 드 보락(Elaine and Don Dvorak)

화보 3: 뒤셰 드 방시(Duché de Vancy) 드로잉, 히스(Heath) 판화, 메리 에반스 그림 도서관(Mary Evans Picture Library)

화보 5: 미 항공우주국(NASA)

화보 8, 25: ⓒ 미셸과 카트린 오를리악(Michael and Catherine Orliac)

화보 9-1: ⓒ 콘 티키 박물관(The Kon-Tiki Museum)

화보 9-2, 18-1: ⓒ 아니크 피터슨 그림(Drawn by Annick Peterson. From 『Easter Island, Earth Island』, Thames & Hudson Ltd. London)

화보 10: ⓒ 스티븐 몰나르(Stephen Molnar)

화보 11: ⓒ 피터 벨우드(Peter Bellwood)

화보 12, 46: 대영도서관

화보 14, 20.2, 29, 35, 37, 48, 57: ⓒ 조지아 리(Georgia Lee)

화보 15: 옥스퍼드의 피트 리버 박물관

화보 17: ⓒ 에드 조지(Ed George), 호놀룰루의 비숍 박물관(Bishop Museum)

화보 33: ⓒ 찰스 러브(Charles Love)

별지 화보 목록

들어가며

이스터 섬의 개관

제1장

유럽인의 발견

섬을 방문한 유럽인들이 처음으로 기록을 남긴 이래 이스터 섬은 외부 세계에는 당혹감과 동시에 매혹을 불러일으키는 존재가 되어 왔다. 동시에 유럽과의 접촉이 이루어진 이후로 섬의 모든 것이 예전과 달라졌다. 그런데 1864년에 섬에 처음으로 거주하게 된 유럽 선교 사절단의 도착 이후로 달라진 것은 분명 아니었다.[1]

스페인 사람들은 16세기 말에 남태평양을 항해하던 알바로 데 맨다냐가

2. 바다에 나와서 본 섬의 전경. 이 섬을 처음 방문한 사람들에게도 섬은 이렇게 보였을 것이다.

이 섬을 찾았다는 주장을 하기도 한다. 그가 남단의 마르케사스 제도를 비롯하여 몇몇 섬을 발견한 것은 틀림없는 사실이다. 그러나 이스터 섬을 찾았다는 증거는 어디에도 없다. 게다가 지금까지 남아 있는 자료들이 그가 밟은 경로를 따라가는 데 충분할 만큼 정확하지도 않다. 그런가 하면 영국 해적 에드워드 데이비스가 1687년에 남위 27도에 있다고 보고한 섬이 바로 이 섬이라는 주장도 있다. 그러나 데이비스가 설명한 바와 이스터 섬은 서로 부합되는 면이 거의 없다. 지대가 낮고 모래로 뒤덮여 있으며 칠레에서 500마일 떨어진 섬이라고 묘사한 그의 설명은 서쪽으로 12리그(거리 단위로 3마일에 해당함: 옮긴이)쯤 떨어진 '상당히 고지대로 긴 트랙처럼 생긴' 이 지역과는 맞아떨어지지 않는다. 그가 위도를 잘못 계산한 듯하다. 게다가 그가 거느린 선원들 가운데 그 누구도 해안에 닿은 이가 없었을 뿐더러 헤아릴 수 없이 많은 거대한 석상에 대한 설명도 전혀 없다. 그 당시에는 분명 이 거대 석상들의 모습이 확연하게 눈에 띄었을 텐데도 말이다.

17세기나 혹은 그보다 더 앞선 시기에 이 섬을 찾은 배가 설령 있다고 하더라도 우리로서는 확실히 알 수가 없다. 그러나 로버트 랭던이라는 학자는 1526년에 사라진 산 레스메스호San Lesmes라는 스페인의 소형 범선이 표류하다가 타히티 동쪽의 암초에 부딪혀 난파했고, 이 범선에 탔던 선원들 가운데 몇몇은 폴리네시아 원주민 여인과 결혼했다고 믿는다. 세월이 흘러 이 후손들이 이스터 섬에 다다랐고 바스크인(스페인 서부 피레네 산악지역에 사는 종족: 옮긴이)의 유전자를 물려주었으며, 아직도 이들의 유전자는 이 섬에서 발견되고 있다는 것이다.[2] 랭던의 이 이론을 뒷받침해줄 만한 몇 가지 유전학적인 증거가 있기는 하다. 즉, 장기이식 과정에서 유용한 이식조직 접합 검사체계와 HLA(Human Leucocyte Antigen, 인간 백혈구 항원) 그룹의 분석을 통해 이스터 섬의 '순수 혈통'인 18명의 사람들이 바스크인 사이에서 빈번하게 나타나는 유전자 조합을 지니고 있다는 것이 밝혀졌다. 물론 '바스크 단일타입'이라는 이 유전자 조합은 다른 지역에서도 많이 발견되어 왔다.[3] 이 유전자의 근원은 19세기의 섬사람에게까지 거슬러 올라가서, 그 부모 중 한쪽이 (부적합하게 명명되긴 했으나) '바스크 단일타입' 유전자를 지녔다는 사실을 증명할 수 있다. 그러나 이런 분석에는 연대학적인 측면은 전혀 없다. 그리고 이 단일타입의 유전자가 언제 섬에 들어왔는지 그 시기는 영영 밝혀지지 않을 것이다. 다시 말하면, '바스크' 유전자가 산 레스메스호를 통하거나 아니면 다른 초기 선박을 통해 섬에 들어왔다는 추정은 할 수가 없다는 것이다. 20세기에는 태평양의 이 지역으로 수백 척의 포경선이 오갔고 바스크인은 이 업종에서 탁월한 실력을 발휘했다. 우리는 혈기왕성했을 이 선원들이 섬에 도착한 것이나 그들이 거친 항로에 대해서 사실상 아는 바가 전혀 없다.

따라서 바깥세계에서 공식적으로 인정받은 섬의 발견은 1722년 4월 5일에 네덜란드의 사령관 야콥 로게벤에 의한 것이다. 오후 5시가 될 무렵이었다. 섬을 발견한 것은 로게벤이 지휘했던 세 척의 배 가운데 하나인 아프리카안쉬 갈레이호Afrikaansche Galei였다. 이 배의 항해일지에는 첫 발견을 이렇게 적어놓았다.[4] "오후 시계로 모래시계를 열 번째 잴 즈음, 앞에서 항해하던 아프리카안쉬 갈레이호가 바람을 가르며 나아갔다.……육지가 보인다는 신호를 보내고 있었다.……낮고 편평한 섬 하나가……우리는……그 섬에 파슈 에일란트Paasch Eyland, Easter Island라는 이름을 붙였다. 이 섬을 발견하고 찾아낸 날이 부활절Easter 날이었기 때문이다."

변호사 출신 로게벤에게는 발견한 섬들을 돌아다니면서 생기는 자잘한 사건들과 연관시켜서 섬들마다 세례명을 부여하는 독특한 습관이 있었다. 분명히 그는 섬사람들에게 그 섬을 무어라고 부르는지 번거롭게 물어보지 않았으리라…….

다음 날 연기기둥이 섬 여기저기에서 솟아오르는 것을 보자 "저것을 근거로 한다면 섬이 모래가 뒤덮인 황무지로 보이지만 사실은 사람이 살고 있다는 당연한 결론을 내리게 될 것이다." (이 네덜란드인은 멀리서 보았을 때 모래로 보였던 것이 사실은 "시든 풀과 건초, 아니면 햇볕에 마르거나 타들어간 수목"이라는 걸 나중에 알게 되었다.)

"아주 불안정한 날씨, 천둥번개가 치고 폭우가 쏟아지는데다가 북서쪽에서 변화무쌍한 바람이 불기 때문에" 그날은 섬에 정박하는 일이 불가능했다. 다음 날 아침, 카누 하나가 거의 5km쯤 떨어진 그의 선박을 향해 다가왔다. 카누에 탄 사람은 '파슈란터Paaschlander'로, 오십대의 건장한 남자였으며 아래턱에 수염이 나 있었다. 그는 "거의 벌거벗은 것이나 다름없었다. 차마 입 밖에 내기에도 민망한 앞부분을 제대로 가리지도 않은 상태였다. 이 가엾은 남자는 우리를 보자 몹시 기쁜 듯했다. 우리 배의 구조에 몹시 감탄했다."

그 다음 날, 이 유럽인들은 잠깐 동안이나마 이스터 섬을 직접 찾아가게 되었다. 그리고 그들이 이 섬의 물질문화에 대해 논평한 첫 기록은 다음과 같다.

이 섬사람들의 종교에 관해서는 우리가 이 섬에 머문 것이 아주 짧았기 때문에 제대로 파악할 수 없었다. 다만 특이하게 높게 세운 대형 석상들 앞에 불을 피워놓은 것을 보았을 뿐이다.……이 석상들을 처음 본 우리들은 경악할 수밖에 없었다. 튼튼한 밧줄은 말할 것도 없고 기계를 만들 정도로 두툼하고 묵직한 목재가 없는 이 섬의 사람들이 어떻게 이런 석상을 세울 수 있었는지 이해할 수 없었기 때문이다. 석상의 높이와 두께는 30피트는 족히 되어 보였다.

로게벤이 이미 35년 전에 데이비스가 기록으로 남긴 섬을 찾아다녔다는 사실은 역설적이다. 로게벤의 일기는 1838년에야 세상에 나왔지만 그가 거느린 조타수 칼 베렌스는 1739년에 자신이 해낸 몫을 지나치게 과장하여 신빙성이 없고 공상적인 요소가 짙은 내용을 실제로 출간했던 것이다.

이 네덜란드 사람들이 최초로 섬을 찾은 사람들이 아니었을지 모른다는 추정을 하게 하는 한 가지 단서는 그 배가 섬에 닿았을 때 섬사람들이 그다지 놀란 기색을 보이지 않았다는 점이다. 만일 섬사람들이 그 이전에 바깥세계와의 접촉이 전혀 없었더라면, 라파 누이를 온 세상이라고 믿었더라면, 피부가 하얀 사람들을 가득 실은 세 척의 선박이 도착한 사건이야말로 이들에게 오늘날 UFO가 나타나 일으킬 공포와 경악에 버금가는 굉장한 일이었을 것이다. 그러나 로게벤을 맞은 사람들은 그저 우호적이고 태연한 태도와 호기심을 보였을 뿐이다. 두 번째로 섬에 닿은 네덜란드 선박 티엔호벤호 Thienhoven의 선장 코넬리스 부만의 기록, 1910년에야 겨우 빛을 보게 된 이 기록에 따르면, "원주민들은 우리를 보고도 조금도 두려워하지 않았다"라고 한다.[5]

로게벤을 필두로 그 이후의 초기 유럽의 탐험가들은 이 섬의 민족지학과 고대문화적 관점에서 유용한 관찰기록을 남기긴 했어도 대체로 과장된 경향이 강했다(특히나 석상의 크기와 관련된 과장이 심했다). 그리고 부정확한 내용들도 흔하게 발견되었다. 예를 들자면 네덜란드인들은 이스터 섬의 석상들이 진흙으로 빚은 것이고 "목에서부터 발바닥까지 긴 옷을 두르고 있다"라고 설명했다. 한편 스페인 사람들은 석상의 입술이 양쪽 귀에 걸려 있을 정도로 컸고 양손이 다 없었다고 했다.[6] 그런가 하면 1786년에 프랑스 탐험가 콩트 드 라페루즈가 섬을 방문한 동안[7] 그려진 유명한 그림(화보 3)에서는 섬사람과 석상을 유럽인들의 외양처럼 표현했다. 섬에 머문 시간이 매우 짧았던 경우도 있었다(네덜란드인들이 해변에 머문 것이 단 하루였다면 라페루즈가 거느린 프랑스인들이 섬에 머문 시간은 고작 10시간에 불과했다). 혹은 세월이 상당히 많이 흐르고 나서야 섬에 대한 기억과 회상을 기록한 경우도 많았다. 별다른 기록을 남기지 않은 탐험가들도 있었다. 1770년에 페루에서 온 스페인 탐험대는 섬에 관련된 내용을 단 한 줄도 발표하지 않았고 탐험을 떠났던 선박의 항해일지도 1908년이 되어서야 출간되었다.

과학적인 연구가 본격적으로 시작된 것은 1744년 캡틴 제임스 쿡이 섬을 방문하면서부터이다.[8] 쿡은 레절루션호Resolution와 어드벤처호Adventure라는 두 척의 선박을 거느리고 1772년 6월 13일 플리머스 항을 떠났다. 가급적 최남단의 위도 지역을 따라 세계를 두루 항해함으로써 전설 속에 등장하는 남쪽 대륙을 발견하려는 기대 속에 떠난 탐험이었다. 이 탐험대는 역사상 최초로 남극권 한계선을 가로질렀고 그 전의 누구보다도 남극 가장 가까이까지 항해했다. 그러나 얼음이 뒤덮인 남극의 바다를 몇 주일 동안 쉬지 않고 항해하게 되자 선원들은 기력을 잃었고 괴혈병이 돌았다. 쿡은 방광염을 심하게 앓았는데, 그가 데려온 식물학자 포스터의 애완견으로 만든 고기수프를 먹고 목숨을 구했다.[9]

쿡이 북쪽으로 항해하라고 지시를 내린 것은 이러한 상황 속에서였다. 북으로 가다보면 폴리네시아 섬에 다다르게 되어 선원들이 잃었던 기력과 건강을 되찾을 수 있으리라는 희망을 품었던 것이다. 1774년 3월 1일에 이들은 이스터 섬을 보았다. 그리고 바위투성이 해안을 돌며 적당한 정박장소를 찾아보았다. 다음 날, 작은 배를 타고 다가온 두 명의 섬사람이 그들에게 바나나를 건넸다. 한편 배 위로 올라와서 배의 길이를 가늠해보는 섬사람들도 있었다. 쿡은 몇 명의 부하들을 데리고 물품을 구입하려고 해안가로 내려갔다. 색실과 못과 유리, 그리고 옷가지를 섬사람들에게 주고 대신 고구마, 바나나, 사탕수수와 닭을 받았다. 여전히 병약해진 몸을 추스르기 힘들었던 쿡은 해변에 그대로 머물면서 소규모의 파견대를 보내 섬 안을 답사하고 정찰하라고 지시했다. 쿡의 탐험대와 함께 섬에 들어온 타히티 사람 마이네는 어느 정도 섬의 원주민들과 의사소통을 할 수가 있었다.

쿡은 영국을 떠나기 직전에 1770년에 스페인 사람들이 이 섬을 찾아갔다는 정보를 접하긴 했으나 이 섬에 상륙하게 된 것은 분명 계획된 일정은 아니었다. 영국 탐험대는 이 섬에서 나흘간 머문 뒤에 다시금 항해에 나섰다. 쿡은 이렇게 기록을 남겼다. "우리는 이 섬의 주민들이, 기계로 작동하는 힘이라는 건 전혀 생소한 이 사람들이 어떻게 그토록 엄청나게 크고 불가사의한 석상들을 들어올릴 수 있었는지, 그리고 그 석상의 머리 위에다 원통형의 커다란 돌을 올려놓을 수 있었는지 도저히 상상이 되지 않았다." 그보다 4년 앞서, 스페인의 선장 펠리페 곤살레스 이 아에도—로게벤 이래로 최초로 섬을 방문한 사람—도 이와 비슷한 내용을 자신의 항해일지에 기록한 바 있다. 그리고 "이 주제에 대해서는 더 많은 연구가 이루어져야 할 것"이라고 덧붙였다.

최초의 것으로 알려진 고고학적 조사는 빌헬름 가이슬러 선장이 이끌었던 독일 포함 히에너호(Hyäne, 얼룩 하이에나: 옮긴이) 선원들이 실시했다. 그들은 1882년 9월에 섬을 나흘간 방문했다.[10] 이들의 주요 목적은 베를린의 황실박물관에 제공할 민족지학적 자료를 수집하는 것이었지만 이 섬에 관련된 상세한 민족지학적 설명을 최초로 제공하게 되었다. 그들은 오롱고에 있는 어느 가옥과 '하레 모아'(hare moa, 돌로 지은 '닭장')의 바닥을 파는 발굴작업을 벌이기도 했다.

진정한 의미의 고고학적 작업이 최초로 이루어진 것은 1886년에 USS 모히칸호Mohican의 미국 팀에 의해서였다. 그 이후로 최근 수십 년에 걸쳐서 이루어진 작업이 섬에 남아 있는 이채롭고 돋보이는 유적들, 즉 석상, 돌산(채석장), 제례용 기단, 그리고 돌집 등에 집중되어 있었던 것은 불가피했다. 이 미국인들은(경리관 윌리엄 톰슨과 선박의 외과의 조지 쿠크가 주축을 이루었음) 불과 열하루 동안 섬에 머물면서 탁월한 분량의 작업을 해냈다.[11] 이때 이루어진 작업 중에는 많은 마을과 동굴, 무덤, 암각화, 그림 등에 대한 해석, 555개의 두드러진 석상을 거론하고 일일이 주석을 단 조사작업과 113점의 기단과 제례의식이 치러지는 오롱고 마을에 대한 상세한 기록 등이 포함되어 있다. 그리고 라노 카라쿠 분화구를 간단히 발굴한 작업과 전설과 언어에 관련된 많은 정보의 수집, 두 점의 롱고롱고 목판을 비롯한 수많은 연구자료의 수집도 빠뜨릴 수 없다.

선구적이고 담대했던 영국 여인 캐서린 스코스비 루틀지 여사는 1차 세계대전의 와중에 이 섬에서 17개월 동안 파란만장한 시간을 보냈다. 그리고 이 경험은 한 권의 걸출한 저서로 그 결실을 보았다.[12] 그녀는 이 외에도 광범한

3. 1786년 이스터 섬으로 출발한 프랑스 원정대와 함께한 화가 뒤셰 드 방시는 섬사람들을 기이하게 유럽인의 생김새를 가진 모습으로 묘사했다. 자기 마음에 들먼 섬을 방문한 사람들이 소유물도 쉽게 훔치는 사람들로 그렸다. 이 원정대를 이끈 콩트 드 라페루즈는 이 그림 속에서 푸카오, 즉 실제 머리장식을 쓴 거대한 석상을 제노하고 있다.

답사와 조사, 수많은 발굴작업을 지휘했다. 그때 찍은 일련의 탁월한 사진들은 당시의 섬의 상황과 기념비의 모습을 알 수 있는 귀중한 사료들이다. 그녀는 때가 너무 늦어지기 전에 가능하면 많은 정보를 되찾으려고 온힘을 쏟았다. 섬에서 나병환자들이 모여 살던 지역에까지 들어가는 위험을 무릅쓰기도 했다. 이스터 섬의 노인들 기억 속에 남아 있는 섬의 풍속과 관습에 대해 인터뷰를 하기 위해서였다.

1934년과 1935년에 걸쳐 프랑스계 벨기에 원정대는 고고학자 앙리 라바셰리와[13] 민속지학자 알프레드 메트로를[14] 이스터 섬에 동반하고 들어와 5개월간 머물렀다. 라바셰리는 암각화에 집중적인 관심을 기울인 반면 메트로는 이 섬의 과학기술과 관습, 풍속에 관련된 획기적인 연구서를 펴냈다. 라파누이의 사제 세바스천 잉글러트(1888~1969)는 최초로 아후에 관련된 조사를 완결하고 섬의 언어와 전통에 관련된 값진 작업에 착수했다.[15]

그 이후로, 1955년에 이스터 섬의 연구분야에서 획기적인 사건이 일어났다. 바로 토르 헤예르달의 첫 탐험대가 고고학자 팀을 이끌고 섬으로 들어간 것이다. 이 고고학자들 가운데는 윌리엄 멀로이(1917~1978)도 끼어 있었다. 그는 장차 이 섬의 고고학 연구를 대표하는 최고의 전문가가 될 인물이었다. 이 탐험대는 다양한 지역에서 발굴작업을 벌였고 잠정적으로 세 가지 시기로 순서를 정했다. 그리고 방사성 탄소 원소와 흑요암을 이용해 최초로 연대를 측정했다. 탐험대는 이 밖에도 꽃가루 샘플을 채취해서 석상을 조각하고 운송하고 세우는 작업과 관련된 흥미로운 실험을 실시했다. 좀더 대중적인 책들을 비롯하여 두 권의 방대한 관련 연구서가 발빠르게 발간되었다.[16] 1978년에 세상을 뜰 때까지 멀로이는 이 섬의 연구를 계속했고 그것은 비단 발굴과 조사에 그치지 않았다. 그 무엇보다 탁월한 성과는 오롱고의 일부와 몇몇 기념비를 복원한 일이다.[17] 그의 유해는 라파 누이에 묻혀 있다.

지난 몇십 년 동안 이스터 섬에 관련된 상당히 많은 연구가 새롭게 이루어져 왔다. 이 연구를 지속해온 사람들 중에는 멀로이의 지도 아래 공부했던 제자들이거나 그의 연구작업에서 영감을 얻은 이들이 많았다. 그들이 이뤄낸 작업성과들이 이 책의 핵심을 이루고 있다고 해도 과언이 아니다. 앞서간 학자들의 성과를 발전시키고 이전에 간과되었던 이스터 섬의 역사의 여러 측면을 탐색하면서 그들은 이 독특한 문화의 탄생과 몰락에 대해 우리의 지식이 가진 틈의 상당 부분을 채워주는 훌륭한 성과를 거두었다.[18]

제2장

이스터 섬과 그 지형

장차 어떤 국가도 이스터 섬의 발견이라는 명예를 위해 겨루지 않으리라.
태평양의 섬들 중에 이 섬만큼 해운업에 필요한 편의성과 물자를
제공해주지 못하는 섬은 없으므로.

—캡틴 제임스 쿡

이스터 섬, 남태평양에 작은 점처럼 떠 있는 이 섬은 사람이 상주하는 지구 상의 땅 가운데 가장 멀리 떨어진 지역 가운데 하나이다. 그리고 폴리네시아에서 동쪽으로 맨 끝에 있는 유인도이기도 하다.[1] 섬은 남위 27도, 서경 109도에 자리하고, 바운티호Bounty에서 폭동을 일으킨 반란자 후예들의 고향이자 유인도로서 가장 가까운 피트케언 섬까지는 남동쪽으로 2,092km쯤 떨어진 위치이다. 남아메리카에서 가장 가까운 칠레의 콘세프시온은 남동쪽으로 3,599km 떨어졌고, 찰스 다윈이 자연도태에 의한 진화론을 발전시키는 데 중요한 역할을 한 갈라파고스 제도는 이스터 섬에서 북동쪽으로 3,474km 벗어난 지점에 있다.

섬의 남쪽으로는 광활한 남극해밖에 보이는 것이 없다. 이곳은 캡틴 제임스 쿡을 비롯하여 헤아릴 수 없이 많은 항해자들이 한때 거대한 남쪽 대륙이 있을 거라고 추정하고 탐험에 나섰으나 보람 없이 끝난 곳이다.

이렇게 탐사항해를 떠난 이들은 훗날 남극을 발견하게 되었지만 그것은 예측했던 것보다 훨씬 더 남쪽으로 항해하고 난 뒤였다. 그리고 남극은 대빙원으로 뒤덮인 땅이었다. 오늘날에는 아마도 남극기지에 살고 있는 과학자들이 오히려 이스터 섬의 주민들보다 더 격리된 고립생활을 한다고 주장할지도 모른다. 그러나 극지의 연구자들은 그곳에 한시적으로 사는 것이고 지속적으로 바깥세상에서 자원과 물자를 공급받는다. 이에 반해 이스터 섬은 수천 년 동안 상주인구가 살아온 섬이다. 그리고 그 긴 세월의 대부분을 섬사람들은 자급자족적인 생활을 해왔고 완벽한 격리와 고립된 상황 속에 놓여 있었을 것이다.

요즈음에는 칠레 항공사인 '란 칠레' 소유 대형 제트기를 타고 다섯 시간 동안 비행하면 이스터 섬에 다다를 수 있다. 아침나절에 산티아고를 출발해서 태양보다 약간 더 느린 속도로 서쪽 방향으로 날아가다 보면 이륙한 시각보다 그리 많이 지나지 않아 이 섬에 도착한다. 혹은 다른 항로로 타이티에서 출발하는 항로를 택할 수도 있는데, 산티아고에서 출발하는 경우와 비행길이는 비슷하다. 그러나 이 방향을 택하게 되면 시간변경이 거꾸로 이루어진다. 즉, 여섯 시간의 비행이 시간상으로는 열 시간 이상 걸리는 것이 된다. 그래도 다행히 국제 날짜 변경선을 가로지르는 번거롭고 복잡한 절차는 거치지 않아도 된다. 날짜 변경선은 태평양에 있지만 서쪽으로 멀리 떨어진, 타히티와 피지 사이에 있다.

섬을 처음 보게 되면 안도감이 밀려온다. 물론 비행기는 무선 표지의 안내에 따라 날아간다는 걸 알고는 있으나 내심 약간의 긴장과 불안감을 떨쳐버릴 수 없었을 테니까. 혹시 비행기가 활주로를 벗어나 착륙하게 되면 어쩌나? 섬이 아닌 다른 지역으로 벗어나면 되돌아올 만큼 연료가 충분할까? 폭풍이나 안개 때문에 공항이 폐쇄되는 일이 생기는 건 아닐까? 이런 마음이 가뭇없이 사라져버린다.

풍경

비행기 창밖으로 처음 이 섬을 보면 섬 안에 놀랄 만한 풍경이 담겨 있으리라는 예감이 별로 들지 않는다. 섬의 전체 모양은 삼각형이고 삼면이 각각 22, 18, 16km로 대략 좌우대칭을 이룬다. 따라서 총 면적은 171km²에 불과하다.[2] 섬에는 두드러진 봉우리가 세 군데에 있는데, 이 세 봉우리가 모두 삼각형 지형의 모서리에 가깝다. 이들 봉우리는 하와이나 타히티 섬에서 보듯이 바위투성이의 험준한 정상과는 다르다. 단단하고 둥그스름한 모양이 오히려 스코틀랜드의 헤브리디스 제도에 있고 그 명칭도 적절한 팹스 오브 쥐라(Paps of Jura, 쥐라 산맥의 젖꼭지라는 뜻으로, 젖꼭지 모양으로 늘어선 둔덕임: 옮긴이)와 비슷하다. 가장 높은 가슴인 북쪽의 테레바카Terevaka는 해수면에서 510m 높이로 솟아 있다. 이보다 작은 동쪽의 젖꼭지 포이케Poike는 410m 정도이고 남서쪽의 라노 카우Rano Kau는 겨우 300m밖에 되지 않는다.

그러나 비행기가 섬에 가까이 다가갈수록 기이한 풍광이 자세하게 보이기 시작한다. 해안선을 따라 보이는 수많은 절벽들은 끊임없이 철썩이며 부딪치는 파도가 빚어놓은 것이다. 점점 드러나는 시커먼 암석 기둥들은 역시 스코틀랜드 헤브리디스 제도의 스태퍼 섬에 있는 핑걸의 동굴을 연상시킨다. 동굴은 이 암석기둥들 사이로도 보이지만 대개는 절벽 꼭대기에 있다. 라노 카우는 심각한 문제를 안고 있는 젖꼭지이다. 그 한복판에 직경이 1.5km인 흉물스러운 원형분화구가 자리잡고 있기 때문이다.

이보다 더 작은 분화구들도 사방에 흩어져 있는 것을 볼 수 있다. 수목이 우거지지 않았다면 얼핏 보았을 때 달나라 표면 같다는 생각도 든다. 포이케에는 자그마한 중앙분화구뿐만 아니라 기이하게 생긴 둥그스름한 세 개의 둔덕이 나란히 해안까지 이어져 있다. 연안에는 바다의 파도를 맞아 부서진 뾰족한 바위기둥이 군데군데 솟아오른 게 보인다. 그 바위들 가운데 이 섬의 남서쪽 끝에 자리한 두 개의 바위가 모투 누이Motu Nui와 모투 이티Motu Iti이다.

너무나 빨리 비행기는 섬의 서쪽에서 동쪽으로 가로질러 날아가 활주로 위

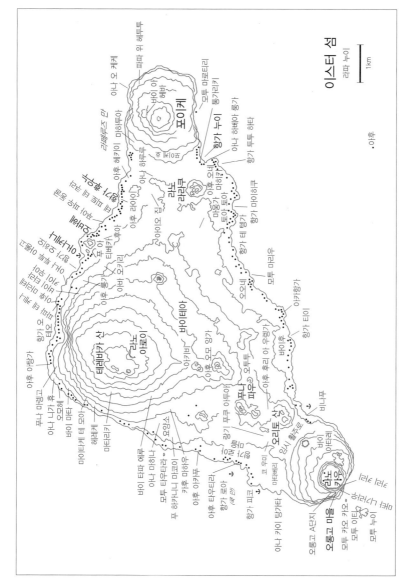

이스터 섬

라파 누이

1km

4. 이스터 섬 전도. 제례용 기단(아후ahu)이 북쪽과 서쪽, 그리고 남쪽 해안을 따라 일렬로 늘어서 있는 모습이 도드라져 보인다.

5. 남태평양 위 삼각형 모양의 섬 맨 남쪽 끝자락에 있는 이 거대한 라노 카우 분화구는 우주에서도 보인다.

에 내려앉는다. 이 소형비행장의 활주로는 미국 항공우주국의 우주선이 비상 시에 착륙할 수 있도록 확장해놓았다. 이 섬을 찾은 지리학자라면 누구라도 이내 비행기 안에서 분화구와 바위기둥들을 바라보며 들었던 첫인상을 실물로 확인할 수 있을 것이다. 이 섬은 그 근원이 본래 화산섬인 것이다.[3] 석회암이나 사암 등 퇴적암과 화강암을 찾으려고 필사적인 탐색을 벌였음에도 이 섬에서는 대륙 형성으로 파생된 무기물질의 흔적을 지금까지 하나도 찾아내지 못했다. 이것은 '잃어버린 대륙'을 찾아다니는 이들에게는 타격이다. 왜냐하면 화강암과 퇴적암은 대륙의 특징적인 암석이기 때문이다. 그러나 화산활동은 육지나 바다에서 모두 일어날 수가 있다. 그리고 지리학자들은 대양에 떠 있는 섬들을 대개 화산섬으로 간주한다. 바다의 바닥에서부터 점점 자라서 마침내 해수면 위로 불쑥 튀어나오게 된 거라고 보는 것이다.

현대의 지질학적 이론은 이러한 특징들을 더 잘 설명해준다. 대표적인 바다는 모두 그 한복판에 갈라진 단층이 존재한다. 그 갈라진 틈에서 액상의 암석들이 지각을 뚫고 끊임없이 그 모습을 드러내고 응고하여 결정체를 이룬다. 이러한 단층은 지각의 판상을 구분짓는 경계이다. 그 아래로 심해에서 솟아오른 용승대류湧昇對流가 용해된 암석들을 지표면으로 끌어온다. 바다의 끄트머리에 있는 지각에서는 상응하는 양의 암석이 제거되는데, 이는 지각변동 운동을 통해 하나의 지각판이 또 다른 지각판 아래로 들어가는 침입subduction, 沈入 과정을 거치기 때문이다. 이것이 하나의 산맥을 이루게 된다. 태평양 동쪽 끝의 안데스 산맥과 서쪽 끝의 뉴질랜드 남부 알프스가 이 경우에 속한다. 때로는 바다의 단층이 분화되고, '열점hot spot'이라 알려진 지점에서 단층이 갈라지는데, 이 지점에서는 특히 용승작용이 활발하다. 이스터 섬은 이 '열점' 위에 있으므로 용해된 화산암이 쏟아져 나와 거의 3,000m 높이의 산을 형성하게 되었다는 사실은 놀랍지 않다. 왜냐하면 이것이 해저에서 측정했을 때 화산섬 이스터의 진정한 높이이기 때문이다. 만일 2,000m 이상이 바다에 가려지지 않았다면 우리는 이스터 섬을 진실로 웅장한 산으로 인정하지 않을 수 없었을 것이다.

이는 이스터 섬이 아직도 활발하게 살아 있는 화산섬이라서 언제 격렬하게 폭발할지 모른다는 뜻일까? 아마도 그럴 것이다. 화산 전체—적어도 우리가 바다 위에서 다가갈 수 있는 부분—가 지질학자들의 기준에서 보면 그다지 오래되지 않은 것이다. 가장 최근의 분석에 따르면[4] 가장 오래된 화산지역(포이케)도 불과 50만 년밖에 되지 않았다고 한다. 다음으로 가장 젊은 화산지역은 라노 카우로, 엄청나게 분출한 용암이 절벽에 층층이 쌓인 지층처럼 확연히 보인다. 가장 낮은 화산지역—따라서 가장 오래된 지역—에 보이는 지층의 나이를 거슬러 올라가 보면 불과 40만 년도 못 되었다. 아주 최근에 남동쪽에서 거대한 용암이 흘러내렸는데, 이것을 불과 2~3천 년 전이라고 추정하는 견해도 있다. 그러나 우리가 시기를 알고 있는 것으로 가장 최근의 화산활동은 대략 1만2천 년 전에 일어났다. 이것은 지질학적인 관점에서 말한다면 고작 어제의 일이나 마찬가지이다. 화산활동은 테레바카 산비탈에 무수하게 산재해 있는, 부수적으로 타고 남은 재가 이룬 화산추에서 촉발된 것일 수도 있다. 고대에 이 섬에는 분화 중심지가 대략 70군데 있었고, 분화 중심지마다 타고 남은 재가 원뿔 모양을 이루었다. 그러나 사람이 이 섬에 살았던 수천 년의 세월 동안에는 화산폭발이 전혀 없었다. 그리고 이는 이 섬에 내려오는 민담 속에 이런 자연현상에 대한 언급이 전혀 없다는 사실이 뒷받침해준다.[5]

화산은 매우 다양한 종류의 암석을 만들어낸다. 그리고 현재 이스터 섬에서 보이는 암석의 범위는 놀랄 만큼 폭넓다.[6] 섬에 있는 세 곳의 봉우리는 주로 현무암으로 구성되어 있고, 이 현무암은 용암이 응고되어 결정체를 이룬 것이다. 전형적으로, 현무암은 단단하고 검은색이라서 멀리서 보았을 때 석탄으로 착각할 수도 있다. 이 암석은 용암의 흐름이 또렷한 지층들에서 생성되는데, 이러한 특성이 특히 현저히 드러난 것이 라노 카우 절벽들이다. 수직으로 바위가 갈라져 기둥 모양을 이루는 주상절리는 용암이 응고·냉각되면서 수축을 이룬 것이다. 토르 헤예르달의 저서 『아쿠-아쿠』[7]를 통해 세상에 널리 알려진 수많은 동굴들은 대개 튜브 모양의 화산암이다. 이 동굴들은 분출한 용암이 밖에서 응고될 때 형성되지만 그 안에서는 쉼 없이 언덕 아래로 흘러내리기 때문에 관 모양의 강cavity, 腔을 남기게 된다. 테레바카에서는 이런 동굴의 천장이 몇 차례 무너져 내리기도 했는데, 무너진 각각의 높이가 10m 이상씩 되는 길고 커다란 동굴이라는 게 드러났다. 그리고 무너져 내리지 않고 남아 있는 동굴 가운데는 두께가 30cm 정도까지 얇은 동굴도 있었다. 이렇게 동굴이 풍부하여 빗물의 대부분이 지하로 스며든다. 그리하여 섬의 넓은 지역이 습기 없이 메마른 모습을 띠게 만든다. 실제로 이 섬 어디를 가더라도 지속적으로 땅 위를 흘러가는 시내나 개울은 하나도 찾을 수 없다. 물론 비가 많이 내릴 때에는 테레바카에서 바다 쪽으로 단속적으로 흘러드는

6. 이스터 섬이 원래 화산섬이었다는 것은 이 사진처럼 바다로 나와서 섬의 중심부를 바라보면 분명해진다.

개울물이 있기는 하다. 그러나 중앙에 높은 고원이 없기 때문에 침식으로 형성되는 작은 협곡도, 개울이나 계곡도 형성될 수가 없다.

테레바카에 흩어진 현무암은 매우 거칠어서 흡사 금방 흘러내린 화산암 같이 생겼다. 아마도 이 점을 근거로 지질학자 P. E. 베이커는 이 암석의 나이가 겨우 2천 년밖에 되지 않았다는 제안을 하기에 이르렀을 것이다. 그런데 그의 추정이 정확한지의 여부에 대해서는 아직 확정되지 않은 상태이다.

현무암 가운데 어떤 것들은 굉장히 단단하다. 그리고 테레바카의 아로이에 있는 퇴적 현무암들은 가옥의 지반을 이루는 판상물 뿐만 아니라 거대한 석상을 조각하는 견고한 연장으로 쓰기 위해 채취되었다. 끝이 뾰족해야 하는 연장들, 가령 작살이나 나무세공에 필요한 도구들은 대개 흑요암으로 만들었다. 흑요암은 용암이 지나치게 급속도로 냉각되는 바람에 현무암으로 결정화될 겨를이 없어서 형성되는 검은색 화산유리이다. 이스터 섬의 지층에는 헤아릴 수 없이 많은 흑요암이 노출되어 있다.[8] 그 가운데 가장 중요한 흑요암은 라노 카우 주변과 모투 이티의 지층에서 발견되는 종류이다. 광물학적으로 볼 때 각각의 출처에 따라 흑요암의 특징은 뚜렷하게 구별된다. 그러므로 모투 이티 지역의 흑요석을 획득하려고 위험을 무릅쓰고 이 작은 섬까지 올 만큼 섬사람들이 높은 가치를 부여했다는 것을 알 수가 있다.

몇몇 예외는 있겠지만 거대한 석상들은 구멍이 많은 라노 라라쿠의 화산 응회암으로 만들어졌다. 라노 라라쿠는 테레바카 옆에 있는 기생 화산이다. 응회암은 화산이 분출하는 동안 밖으로 던져진 화산재에 의해 만들어진다. 따라서 이 암석은 단단하고 딱딱하다. 그래도 여전히 현무암보다는 훨씬 더 무르다. 현무암이 왜 조각의 재료로 쓰였는지 그 이유를 명백히 알 수 있는 것도 이러한 속성 때문이다.

테레바카의 기생화산 대부분은 꼭대기에서 방사상으로 희미한 선을 이루고 있다. 이 화산추들은 대부분 타고 남은 '화산재lapilli'로 이루어져 있는데, 이것 역시 단단하고 딱딱하게 굳어진 경우가 간혹 있다. 수많은 석상들 위에 얹어진 푸카오pukao, 혹은 '볏top-knot'처럼 생긴 머리장식의 재료는 푸나 파우에 있는 '광재scoria, 鑛滓' 퇴적물 중의 하나이다. 이것들은 화산암이 흔히 그렇듯이 산화철 때문에 붉은색을 띤다.(212~219쪽 참조)

이스터 섬의 해안선은 폴리네시아 제도에 속한 섬으로서는 이례적으로 산호초가 적다. 물론 작은 산호충들이 자라긴 하지만 바닷물의 온도가 겨울에는 섭씨 21도까지 떨어지기 때문에 산호초를 이루는 타입의 산호충들이 살아가기에는 너무 낮은 온도이다. 이 점은 결코 놀랄 일이 아닌 것이 이스터 섬이 위도상, 회귀선의 남쪽 한계선에서 벗어난 지점에 자리하고 있기 때문이다. 그런데 이는 폭풍우가 휘몰아치면 해안에 보호벽이 전혀 없다는 의미가 된다. 사나운 파도가 휩쓸고 지나간 자리에는 침식이 일어났고, 그리하여 포이케, 라노 카우 주변과 테레바카의 북쪽 지역에 300m 높이에 달하는 가파른 절벽이 생겼다. 오직 남쪽 해안만 이런 규모의 침식을 피할 수 있었던 것 같다. 그래서 남쪽 해안은 부드럽고 완만하게 경사를 이룬 해안선이 폭넓게 펼쳐져 있다. 그러나 이곳도 이례적으로 강한 파도가 일으킨 여파를 피할 수는 없다. 그런 현상이 실제로 1960년에 칠레에서 발생한 강력한 지진의 여파로 인해 발생했다. 지진 때문에 8m에 달하는 쓰나미(해일), 즉 높은 파도가 일었다. 그 결과로 각각의 무게가 30톤에 육박하는 거대한 석상 15개가 통가리키 기단 위에서 벗어나 내륙으로 150m 이상이나 밀려났고 깨지거나 수천 톤의 아후 벽에 깔려버리고 말았다.[9)

해안선에는 놀랄 만큼 모래 해변이 드물다. 오직 북쪽 해안에 있는 아나케나에서나, 또는 좀 덜 알려진 라페루즈 만 근처에서만 모래 해변을 찾아볼 수 있다. 이 때문에 대부분 지역에서 카누보다 더 큰 선박은 정박하기 어렵게 되어 있다. 그래서 이스터 섬에 전래되는 이야기에 따르면 이 섬을 최초로 발견한 호투 마투아는 아나케나에 정박하기 전에 두 척의 카누에 타고 섬을 한 바퀴 돌았다고 한다.

아열대 기후와 적당량의 강우의 영향을 받아 이스터 섬의 암석들은 서서히 풍화를 거침으로써 다양한 색조의 붉은 기나 갈색 기가 도는 점토토양을 만들어냈다. 이 토양은 상당히 비옥하여 효능이 높지만 처음에는 이 섬이 경작지로서는 부적합해 보였을 게 분명하다. 80~95%의 지표면 곳곳을 점착성이 없는 암석들이 덮고 있다. 물론 포이케처럼 이런 암석들이 10% 정도만 덮여 있는 지역도 있고 모래와 점토가 섞인 비옥한 토양도 보인다. 가장 오래된 암석이 퍼져 있는 포이케 지역에서 토양이 가장 잘 개발되었고 가장 새로운 테레바카 지역에서 가장 덜 개발된 것은 전혀 의외의 일이 아니다. 현무암의 침식이 다채롭게 이루어졌다는 것은 어떤 지역에는 토양이 희박한 반면에 또 다른 지역(예를 들면 비교적 더 오래되고 더 편평한 남쪽 해안지역은 많은 양의 토양이 덮여 있다)에는 토양이 풍부할 뿐만 아니라 비옥하기도 하다는 뜻이다. 그러나 가장 가파른 절벽들이 있는 지역과 형성된 시기가 가장 짧은 화산암이 퍼져 있는 지역들을 제외한다면 이 섬의 대부분의 지역들에 나무가 자랄 정도로 충분한 양과 질의 토양이 마련되어 있다. 이는 바로 현재 이 섬에 나무가 거의 없는 것은 나무가 자라기에는 토양이 부적절하기 때문이라는 모든 견해가 빗나간 것임을 단적으로 말해준다.

기후

마찬가지로 나무가 없는 것도 기후가 부적합한 탓이라고 말할 수는 없다. 기온의 측면에서 볼 때 이 섬은 다양한 수종들이 자라기에 이상적인 조건이다. 섬의 연평균 기온은 계절이 바뀔 때마다 약간의 차이를 보이긴 하지만 섭씨 20.5도이다. 가장 따뜻한 시기는 1월과 2월로, 기온이 23.4도이다. 그리고 가장 서늘한 시기는 7, 8월로서 17.8도의 기온을 나타낸다. 낮과 밤의 일교차도 심하지 않고 적절하며 서리가 내린다고는 알려져 있지 않다. 일년 내내 내리는 강우는 다소 불규칙하고 연평균 강우량은 1,198mm이다. 가장 습한 시기는 보통 3월에서 6월에 이르는 때이고 가뭄이 여러 달에 걸쳐 나타나기도 한다. 그러나 보통 가장 건조한 시기는 9월이다. 강우량 또한 해마다 크게 차이를 보인다. 1948년에는 강우량이 1,550mm였으나 1953년에는 766mm에 불과했다. 달에 따라서도 강우량의 변동은 심한 편이다. 섬의 크기가 작은데도 섬 전역이 다양한 강우 분포도를 보인다. 섬의 중앙 지역에는 북쪽 해안보다 훨씬 더 많은 비가 내리는데, 이것은 기온과 지형, 그리고 바람의 방향과 세기가 상호 작용한 결과이다.

강우량의 기록이 아주 완전하지는 않지만 가끔씩 심한 가뭄이 드는 것은 분명하다. 이런 가뭄 때문에 나무들이 살아남을 수 없었던 것일까? 분명 20세기로 오면서는 그렇지 않았을 것이다. 왜냐하면 수령이 꽤 많은 나무들, 다양한 수종의 나무들이 섬을 대표하는 마을인 항가 로아와 그 밖의 다른 지역 주위에 새로이 심어졌기 때문이다. 오스트레일리아의 민족지학자 그랜트 매컬이 제안한 것처럼[10] 몇몇 학자들의 견해에서 보이듯이 과거에는 훨씬 더 심각한 가뭄이 발생했을지도 모른다. 지금으로서는 다양한 의견이 제시될 뿐 미해결된 상태로 남아 있는 문제지만 이 점에 대해서는 나중에 다시 논의해 보기로 한다.

이 섬은 분명 바람이 아주 많이 부는 지역이다. 이곳에서 바람은 기후를 결정짓는 중요한 요소가 된다. 바람이 잠잠한 날이 거의 없을 정도이다. 풍향은

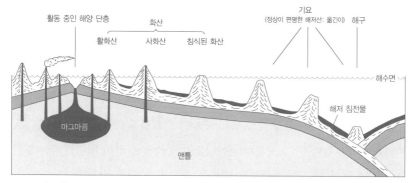

7-1. 이스터 섬 같은 화산섬은 지구의 지각층 밑에 용해된 암석들이 분출하면서 형성된다. 그런데 이런 섬들 가운데 많은 수가 차츰 바다 속으로 가라앉게 된다. 이는 침입이라는 지질학적인 현상에 의해 이 화산섬을 지탱하는, 지각변동 운동 중인 지각판이 인접한 지각판 아래쪽으로 이동하기 때문이다.

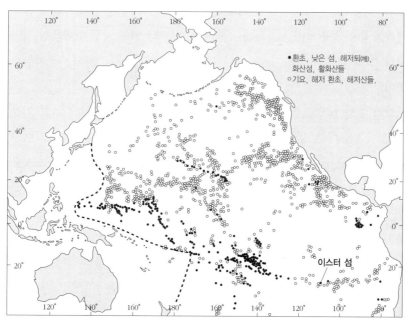

7-2. 외형적으로는 고립되어 보이는 섬일지라도 사실은 바다 속에 잠겨 있는 수많은 봉우리들에 에워 싸여 있을 수 있다. 태평양 해역은 이렇게 '숨겨진 섬들'이 수백 곳에 이르는 것으로 알려져 있다.

대체로 9월에서 5월 사이에는 동쪽과 남동쪽에서 불고 나머지 시기 동안에는 북쪽과 북서쪽에서 불어온다. 폭풍우가 심한 것으로 알려져 있는데다가 괜찮은 항구가 없기 때문에 배가 오가는 데 심각한 문제로 여겨져 왔다. 물론 이런 폭풍우가 수목의 생장과 발육에 곤란을 일으킬 수도 있겠지만 세계 어디를 가더라도 바람이 '단독으로' 수목의 성장을 방해할 만한 지역은 없다. 바람 때문에 가지치기한 관목 숲으로 수목이 한정될 수는 있겠으나(가령 영국의 많은 해안가 절벽에서 보듯이) 바람 때문에 수목이 완전히 사라지지는 않는다. 바다에서 불어오는 소금기를 머금은 물보라가 해를 입히더라도 수목을 죽이지는 않는다. 어쨌든 이스터 섬에는 바람이 완전히 차단되는 지역들이 있다. 널리 알려진 지역이 라노 카우 분화구 안이다. 사실, 라노 카우는 일종의 천연온실이다. 완만한 비탈을 이루는 분화구의 안쪽은 덩굴풀들과 무화과나무, 그리고 분꽃과의 부겐빌레아 같은 식물들이 자라도록 도와준다. 세바스천 잉글러트 사제가 가져온 이래로 이 식물들은 아무런 방해도 받지 않고 거리낌 없이 풍성하게 자라왔다. 그러므로 이스터 섬은 상당히 비옥한 지역이다. 섬의 넓은 지역이 지속적으로 농사를 짓거나 수목을 키우는 게 가능한 곳이다.

그러나 한 가지 단점을 말하자면 지표면에 물이 없다는 것이다. 높은 기온과 습기 때문에 토양에서는 급격하게 화학적인 풍화작용이 일어나고, 이는 빈번하게 가용성분이 걸러지는 침출로 이어진다. 토양의 온도가 높다는 것은 증발비율이 높다는 뜻이다. 과도한 증발작용과 구멍이 많은 침투성 토양은 불가피하게 배수가 너무 잘 되어 습기의 보존유지를 어렵게 한다. 담수를 얻을 수 있는 자연환경으로 이 섬에 최초로 정착한 사람들이 기댄 것은 세 군데의 화구호들—라노 아로이, 라노 카우, 라노 라라쿠—이었다. 북쪽 해안에 있는 몇 군데 용암 동굴lava tubes의 물웅덩이를 제외하고는 이것이 물을 얻는 유일한 방법이었다. 그러므로 정착한 사람들이 차츰 빗물을 받아서 보존할 수 있도록 암석 사이를 뚫어서 작은 물웅덩이들을 만들게 된 것은 당연하다.

이스터 섬의 설명에서 살라스 이 고메즈를 빼놓을 수 없을 것이다. 이것은 작은 모래톱reef인데 북동쪽으로 415km 벗어난 지점에 있다. 간조 때는 그 길이가 300m에 불과하고, 만조 때에는 70m로 줄어든다. 끊임없이 소금기 섞인 물보라에 휩쓸려가기 때문에 여기서 자라는 육지식물은 4종밖에 되지 않는다. 때로 담수를 함유한 조그맣게 움푹 팬 곳이 생기기도 하고 번식기가 되면 바닷새들이 많이 보인다. 아주 드물게 찾아오는, 파도가 잠잠해지는 시기에는 정박이 가능하긴 하다. 그러나 이스터 섬의 주민들은 과거에는 정기적으로 살라스 이 고메즈를 찾아가서 바닷새의 알과 새끼들을 식량으로 구해다 먹었다고 주장한다. 카누를 타고 섬으로 되돌아오는 일은 위험이 따르고 기력을 소모하는 일이었음이 분명하다.

동물군과 식물군

섬은 중요한 자연실험실이다. 섬에서는 넓은 대륙에서보다 훨씬 더 수월하게 진화가 진행되어 왔다. 이스터 섬은 극단적으로 고립된 섬인 까닭에 늘 식물군과 동물군이 빈약한 상태였다. 이 섬의 자생종인 육상 척추동물은 하나도 없다.[11] 그리고 두 종류의 소형 도마뱀만이 정착민들이 들어올 때 함께 온 것으로 생각된다. 섬으로 들어온 사람들은 식용의 폴리네시아 쥐를 일부러 가지고 온 것이 분명해 보인다. 그런데 이 쥐는 나중에 유럽산 쥐에 의해 축출되고 말았다. 현재의 증거자료를 통해 볼 때 섬으로 이주한 이들은 돼지는 데리고 들어오지 않았는데, 이는 의외이다. 만일 그들이 폴리네시아에서 이주한 사람들이었다면 폴리네시아에서는 돼지가 가축으로 흔하게 길러졌기 때문이다(4장). 개를 들여왔다는 증거 또한 전혀 없다.[12] 그래도 그들은 개에 대한 기억은 간직했던 것으로 보인다. 왜냐하면 고양이가 섬에 유입되자 고양이에게 쿠리kuri라는 이름을 지어주었는데, 이 말은 폴리네시아 전역에서 개에게 붙여진 이름이었기 때문이다. 1866년에 섬에 유입된 후로 토끼는 짧은 기간 번성했으나 1911년에 이르러 멸종하고 말았다. 섬사람들이 토끼란

토끼는 모조리 죽였던 것이다. 정말로 토끼가 미처 번식도 하기 전에 잡아먹힌 지역은 세계 어디를 둘러보아도 이곳밖에는 없을 것이다! 양과 돼지, 말과 축우들은 1866년에 유입되어 오늘날까지 살고 있다. 그런데 그 수는 들쭉날쭉 계속 변화를 보이고 있다. 염소도 들여왔다.

이 섬에서 유일하게 눈에 띄는 육지새는 작은 매인데, 벌레를 잡아먹으며 살아남은 것이 틀림없다. 이 매 또한 칠레산 엽조와 남아메리카산으로 메추리와 비슷하게 생긴 티나모우와 함께 유입되었다. 섬으로 이주해올 때 사람들이 조류 갈루스 도메스티쿠스Gallus domesticus를 데리고 왔다. 이는 대표적인 식량원이 되었고 폴리네시아 말로 모아라고 알려졌다. 때때로 엄청난 수의 닭이 야생으로 변하는 경우도 있었다. 이스터 섬에서 사는 닭 가운데 어떤 종류는 지금도 연푸른 빛깔의 알을 낳는데, 이는 원래의 알 색깔이었다고 주장되어 왔다. 남아메리카에 사는 조류들은 이와 비슷한 알을 낳는다. 이는 과거에 이 두 지역 사이에 접촉과 교류가 있었다는 주장에 힘을 실어줄 수 있을지 모른다. 그러나 사람들의 이주를 함축하고 있는지의 여부, 그리고 정말 사람들이 이주했다면 어디서 어디로 했는지, 그 이주방향에 대해서는 그다지 명확한 게 없다(3장).

바다철새들도 예전에는 정기적으로 들렀지만 그 수와 종류가 차츰 줄어들었다. 사람이 이 섬에 정착해 살기 전에는 오늘날의 바닷새들이 그렇듯이, 비단 해안가에 격리된 작은 섬들뿐만 아니라 섬의 본토에도 둥지를 틀었음이 분명하다. 그리고 그 숫자도 북서쪽으로 멀리 떨어진 무인도 헨더슨 섬처럼 방대했을 것이다. 1930년대에 작은 섬 모투 누이에서 알프레드 메트로는 이 섬에서 유명한 새인 숯검정처럼 거무스름한 제비갈매기뿐만 아니라 바다제비, 갈색 제비갈매기, 검은등 제비갈매기, 열대조, 군함새 등을 수집했다.[13]

바다 포유류와 바다거북은 사람이 이 섬에 살게 된 이후로 그렇게 번성했던 것 같지 않다. 고고학적 유적지에서 이들의 뼈를 발견하는 일이 드물기 때문이다. 물론 거북의 껍질이 장식품을 만드는 데 이용되기는 했다. 어류는 이

보다 훨씬 덜 한정적이었던 게 분명하다. 기록으로 남은 어종만도 126가지에 달하기 때문이다. 그러나 하와이에서 볼 수 있는 450종의 어류와 피지 섬에서 볼 수 있는 1천 종이 넘는 어류와 비교한다면 현격하게 적은 가짓수가 아닌가! 한편 산호초가 없다는 것은 갑각류의 종류와 수가 상당히 제한적이라는 사실을 뜻했다. 물론 지나치게 채취한 탓도 있었다.[14]

이스터 섬에는 또한 척추동물군의 수도 적고 몇 종류는 외지에서 유입되었다. 등각류와 거미, 곤충, 벌레의 종은 몇 안 되고 달팽이도 한 종뿐이다. 한편 귀뚜라미와 전갈은 어디를 가더라도 퍼져 있는데 성가신 바퀴벌레처럼 종류가 다양하고 외부에서 유입된 것이라 한다.

요즘 이스터 섬을 찾은 사람이라면 100종이 족히 넘는 꽃나무와 양치류 식물이 자라는 것을 어렵지 않게 볼 수 있는데, 이 식물의 대다수는 최근에 섬으로 유입된 종류이다.[15] 한련화나 라벤더처럼 많은 종류가 장식용 식물이다. 하지만 아보카도와 강낭콩처럼 농작물인 경우도 있다. 큼직하여 목재로 쓰이는 나무들, 즉 유칼리나무와 몬트레이 삼나무 같은 수종도 몇 가지 있다. 식물군은 많은 경우가 개망초나 민들레처럼 널리 퍼져나가는 잡초이다. 식물군의 유입은 때로 역사적 관점에서 살펴보아야 하는 문제가 되기도 하지만 대개는 관련기록이 남아 있지 않고—특히 잡초의 경우가 그렇다—우연히 이 섬에서 자라게 된 경우가 흔하다. 몇몇 종류는 섬에 처음으로 들어와 정착한 사람들이 들여왔다는 내용이 섬에 전래되는 민담 속에 나오기도 한다.

1956년에 스웨덴의 식물학자 카알 스코츠베르크는 이 섬의 토착종으로 단 46종의 식물을 발견했는데, 그 이후로 다른 두 가지가 토착 식물군 목록에 덧붙여졌다.[16] 크기와 지질, 기후의 측면에서 이 섬과 비교할 만한 태평양 상의 섬들 가운데 원산지 식물군이 이토록 빈약한 경우란 찾아보기 힘들다. 이제는 멸종된 몇 가지 중요한 식물 종을 고려한다 하더라도(5장) 이스터 섬의 자연환경은 다소 독특한 게 분명하다. 분류법에 기초한 원산지 식물군의 연구는 새로운 지역으로의 종자 분산과 섬 외부의 분포지역에 관련된 연구를 뜻한다.[17] 가령 어떤 종자의 경우는 그 지역 특유의 종류라서 그 밖의 다른 섬에 분포되어 있는 경우가 전혀 없기 때문에 고유종으로 추정될 것이다. 그런가 하면 어떤 종자의 경우에는 열대와 아열대 해안지역에서 생성되는 것으로 알려져 있다. 이런 종류의 씨앗들이 바닷물에 뜨고 바닷물에서도 생존할 수 있다면 이 또한 고유종으로 믿는 데 무리가 없다. 이와는 다른 경우로서, 종자가 바람에 날려 옮겨오는 수도 있다. 양치식물의 경우에서 많이 보이는데, 이것은 이 식물의 포자가 바람에 날릴 만큼 매우 가볍기 때문이다. 이밖에 세 번째로 종자가 새의 이동에 따라 옮겨오는 것을 생각해볼 수 있다. 즉 식물의 씨앗들이 새의 깃털이나 발가락 사이, 혹은 부리에 달라붙어 따라오고 새의 내장 속에 든 채로 옮겨오기도 한다. 이스터 섬에서 자라는 수많은 풀들과 사초속 식물들이 새의 깃털에 묻혀 유입된 것은 자연스러운 현상이었다.

과거에 이스터 섬까지 먼 거리를 이동하려면 지금보다는 장애요소가 좀 덜 했으리라는 점을 기억해둘 필요가 있다.[18] 우리는 많은 종들이(고유종들이) 진화를 통해 다른 지역에서 자라는 동일한 계통의 종에서 분화될 만큼 이 섬에 오랜 세월 동안 존재해 왔다는 것을 안다. 또한 이 섬이 생긴 지 적어도 50만 년은 되었고 그 세월의 대부분을 지구가 빙하시대를 이어왔다는 사실도 안다. 극지의 거대한 만년설을 형성하는 곳으로 바닷물이 흘러 빙하시대에는 해수면의 높이가 적어도 100m는 낮아졌다. 때로는 이보다 훨씬 더 낮아진 경우도 있었을 것이다. 바다에 가라앉은 섬들(해저산이나 기요)은 태평양 해역에 풍부하다(도표 7-1). 이 섬들 가운데 많은 경우는 너무나 깊이 가라앉아 있어서 해수면이 낮아지는 빙하시대를 거쳤어도 수면 위로 드러날 수 없을 정도이다. 대체로 태평양 해역의 섬들은 해양과 지표의 침식과 지질구조의 침몰이 결합되어 점진적으로 해수면이 낮아지는 과정 중에 형성되었다(도표 7-2). 그러므로 해저산이 과거에는 지금보다 훨씬 더 높았을지도 모른다. 이 모든 요소들을 종합해보면 이스터 섬이 존재해온 그 세월의 대부분 동안 '디딤돌' 분포가 지금보다 훨씬 더 광활했을 가능성을 시사한다.

분산 메커니즘 가운데 어떤 것은 지금보다 과거에 더 강력하게 작용했을지 모른다는 것 또한 사실이다. 빙하시대에는 극지역이 열대지역보다 훨씬 더 쉽게 기온이 떨어졌다. 따라서 열대지역과 극지의 기온차는 지금보다 훨씬 더 컸을 것이다. 그리고 이 차이가 무역풍의 기반이 되는 '해들리 순환Hadley circulation'을 야기하는 것이다. 비록 위도상 훨씬 더 제한적이긴 하지만 무역풍은 빙하시대에 훨씬 더 강력했을지 모른다는 주장이 종종 제기된다. 오늘날 경도 40도 주변에서 지배적인 편서풍 역시 훨씬 더 강력했을지 모른다. 그리고 이 바람이 적도 쪽을 향해 이동했으리라는 것은 명백하다. 반대로 이 따금씩 지금보다 기온이 더 높았을 때는, 가령 후빙기의 초기에서 중간시기(약 9천~5천년 전)와 마지막 간빙기(약 12만 년 전)에는 사이클론이 위도상 훨씬 더 높게 확장되었고 지금보다 더 빈번하게 발생했을지 모른다. 앞으로 우리도 온실효과 때문에 이와 비슷한 단계가 시작되는 것을 지켜보게 될는지도 모른다. 그러므로 식물들을 이스터 섬으로 이끌어갈 정도의 풍속이 과거에는 지금보다 훨씬 더 강력했으리란 가능성이 짙다.

또 다른 이유, 아마도 지역으로 분산되는 것이 예전에 더 효율적으로 이루어질 수 있었는지를 규명해줄 좀더 중요한 이유는, 많은 섬에서 과거의 새의 분포도가 지금보다 훨씬 더 높았을 뿐 아니라 종류도 훨씬 더 많았다는 것이다. 5장에서 알게 되겠지만 이스터 섬을 비롯하여 갈라파고스 제도와 하와이에서 발견된 화석들의 뼈는 예전에 이들 지역에 존재했던 종들이 이제는 더 이상 살지 않는다는 사실을 입증한다. 이런 종들 가운데 많은 수가 이제는 멸종된 고유종이다. 하와이에서는 약 25종이 사람이 이 섬에 이주해 살기 시작한 이후로 사라졌다고 알려져 있다.[19] 이런 종들 가운데는 날지 못하는 종류도 분명히 있었지만 새들의 특성인 장거리 이주가 완벽하게 가능한 새의 종류도 있었다. 그 한 가지가 오리인데, 이 오리군에게는 이스터 섬의 화구호가 거주하기에 맞춤한 장소가 되어주었을 것이다.

따라서 이스터 섬의 고유종 식물 가운데 절반쯤이 새를 따라 들어왔고

8. 토로미로 나무

1/3은(모두 양치류) 바람에 실려서, 그리고 1/6은 바닷물을 따라 흘러 들어온 것으로 간주되어 왔다.[20] 이 식물종들이 '어디에서부터' 들어왔는지에 대한 문제는 다음 장에서 한층 더 상세하게 살펴볼 것이다. 우선은 스코츠베르크의 주장대로,[21] 이 섬에서 자라는 식물군의 대부분은 폴리네시아 서쪽 해역을 통해 동남아시아에서 온 것이라고, 그리고 오직 소수종만이 남아메리카에서 유입되었다고 말해두는 것으로 충분할 것이다.

우리가 이미 언급했듯이, 이스터 섬의 환경은 다소 특별하다. 스코츠베르크가 발견한 것이 이 섬의 고유한 나무 한 종(2%)과 관목 두 종(4%)뿐이라는 사실은 놀랄 만하다. 이것은 태평양 해역의 다른 '높은' 섬들과는 상당히 어긋나는 현상이다. 다른 섬들의 경우에는 나무 식물군이 광범위하게 분포되어 있기 때문이다(70%). 그리하여 이스터 섬의 식물군에는 '불협화적 disharmonic'[22]이라는 표현이 붙게 되었다.

스코츠베르크가 확인한 섬의 고유 수종 소포라 토로미로Sophora toromiro는 그 자체로 보면 관목보다 그다지 많지 않다. 이것을 스코츠베르크는 후안 페르난데스 제도에서 유입된 종과 유사한 것으로 간주하지만 사실은 이 섬의 고유종이다. 이 속genus은 남태평양에 떠 있는 섬들에 공통적으로 보인다. 소포라 나무 가운데는 그 씨앗이 적어도 3년 동안 바닷물 위에 떠다닐 수 있고, 생육능력이 최대 8년에 이르는 종류도 있다.[23] 섬 주민들의 약탈과 파괴 행위 때문에, 그리고 유럽인들이 풀을 뜯어먹는 가축들을 들여와 방목하게 됨으로써 토로미로는 줄어들게 되었다. 그리하여 1950년대에 토르 헤예르달이 이 섬을 찾았을 무렵에는 눈에 띈 토로미로가 라노 카우 분화구 속에서 죽어 가는 것 하나뿐이었다.[24] 그 이후로 토로미로를 기록한 식물학자는 한 사람 도 없었으므로 이 수종은 멸종된 듯 보였다.

그런데 기적처럼, 불사조처럼, 토로미로는 스웨덴에서 부활했다. 헤예르달 이 채집한, 섬에 마지막 남아 있던 이 수종의 씨앗들이 스웨덴의 항구도시 예 테보리의 식물원에서 발아했던 것이다.[25] 이제 이 수종은 이곳은 물론 독일 본 대학교에 마련된 식물원에서 무성하게 자라고 있다. 그동안 이 수종을 다 시금 이스터 섬에 심어보려는 여러 차례의 시도가 있었다. 첫 시도는 성공을 거두지 못했다. 그래서 현재 이 섬의 토양에는 이 수종에 요긴한 어떤 구성성 분이 더 이상 없기 때문일 거라는 우려 섞인 예측이 나왔다. 그 후에 칠레 산 림관리국에서 시도한 노력이 지금 성공을 거두고 있다. 그러나 그 속도는 느 리다. 최근에는 현재 살아 있는 이 종의 유전학적 다양성을 검토하고 평가하 는 작업이 이루어졌다.[26] 그리고 칠레를 비롯한 다른 지역에서도 양식 재배 한 이 수종들이 어느 정도 살아남은 것이 확실하다. 토로미로 수종을 이스터 섬에 다시 들여오려는 공동의 노력이 현재 진행 중이다.[27] 가장 최근에 시도 한 노력이 어떤 결실을 맺을지 큰 관심과 기대를 가지고 기다려본다.

제1부

최초의 '보트 피플'

불가해한 이스터 섬을 주제로 삼는다면 그 누구의 식견도 완전하다고
혹은 안전하다고 할 수가 없다.
— 세바스천 잉글러트 신부

제3장

그들은 어디에서 왔을까?

동쪽일까, 서쪽일까?

이스터 섬 사람들과 관련된 가장 근본적인 질문, 나머지 다른 많은 이슈들을 좌우하는 질문은 바로 '이들이 어디에서 왔는가?' 하는 것이다. 이 화산섬의 반경 15km를 심해가 에워싸고 있으므로 사라진 대륙의 자투리땅이 아닌 것만은 분명하다. 따라서 이 섬에 사는 주민들은 태평양 해역의 다른 섬들에 사는 주민들과 마찬가지로 다른 어딘가에서 이 섬으로 이주하여 군락을 이루게 된 것이 틀림없다. 그렇다면 '다른 어디'라는 곳은 과연 어디였을까? 섬의 지리학적 위치상 기본적으로 두 가지 가능성을 생각해볼 수 있다. 즉, 동쪽(남아메리카) 혹은 서쪽(폴리네시아)이다.

태평양 해역의 섬들에 정착한 사람들이 신세계, 즉 아메리카 대륙에서 이주해왔다는 생각은 1803년에 필리핀에 파견된 스페인 출신 선교 사절단 소속 신부 요아퀸 데 주니야가 처음으로 강력하게 주장했다. 그는 이 주장의 근거를 우세한 바람과 해류에서 찾았다. 아메리카 본토와 이스터 섬이 특별한 연관성을 맺고 있다는 최초의 제안은, 1870년에 런던의 왕립지질학협회에서

J. 린턴 파머가 한 강연과 이 섬의 제례용 기단과 석상이 볼리비아의 티와나쿠에 있는 기단이나 석상과 뚜렷하게 유사성을 띤다는 클레멘츠 마크엄 경의 주장을 통해서이다. 1930년대에는 수많은 독일의 학자들이 이스터 섬의 문화는 그 유래를 선사시대의 페루에서 찾을 수 있다고 주장한 논문들을 속속 발표했다.

20세기 후반에 이르자, 이스터 섬 사람들이 어디에서 왔는지를 둘러싼 의문에 대한 답은 대체로 노르웨이 출신의 탐험가이자 모험가였던 토르 헤예르달이 발표한 수많은 주장들 속에서 찾게 되었다. 그는 서쪽에서 출발한 폴리네시아인들이 점차 이 섬에 다다르게 되었다는 견해와 이 섬의 문화와 고고학에서 지배적으로 나타나는 요소는 폴리네시아의 특성을 보여준다는 견해를 수용했다. 그러나 그는 이 폴리네시아인들보다 앞서서 섬의 동쪽인 남아메리카에서 이주해온 정착민들이 있다고 확신했다.

이스터 섬 사람들이 어디에서 왔는지에 대한 질문은 이 섬의 문화적 기원과 발전을 검토 평가하는 데 중요한 의미를 갖기 때문에 우리는 이 두 가지 근거와 관련된 증거들을 살펴보는 것에서 논의를 시작하지 않을 수 없다. 앞으로 알게 되겠지만 이와 관련된 증거들이 다양한데다 어느 한 가지만 결정적인 증거라고 보기도 힘들다. 그러나 다양한 증거자료들을 한데 모아보면 둘 중 어느 한 방향을 확실하게 가리킨다는 결론에 이르게 되는 것만은 틀림없다.

토르 헤예르달과 콘 티키 탐험대

태평양 해역의 이 지역에서 우세한 바람과 해류는 매우 중요한 요소이다. 왜냐하면 토르 헤예르달이 폴리네시아에 정착한 사람들은 오직 신대륙에서 왔다는 자신의 주장을 뒷받침하는 근거로 이를 활용했기 때문이다. 남동 무역풍이 거의 일년 내내 분다는 사실에 착안한 헤예르달은 1947년에 유명한 콘 티키 탐험대를 이끌고 자신의 이론을 입증하기로 마음먹었다.[1] 대단한 용기와 넘치는 상상력으로 뭉친 헤예르달과 다섯 명의 탐험대원은 가볍고 단단한 열대산 관목 발사balsa로 만든 뗏목을 타고 페루에서 여정에 올랐다. 그것은 '일방 해상 에스컬레이터'에 오르면 간단한 뗏목을 타고도 폴리네시아 동쪽으로 떠내려간다는 걸 입증하기 위해서였다. 뗏목에 실은 물품에는 통조림 식품과 바닷물을 태양열에 증류시켜 식수를 만드는 태양열 증류기가 들어 있었다. 몇 달 동안 지속될 여정에 꼭 필요한 품목이었다. 남적도 해류의 동쪽 끝에서 강력한 소용돌이에 휘말린 이들은 파도에 휩쓸려 떠내려갈까봐 안간힘을 쓰면서 서쪽으로 뗏목을 저어가야 했다.

탐험대 여섯 명은—그리고 앵무새 한 마리까지—대나무로 된 비좁은 통나무집에 끼어 지푸라기를 매트리스로, 갈대를 깔개로 삼아 잠을 청해야 했다. 멀리서 보면 이 배는 흡사 "수염이 더부룩한 불한당들이 득실대는⋯⋯낡은 노르웨이식 건초다락" 같았다. 처음에는 통나무가 물에 젖어 축축해지거나 혹은 살갗에 밧줄이 닿으면 고통스러울까봐 염려했으나 이것은 기우였다. 그 대신 길고 묵직한 키잡이 노를 다루는 일이 벅차고 힘겨웠다. 게다가 다른 위험들도 도사리고 있었다. 가령 거대한 고래상어가 나타나면 고래잡는 작살 하나로 물리쳐야 했고 가끔씩 몰아쳐오는 폭풍우 때문에 탐험대원 한 명이 배 밖으로 떨어지기도 했다. 이 대원은 나중에 구출되기는 했으나 사나운 비바람에 날려 바다 속으로 떨어진 앵무새는 영영 다시 볼 수 없었다.

두 달이 지나자 태양열 증류기를 통해 마시는 물에 소금기가 묻어나 불쾌감을 주었다. 그러나 쏟아지는 소나기가 갈증을 풀어주었고 기운을 되찾게 해주었다. 바다도 먹을 것을 제공해주었다. 가다랑어와 날치들이 갑판 위로 뛰어오르기도 했고 말 그대로 프라이팬 속으로 뛰어든 적도 있었다. 돌고래와 동갈방어들은 끊임없이 뗏목 주위를 맴돌았다. 탐험대원들은 자잘한 음식 부스러기를 던져 상어떼를 유혹하는 재미를 즐겼고 나중에는 상어 꼬리를 잡아 뗏목 위에 들어올려 보기도 했다.

마침내 완벽하게 격리된 채 몇 달을 항해하면서 악천후에 어느 정도 익숙

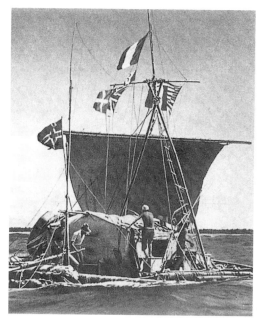

9. 1947년, 토르 헤예르달은 폴리네시아
의 첫 정착민은 남아메리카에서 왔다는
것을 입증하기 위해 탐사항해를 떠났다.
여섯 명의 대원들이 탄 콘 티키호, 즉 발
사나무로 만든 뗏목은 간간이 몰아치는
폭풍우와 거센 해류를 헤치며 101일 동
안 서쪽으로 떠내려와서 타히티의 동쪽
모래톱에 부딪혔다. 그러나 이 영웅적인
탐험대는 서쪽으로 떠내려가는 항해가
가능하다는 사실을 증명한 것 외에는 별
다른 성과를 거두지 못했다. 게다가 이마
저도 근해의 페루 해류를 피하기 위해 바
다 저 멀리로 소형선박 하나가 끌려가고
난 뒤에야 알게 되었다.

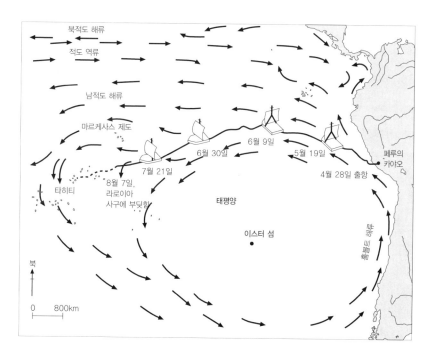

해졌을 때, 대원들은 육지가 가까워졌다는 걸 깨달았다. 수백 마리의 바닷새들이 날아다니는 모습을 보았던 것이다. 바다에서 보낸 지 101일 만에 콘 티키호는 타히티 동쪽에 있는 투아모투의 한 모래톱에 부딪치듯 다다랐다.

콘 티키 항해가 외관상의 성공을 거두게 된 뒤로 헤예르달은 자신의 이론을 확장하고 정교화하는 데 지속적인 노력을 기울이게 되었다. 처음에 그는 남아메리카와 북서 아메리카의 해안에서 온 사람들이 폴리네시아를 식민지로 삼았다고 보았다.[2] 그러나 콘 티키 원정에서 돌아온 후에는 이론을 남아메리카 한 곳으로 국한시키게 되었다. 심지어는 다소 모순되게 폴리네시아인들이 실제로 카누를 타고 서쪽에서 여기까지 가까스로 다다랐을 거라는 단정을 내렸다. 그러나 이스터 섬의 선사시대에서 아주 후반기로 오면서 아메리카 원주민 정착자들을 대부분 학살한 것으로 보았다. 그는 여기서 머물지 않고 이를 주제로 한 자신의 마지막 저서에서 폴리네시아인들은 "자신들이 동의 했거나 또는 자신들의 의지에 반하여, 더 발달한 문화를 이룩한 고대 페루의 해양 탐험가들이 간계를 쓰거나 완력을 써서 이스터 섬으로 데려왔을 것이다. 어쩌면 19세기 유럽인들은 노예상인으로 페루에서 태평양으로 항해해 온 최초의 사람들이 아닐 것이다"라고 했다.[3]

따라서 콘 티키 항해는 이스터 섬에 관한 고고학적 연구에 있어서 결정적으로 중요했다. 이 항해를 통해 많은 사람들이 동쪽에서 온 사람들이 섬을 식민지화했다는 헤예르달의 이론은 강박증에 가까운 집착이라는 생각을 하게 된 계기를 마련했기 때문이다. 콘 티키가 '항구적인 무역풍과 강력한 동반성 해류'에 관련된 자신의 이론을 입증했다고 확신한 헤예르달은 이 섬에 전래되는 이야기와 섬사람들의 기억, 식물의 생태, 물질문화, 언어체계, 형질 인류학적 자료들을 자신의 주장을 뒷받침하는 증거로서 선별적으로 활용했다. 이로써 이 섬의 역사에 대해 복합적인 그림을 구성하기에 이르렀다.[4] 그런데 이 그림은 이제부터 좀더 면밀하게 검토해볼 필요가 있다.

예를 들면, 헤예르달은 이스터 섬 주민 한 사람이 전한 인상적인 민간설화의 내용을 증거로 제시했다. 알렉산더 새먼이라는 이름의 이 사람은 반 타히티인으로 19세기 말에 이 섬에 살았다. 그는 호투 마투아가 해가 떠오르는 방향의 땅에서 두 척의 대형 이중선체 카누를 타고 300명의 부하를 이끌고 왔다고 주장했다. 여러 섬 출신의 이들은 마라에-토에-하우(매장지)라 불리는 동쪽으로 갔다고도 했다.

헤예르달이 생각한 대로 이 최초의 남아메리카 이주자들은 이스터 섬에 다양한 식물을 가지고 왔다. 그 가운데는 고구마, 토로미로, 토토라 갈대, 고추, 목면, 호리병박 열매 등이 있었다. 그는 늘 토토라 갈대Scirpus riparius—이스터 섬에 있는 분화구 습지 세 곳 모두에 대표적인 식물—가 페루의 그것과 동일한 것이라고 믿었다. 그리고 올로프 셀링이 (아직 미출간된) 분석에서 토토라 갈대의 꽃가루가 이 섬에 최초로 사람들이 정착해 살았던 시기 동안에 갑자기 침전되기 시작했으며 목탄 입자와도 연관이 있음을 발견했다고 주장했다. 또한 사람이 이 섬에 살기 전에는 담수식물의 꽃가루가 없었다고도 주장했다. 토토라와 타바이(Polygonum acuminatum, 또 다른 수생식물)는 사람들이 이 섬에 들어올 때 가져온 것이 분명하다고도 덧붙였다. 이 식물들이 씨앗을 틔우지 않고 흡근에서 나오는 새 가지를 통해서 생성되기 때문이라는 것이 그 이유였다.

몇 해에 걸쳐서 헤예르달은 이스터 섬에서 발견된 도구의 형태와 특징을 밝힌 총목록을 내놓았다. 그는 이것을 신세계의 특징을 이루는 것으로 믿었고, 반드시 고고학적으로 단일한 합성물은 아니라 하더라도 폴리네시아에서는 드물거나 찾아보기 힘든 특징으로 보았다. 그가 제시한 도구는 돌베개, 얇은 맷돌, 현무암으로 만든 사발, 돌쑤시개, 돌 낚싯바늘, 뼈로 만든 바늘 등이다. 동시에 그는 남아메리카 문명을 이스터 섬의 석조물과 돌세공, 석상의 원천으로 여겨 똑같은 중요성을 부여했다. 특히 아후 비나푸 I에 있는 틈 없이 완벽하게 맞물린 돌덩어리들의 탁월한 파사드(건물 전체의 인상을 나타내는 것

10. 헤예르달은 '투쿠투리'와 티아후아나코, 즉 잉카문명 이전에 안데스 산맥에 존재했던 태양 숭배소의 무릎 꿇은 석상을 여러 차례 비교했다. 그러나 이 둘의 유사성이 아메리카 원주민들이 이스터 섬에 영향을 미쳤다는 증거는 아니다.

으로 건축물의 주된 출입구가 있는 정면부를 말함: 편집자)는 페루 쿠즈코에 있는 잉카문명의 석벽과 유사하다는 주장이 종종 제기되어 왔다. 그리고 헤예르달이 1955년의 탐험길에 라노 라라쿠 채석장의 측면에서 발견한, 무릎 꿇은 '투쿠투리'(별지 화보 C)도 티아후아나코의 무릎 꿇은 석상과 거듭 비교되어 왔다. 그래서 이것은 초기의 원형으로 추정되었고, 이를 근거로 보다 전형적인 섬의 석상들이 나타났다고 보아, 이 석상 자체를 티아후아나코의 입상과 불합리하게 비교하기에 이르렀다. 헤예르달 자신이 예전에 전형적인 모아이는 "동쪽 대륙에 있는……그 어떤 석상들과도 전혀 유사성이 없다"라고 스스로 기술한 적이 있다는 것은 얼마나 모순적인가! 그는 이스터 섬에서 발견된 서로 맞물린 돌무더기들이 폴리네시아의 건축패턴으로 알려진 그 무엇과도 상이한 초창기 구조물이라고 보았다("폴리네시아 어부들은 벽처럼 훨씬 더 작

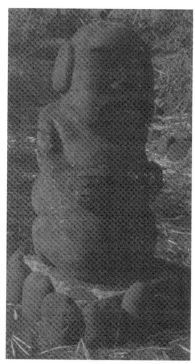

11. 웅크려 앉은 자세의 타히티 석상은 이스터 섬의 이 석상과 공통점이 많다. 이는 기념비적인 석상을 조각하는 전통이 폴리네시아에도 남아메리카 못지않게 존재했음을 입증하는 것이다.

은 건축물을 착안할 능력이 없었을 것이다").[5]

그리고 그는 섬에 있는 변형된 세 가지 석상 타입을(큰 바위처럼 거대한 머리, 사람의 특징을 한 직사각형 기둥, 그리고 무릎을 꿇은 석상) 고전주의 이전의 티아후아나코 유적의 특징으로 간주했다. 헤예르달은 16세기에 제작된 마르케사스 제도의 석상들(162쪽 참조)과 콜롬비아의 산 아구스틴 석상들이(시기는 불분명하지만 기원후 초기 몇백 년 동안일 것) 지닌 피상적인 유사성을 수없이 되풀이하여 지적했다. 거리와 연대순 배열을 무시하더라도 이 두 지역 중 어느 곳도 둘 사이에 가로놓인 에콰도르 해안지역의 자료들과 특별한 유사성을 보이지 않는다는 점은 고려하지 않았다. 이 두 지역 사이에는 4,500km에 달하는 드넓은 바다가 놓여 있다! 그는 지역별 건축양식에서 두 채의 가옥을 세우는 이스터 섬의 전통을, 배 모양으로 기둥을 세우고 초가지붕을 얹는 폴리네시아의 거주양식과 연관시켜 보았다(화보 24). 그리고 '이보다 앞서서' 위층 벽을 아래층보다 돌출되도록 쌓는 좀더 복잡한 구조는 아메리카 원주민들에게서 나온 것으로 보았다.

다소 우회적인 논법으로, 헤예르달은 라파 누이의 목각은 폴리네시아에서 그 영감과 모티프를 따온 것이 아니라고 간주했다. 특히 "빈약한 매부리코와 긴 귀, 그리고 턱수염이 난 남성 조각상"의 경우가 그렇다고 보았다. 비록 이 목각들이 후반기에 제작된 것이 틀림없다고는 인정했으나 "중반기와 심지어 초반기의 특징적인 요소들이 변형된 형태로 남아 있다"라고 강하게 주장했다. 이상하기 그지없는 점은 후반기까지도 나타나지 않은 흑요암으로 만든 마타아(투겁창)를 페루와 안데스 지역에서 쓰인 도구와 상당히 흡사하다고 보았다는 것이다. 그는 라노 카우의 암석에 찍힌 네 개의 컵 모양이 태양 관측소를 가리킨다는 에드윈 퍼던의 주장을 부각시켰다. 퍼던의 주장을 인용하며 이것이 폴리네시아 지역에 생소한 태양숭배의 증거라고 강조했다. 즉, 이를 근거로 섬에는 태양을 숭배하는 신세계 문화가 유입된 것이라는 주장을 폈다.

이스터 섬 주민의 언어는 헤예르달에게 더 많은 증거자료가 되었다. 예를 들면 이스터 섬 사람들이 고구마라는 뜻으로 사용하는 말 쿠마라kumara는 폴리네시아 지역에서 널리 쓰이는 쿠우말라kuumala와 비슷한데, 이 말은 케추아족(남아메리카)의 쿠마르cumar에서 파생되었다. 헤예르달은 루틀지와 잉글러트 모두 해독할 수 없는 고대어를 단편적으로 들었지만 선교사들이 이 섬에 정착한 무렵까지 섬에 사는 주민들마저도 이 말을 이해할 수 없었기 때문에 기록으로 남아 있지 않다고 강조했다. 그는 이 고대어가 남아메리카에서 유래한 것으로 판단했다. 즉, 그는 티아후아나코와 페루 남부의 원주민어는 기록으로 남기 오래 전에 잉카족에 의해 사용이 금지되었다고 믿었다. 그러므로 잉카문명 이전에 본토에서 폴리네시아로 이주했다는 언어학적 증거를 찾기란 불가능하다고 확신했다.

헤예르달은 일련의 목판에 보존되어 있는 롱고롱고 문자와 남아메리카의 몇몇 문자 사이의 연관성을 입증하려고 애썼다. 가령 그는 파나마와 콜롬비아 북서쪽의 쿠나 인디언들이 남긴 그림문자를 거론했다. 쿠나 인디언들은 노래를 기록하기 위해 나무판 위에 그림문자를 새겨 놓았다. 그는 이 외에도 역사시대 초기(후기 콜럼비아 시대)에 티티카카 지역에 살았던 아이마라족과 케추아족 사이에서 발견된 원시적인 문자체계를 언급했다. 이 문자체계는 롱고롱고 스크립트와 마찬가지로 '좌우교대 서식boustrophedon', 즉 줄이 바뀔 때마다 기록하는 방향이 바뀌어 한 줄이 끝나면 글자판을 완전히 거꾸로 돌려 다음 줄을 기록하는 방식을 사용한다고 지적했다. 마찬가지로 그는 이스터 섬에서 풍부하게 발견되는 바위그림과 스크립트에서 일부 모티프와 기호만 가려 뽑아 볼리비아의 티아후아나코의 돌기둥 입구에 새겨진 이른바 표의문자의 전체 배열을 비교했다.

자연인류학 분야의 연구에서 헤예르달은 우리가 지금 보존하고 있는 잔해들의 대부분이, 혹은 전적으로 좀더 후기에 속한 것이라고 지적했다. 즉, 이미 폴리네시아인들이 이스터 섬에 제대로 정착한 시기에 해당되는 것이라는 지적이었다. 그러므로 그는 이보다 앞선 시기에 살았던 섬사람들이 어떤 종족이었는지에 대한 결론은 여전히 내려지지 않은 상태라고 보았다. 그럼에도 미국의 인류학자 조지 질이 발굴한 이스터 섬의 잔해자료 분석이 "폴리네시아의 전형적인 기준에서 벗어난 특성들을" 밝혀주었다는 주장을 폈다. 많은 두개골에 굽은 '흔들의자rocking chair' 턱뼈가 있다는 것을 그 예로 들었다. 이런 형태는 아메리카 원주민에게서 보이며, 비非 폴리네시아적 특성이다.[6]

헤예르달은 수십 년간 아메리카 인디언의 문화적 우수성을 주장하는 자신의 이론을 뒷받침할 만한 증거자료들을 모아왔다. 그러나 그가 모은 증거들이 면밀한 검토를 거친 후에도 여전히 유효할까? 철저한 조사를 해보면 그가 확고하게 주장했던 논점들 속에 여러 결함이 드러난다. 스스로 선별한 증거에만 의존하여 잘못된 결론을 도출하게 되었음을 차차 알게 될 것이다.

콘 티키호―숨겨진 증거

콘 티키호의 탐사항해는 여러 측면에서 관심을 끌긴 했어도 정작 폴리네시아에 최초로 정착한 사람들이 남아메리카에서 왔다는 사실을 밝힐 만한 결정적인 증거는 제대로 확보하지 못했다. 콘 티키호는 스페인에서 돛의 쓰임새가 도입된 직후에 페루 사람들이 개발한 소형 배의 형태를 본떠 만들었다. 선사시대의 페루인들은 세 개의 통나무로 만든 작은 뗏목을 타고 해안을 벗어나 항해를 실제로 해보았다. 그러나 그것은 노를 저어 움직이는 배였다. 이외에도 이들은 갈대다발을 엮어 만든 1인용, 혹은 2인용 부낭floats이나 바다표범 껍질을 부풀려서 만든 부낭을 이용하기도 했다. 이 배들은 수많은 선사시대(모체와 치무 문화*)의 그림 속에 담겨 있지만 대형 뗏목이나 카누, 혹은 돛을 묘사한 그림은 전혀 발견되지 않았다.[7] 1990년대에 페루의 투쿠메 지역에서 헤예르달이 이끈 발굴단은 점토로 된 치무문화의 얇은 양각 띠장식을 찾아냈다. 이를 두고 헤예르달은 크나큰 기대와 바람을 담아 거대한 갈대 함선[8]이라고 해석했다. 그리고 그는 어떤 페루의 왕이 2만 명의 부하를 대형 갈대 함선이라는 무적함대에 태워 태평양을 샅샅이 뒤져 이스터 섬을 찾으라는 명령과 함께 파견했다는 주장을 애용했다.[9]

사실을 말하자면, 선사시대에 "망망대해의 긴긴 항해에서 살아남을 만한 선원"을 태운 뗏목이 있었다고는 페루 해변 전역을 통해 알려진 바가 전혀 없다. 페루의 사막 해안은 뗏목을 만드는 데 적합한 가벼운 목재가 없었고 카누를 만드는 데 긴요한 큼직한 나무도 없었다. 칠레 남부에는 두꺼운 세 개의 널빤지를 꿰어 붙인 카누가 있었지만 여기도 돛이 달렸는지 여부에 대해서는 알려진 바 없었다. 그러므로 노를 젓거나 해류의 물살에 떠내려가는 방식으로 항해를 했을 것이다.[10]

예전에 이스터 섬에서 야자수 목재로 뗏목을 만들었을 가능성은 있다. 왜냐하면 망가레바에서는 삼각돛을 달고 거대한 통나무로 바닥을 깐 배가 있었다고 하고, 구전에 따르면 과거에는 그 배를 바다항해에 이용했다는 암시가 있기 때문이다.[11] 따라서 돛을 달고 바다로 나간 뗏목들과 어쩌면 실제로 폴리네시아 사람들이 배를 타고 (94쪽 아래 참조) 남아메리카에 다다랐으리라는

* 모체Moche는 기원전 200년~기원후 600년경 지금의 페루 북부 해안지역에 꽃핀 안데스 문명을 일컬으며, 치무Chimu는 잉카족 이전 페루에서 가장 거대하고 중요한 왕국을 세웠던 남아메리카 인디언 치무족의 문화를 말함: 편집자

12. 폴리네시아의 뱃사람들은 카누를 타거나 돛 달린 배를 타고 광활하게 펼쳐진 태평양을 건넜다.

생각은 충분히 그럴 듯하다. 망가레바의 서쪽에서는 대나무로 만든 뗏목이 전형적인 형태였던 것에 비해 남아메리카에서는 발사목이 폴리네시아 타입의 통나무를 대체했을 것이다.

비트먼에 따르면[12] 다섯 부분으로 이루어진 단순한 나무 뗏목 형태가 칠레 북부의 카냐모에서 발견되었는데, 그 시기는 8세기로 거슬러 올라간다고 한다. 그리고 이것은 최초로 유럽인들이 페루 북부지역과 에콰도르와 접촉했던 때부터 알려진 복잡하고 큰 발사 뗏목 이전에 나온 작은 뗏목 형태일 거라는 사실을 최초로 입증하는 고고학적 증거가 충분히 될 만하다. 그러나 비트먼은 이렇게 소형 모델을 본떠 만든 배가 장거리를 가는 외해 항해에 적합했으리라고는 믿지 않는다. 해안을 오가는 배들은 이들 남아메리카 지역에서 좀 더 일찍 등장했을지도 모른다. 그리고 이 지역에서 독자적으로 발전했을지도 모른다. 그렇더라도 에콰도르에서 발전시킨 삼각돛을 달고 바다를 항해하는 뗏목은 망가레바에서와 마찬가지로 폴리네시아의 영향을 받았다는 주장은 상당히 설득력이 있다.

더욱이 콘 티키호가 남적도 해류를 만났다는 것, 그리고 이 뗏목이 페루 해안에서 50해리 밖으로 끌려갔다는 사실은 이 항해가 진실로 표류 항해였다고 명명될 수 없다는 뜻이다. 유진 사보이는 1969년에 해안에서 밀려나지 않고 이 여정을 그대로 시도해보았으나 자신이 탄 뗏목이 250마일이나 퍼진 페루 해류에 갇힌 채로 파나마로 떠내려가는 것으로 끝나고 말았다. 그 후로 잇따라 이루어진 실험들은, 기껏해야 남적도 해류와 남동 무역풍이 페루에서 마르케사스 제도나 혹은 투아모투 제도로 배를 끌고 가고 이스터 섬으로는 데려가지 않는다는 사실을 확인시켜주었을 뿐이다. 어쨌거나 콘 티키호 항해와 선사시대 배가 표류 항해한 것을 서로 비교하는 것은 별로 공정하지 않다. 콘 티키호는 대략적이긴 했어도 알려진 행선지를 목표로 삼은 의도적인 항해였고 여기에 승선한 선원들은 라디오와 지도, 그리고 복잡한 항해도구들을 활용할 수 있는 이점을 누렸다. 그러므로 콘 티키호가 우리에게 입증한 바는 유럽에 연고를 둔 돛 달린 뗏목 편을 이용하고 현대적 생존장비를 갖춘 상태라면 페루와 폴리네시아 사이에서 101일 동안 항해를 해도 살아남을 가능성이 있다는 것 외에는 아무것도 없다.[13]

좀더 신랄하게 폴 테루[14]는 이렇게 평가했다. "평생 동안 어리석은 학설들을 내세운 헤예르달이 이룩한 유일한 성공은 콘 티키호를 타면 여섯 명의 중류층 스칸디나비아인들이 아무도 모르는 어딘가에서 산호초에 부딪히는 바람에 뗏목이 불시착한다는 걸 입증했다는 사실뿐이다."

바람과 해류, 그리고 항해

헤예르달의 논점은 이 지역을 흐르는 조류와 지배적인 풍향이 동쪽이라는 사실에 근거한 것이었다. 그러나 조류와 풍향이 변하지 않고 언제나 일정한 것은 아니다. 헤예르달은 그보다 앞서 데 주니야가 그랬듯이, 자신의 주장처럼 동풍이 '영구적'이지 않고 바람과 조류의 방향이 서쪽에서 동쪽으로 불거나 흐를 때는 한 해를 주기로 변한다는 사실을 간과했다. 예를 들면 로게벤은 우리가 이미 보았듯이, 북서쪽에서 불어오는 태풍 때문에 1722년 4월 6일에 섬에 정박하지 못했다. 그리고 윌리엄 톰슨은 여름철에는 바람이 남동쪽에서 불어오지만 겨울철에는 남서쪽이나 서쪽에서 불어온다고 강조했다. 이 밖에도 '엘니뇨' 현상 또한 고려해야 한다. 엘니뇨는 남태평양에서 폭넓게 발생하는 바닷물과 대기순환의 주기적인 변화를 가리키는데, 보통 크리스마스 즈음에 발생하기 때문에 이런 이름('어린이'라는 뜻)이 붙었다. 이때부터 상당

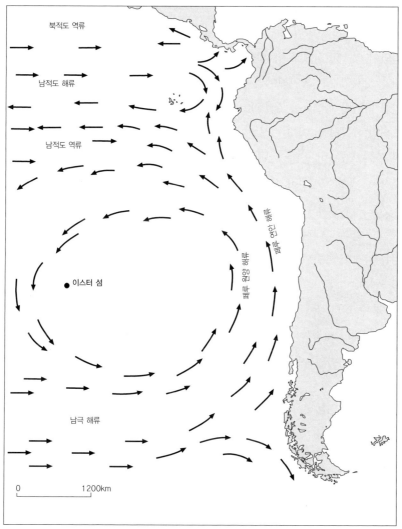

북적도 역류

남적도 해류

남적도 역류

페루 연안 해류

훔볼트 해류

•이스터 섬

남극 해류

0   1200km

13. 지배적인 해류의 흐름을 그린 지도는 페루에서 이스터 섬을 식민지화했다는 헤예르달의 믿음을 뒷받침해주는 것처럼 보인다. 그러나 페루 연안의 해류는 배들을 북쪽인 파나마로 밀고 나아가는 경향이 있다. 그리고 그동안 해류와 바람의 방향은 자주 바뀐다.

기간 동안 바람이 역으로 불어 서풍이 이 지역에 광범위하게 불게 되는 것이다(4장 참조). 이런 현상이 일어나는 동안에는 남적도 해류의 속도가 늦추어져 완만하게 흐르게 되거나 방향이 거꾸로 흐르게 되는 수도 있다.

바람이나 해류가 그 자체로 시사해주는 바가 별로 없다면 고대 폴리네시아인과 남아메리카인이 지녔던 항해기술을 살펴볼 수밖에 없다. 그래서 어느 집단이 이스터 섬으로 향하는 길고 위험한 항해를 하는 데 적합한 최상의 자질을 갖추었는지 확인해야만 한다. 우리에게는 고대 폴리네시아인들이 놀랄 만큼 탁월한 항해술을 갖추었고 광활한 태평양을 가로질러 하와이와 뉴질랜드처럼 아득히 먼 지역을 식민지화했다는 내용을 입증할 만한 풍부하고 탁월한 증거자료들이 있다. 그리고 역방향으로 움직인 경우가 있긴 했지만 대체로 동쪽 방향으로 나아갔다는 증거들도 있다.

선교 사절단과 탐험가들이 남긴 일지들을 살펴보면 18세기와 19세기에 이르는 동안 폴리네시아의 뱃사람들이 바람에 맞서 항해하는 방법을 알고 있었다는 사실이 확인된다. 그러므로 동남쪽에서 불어오는 지배적인 강풍은 돛을 단 카누나 다른 돛배를 탄 사람들에게는 아무런 장애가 되지 않았다는 사실을 알 수 있다. 동남풍을 맞으면 돛의 바람받이 방향으로 침로針路를 돌리거나 근접해서 넓적한 장대 노를 젓거나 키를 잡아서 헤쳐나가면 되었다. 게다가 폴리네시아인들은 서풍에 대해서 훤히 꿰뚫고 있었다. 그래서 동쪽으로 항해할 때 이 서풍을 종종 이용하기까지 했다.

진실로 폴리네시아인들이 태평양 위에 떠 있는 3천km²가 넘는 유인도를 모두 식민지로 만든 개척의 성과는 그들 '역사상 최대의 해상여행 서사시'로 일컬어져 왔다. 이에 대해서는 앞으로 4장에서 좀더 자세히 살펴볼 것이다.

한편 우리에게는 고대 남아메리카인들이 이러한 형태의 항해를 했다는 확실한 증거가 하나도 없다(63쪽 참조). 즉 기원후 몇백 년 동안(혹은 그 이후까지도) 남아메리카 인디언들이 식솔을 이끌고 이렇게 먼 거리를 이동할 능력이 있었음을 시사하는 자료는 전혀 없다는 말이다. 그 대신 그들이 탄 배들은 해안을 끼고 지나갔던 것 같다. 물론 발굴된 토기류를 보면 에콰도르에서 서쪽으로 960km 떨어진 갈라파고스 제도에 도달한 남아메리카인들이 실제로 있었음을 시사하기도 한다. 남아메리카의 북서쪽인 이 지역에는 페루와는 달리 돛을 이용한 선사시대의 뗏목이 실재했다는 건 알려진 사실이다. 중앙에 갑판이 있고 돛을 단 이런 뗏목들을 타면 장거리 항해가 가능하므로 페루 연안 해류의 경계구역에 다다를 수도 있었을 것이다.[15]

그러나 남아메리카와 폴리네시아 사이에는 수천 마일이나 되는 드넓은 바다가 가로놓여 있고 그 사이에는 갈라파고스 제도와 연안에 흩어진 몇몇 섬 외에는 아무것도 없다. 그러므로 남아메리카 해안 근처에 섬이라곤 거의 없는 이렇게 텅 빈 바다는 해안을 벗어나서 장거리 항해에 나설 엄두를 내게 하거나 유인할 만하지 않았다.[16]

남아메리카인의 항해는 대부분 상당히 안정된 날씨를 보이는 지역에서만 이루어졌다. 바다 멀리 나간다면 바람과 해류가 거세어질 뿐이었다. 콘 티키 탐사항해를 마친 뒤 헤예르달은 남아메리카인들에게서 중앙 갑판과 돛을 조작해서 뗏목을 조종하는 방법을 익혔다. 대형선박을 보트처럼 쉽게 다루고 어느 방향으로도 항해할 수 있는 기술을 터득한 것이다. 그러나 남아메리카인들에게 이런 기술이 있었다면 폴리네시아인들이라고 못했겠는가? 더구나 이 대륙에 접한 해안을 벗어나 항해하는 일은 섬들 사이를 항해하는 것과는 크게 다르다는 사실을 기억해둘 필요가 있다. 다시 말하자면 섬들 사이를 항해할 때는 늘 자신이 있는 지점을 알고 있는 상태이므로 해안의 어느 지점에 다다르고 싶다면 그냥 서쪽으로 항해하기만 하면 된다.

또한 이스터 섬은 매우 고립된 곳이다. 너무나 아득히 떨어져 있기 때문에 한 번 이상 발견되었으리라고 보기는 힘들다. 아주 드물게 서쪽 혹은 동쪽에서 온 배가 길을 잃어 태평양의 한 점처럼 떠 있는 이렇게 작은 섬에 실제로 다다랐다하더라도 그 배가 다시금 떠나온 고향으로 되돌아갈 수 있는 가능성은 거의 없는 것이다. 그 섬을 향해 떠났던 다른 배들은 말할 것도 없다. 대부분의 전문가들은 이 섬에서 양방향으로의 항해가 선사시대에는 불가능했으리라 간주한다. 그리고 많은 사람들은 이 섬에 사람이 정착한 것은 단 한 번뿐이라고 믿고 있다.

그러나 이러한 사실들에도 불구하고 헤예르달은 고대 페루의 진취적인 항해가들이 이스터 섬에 성공적으로 다다른 데서 그치지 않고 거기서 서쪽으로 더 멀리까지 나아가 몇몇 폴리네시아인들을 납치해서 돌아왔다는 확신에 찬 주장을 굽히지 않았다. 페루인들이 본국과의 접촉을 지속해왔다고 가정한다면 이것은 남아메리카인들이 우세한 해류와 바람도 거칠 것 없이 유유히 동쪽으로 항해를 할 수 있었다는 뜻이 되는 것이다!

고대 폴리네시아인들의 장거리 항해와 입증된 기술을 근거로 하는 것이, 그리고 그들이 라파 누이까지 충분히 다가갈 수 있었을 뿐만 아니라 그보다 동쪽으로 더 멀리 남아메리카까지 나아갔고, 폴리네시아로 무사히 귀환도 할 수 있었다고 가정하는 편이 틀림없이 훨씬 더 합리적인 논리이다. 어윈은 이것을 그가 표현한 '헤예르달의 아메리카 우회'보다 훨씬 더 그럴 듯한 시나리오로 보고 있다.[17] 가령 칠레에서 선사시대의 것으로 발굴된 자료들은 그 출처가 폴리네시아일 가능성이 높다.

반면에 이스터 섬에서 발굴된 자료로 연대를 추정하기 힘든 마타아(mataa, 투겁창)는 고고학적으로 확실히 입증되지 않았고, 단지 19세기 이후에 이스터 섬의 공예품이 수출되었음을 반영하는 것으로 본다.[18] 설령 신세계가 폴리네시아에 어떤 영향을 미쳤을 가능성이 있다 하더라도 반드시 아메리카 인디언의 항해와 연관이 있는 것은 아니다……

따라서 고대 폴리네시아인의 항해기술은 뚜렷하게 확인된다. 그리고 이스터 섬 사람들이 남긴 수많은 매혹적인 전통과 전설 속에 이 특징들이 드러나 있다. 진실로 이 섬에 전해 내려오는 풍부한 민담과 설화, 전설은 이 섬을 식민지화한 사람들이 서쪽에서 왔다는 입장을 뒷받침해주고 있다.

구비문학

이스터 섬의 전설 가운데 가장 널리 알려진 것은 호투 마투아Hotu Matu'a, 즉 이 섬의 초대 왕이다. 그는 서쪽으로부터 와서 해가 솟아오르는 곳으로 향해 갔다. 그리고 그의 고향은 히바Hiva라고 부르는 섬이었다. 이 이름이 이스터 섬에서 북서쪽으로 3,641km 떨어진 마르케사스 제도에 여러 차례(누쿠 히바Nuku Hiva, 파투 히바Fatu Hiva, 히바 오아Hiva Oa) 등장하고 있다는 사실은 주목할 만하다. 왜냐하면 20세기에 활약한 이스터 섬 문화 분야에 선구적인 전문가인 세바스천 잉글러트 신부는 호투 마투아가 이곳 출신이라고 믿었기 때문이다.[19] 만일 이스터 섬이 파투 히바에 의해 식민지화되었다면 모순적이라 하겠다. 바로 이곳이 헤예르달이 그와는 정반대되는 주장을 입증하기 위해 탐사항해를 시작한 곳이기 때문이다.

게다가 자신의 죽음이 임박한 걸 느낀 호투 마투아는 성지인 오롱고(섬의 서쪽 끝)로 가서 떠나온 고향땅을 바라보며 크게 고함을 질렀다고 한다. 폴리네시아의 전통에서는 맨 서쪽 끝의 땅을 영혼이 떠나는 지점으로 본다. 이 얘기를 들은 루틀지는 호투 마투아가 "작은 섬 모투 누이 너머로 마라에 렝가……자신의 옛 고향을 바라보았다"라고 특별히 강조했다. 이와 유사하게, 알프레드 메트로는 섬사람들은 시조가 살았던 땅의 이름을 "마라에 렝가라는 서쪽에 자리한 큰 섬. 따뜻했고 나무가 무성했던 섬" 정도로만 알고 있었는데, 이곳이야말로 폴리네시아 섬이 분명하다고 했다. 1868년에 라파 누이를 찾은 HMS 토파즈호Topaze의 외과의사 파머는 당시 섬사람들이 라파 섬, 즉 서쪽으로 3,432km 떨어진 곳을 그들의 고향으로 믿었다고 말했다. 1882년에 가이슬러는 섬의 선조들이 라파에서 와서 비나푸에 정착했다는 이야기와 갈라파고스 제도에서 와서 아나케나에 정착했다는 이야기가 있지만 대체로 서쪽에서 온 것으로 믿어진다는 보고를 한 바 있다.[20]

폴리네시아 고고학 분야의 선구적인 전문가로 오랜 세월 동안 마르케사스 제도에서 연구해온 일본의 시노토 요시히코는 "처음으로 이스터 섬을 찾았을 때 나는 마치 고향에 돌아온 기분이 들었다"라고 말했다. 이 두 지역은 물질문화와 언어 측면에서 상당히 많은 유사성을 띤다. 뒤에서 알게 되듯이 폴리네시아 고고학 분야에서 이름 높은 전문가인 케네스 에모리는 이스터 섬의 선사시대 문화는 오로지 마르케사스 섬에서 온 폴리네시아 사람들의 정착으로 진화·발전되었을 거라고 확신하게 되었다. 그는 폴리네시아인들이 사람이 살지 않던 이 화산섬을 식민지화할 수 있는 만반의 태세를 갖추고 들어왔다고 보았다.[21]

헤예르달이 섬의 구비문학을 다룬 방식은 극단적일 만큼 선별적이었다. 그의 모델은 한 가지 신화에서 출발했고 그런 다음 이 그림을 구체적인 자료를 통해 뒷받침하는 식이었다. 그래서 섬사람들이 서쪽에서 왔다는(즉 폴리네시아 동쪽에서 왔다는) 신화들은 무시하기로 결정했다. 섬에 전해 내려오는 구비문학은 모두 19세기 말에 이르러서야 수집되기 시작했다는 사실, 그 시기에는 이미 섬의 인구가 절멸에 가까운 상태였고 극소수의 생존자들이 기억하는 민담과 설화, 혹은 신화의 내용을 완벽하다고 확신할 수 없다는 사실, 그 밖에도 페루의 존재는 노예약탈을 통해 알게 되었다는 사실 등은 극도로 신중한 연구자세를 촉구하는 것이다. 그러나 헤예르달은 자신이 선택한 시나리오를 굳게 믿었다.

그러나 현대 고고학에서 사람의 기억에 의존한 구비문학 자료들은 주로 당대의 사회적 관계를 파악하는 단서로 해석되고 역사적인 기록으로서는 상당히 제한적인 가치만 부여한다. 그래서 많은 학자들은 고고학 연구에서 미흡한 면을 메워주는 데 이런 자료들을 활용하는 것을 주저한다. 반면 과학자들은 구전을 활용하고 고고학적, 민속지학적 증거들을 바탕으로 작업하는 것을 선호한다. 구술자료는 보통 우화적이고 은유적인 경향을 띠므로 확증을 할 필요가 있는 경우, 혹은 채색이나 윤색을 하는 데 필요할 뿐이다. 그런데 헤예르달은 이와는 정반대되는 일을 했다. 자신이 믿기로 결정한 선별적 이야기 안에서도 식민지 개척자들이 온 방향과 그 땅에 대한 묘사 같은 어떤 부분은 신빙성이 있다고 간주했지만, 다른 부분은 우화적이고 비유적이라는 이유를 들어 받아들이지 않았다. 가령 처음에 개별적으로 섬에 닿은 사람들이 형제지간이었다는 내용과 섬사람의 고향이 다수의 섬이라는 동쪽 기원을 암시하는 전설마저도 무시해버렸다.

사실 헤예르달의 이야기에는 일말의 관심을 기울일 만한 하등의 이유가 없다. 처음에 그는 호투 마투아가 섬이 텅 비어 있다는 것을 발견했다고 주장한다. 그러나 그보다 두 달 앞서 출발했던 그의 형제 마차아가 그곳에 있다고 말함으로써 처음의 얘기와 모순된 이야기를 펼친다. 무작정 서쪽으로 떠난 이 두 항해가 태평양이라는 드넓은 바다에 티끌만큼 조그맣게 고립되어 있는 이 섬에 똑같이 다다를 수 있었으리라고는 믿기 어렵다. 식물 생태의 연구를 통해 얻은 증거 또한 이 이야기의 몇몇 측면들이 무용하다는 것을 입증해준다. 그러나 이보다 훨씬 더 결정적인 것은, 톰슨이 1886년에 단지 11일간 이 섬에 머문 뒤에 이야기를 기록했다는 점이다. 그로부터 불과 28년 후에 루틀지 여사가 이 섬에서 16개월간 머물면서 광범위하게 정보를 수집했지만 '단한 번도 톰슨이 주장한 이야기를 마주친 적이 없었다.'[22] 그 대신에 톰슨에게 정보를 제공했던 대개의 사람들과 마찬가지로 루틀지에게 정보를 제공한 이들은 자신들의 선조가 이웃한 두 섬, 즉 마라에 렝가와 마라에 토히오라는 곳에서 왔다는 사실을 몰랐거나 혹은 그렇다고 주장했다. 메트로는 동쪽 기원에 관련된 새먼과 톰슨의 자료에는 상당한 의문의 여지가 있을 뿐 아니라 아주 최근 자료임이 틀림없다고 주장했다.[23]

요컨대 구전에 의존하는 것은 위험천만한 태도라는 것이다. 루틀지 여사의 "사람의 머릿속에 담긴 사실을 수집하는 일은 돌을 해독해서 사실을 수집하는 일보다 훨씬 더 어려웠다.……교육을 받지 않은 사람들의 마음에 담긴 진실에 다가가기가 특히 어려웠다.……기억이 희미한 경우에는 자꾸만 기억보다는 상상 쪽으로 흘러가곤 했다.……질문에 대한 대답으로 돌아온 정보는 대체로 엉뚱하고 신화적이다"[24]라는 지적은 현명하다. 그녀는 또 이렇게 덧붙였다. "폴리네시아인들의 진술은 부정확하기로 악명이 높다. 그들은 자신들이 언제 진실을 말하고 있는지, 또 언제 상상력에 기대고 있는지 스스로도 알아채지 못하는 경우가 흔하다."[25]

그래서 섬에 전래되는 구비문학은 상당 부분 가감하면서 받아들일 필요가 있다. 그러나 헤예르달이 반드시 그래야 한다고 주장한 것처럼, 구전을 포함시킨다고 하더라도, 그가 선호한 섬의 기원에 대한 주장은 터무니없을 정도로 부정확하고 일관성도 없으며 정도에서 벗어나 있다. 그의 주장을 제외하고 그 이전과 이후에 나온 주장들을 다 모아보아도 한결같이 가리키는 기원은 서쪽 방향이다.

구비문학은 섬의 식물을 연구하는 데 있어서도 마찬가지로 잘못된 길로 이끌어갈 수가 있다. 가령 꽃가루 분석에서 이미 보았듯이, 토로미로(소포라 토로미로Sophora toromiro)와 하우하우(트리움페타 세미트릴로바Triumfetta semitriloba) 나무는 사람이 들어오기 수천 년 전에도 이 섬에서 자라고 있었다. 그렇지만 구전에는 이 수종들이 다른 유용한 식물들과 더불어 최초의 왕, 호투 마투아가 가지고 들어왔다고 되어 있다. 구전을 너무 많이 믿고 의존하면 무리가 따르게 되는 것이다!

섬의 전설들은 종종 서로 모순되거나 상반되는 내용을 담고 있으므로 결정적인 증거로 볼 수가 없다. 이보다는 좀더 구체적이고 활용가능한 식물학적 정보를 살펴본다면 어느 정도 진전을 거둘 것이다.

식물학적 증거

분류학은 이스터 섬을 개척한 사람들이 신세계에서 왔다는 헤예르달의 이론에 분명하게 이의를 던진다. 유럽인이 들어온 무렵이나 헤예르달이 직접 조사를 위해 최초로 꽃가루 분석을 해보았을 당시에도 이 섬에는 남아메리카의 대표적인 자원인 옥수수나 콩, 혹은 호박이 전혀 없기 때문이다. 분류학은 토토라 갈대의 원산지가 페루라는 헤예르달의 주장과도 어긋난다. 왜냐하면 섬에서 보이는 다양한 토토라는 페루의 그것과 구분되기 때문이다(칠레산 토토라와 비슷하기는 하다). 그리고 씨앗으로 번식하기 때문에 바람에 날리거나 바닷물에 실려서, 혹은 새의 발가락 사이에 묻어서 이 섬으로 옮겨졌을 수도 있다.[26] 이런 식의 토토로 이식방법에 이상한 구석은 전혀 없다. 찰스 다윈은 물새들의 발가락에서 52종에 달하는 수종의 씨앗을 씻어낸 바 있다. 타바이 또한 씨앗이 퍼져서 번식했을 것이다. 그리고 토토라와 마찬가지로 새의 몸에 묻어서 수많은 지역으로 흩어졌을 것이다. 토토라가 남아메리카에 자란다는 사실이 헤예르달의 주장을 입증해주는 것은 아니다. 왜냐하면 이 식물은 남아메리카를 날아다니던 새의 발가락에 묻어서 얼마간 시간이 흐른 뒤에 마르케사스 제도로 옮겨갈 수도 있었을 테고, 또 거기서는 사람들에 의해 이스터 섬으로 들어갈 수도 있었을 것이다. 이것은 새삼스러운 일이 못 되는데, 토토라는 의학적인 가치가 있는 식물로 간주되기 때문이다. 꽃가루 증거를 가지고 이 식물이 이스터 섬에서 자란 지 아주 오래되었다고 단정하기는 어렵다.

토토라라는 명칭은 이스터 섬과 하와이에서 같이 쓴다. 이것은 이들 섬에 사람들이 정착해 살기 전에 토토라와 유사한 갈대가 자랐던 원산지에서 이 말이 옮겨왔다는 사실을 말해준다. 어쨌든 이것은 모두 이 갈대가 이스터 섬에 적어도 3만 년(!) 동안 존재했음을 밝힌 존 플렌리의 꽃가루 분석이 이루어지고 난 뒤로 학문적인 논의대상이 되었다. 그러나 신세계와의 연관성을 보여주는 그 어떤 증거도 제공하지 않는다. 우리는 로게벤이 1722년에 이 섬에 도착했을 때 원주민들이 "갈대를 엮어 만든 다발을 타고 헤엄쳐 다가왔다"는 것을 안다. 남아메리카에는 이 식물과 연관된 종류의 갈대로 만든 배는 하나도 없었다.

칠리 고추의 원산지를 남아메리카로 보는 헤예르달의 이론 역시 애매모호하다. 1770년의 스페인 사람들 설명에 따르면 칠리 고추는 섬사람들이 고구마, 바나나와 함께 가지고 들어온 것으로 되어 있다. 헤예르달은 이 섬의 식물 가운데 칠리 고추와 혼동할 만한 것은 하나도 없다고 주장했다. 그 반면에 다른 이들은 섬의 고유종인 솔라눔 포르스테리Solanum forsteri와 혼동할 만큼 비슷하다는 의견을 내놓았다. 솔라눔 포르스테리는 원주민어로 포포로poporo 혹은 포로포로poroporo인데, 현재 이 섬에 자라고 있는 칠리 고추도 이 명칭으로 불린다. 이로부터 불과 4년 뒤에 캡틴 쿡이 동반한 식물학자 조지 포스터는 이런 식물 관찰에 훨씬 더 많은 시간을 바친 사람인데, 한 번도 칠리 고추에 대한 보고를 한 적이 없다는 사실은 특히 주목할 만하다.

뿐만 아니라 호주의 연구자 로버트 랭던은 칠리 고추에 얽힌 모든 이야기는 기네오스guineos라는 단어를 바나나를 수식하는 형용사가 아니라 ('guineos plantains') 명사로 오역한 데서 파생되었다고 믿는다.[27] 랭던은 이 외에도 아메리카 식물인 카사버(타피오카)가 이스터 섬에 존재한다는 사실이 가려져 있었던 것도 비슷한 오류 때문으로 믿는다. 즉, 1770년에 스페인 사람들의 원래 설명에는 유카yuca라는 단어가 쓰였는데 그것이 타로 토란으로 잘못 번역되거나 아예 번역에서 누락되었다는 것이다. 랭던의 이론에는 그다지 신빙성이 없다. 우선 그의 주장은 18세기의 스페인 출신 조타수 두 사람의 증언을 근거로 하고 있는데, 이들은 식물을 식별해내는 데 그다지 숙달되지 않은 사람들로 추정된다. 두 번째로는, 이 섬을 찾은 최초의 식물학자인 포스터가 그로부터 불과 4년 후에 카사버가 아니라 타로라고 분명히 기록으로 남겼다는 점 때문이다. 게다가 랭던 자신도 톰슨이 작성한 꼼꼼한 목록에는 이 식물에 대한 언급이 전혀 없다고 지적하고 있다. 타로는 눈에 띄지 않는 작물이 결코 아니다. 계절 산물이 아닐 뿐더러 크고 높게 자라 쉽게 눈에 들어온다. 그런데도 1911년에 철저한 식물조사가 이루어질 때까지 한 번도 설명된 적이 없는 것이다! 랭던은 한 가지 시나리오를 상상하는 쪽으로 치달아간다. 그 시나리오에 따라 섬으로 들어온 마지막 폴리네시아인들은 이 식물들을 간과했는데, 그것은 이들에게 낯설었기 때문이었다고 단정해버린다. 그래서 1770년에 보고되었으리라 추정되는 이 카사버라는 식물은 멸종되었지만

1911년 이전에 다시 유입되었다는 식의 설명이다.……이는 가정과 추측이 난무하는 시나리오임이 틀림없다.[28]

목화와 관련해서는 최초의 유럽 탐험가들인 로게벤, 곤살레스, 쿡 가운데 그 누구도 보았다는 보고를 하지 않았다. 그리고 우리는 그 후 1786년에 이스터 섬을 찾은 유럽의 라페루즈가 목화 씨앗을 얼마간 뿌렸다는 사실을 알고 있다. 최초로 이 섬에서 이루어진 1911년의 식물조사에서는 드문드문 떨어진 장소에서 반야생의 목화가 몇 종 발견되었다. 그리고 이것들은 1860년대에 이 섬에 들어왔다는 주장이 제기되었다. 섬의 초창기 사전이나 어휘 가운데 이 식물을 가리키는 단어로 기록된 것은 전혀 없었다. 1722년에 최초로 섬을 찾은 유럽인들이 본 직물은 오직 타파천, 즉 꾸지나무 속껍질을 두들겨서 늘인 직물뿐이었다. 그 당시에는 판야나무를 알고 있었던 폴리네시아인들마저도(가령 타히티 사람들도) 이것으로 실을 잣고 짤 수 있다는 사실은 몰랐다. 이와는 대조적으로 선사시대의 페루인들은 목화를 방적하고 직조하는 기술에 있어서 세계 어느 곳보다 뛰어난 전문가들이었다. 이스터 섬에 직조된 천이 전혀 없을 뿐만 아니라 직조기술에 대해서도 무지하다는 사실은 페루와의 연관성에 어긋나는 아주 불리한 증거이다.

그렇다면 이스터 섬과 남아메리카 대륙이 식물학적으로 연관되어 있다는 가능성으로 남아 있는 한 가지는 고구마Ipomoea batatas이다. 고구마는 1722년까지 이 섬에 명백히 존재하는 식물이었다. 헤예르달은 이 작물이 마르케사스 제도에서 왔을지 모른다는 가능성을 인정했음에도 남아메리카에서 직접 들어왔다고 시사했다. 설령 그의 주장대로 신대륙에서 이 작물이 들어왔다고 하더라도 이것이 이스터 섬과 본토 사이에 직접적인 접촉이 이루어졌음을 함축한다고는 볼 수가 없다. 더구나 그런 일이 정말 일어났다고 해도(동남아시아에는 야생종들이 있다) 남아메리카에서 오세아니아로 이 식물이 어떤 방법으로, 그리고 어떤 경로로 유입되었는지 전혀 알 수가 없는 것이다. 많은 학자들은 이 식물이 새들에 의해, 혹은 다른 자연적 방법을 통해 퍼졌을 거라고 믿는다. 언어학적 증거로서 전문가 더글러스 옌에 따르면, 이 식물이 3세기에서 8세기 사이에 폴리네시아 정동쪽 어딘가에 들어왔을 가능성이 있고, 거기서 다시 광범위하게 흩어졌을 거라고 본다.[29] 안타깝게도 목화의 꽃가루 알갱이는 크고 특색이 뚜렷하지만 퇴적물로 보존되지는 못하는 듯하다. 그래서 라파 누이의 역사에 빛을 던질 수 있을 만한 침전물이 섬의 분화구 중심부에서는 전혀 나온 적이 없다.

따라서 알려진 식물들 중에 신대륙과 폴리네시아 사이에서 옮겨갔거나 옮겨왔다는 사실을 말해주는 확실한 증거는 하나도 없다는 것이 가장 최근의 견해이다. 그리고 설령 고구마가 어찌어찌해서 신대륙에서 온 것이라 해도 이는 아메리카 인디언의 물질문화와 종교 전반이 옮겨오는 문제와는 상당히 다른 얘기이다. 적당한 수의 아메리카 인디언들이 이주하는 문제와도 상당히 다른 얘기이다. 이제부터 우리가 관심을 돌려야 하는 영역이 바로 이쪽이다.

미술과 민속 공예품

고고학 그 자체, 공예품과 미술품, 건축물의 형태로 이스터 섬 사람의 기원에 대해 말해주는 것은 무엇인가? 20세기에 이루어진 연구와 발굴작업, 특히 지난 수십 년간의 연구와 발굴작업을 통해 남태평양을 연구하는 고고학계의 대다수 전문가들은 라파 누이에서 발견된 전통 공예품들이 명백하게 폴리네시아에 그 기원을 두고 있다는 것, 그리고 폴리네시아 동부 지역 물질문화의 맥락 안에서 볼 때 너무나 익숙한 형태라는 것, 그 어떤 문화적 간극도 보이지 않는다는 것을 인정하기에 이르렀다.[30]

가령 1770년의 스페인 항해가들, 1774년의 포스터(그는 드로잉도 그렸다), 1786년의 라페루즈를 비롯하여 최초로 이스터 섬을 방문한 유럽인들 중 많은 이들이 섬사람들의 카누에 현외부재舷外浮材, outrigger가 부착되어 있었음을 언급했다. 이 현외부재는 동남아에서 퍼져나간 오스트로네시아어를 쓰는 사람들의 발명품이므로, 이스터 섬 사람들이 어디서 왔는지를 가리키는 또 하

나의 증거가 된다.[31]

헤예르달의 주장에도 불구하고 한 가닥으로 된 라파 누이의 낚싯바늘은 폴리네시아에서 전형적이고 현저하게 보이는 도구로서, 적어도 1220년에 아후 비나푸에 살았던 부족들까지 거슬러 올라갈 만큼 지속적으로 사용해왔다. 따라서 이는 이스터 섬의 문화에서 비非 폴리네시아적이라고 거론되는 중요한 요소를 부정하는 논증이다.[32] 하와이와 뉴질랜드에서 사용했던 미늘이 달린 바늘의 형태와는 대조적으로 안쪽으로 굽은 뾰족한 모양의 낚싯바늘 또한 마르케사스 제도의 초창기를 특징짓는 요소이다. 그런가 하면 두 가닥으로 나누어진 낚싯바늘은 하와이와 뉴질랜드의 기술혁신에 비견될 만한 그 지역 고유의 발전이 일궈낸 결실이었다. 1980년대에 콘 티키 박물관의 발굴작업이 이루어진 아나케나에서 정작 마주친 것은 6cm 길이의 뼈로 만든 고래잡이용 작살의 윗부분이었다. 아나케나는 전통적으로 이스터 섬에 사람들이 처음으로 정착한 장소라고 믿어지고 헤예르달이 남아메리카와 연관된 유적들이 발견되리라고 확신했던 곳이기도 하다. 여기서 발견된 것은 마르케사스 제도에서 발견된[33] 폴리네시아산 쥐뼈와 산호 무더기, 그리고 붉은색 아시아산 멧닭과 더불어 암석층 밑바닥에서 발견된 표본들과 똑같은 형태였다(1200년경). 심지어 헤예르달도 유럽인들이 왔을 때 이스터 섬에는 폴리네시아 사람들로 넘쳤다는 것을 인정했다. 게다가 폴리네시아인들이 처음부터 그곳에서 살았다는 것은 분명한데 어디에 남아메리카 사람들이 있단 말일까? 그러나 헤예르달은 이 딜레마를 제대로 숙고해본 적이 없었다.

섬의 석제 손도끼는 소시에테 제도와 사모아, 통가는 물론이고 특히 마르케사스 제도에서 발견되는 것처럼 폴리네시아의 동부지역에서 아주 초창기에(1100년경) 발달된 단순한 형태의 석제 손도끼에 상응한다. 라파 누이는 폴리네시아 동부의 다른 지역에서 슴베를 박은 손도끼 형태로 발전시킬 때까지는 고립되어 왔던 것 같다. 그러나 그 이후에는 독자적인 기술혁신을 이루어 끝에 홈줄이 깊게 패이고 사각형 모양으로 쪼아서 판 흔적이 남아 있는 석제 손도끼 같은 몇몇 연장들을 개발했다. 이 섬의 다른 물질문화에도 마찬가지로 동부 폴리네시아와의 유사성이 담겨 있는데 특히 마르케사스 제도와 닮았다. 그리고 오랫동안 고립되어 지내온 탓에 자체적으로 이룩한 혁신적인 기술과 지역 특유의 조건에 적응한 형태를 보여준다. 대체로 대형 조개껍질로 만든 연장이 드물고 흑요암으로 만든 연장이 많은 것도 그 예이다. 폴리네시아의 중심부에서 1200년경에 발달한 몇몇 석제 손도끼가 그렇듯이 폴리네시아에서 보이는 절굿공이 형태가 이스터 섬에 없다는 사실은 이 섬의 식민지화가 기원 초 몇백 년 동안에 이루어졌다는 증거가 된다.

헤예르달은 최소한 131점의 항아리에서 나온 2천 개가 넘는 조각에서 남아메리카 사람들이 여러 차례에 걸쳐 훨씬 더 가까운 갈라파고스 제도에 갔다는 증거를 실제로 발견했다. 이 항아리들 중 44점은 남아메리카에서 나온 잉카 이전의 형태가 분명하다. 그러나 이스터 섬에 직물의 흔적이 전혀 없는 것과 마찬가지로 선사시대의 질그릇 파편 또한 지금까지 단 한 점도 발견된 바 없다. 그런데 직물과 질그릇은 페루문화의 특징을 가장 잘 드러낼 뿐만 아니라 페루문화에서 가장 풍부하게 발견되는 생산품이기도 하다. 설사 남아메리카인들이 토기를 한 점도 가지고 들어오지 않았다고 하더라도 섬에 온 뒤로 얼마간 제작을 했을 수도 있었을 것이다. 1955년에 헤예르달이 라파 누이로 데리고 간 고고학자들 중 한 사람인 카알라일 스미스는 이 섬 라노 라라쿠의 서쪽 비탈에 펼쳐진 습지에서 고품질의 도토가 될 만한 흙을 발견했다. 그는 그 흙으로 작은 토기를 빚어 성공적으로 구워냈다.[34] 아메리카 원주민 도공들도 이렇게 도기를 만들어낼 수 있었음이 분명하다.

그러나 동일한 주장이 폴리네시아인에게는 적용되지 않는다. 비록 선사시대 초창기에 폴리네시아 서부지역은 라피타Lapita 라는 장식 토기를 특징으로 했고, 이 토기가 기원전 천 년에 이르자 무늬 없는 수수한 토기로 발전되기는 했지만 기원후 200년에 이르면 사모아와 통가에서, 그리고 300년에 이르면 그 밖의 모든 지역에서마저 흔적도 없이 사라진 것으로 보인다. 정말로 이 시

A. 공중에서 본 아나케나의 아후 나우 나우.

B. 공중에서 본 섬의 남쪽 끝 지점으로, 거대한 분화구가 있는 라노 카우.

C. 이스터 섬의 유명한 무릎 꿇은 석상 '투
   쿠투리'는 1955년에 토르 헤예르달 탐사
   팀이 라노 라라쿠 채석장의 측면에서 발
   견했다.

D. 정원 울타리를 찍은 항공사진. 마나바이
   (manavai, 물이 있는 곳)라 불리는데, 바람
   막이 장치이다. 주변으로 암각화들이 눈
   에 띈다.

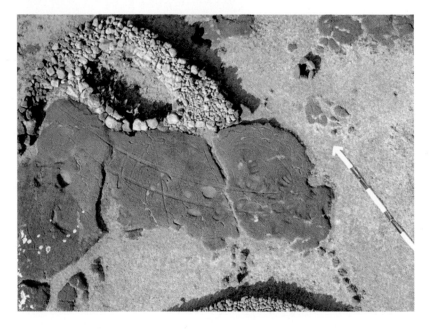

E. 라노 라라쿠 채석장을 올려다본 모습. 거
   대한 머리조각들이 언덕배기에 불쑥불쑥
   튀어나와 보인다.
F. 라노 라라쿠 채석장의 비탈 가장자리에
   놓인 모아이moai 두상들.

G. 라노 라라쿠의 안쪽 광경. 분화구를 마주보며 입상 모아이가 서 있다.

H. 라노 라라쿠의 비탈 가장자리에 서 있는 모아이.

기 이후로는 폴리네시아의 그 어떤 사회에서도 토기를 전혀 만들지 않은 듯하다. 아마 현무암과 산호로 뒤덮인 섬에서는 토기재료인 점토가 상대적으로 부족했기 때문일 것이다. 달리 말하자면, 이스터 섬을 식민지로 개척한 폴리네시아인이라면 아메리카 인디언과는 달리 토기를 제작하는 일이 생소했을 것이다.

아이러니한 것은, 어느 시점에 토기가 발견되었던 것 같다는 점이다. 헤예르달은 섬 주민들에게 페루에서 가져온 질그릇 파편들을 보여주었다. 그와 비슷한 것이 라파 누이에서 발견될지도 모른다는 기대를 품고서. 아니나 다를까, 얼마 지나지 않아 한 남자가 단일한 토기에서 나온 광택이 나는 붉은 파편들을 보여주면서 아후 테프에 있는 어느 약탈된 무덤에서 나온 것이라고 주장했다. 그러나 고고학자들은 그곳에서 토기를 전혀 발견하지 못했고 이 사건은 장난어린 속임수였으며, 문제의 남자가 가져온 조각들은 칠레의 오래된 항아리에서 나온 것이라는 사실이 밝혀졌다. 섬 주민들은 '콘 티키 나리님'이 필요로 하는 것을 찾아주고 싶은 마음이 이토록 간절했던 것이다. 흥분했던 헤예르달이 진실이 밝혀졌을 때 자신의 귀를 의심했으리라는 것은 충분히 이해할 만하다. 너무나도 간절하게 그는 토기가 발견되기를 바랐을 테니까.[35]

기원전 100년에 사람이 정착하게 된 마르케사스 제도에서 선사시대의 토기가 얼마간 발견되었다는 사실은 주목할 만하다. 그러나 그 토기들은 서쪽 지역에서 유입되어 온 것이었다. 이스터 섬에서 발견된 돌로 만든 주발들은 사모아의 거친 토기와 테두리 모양이 똑같다. 말기 폴리네시아의 무문토기를 고스란히 본뜬 복제품 같은 이런 석기 주발들은 라파 누이 초기 정착의 단서로서 기대할 만하다는 의견이 제시되어 왔다.

남아메리카의 강한 영향력을 부정하는 논의를 더 발전시켜본다면 폴리네시아 전역에서 얇은 박편으로 압착시키는 기법이 석기에 전무하다는 점을 들 수 있다.[36] 두드리고 때리는 식과는 상반되는, 얇은 조각이 될 때까지 '밀어내는' 이 기법은 아메리카 대륙에는 광범위하게 퍼져 있었다. 아주 일찍부터 상당히 오랫동안 지속되어 온 기법이라서 이스터 섬에 다다른 아메리카 인디언이라면 당연히 석기를 제작할 때 이 기법을 활용했을 것이다. 특히 이 섬의 흑요암은 이 방법에 매우 적합한 재료이다. 이것은 일찍이 아메리카 인디언의 문화를 다룬 저술로 알려진 윌리엄 멀로이가 "아메리카 인디언이 이 섬에 발을 들여놓은 적이 있었는지에 대해 확신할 수 없게" 한 부정적인 증거의 하나였다. 그리고 헤예르달이 이스터 섬에 남아메리카의 금속제품이 전무한 데 대해 할 말이 하나도 없었던 것은 너무도 당연했다!

민속 공예품에 대한 논의는 이쯤에서 끝내자. 그렇다면 거대한 제례용 기단과 조각품은 어떤가? 사실 이스터 섬과 남아메리카의 기단과 조각 형태에는 눈에 띌 만큼 표면적인 유사성이 몇 가지 있다. 결국, 단일한 돌기둥 monolith으로 표현되는 인간의 형상이란 너무나 다양할 테니까. 그렇다고 하더라도 헤예르달의 주장 속에는 주관성과 희망적인 관측, 그리고 모순이 너무나 많이 깔려 있다. 신세계와 태평양 해역의 다른 지역 사이에 연관성을 굳게 믿는 소수의 미국 인류학자들마저도 헤예르달이 라파 누이를 해안의 여러 제도가 아니라 페루와 볼리비아의 고원지대에 있는 티티카카 호수를 중심으로 펼쳐진 티아후아나코 문화 사이의 유사성을 입증하려는 입장에 대해 상당히 기묘하게 생각했다. 더군다나 '제국주의적' 티아후아나코 시기는 8세기에 시작되고 연안의 섬들에 영향력을 행사하기 시작한 것은 이보다 좀더 나중의 일이다.

그러므로 헤예르달이 믿었던 대로, 최초의 정착민들이 이스터 섬에 들어온 것이 400년 전이라고 치더라도 어떻게 그들이 티아후아나코 문화를 섬으로 들여갈 수 있었겠는가? 이때는 페루 연안에 모치카 문화가 등장한 시기였다. 이런 논리적 모순을 극복하기 위해 헤예르달은 탄소 방사성 동위원소 조사를 근거로 한 불확실한 초창기 라파 누이의 두 시기(아후 테프 1세 묘 안의 갈대를 기준으로 측정한 318년과 포이케 호에서 나온 목탄을 기준으로 측정한 386년)를 타당하지 않은 것으로(말하자면 목탄은 천연적으로 생성될 수 있으므로) 무시할 수밖에 없었을 것이다. 그리고 타하이에 최초로 정착한 시기를 그 다음으로 가장 빠른 690년으로 설정하지 않을 수 없었을 것이다. 그러나 이 시기도 고대 티아후아나코의 영향을 받았다고 하기에는 지나치게 이르다.[37]

더욱이 회반죽을 전혀 쓰지 않고 다각형의 대형 돌덩이를 꼭 맞게 끼운 기술이 페루에서는 1440년이 지난 후에야 시작되었다. 그러나 이스터 섬에서는 1200년 이전에 (타하이에서) 이와 비슷하게 맞물린 석조물이 만들어졌다. 헤예르달은 서로 잘 맞물린 기단이 등장하는 제1비나푸 제작시기를 초창기로 설정했다. 그러나 이 기법은 1516년까지 거슬러 올라가서도 나타났다. 반면에 제2비나푸는 실제로 더 앞선 시기(857년)로, 좀더 거칠고 폴리네시아 동부지역에 전형적인 넓고 두꺼운 수직 판상물을 보여준다. 사실 제2비나푸 기단의 블록들은 제1비나푸의 기단을 통합한 것이다! 그래서 제1비나푸 기단으로서는 좀더 후기의 것이 안데스 문명에서 잘 맞물린 돌덩이들이 나타나는 시기에 더 부합하는 반면에, 동일한 지역에서 보이는 폴리네시아식 구조물보다는 시기적으로 앞서는 것이다.

어쨌거나 이스터 섬의 기단들은 안데스 문명 사원의 전통과 설계가 아니라 동부 폴리네시아의 마라에(marae, 고대 신의 성소이자 종교·사회적 중심부)의 전통과 설계를 따르고 있다. 실제로 400년에 만들어진 아후 테프 1세의 기단은 망가레바 근처, 티모에 섬에 있는 마라에와 매우 흡사한 형태이다.[38] 망가레바의 마라에는 폴리네시아의 다른 지역에서 보이는 석조물보다 이스터 섬의 기단과 훨씬 더 닮아 있다. 이것은 서로간의 연관성을 시사하거나 적어도 그 기원이 같다는 사실을 말해준다. 석벽에 대해서 안데스 문명 전문가들은 고대 잉카의 석공술이나 석조물 가운데서 이와 맞춤하게 어울리는 형태를 찾을 수가 없다고 강조해왔다. 게다가 페루에서 사용된 단단한 블록과는 달리 이스터 섬의 '벽'은 실제로 속에는 암석 조각들을 채워 넣고 표면만 편평한 돌로 장식한 것이다. 그러므로 거석쌓기 식의 블록과의 연관성도 피상적인

것에 불과하다. 메트로는 이 유추가 온당치 않다고 강조했다.[39]

섬 주민들이 돌을 다루는 기술은 목공에서 보이는 그들의 능란한 솜씨, 말하자면 카누를 만드는 데 필요한 널빤지를 만드는 기술에서 나온 것이라는 견해가 제시되어 왔다.[40] 그러나 이런 목공술은 라파 누이에 고유한 기술은 아니었다. 왜냐하면 폴리네시아에서 가장 정교하다고 설명되는 마르케사스 제도의 가옥 기단이 놀랄 만큼 아귀가 잘 맞춰져 있어도 그 형태는 특별하지 않고 현무암을 거석쌓기 방식으로 세운 것이기 때문이다. 우아하게 쿠아의 가무용 기단dance-platform은 돌 하나가 3~5톤 무게나 되는 거석들로 이루어져 있다. 또한 5m 높이의 대형 3층 석탑으로 스톤헨지 3층탑을 연상시키고, 통가 섬에 1200년경에 세워진 '하아몽가 아 마우이'도 거론할 수 있을 것이다. 이 탑은 네모진 산호충 덩어리로 만들었는데, 그 무게가 30~40톤에 이른다. 폴리네시아인들은 석공 기술이나 거석쌓기 방식으로 블록을 세우는 데 결코 무지하지 않았던 것이다.

뿐만 아니라 헤예르달의 주장이 무엇이든 상관없이, 위층 벽을 아래층 벽보다 돌출된 형태로 쌓는 내쌓기 방식으로 건축물을 세우는 데도 상당히 능란했다. 따라서 이것을 배 모양으로 지은 거주 가옥보다 시기가 앞선다고 볼 만한 확고한 증거는 전혀 없는 것이다. 실제로 오롱고에 있는 몇몇 기단들은 배 모양의 가옥 둘레를 장식했던 연석들을 한데 섞어 만들었다! 그리고 내쌓기 방식으로 지붕을 지은 석조 가옥은 얇고 납작한 화강암을 풍부하게 이용할 수 있었기 때문에, 그리고 기둥을 세우고 초가지붕을 이은 가옥에 필요한 자재가 점점 더 고갈되어 갔기 때문에 이 지역에서 고안된 방식이라고 보는 것이 훨씬 더 타당하다. 어쩌면 폭풍우 등 악천후에 좀더 잘 버틸 수 있는 구조물을 만들어야 했던 필요성이 촉발한 방식으로 볼 수도 있겠다. 어쨌든 내쌓기 방식은 하와이에도 존재하고 '폴리네시아 어부들'이 갖추었던 기술 가운데 하나였음이 분명하다. 배 모양의 가옥은 망가레바, 라파, 투아모투의 타원형 건축물과 분명히 닮았다. 이스터 섬의 일부 가옥들의 가장자리를 두른 연석은 망가레바와 소시에테 제도에서도 보인다.

더군다나 헤예르달의 '거석—머리'는 사실 옛 형태가 손상되지 않은 원래의 석상에 이용된 라노 라라쿠 응회암 조각들을 다시 깎은 것이다. 사람을 닮은 직사각형의 기둥들은 비나푸에서 19세기에 사용되었던 것으로 보인다. 그렇기 때문에 더욱더 아주 초창기보다는 상당히 늦은 시기일 가능성이 높다.

무릎을 꿇고 있는 석상 '투쿠투리'는 이른 시기에 제작되었음을 입증할 만한 증거가 하나도 없다고 종종 지적되어 왔다. 원래 놓였던 자리가 어디인지 우리로서는 전혀 알지 못한다. 세바스천 잉글러트를 비롯한 몇몇 학자들은 이것을 폴리네시아의 티키(tiki, 이 포즈는 이스터 섬에 잘 알려져 있어서 노래꾼들이 축제 기간에 보여주기도 한다)와 양식상 유사한 훨씬 후반기의 조각으로 간주해왔다. 그 시기를 정확하게 맞추려는 시도는 네 차례의 탄소 방사성 동위원소 조사로 이어졌다. 그러나 두 시기는 최근이고 하나는 초기이며 나머지 하나는 그 중간기로 결과가 나와 아직도 풀리지 않은 숙제로 남아 있다.[41] 티아후아나코의 무릎 꿇은 석상들이 이스터 섬 석상의 포즈와 공통점이 더 많다고는 할 수 없다. 게다가 이스터 섬 석상의 경우 세월이 흐르면서 너무 많이 마모되었기 때문에 합당한 비교를 하기도 어렵다. 투쿠투리의 몸이 훨씬 덜 기울거나 구부러져 있고 훨씬 더 자연스럽다. 그리고 얼굴의 각도도 상당히 다르다. 그 둘을 자세히 들여다보면 볼수록 닮은 구석이 한층 더 적어 보인다.

폴리네시아나 남아메리카 조각 관련 전문가 중에 지금까지 헤예르달의 추론에 대해 미미하게라도 납득을 한 이는 거의 없었다. 헤예르달은 이스터 섬의 다른 예술도 남아메리카의 그것과 자주 비교했는데, 여기서 그가 든 사례들 중 어떤 것은 다른 것들에 비해서 훨씬 더 그럴싸했다. 불행하게도 '고양이'와 '칠면조'로 추정되는 특징으로 그가 거론한 내용은 단지 상상의 소산처럼 보인다. 윌리엄 톰슨은 오롱고에서 이스터 섬의 대표적인 신 마케마케 Makemake의 얼굴을 한 새사람birdman이 조각된 암석을 한 점 발견했다. 그것은 그가 페루에서 알게 된 장식돌과 비슷했다. 그렇지만 그는 페루와 이스터 섬의 유적들 사이에 그 밖의 다른 유사성이 있는지 여부는 알지 못한다고 강조했다. 그런데 그가 새사람으로 그린 간략한 스케치에는 새의 부리가 보이지 않는다. 사실 그는 새사람의 모습을 전혀 설명하지 못했다. 반면에 그가 그린 부적절하고 정확하지도 않은 갈고리발톱처럼 생긴 손과 발의 형태가 헤예르달의 눈에는 '고양이' 형상으로 보였다. 그래서 그는 이를 근거로 신세계와 섬이 연결되었다고 생각했다. 그러나 고양이 형상이 섬에서 발견되었다 해도 그 시기는 유럽과의 접촉이 이루어진 후라는 주장이 줄곧 제기되어 왔다. 어쨌거나 아메리카를 기원으로 보는 것은 차치하고도 폴리네시아산 고양이에 대해서는 아무것도 입증하는 게 없다.[42]

이런 식으로 빚어진 더욱 심각한 오류는 모투 누이 동굴에 그려진 얼굴을 '눈물줄기'라고 본 라바셰리의 설명이었다. 이 설명이 헤예르달에게는 남아메리카 기원을 뒷받침하는 또 하나의 특징으로 받아들여졌지만 사실 그 얼굴에 그어진 선은 단지 코의 윤곽을 구분한 것이었다.

이스터 섬의 유명한 '새사람' 모티프를 신세계와 연관지으려는 헤예르달의 시도에 대해 설령 다른 방향에서 모색한 더 훌륭한 추론은 없을지라도 유용한 추론은 있다. 가령 이스터 섬과 솔로몬 제도의 섬들 사이에는 몇 가지 두드러진 유사성이 있다. 이 섬들에는 공통적으로 군함새 머리 모양을 하고 앉아 있는 사람 형상이 뗏목과 카누의 이물에 새겨져 있다(화보 15). 더욱이 이 새사람 모티프는 폴리네시아 변방 지역, 즉 이스터 섬, 하와이, 뉴질랜드에 상대적으로 풍부하게 보일 뿐 아니라 이 지역 고유의 예술이기도 하다.[43] 한편 바위그림 전문가인 미국의 조지아 리는 하와이 섬에 흩어진 암각화들을 연구해보았다. 그녀는 쪼그려 앉은 사람 형태의 옆모습이 얕은 돋을새김으로 묘사된 것이 이스터 섬의 새사람과 "불가사의하게 유사성을 지닌다"라고 묘사했지만 이들 두 지역이 직접적인 연관을 맺고 있다고 성급한 결론을 내리지는 않는다. 오히려 이런 유사성은 이 섬들이 폴리네시아의 전통을 공유한

14. 왼쪽: '새사람'을 묘사한 이스터 섬의 암각화.
오른쪽: 하와이의 바위그림. 비록 부리는 없지만 이스터 섬의 그림과 놀랄 만큼 유사하다.

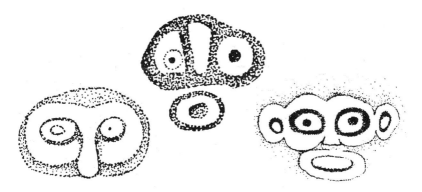

왼쪽: 이스터 섬에서 전형적으로 보이는 '눈가리개' 모티프. 가운데: 하와이의 암각화에 나타난 얼굴
모양. 오른쪽: 마르케사스 제도에서도 '눈가리개'를 한 얼굴이 반복적으로 나타난다.

다는 점을 반영한다고 분별력 있는 판단을 내리고 있다.[44]

지금까지 밝혀진 또 다른 요소로는 하와이의 바위그림에 '눈가리개' 모티
프가 담겨 있다는 사실이다. 이는 마르케사스 제도의 예술에서 수없이 자주
나타나는 커다란 눈의 얼굴들은 물론 이스터 섬의 그것들과도 흡사하다.

라파 누이에 있는 남성을 묘사한 소형 목각들은 하와이의 목각 이미지를
연상시킨다. 늑골과 등뼈를 도드라지게 표현한 점에서 비슷한데, 귀마개를
한 길쭉한 귓불 모양은 마르케사스 제도와 망가레바에서도 도드라지는 특징

이다. 이 두 가지 요소는 이스터 섬의 기원을 아메리카 대륙으로 귀결시킨 헤예르달의 견해에 깊은 의혹을 던진다. 더군다나 라노 카우에 있는 컵 모양, 즉 에드윈 퍼던이 이스터 섬의 태양숭배 사상을 보여주는 증거로 거론한 컵 흔적을 좀더 면밀히 살펴보면—이것은 헤예르달을 사로잡은 주장인데—동지와 하지의 관측소가 한심할 정도로 부정확하다는 것이 드러난다. 여기서는 수평선마저도 흐릿해 보이는 것이다.[45] 그러므로 신세계적이라고 본 또 다른 특성 하나가 한낱 신기루임이 입증된다.

15. 솔로몬 제도에서 발굴된 뗏목 조각에도 마찬가지로 새 머리에 사람의 형상을 하고 앉아 있는 모습이 새겨져 있다.

최근에 라미레즈는 헤예르달이 자신의 이론을 정립하고자 티후아나코, 모체, 잉카 등 상당히 거리가 먼 지역과 시기에서 그 예를 뽑아다가 어떤 식으로 한데 섞어 놓았는지에 대해 지적한 바 있다. 이 외에도 투쿠메의 점토로 만든 띠모양 장식인 프리즈라는 증거를 무시했다는 것(그것은 "무시되어야 한다. 그의 설명에 따르면 새알을 들고 있는 '새사람'은 새알과 비슷한 무언가를 집고 있는 모체족의 새이다."), 그리고 두 겹으로 이루어진 투쿠메의 노를 "모체족의 노일 뿐"이라고 설명했다는 점도 지적했다.[46]

대체로 활용가능한 고고학적 증거들은 좀더 최근에 밝혀졌고 더 널리 알려져 있으며 의심할 바 없이 폴리네시아의 물질문화로 연결되는 뚜렷한 지속성을 갖는다. 전통 공예품과 자리잡은 위치, 설계와 건설, 그리고 폴리네시아의 전형적인 제례용 기단을 사용한다는 점에서 입증되는 이 지속성은 전혀 다른 두 지역의 사람들이 들어왔다는 헤예르달의 이론에 요구되는 '뚜렷한 단절' 과는 현격하게 대조적이다. 설령 헤예르달의 주장대로 몇 가지 남아메리카의 표본들과 비슷하다고 인정한다 할지라도 방대한 이스터 섬의 물질문화 대부분은 그 기원을 서쪽으로 향하고 있다. 이 문제를 언어학과 자연인류학 영역에서 좀더 확실하게 밝혀볼 수 있을까?

언어학

이 주제와 관련되어 최근에 이루어진 거의 모든 연구는 이스터 섬의 언어가 전적으로 폴리네시아에서 파생되었다고 본다. 가령 어린아이를 뜻하는 포키poki 같은 몇몇 단어들은 이 섬의 독특한 말이고, 이는 섬사람들이 이 말의 어원이 되는 지역으로부터 멀리 떨어져 오랫동안 격리생활을 한 탓에 보이는 징후이다. 대체로 이스터 섬은 하와이와 뉴질랜드의 식민지화가 이루어지기 전에 폴리네시아 동쪽 지역들로부터 고립되어 있었다고 간주한다. 그러나 헤예르달은 이스터 섬의 이런 토착어들을 비非폴리네시아어이며 외래지역인 신대륙에 근거한 것으로 간주했다. 예를 들면 그는 1770년에 스페인 방문자들이 기록한 '하나'에서 '열'까지의 단어들을 지적했다. 그러나 메트로가 보여주었듯이 스페인 사람들은 이 섬에 불과 엿새 동안 머물렀을 뿐더러 그들에게 폴리네시아 언어는 완전히 생소한 말이었기 때문에 그들이 취한 정보라는 것도 부당하거나 왜곡된 내용인 게 거의 확실하다.

그로부터 4년이 지난 후 쿡이 타히티 사람을 데리고 들어가서야 이 섬의 원주민들과 대화를 나눌 수가 있었다. 그리고 라파 누이에서 하나에서 열까지 해당하는 가장 초기의 폴리네시아 말을 정확하게 기록하게 되었다. 그리고 포스터는 신체의 각 부분을 가리키는 말들이 그에 해당되는 타히티 말들과 유사하다는 점을 강조했다.[47] 마찬가지로 쿠마라kumara라는 단어의 기원을 남아메리카에서—특히 퀘추아(남아메리카) 말 쿠마르cumar에서—찾아보려던 헤예르달의 시도는 지나친 억지이다. 사실, 남아메리카 해안의 어느 지역을 둘러보아도 쿠마르cumar나 쿠마라cumara와 조금이라도 비슷한 이름의 고구마 종류를 재배하는 사람들은 하나도 없다. 고구마를 뜻하는 퀘추아어는 카모테kamote이다.[48]

몇몇 다른 연구가들, 대표적으로 로버트 랭던과 대럴 트라이언[49] 또한 라파 누이의 고대어를 폴리네시아와 남아메리카의 연결선상에서 보려 했다. 그들은 접촉 당시에 라파 누이의 언어는 세 요소로 구성되어 있었다고 주장했다. 즉 폴리네시아 서부에 기원을 둔 것, 폴리네시아 동부에 기원을 둔 것, 기원을 파악할 수 없는 것 등의 세 가지로 보았다. 앞의 두 요소는 타히티 남쪽으로 500km 떨어진 라이바바에 섬과 융합되었고, 이 언어가 16세기에 이르러서야 다시 이스터 섬으로 옮겨간 것으로 알려졌다. 세 번째 요소, 즉 폴리네시아 언어에는 알려지지 않은 말들은 비非폴리네시아어의 흔적이었고 고대에 동쪽에서 왔을 거라고만 알려져 있다.

그러나 다른 전문가들, 가령 로저 그린과 스티븐 피셔는[50] 이런 견해를 뒷받침할 만한 증거는 미약하고 제한적이기도 하다는 점을 입증해왔다. 게다가 이스터 섬에 폴리네시아 언어 이전의 언어가 있었는지, 혹은 이른바 '폴리네시아 이주민의 제2차 물결'이 있었는지를 밝혀줄 만한 만족스러운 증거는 전혀 없다. 이들 외에 이 가설을 채택한 전문가는 더 이상 없다. 랭던과 트라이언은 상당히 복잡한 그림을 상정하고 있다. 즉 바다를 사이에 두고 서로 영향을 주고받았을 것이며, 이스터 섬의 언어에서는 표나지 않게 반복적인 차용이 이루어졌을 거라고 상상한다. 그러나 표준적이고 정통적인 견해는 우회적이지 않고 이보다 훨씬 더 간명하며 그 증거를 좀더 경제적으로, 그리고 상당히 만족스럽게 설명해준다. 따라서 이 경우는 현상을 설명할 때 가설을 필요 이상으로 세우지 말고 단순한 가설에서 시작하라는 오컴의 면도날을 환기시킨다. 더 간단하고 상식에 기초한 설명이 합당한 경우라는 것이다. 즉, 이스터 섬의 언어는 동부 폴리네시아어의 아족subgroup에 속하는 언어이다.

이 섬의 어떤 단어들은 폴리네시아어의 '중앙과 동부지역' 그룹의 언어와 연관되어 있음을 명확히 보여준다. 반면에 폴리네시아의 서부지역과의 연관성을 보여주는 단어들도 있고 중동부지역과는 아무런 연관성을 보여주지 않는 단어들도 있다. 지역 명칭은 모두 폴리네시아어이다. 섬 주민들이 그들의 고향땅에서 떨어져 나온 뒤로 흐른 시간의 길이를 추정하기 위해 언어의 변화를 활용하는 언어 연대학 분야에서 이루어진 시도들은, 그들이 동부 폴리네시아와 교류를 끊고 헤어지게 된 시기가 기원 300년에서 530년 사이, 대략 400년경일 거라고 지적한다. 언어학적 견지에서는 이미 100년에 분화가 이루어졌으리라는 주장도 있다. 그렇다고 이런 주장이 섬에 도달한 시기에 관해 별다른 단서를 제공해주지는 못한다. 그러나 이것은 "언어학과 깊이, 또 지질학적인 측면에서 볼 때 가장 오랜 격리와 고립일지 모른다"라고 말해왔다.[51]

이스터 섬의 언어는 분명 다른 지역의 언어들과 상당히 많은 부분에서 다르다. 그것은 다른 섬의 언어에서 상실했거나 혹은 다른 것으로 대체된 많은 특징들이 이 섬에서는 그대로 유지되어 왔기 때문이다. 이스터 섬의 언어는 폴리네시아의 서부지역과 동부지역의 언어 사이에서 과도기적인 양상을 보이거나 혹은 '진화하는 위치'에 있는 듯하다. 이것은 망가레바어와 더불어 이 언어가 폴리네시아 동부지역에서부터 갈라져 나온 최초의 언어였다는 점을 강력하게 시사해준다. 이렇게 갈라져 나온 뒤 오랜 세월 격리되어 사용되는 과정에서 독자적인 언어로서의 내적인 변형을 겪었고 어떤 특성은 잃어버리고 또 다른 특성은 채택하기도 했다. 이에 비해 다른 섬들의 언어들은 새로운 특성들을 공동으로 개발하거나 전해져 내려오던 옛 특성들을 잃어버리게 되었다.

헤예르달이 이스터 섬의 바위그림과 글자를 볼리비아의 그것과 비교한 것은 이 섬의 언어와 관련하여 그가 펼친 이론만큼이나 애매모호하다. 사실상

롱고롱고에서 발견되는 몇몇 모티프와 솔로몬 제도에서 사용한 디자인 사이에는 이보다 훨씬 도드라지게 유사성이 발견된다. 그러므로 어떤 학자들은 이 점을 근거로 하여 이스터 섬 '글자script'의 기원을 멜라네시아에서 찾아야 한다고 확신하기도 한다. 그곳에서 이스터 섬으로 직접 이주했으리라는 것을 함축하는 이론은 더는 비판을 견딜 수 없게 되었으나(이제는 마르케사스 제도와 또는 망가레바가 명백하게 그 근원으로 여겨지므로) 그래도 서로 영향을 주고받은 것은 틀림없다.

오늘날의 전문가들은 모두, 가령 러시아의 부티노프와 크노로조프[52]는 이 섬의 글자는 폴리네시아어라고 단언한다. 이 언어에 나타나는 기호들이 폴리네시아 지역의 자연환경과 문화를 반영하기 때문이라는 것이다. 그들은 페루의 좌우교대 서식에 주목했다. 이것은 황소가 밭에서 쟁기질하는 방식을 본뜬 이름이다. 그러나 두 지역의 기호 사이에 그 어떤 유사성도 찾을 수 없었으므로 이스터 섬에서 페루의 '글자'를 차용하지 않았다는 결론을 내렸다. 그래도 양쪽 지역에서 영향을 주고받았을 가능성은 여전히 남아 있다.

롱고롱고 관련 최고의 권위자인 독일의 토마스 바르텔은[53] 지금까지 이스터 섬의 목판을 해독하여 얻은 명칭과 구절, 암시적인 문장들은 명백하게 폴리네시아에 그 기원을 두고 있다고 말했다. 그는 이스터 섬에서 한 번도 자란 적이 없으면서 폴리네시아 지역에 공통으로 보이는 식물들과 타히티, 보라보라, 피트케언 섬들과의 연관성을 발견했다. 결론적으로, 그는 섬의 '글자'가 폴리네시아 동부에 있는 그 밖의 다른 지역에서—아마도 후아인이나 라이아테아에서—기원한 것으로 믿었다. 그리고 그것이 호투 마투아와 함께 섬으로 들어온 것으로 확신했다.

그러나 이렇게 서로 다른 지역의 사람들이 이 섬에 들어왔다는 것을 입증할 만한 증거가 있을까? 아니면 지금까지 주장되어 온 것처럼, 이 섬에 도착한 항해자나 표류자들이 새로운 행동양식을 섬에 소개할 기회를 부여받기보다는 죽임을 당하거나 노예가 되었을 거라고 추정할 수밖에 없는 걸까?

자연인류학

이스터 섬에 남아 있는 사람의 유골들을 인류학적으로 분석한 맨 처음부터 그 결과는 언제나 서쪽을 향해 있었다. 측정한 두개골의 크기는 영국의 선도적인 해부학자 아서 키스 경을 비롯한 수많은 학자들로 하여금 폴리네시아라기보다는 멜라네시아 기원임을 시사하는 결론으로 이어졌다. 물론 폴리네시아인과 같은 형태의 두개골도 있기는 하다. 그런가 하면 19세기의 프랑스 학자 에르네 T. 아미는 이 섬에서 발견된 두개골과 파푸아 뉴기니의 두개골 사이에 유사성을 발견했다. 좀더 최근에 이루어진 분석에 따르면 이스터 섬에서 발견된 두개골과 치아 상태는 하와이에서 발견된 그것들과 상당한 유사성을 보여주는 것으로 나와 있다. 최근의 입장은 이스터 섬 주민이 의심할 여지 없이 폴리네시아인이고 다른 집단과 전혀 섞이지 않았다는 것이다. 언어나 물질문화에서와 마찬가지로 형태적으로 극단적인 상태를 보이는 것은 섬이 고립된 채로 오랜 세월 동안 발전해온 탓으로 볼 수 있다.

헤예르달이 이끈 노르웨이 탐험대가 수집한 뼈를 분석한 루퍼트 뮤릴은 섬 사람들은 과거에도, 그리고 현재에도 폴리네시아인이라는 결론을 내렸다. 혈액형 연구결과를 두고 어떤 학자들은 남아메리카 인디언들이 섬 주민의 근원일 수도 있겠다는 유보적인 제안을 했다. 하지만 뮤릴은 동일한 자료를 통해 이스터 섬 주민들과 아메리카 인디언은 동아시아의 동일한 유전자 풀gene pool에서 나왔다는 추론을 이끌어냈다. 혈액형을 통해 너무 많은 것을 유추한 것은 아닐까! 로이 시몬스는 살아 있는 섬 주민들과 다른 지역 폴리네시아인 혈액형의 유전적 특징들을 연구했다. 그리고 이들이 남아메리카를 비롯한 각지에서 항해를 하다가 표류한 사람들의 후손이라는 견해를 내놓았다. 그러나 이러한 결론은 혈액형과 유전자 빈도의 비교를 통해서는 제대로 추론할 수 없다는 점을 강조했다. 요컨대 혈액형만으로는 두 집단의 사람들을 비교하는 것이 무의미하다는 뜻이다. 이 집단의 신체적 특징은 각각 "키가 작고 구릿빛 피부에다 가슴이 두툼하고 떡 벌어졌으며 둥그런 두상과 직모, 살짝 굽은 코를 가진 페루인"과 "키가 크고 갈색 피부에다 땅땅하며 다양한 형태의 두상, 까만 곱슬머리, 그리고 상당히 펑퍼짐한 코를 가진 폴리네시아인"처럼 서로 비슷하지 않다.[54]

조지 질의 분석을 활용하여 아메리카 대륙의 두개골과 이스터 섬의 두개골을 연관시키려는 헤예르달의 시도는 질이 도출한 결과를 완전히 그릇되게 해석한 것이다. 아메리카 인디언의 두개골은 턱뼈 아래가 편평하고 코뼈가 넓고 납작하며 구개 봉합선이 똑바른 데 비해 폴리네시아의 두개골은 '활처럼 흰 턱rocker jaw', 움푹 들어간 코, 그리고 활처럼 휘고 톱날 같은 구개 봉합선을 이루고 있다. 활처럼 흰 턱은 자연인류학에서 볼 때는 가장 특징적인 폴리네시아인의 골격 특성이자 폴리네시아 계통 사람들의 기본적인 특징으로 간주된다. 뉴질랜드에서 하와이에 이르기까지 퍼져 있는 거의 모든 섬에서 이런 특징이 발생하는 빈도는 72~90%에 이르지만 아메리카 인디언들 사이에서는 매우 드물게 발견된다.

지금까지 질이 연구 검토한 이스터 섬의 해부학적 자료들은 형태상 폴리네시아인의 특징을 보여준다. 물론 활처럼 흰 턱의 비율은 상대적으로 낮아서 48.5%이고, 이는 폴리네시아에서 가장 낮은 빈도이긴 하다.[55]

질이 뮤릴의 자료를 재해석하고 동시에 50점의 두개골을 예비 분석한 결과는 이스터 섬과 마르케사스 제도의 긴밀한 관계를 보여주었다. 골격은 폴리네시아인의 골격이 분명했다. 뮤릴은 아메리카 인디언의 특징이 나타날 가능성에 대한 평가에 착수하지 않은 상황이었음에도 "찾아낸 아메리카 인디언의 유전적인 기여도는 아주 미미할 것"임을 감지했다. 라라미에서 1993년에 열린 '라파 누이 랑데부' 회합에서 그를 비롯한 그의 팀은 자신들이 가장 최근에 발견한 내용들을 제시했고 새로운 이론을 제안했다. 이 이론은 그들이 섬의 일부 지역에서 찾아낸 소소한 아메리카 인디언적인 특성, 가령 타원형 입천장, 활처럼 흰 턱의 낮은 빈도 등과 함께 폴리네시아인(마르케사스인) 전체의 두개골을 설명하기 위한 일환이었다. 즉 몇몇 마르케사스 제도 사람들이 아득한 동쪽인 남아메리카까지 나아가서 몇 년간 머문 뒤에 다시 서쪽으로 항해해서 이스터 섬에 닿았다는 것, 그 때문에 아메리카 인디언이 지닌 몇몇 특징들도 이 섬에 들여오게 되었다고 추정했다. 요컨대 남아메리카에 근원을 둔 몇 가지 유전자가 아주 일찌감치 원래 폴리네시아에 정착한 소수의 사람들 사이에 유입되었다고 생각했다.[56]

그러나 다른 사람들은 이스터 섬에서 발견되는 유전자에는 남아메리카의 DNA가 전혀 없다는 것을 발견한 새로운 유전자 연구를 근거로 할 때[57] 이 이론은 수용하기 어렵다는 것을 알았다. 특히나 이 이론을 따르게 되면 신세계에서 온 항해자들이 그 세계에서 통용되던 기술과 특징적인 도구와 물질들을 완전히 잊어버렸거나 아니면 완전히 무지했다는 걸 뜻하기 때문이었다. 그래서 대신에 활처럼 휜 턱이 발견되는 빈도가 낮은 것은 아마도 원조효과 Founder Effect, 즉 원조와 같은 유전자 구성을 보일 가능성이 고르지 않고 임의성을 보이기 때문일 것이라는 의견을 내놓았다. 그리고 검토 중에 있는 다른 두개골의 특성들에도 이를 적용할 것을 제안했다.[58]

1997년 앨버커키 학회가 열릴 즈음에 챕맨의 입장은 이스터 섬 사람의 기원을 투아모투 제도로 보는 쪽으로 크게 기울어져 있었다. 마르케사스 제도보다는 투아모투 제도에 흩어진 섬들에서 해부학적으로 더 밀접한 연관성을 찾아냈기 때문이다. 그는 "모든 계량분석은 선사시대 말기와 원사시대protohistoric times*까지 이스터 섬 전역에 살았던 동 폴리네시아인들이 비교적 동질한 사람들이라는 것을 보여준다"라고 했다. 반면에 질은 태평양의 다른 지역까지 확대되어 분석이 이루어졌기 때문에 개별적인 아메리카 인디언의 두개골 특징이 그 밖의 다른 곳에서도 나타난다는 사실을 입증하게 될 가능성을 강조했다. 특히 그가 이 섬의 북동쪽 지역에서 발견한 "아메리카 인디언의 특징을 보여주는 실마리"는 풍부한 듯했지만 광범위한 것은 아니었다. 반면에 만

---

* 고고학에서 역사시대와 선사시대의 중간에 해당하는 과도기를 말함: 편집자

일 헤예르달이 믿었던 것처럼 많은 페루인들이 이스터 섬까지 항해해 갔다면 짧은 두상과 좀더 작은 두개골 등의 계량분석을 통해 그들의 흔적을 찾을 수 있을 텐데 아무도 그 흔적을 찾은 이가 없다.[59]

2000년 하와이 학회가 개최될 즈음에는 상황이 여기서 훨씬 더 진전되었다. 질은 섬 주민의 높고 길고 커다란 두개와 안면 특징들이 뚜렷하고 이것은 다른 동부 폴리네시아인들, 특히 갬비어 제도와 직접적인 연관성을 갖는다고 지적했다. 물론 아주 사소한 유전적인 요소나 소규모로 미약하게나마 남아메리카의 문화가 영향을 미쳤을 가능성은 여전히 존재한다는 점을 인정하기는 했다.[60] 챕맨과 스테판의 새로운 연구는 선사시대 말기와 원사시대를 통틀어 남아 있는 골격들을 통해 섬 주민들의 동질성을 보여주었다. 챕맨은 여기서 그치지 않고 헤예르달의 추론과는 상반되게, 그리고 자신이 비계량적 연구방법을 통해 얻은 결과를 토대로 예전에 보고한 내용과도 상반되게, 가장 최근의 분석은 남아메리카에서 유전자가 유동 확산되었거나 남아메리카에서 이주했다는 주장을 전혀 뒷받침해주지 않는다고 강조했다. 그는 1993년에 보고된 여러 가지 유사성은 자료를 수집하는 과정에서 관찰자가 빚은 오류 탓으로 돌렸다. 그리고 가장 개연성이 높은 이스터 섬 주민의 원조는 망가레바나 투아모투 제도일 거라는 의견을 제시했다.[61] 두개골을 측정해서 얻은 데이터를 분석한 스테판도 마찬가지로 선사시대의 섬 주민과 갬비어 제도, 즉 망가레바 사이에 상당히 밀접한 친근성이 나타난다는 입장을 표명했다. 그리고 페루 해안지역에서 얻은 샘플과는 유사성이 거의 발견되지 않았으므로 그 지역에서 이스터 섬을 식민지화했거나 이 섬과 광범위하게 접촉을 한 흔적은 없다고 시사했다.[62]

이스터 섬 주민들의 신체적인 특징, 특히 그들의 깨끗한 피부에 대한 헤예르달의 초기 묘사는 상당히 선별적이었다. 섬사람들은 밝은 피부색을 대단히 숭상했다. 최초로 섬을 항해한 이들은 다른 많은 점에서도 그렇듯 섬사람들의 인종적 특징에 대해 상반되는 설명을 했다. 그러나 지각이 있었던 쿡은

"피부색깔, 이목구비, 그리고 쓰는 언어를 보면 섬사람들은 서쪽의 섬들에 사는 사람들과 상당히 유사하다. 그 누구라도 이들이 동일한 기원에서 갈라져 나왔다는 사실을 의심할 수 없을 것"이라고 썼다.

폴리네시아에서 가장 최근에 이루어진 유전자 작업, 특히 HLA(인체 백혈구 항원) 혈액형을 활용한 연구는 명백하게 폴리네시아인이 대개 동남아시아에서 갈라져 나온 사람들이고 동부지역의 폴리네시아인들은 상당한 동질성을 드러내는데, 그것은 소수의 원조로부터 파생되었기 때문일 거라는 결론을 도출했다. 남아메리카와 폴리네시아 사이에 유전자 유동이나 확장이 이루어졌다는 증거는 지금까지 한 건도 발견된 바 없다. 즉, 어느 지역에서 높은 빈도로 발견된 많은 유전자들이 또 다른 지역에서는 전혀 발견되지 않는 식이다. 그들 사이에 유사성이 거의 없는 것은 섬사람의 유래가 아시아에 있기 때문으로 볼 수 있다.[63] 다시 말하면, 헤예르달의 견해는 유전자 분석을 통하면 그 어떤 지지도 받지 못한다.

결론

캐서린 루틀지처럼 라파 누이를 맨 먼저 찾은 학자들은 이 섬의 기원에 대해 별다른 선입견이 없었다. 루틀지는 그녀보다 앞서거나 혹은 뒤에 온 다른 연구자들과 마찬가지로 활용가능한 증거들을 충분히, 그리고 공정하게 검토, 평가한 후에 이스터 섬 사람들은 남아메리카가 아니라 폴리네시아에서 왔다는 결론을 내렸다. 마찬가지로 1955년에 토르 헤예르달이 이끄는 탐사단의 일행으로 이 섬을 찾은 학자들은 헤예르달의 신념에 찬 견해를 충분히 인식하고 있었음에도 기원문제에 대해서는 편견 없이 열린 입장이었다. 반면에 헤예르달은 자신의 견해에 무조건 동의하지 않았던 사람들, 공정하고 편견 없는 방식으로 증거자료를 평가하려던 사람들이 자신의 명예에 부합해주기를 기대했다. 그래서 퍼던이 말했듯이 "우리가 토르에게 아메리카 인디언이 폴리네시아의 여러 지역에 거주했었다는 그의 이론을 입증하기 위해 남아메리카 토기를 발굴조사했으면 좋겠느냐고 농담 삼아 물었을 때 그는 이 말을 전혀 우스갯소리로 받아들이지 않았다."[64] 그들의 조사작업은 결국 "지금까지 남아 있는 언어는 물론 선사시대의 문화로 알려진 것의 대부분이 폴리네시아의 이주민들이 섬에서 서쪽으로 이동했다는 것을 암시한다"라는 결론으로 귀결되었다. 물론 몇몇 요소들은 아메리카 대륙을 그 기원으로 삼았을 가능성을 시사하기도 했다. 어쨌거나 홍보의 힘과 인기 있는 대중서들, 텔레비전에 방영된 프로그램 덕분에 헤예르달의 견해는 지금도 일반 대중들에게 가장 널리 알려져 있다. 심지어는 10주에 걸쳐 그의 일대기를 다룬 프로가 방영되기도 했다.

콘 티키 탐험대의 일원이었던 벵그트 다니엘손은 헤예르달이 가설을 세우는 과정에 대해 "토르 헤예르달은 자신의 피라미드를 완전히 거꾸로 뒤집어서 세운다"라고 묘사하고 있다.[65] 간명한 은유이지만 아주 적확한 비유이기도 하다. 크리스토퍼 랠링은 여기서 더 나아가 이렇게 썼다. "토르의 견해 전반을 구성하는 구조는 때로 단 하나의 빈약한 전제 위에 세워진다.……그는 피라미드를 똑바로 쌓아올리는 사람들, 한 번도 밑바닥 층을 벗어나지 못하는 사람들에 대해 점점 더 참을 수가 없어졌다."

이 장에서 우리는 지금까지 섬의 기원문제와 관련된 다양한 종류의 증거들을 모두 살펴보았다. 그리고 이스터 섬 문화의 근원을 남아메리카로 보는 헤예르달의 이론이 사실은 심한 편견과 선입견, 극단적인 주관성, 왜곡과 충실한 증거의 결여 위에 세워진 쓰러질 듯 위태로운 대저택이었다는 것을 알게 되었다. 오랜 세월 동안 남아메리카에서 기원했다는 단 한 가지 외곬 생각에 골몰함으로써 헤예르달은 스스로를 도피할 길이 전혀 없는 구석으로 스스로를 몰아갔지만 막상 그런 상황을 인정하기는 싫어하는 사람처럼 되고 말았다. 키르히가 지적한 대로 "헤예르달의 이론은 학자들 사이에 한번도 진지하게 받아들여진 적이 없었다. 그의 이론은 언어학적, 민족지학적, 민족생물학적, 고고학적 증거들을 대부분 무시하고 있기 때문이다."[66]

한편, 헤예르달의 작업을 보면서 학자들은 스스로 내세운 가정을 점검해보는 태도를 갖게 된 것만은 분명하다. 그리고 지금까지 살펴본 그의 첫 탐사항해의 결과는 오늘날 이루어지는 많은 연구에 직접적인 원인을 제공해주었다. 그가 내세운 이론들에 학자들이 깊은 회의와 격렬한 거부반응을 보인 것은 폴리네시아의 근원에 대한 많은 편견이 작용했다기보다는 오히려 그가 자료를 선별적으로 활용한 방식과 시기와 분포를 둘러싼 문제, 자신의 이론에 상반되거나 반박하는 자료를 발견한 학자들의 연구 업적들을 무모할 만큼 무시하고 배제했기 때문이었다. 기본적으로 모든 전문가들의 시각에서 볼 때 과거에 이스터 섬과 신세계 사이에 어떤 접촉이 있었다고 한다면 그것은 폴리네시아인들이 섬에 정착하기 전은 아니다. 그리고 이스터 섬에 남아메리카의 영향이 설령 있다 하더라도 그것은 섬의 문화와 인류학적 발전에는 미미한 영향을 미친 데 불과하다고 보는 것이 모든 전문가들의 공통된 견해이다.

40년 전만 하더라도 이스터 섬과 남아메리카의 어떤 요소들을 연관짓는 증거가 폴리네시아에서 파생된 요소로 활용된 증거와 동일하다고 주장할 수 있었다. 그러므로 둘 중 한 가지 가설을 지지하면서 또 다른 가설을 부정하는 학자들이 이중의 잣대를 적용했던 것이다. 그러나 지금은 폴리네시아 기원설을 뒷받침하는 충실하고 다양한 증거들이 라파 누이와 남아메리카를 연결짓는 주관적이고 애매하며 빈약한 증거들과는 뚜렷하게 구분된다.

피해갈 수 없는 결론은, 두 지역 간에 간헐적인 접촉이 이루어졌을 가능성이 있다고 하더라도, 그리고 대부분의 학자들이 양방향에서 영향을 주고받았을 가능성을 수용할 준비가 되어 있다고 하더라도, 이스터 섬에는 분명 페루 문화가 부재한다는 사실이다. 만일 아메리카 인디언들이 일정한 지역에서 몇백 년 동안 살았다고 한다면 그들과 그들의 문화를 드러낼 만한 물리적인 증거들이 지금보다 훨씬 더 많이 발견되어야 옳다. 그러나 최근에 로저 그린이 이 증거들을 통합한 바에 따르면,[67] 기본적으로 구비문학과 생물인류학, 시뮬레이션 항해, 실제 항해(4장 참조), 동물군과 식물군, 혹은 고고학적 자료들

등의 모든 것이 입증하는 바는 확고하게 폴리네시아 동부지역이다. 그린의 표현을 빌리자면 특히 "망가레바 상호 작용 영역권"임을 입증하고 있다. 좀 더 먼 조상의 터전이 마르케사스 제도였으리라는 가능성과 개연성은 여전히 남아 있다. 마르케사스의 여러 섬들과의 연관성과 유사성이 무수히 발견되었다는 견지에서 볼 때 그러하다. 그러나 선사시대에 섬에 정착한 사람들의 보다 직접적인 근거는 망가레바에서 찾는 것이 더 그럴 듯하다. 그린이 강조한 것처럼 이스터 섬에서 종교의식이 치러지던 지역들의 건축학적 특성들 중 많은 부분이 투아모투, 망가레바, 피트케언의 그것들과 밀접하게 연관되어 있다. 그리고 아후와 마라에(앞의 83쪽 참조)의 초기 발전단계도 아주 흡사하다. 고고학적 증거들 대부분이 강력하게 선사시대를 통틀어 이스터 섬에 지속되어 온 문화를 밝혀주고 있다.

섬의 물질문화에서는 지금까지 아메리카 대륙의 특성이라고 믿을 만한 그 어떤 표시도 발견되지 않았다. 신세계에서 온 정착자들이 원주민이라거나 그 이후에라도 난입한 아무런 흔적도 찾을 수 없었음은 물론이다. 최근에 부활한 이론들, 즉 폴리네시아인들이 동쪽으로 항해하여 남아메리카에 닿았고 거기서 새로운 아이디어와 유전자를 가지고 돌아왔다는 시각을 주장한다면 1919년에 이미 캐서린 루틀지가 내린 결론을 환기할 필요가 있을 것이다. 즉 섬 주민들은 위에서 언급한 대로, 그곳에서 이주해온 사람들이 아니었을 뿐만 아니라 설령 어떤 영향력이 존재했더라도 그 방향이 달랐으리라는 것, 즉 폴리네시아 동쪽에서 신세계 쪽으로 갔을 거라는 결론을.[68] 이 문제에 대해 항상 열린 시각을 견지해야겠지만 어느 아메리카 인디언 부족들이 예전에 이스터 섬에 정착해 산 적이 있었음을 확인하고자 한다면 명백하고 유용한 인류학적, 생물학적, 언어학적, 고고학적 자료들이 반드시 필요하다. 그리고 한 세기 동안 이루어진 탐구조사의 결과 가운데는 그렇다고 입증할 만한 증거가 하나도 나타나지 않았다. 그러므로 이스터 섬은 오로지 폴리네시아 동부지역에서 온 사람들이 식민화했다는 사실을 받아들여야만 한다.

제4장

어떻게, 왜 그 섬으로 갔을까?

*내게는 여자들과 돼지들을 배 위에 싣고서 섬을 찾아 미지로 떠나는 일이
언제나 무모한 일처럼 여겨졌다. 폴리네시아인들이 아무리 용감무쌍하고 모험심에
불타는 사람들이었다고 하더라도 터무니없게만 느껴졌다.*
—에드워드 도드

몇 날, 몇 주일을 땅이라곤 보지 못한 채 파도에 흔들리면서 바다 위에 떠 있다. 폭풍우 같은 악천후의 위력에 분연히 맞서며. 지도자 호투 마투아를 신봉하는 한 무리의 사람들이—수십 명의 남자, 여자, 어린아이 들이—그동안 키워온 동물과 식물들, 소유물들, 얼마나 오래 걸릴지 알 수 없는 여정에 필요한 음식을 챙겨들고 뗏목 앞으로 몰려들었다. 그들을 태우고 배를 조종할 이는 위로 들린 이물 곁에 서서 동쪽 수평선을 유심히 바라보았다. 새로운 보금자리가 될 '약속의 땅'을 암시할 만한 무슨 표시라도 보일까 기대하는 심정으로……

이스터 섬은 동부 폴리네시아인들이 개척했다는 결론을 내렸으므로 어떻게 이 놀랍고도 위험천만한 항해가 성공적으로 이루어졌는지, 그 매혹적인 질문 쪽으로 우리의 관심이 쏠리는 것은 당연하다. 그 궁금증 아래 깔려 있는 여러 가지 이유에 대해서는 숙고와 추정이 필요하다. 애석하게도 문자로

기록된 자료가 없기 때문에 이 항해의 정확한 성격과 원인은 어림짐작으로만 파악할 뿐이다. 그리고 그 짐작이란 이 섬사람들에게 전해 내려오는 전설뿐만 아니라 폴리네시아 민족지학과 관련된 지식에 기초한 것이다. 그런데 섬에 전해 내려오는 이야기들은 앞에서도 확인했듯이 있을 법한 사건들에 나름의 풍미를 더해주기는 하겠지만 그 세세한 내용까지 전적으로 믿을 수는 없다.

'별을 나침반 삼아' 떠난 항해자들

선사시대의 폴리네시아를 민족지학적 관점에서 연구해보면 최초로 이스터 섬에 살았던 사람들의 삶의 방식을 상당히 흥미롭게 엿볼 수 있다. 식민지를 건설하던 세상에서 새로운 사고를 가진 사람들이 뉴기니와 오스트레일리아에 5만 년 이전에 정착했고 솔로몬 북부지역에는 대략 2만8천 년 전에 다다랐다. 그러나 그로부터 몇천 년이 지날 때까지 폴리네시아에 정착했다는 증거는 하나도 없다. 추정하건대, 아득히 먼 지역으로 탐험에 나서자면 앞바다를 벗어나 먼 거리를 장기간 항해하며 살아남을 만큼 숙달된 항해술이 갖추어질 때까지 기다려야 했기 때문일 것이다.[1]

비옥하고 비교적 넓으며 섬들끼리 긴밀한 관계를 맺고 있는 폴리네시아 서부 지역의 섬들에서 (약 3천2백 년 전에 정착한) 초창기 개척자들은 편안하고 상대적으로 안전한 여건 속에서 새로운 항해기술을 크게 발전시켜 나갈 수 있었다. 그리고 개발한 항해술을 활용하여 좀더 동쪽으로 확장해 나갔다(기원전 150년에는 마르케사스 제도까지 진출했다). 동쪽에 있는 섬들은 폴리네시아 서부지역보다 천연자원이 더 빈약하고 면적도 더 좁았으며 섬들의 간격도 더 멀리 떨어져 있었으므로 개척하려면 그만큼 더 많은 위험을 무릅써야 했다. 실제로 식민지를 건설하러 나서기 전에 착수한 탐사항해는 '수색과 발견', '수색, 그리고 실패할 경우 무사귀환' 식의 전략을 구사하는 방식이었을 것으로 짐작된다. 요컨대 지휘에 따른 탐험에서 개발전략으로 중요시했던 것

은 급속도의 진전이 아니었고 생존율을 극대화하는 방향이었다는 것은 납득할 만한 일이다.[2]

사실상 폴리네시아인들은 세계적으로 가장 높은 수준과 기술을 구사한 항해자이자 뱃사람에 속했다. 밤하늘에 관한 그들의 지식은 가히 놀랄 만했다. '별 나침반'을 이용하여 별이 운행하는 행로를 기준으로 삼아 배를 조종할 수 있었는데, 이 기술은 오늘날에도 태평양 해역의 많은 섬에서 활용되고 있을 정도로 선진적이다. 어떤 섬의 경우에는 200개에 달하는 별에 일일이 이름을 지어 놓았을 뿐만 아니라 그 밖의 연관된 다른 많은 별들도 식별하고 활용할 줄 알았다. 그들에게는 표층 해류를 감지할 수 있는 탁월한 능력이 있었고, 또 이것을 별충할 만한 능력도 있었다. 그들이 요동치는 파도에 맞서 배를 조종하는 능력은 초인적일 만큼 불가사의한 것이었다. 수평선 저 너머 아득한 섬으로부터 반사된 감지하기 어려운 너울을 길잡이 삼아 배를 조종할 정도였다. 데이비드 루이스가 발언한 대로, "능란한 항해가들은 마치 친구의 얼굴을 식별하듯이 바다에 넘실대는 너울들마다 그 특성과 윤곽을 식별해낸다. 그러나 배의 방향을 판단할 때는 눈이 아니라 감으로 한다."[3] 이런 기술을 가장 탁월하게 활용하는 항해가의 경우는 바닷물 속으로 들어가서 자기 신체의 가장 민감한 부분, 즉 음낭에 닿을 때 파도의 상태를 판별하게 된다.[4] 말하자면 '볼 베어링'(ball-bearing, 쇠구슬이라는 의미의 볼 베어링과는 달리 볼은 고환을, 베어링은 방향이라는 뜻이 있음: 옮긴이)이라는 단어에 새로운 의미를 부여한 것이다.

가장 복잡하고 정교한 항해 개념들은 비법 전수자들에게만 선별적으로 알려져 있다. 즉 이런 지식들은 항해가 집안에만 전승되는 굉장한 비밀처럼 지켜졌다. 바다는 신출내기 선원들이 생각하듯 위협적인 장벽이 아니었다. 그러나 토르 헤예르달이 종종 적절하게 지적한 것처럼, 격렬한 폭풍우나 죽음 같은 위험도 오늘날 고속도로에서 일어나는 자동차 사고보다 더 큰 위험은 아니었다. 태평양 해역의 섬 주민들은 환초로 둘러싸인 얕은 바다에서 헤엄

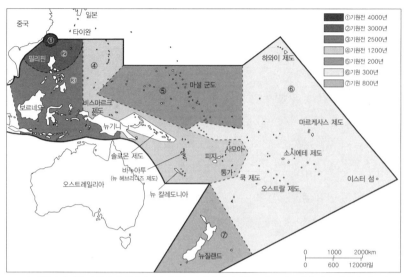

16. 탁월한 항해술에 힘입어 폴리네시아인들은 마침내 태평양을 곧바로 가로질러 멀리 떨어진 이스터 섬에 다다랐다.

치거나 배를 저으며, 혹은 근처 섬을 찾아가거나 아주 먼 거리까지 나아가 물품을 교환하거나 장사를 하는 데 많은 시간을 보냈다. 바다는 그들의 생활 그 자체였다.

폴리네시아인들이 광범한 지역에서 감자 등의 덩이줄기와 과일을 이동 경작하는 것과 더불어 해양자원의 폭넓은 개발을 경제적 기반으로 삼았다는 점은 놀랍지 않다. 가장 흔한 농작물은 타로 토란과 얌, 고구마, 코코넛, 빵나무, 바나나 등이었고 육류로는 돼지와 개, 닭, 쥐 들을 잡아 영양을 섭취했다. 폴리네시아의 여러 섬들은 서로 구분된 영토로 이루어져 있었고 때로는 작은 섬들로 나누어지기도 했다. 각각의 영토는 보통 해안선을 끼고 있었고 내륙의 산악지역으로까지 뻗어갔다. 정착지는 해안을 따라 집중적으로 밀집되어 있거나 좀더 비옥한 계곡에 마련되기도 했다. 작물을 재배하는 대규모의 농장 사이에 집이 흩어져 있는 식이었는데 주요 거주지역 주변으로 몰려 있는 경우가 많았다. 폴리네시아 사회에는 귀족이라는 개념이 상당히 발전되어 있었다. 부락의 우두머리는 삶과 죽음을 관장하는 존재였다. 그래서 보통 우두머리의 가계나 혈통의 장자들을 거슬러 올라가보면 부족의 시조와 연결되었다.[5]

폴리네시아인들이 새로운 땅을 찾아 장거리 항해에 나선 동기는 무엇이었을까? 많은 문학작품들은 그 동기를 낭만적으로 묘사하고 있다. 즉 모험정신, 방랑하는 뱃사람, 정복자로 그려지거나 신성과 초신성의 출현 같은 천문학적으로 특이한 현상의 자극을 받아 항해를 떠난 모습으로 그려져 있다. 그러나 폴리네시아의 민족지학적 연구를 통해 얻은 결과는 장거리 항해가 많은 경우 보다 실제적이고 현실적이며 일상적인 선택이었음을 말해준다. 그 모든 경우가 나름의 진실을 담고 있을 것이다. 수천 년에 걸쳐서 폴리네시아인들이 개척에 나선 수많은 경우를 단 한 가지 설명으로 아우를 수는 없기 때문이다.

출발을 하게 된 데는 근본적이고 절박한 이유들이 있었을지 모른다. 때로는 화산활동이나 파랑과 조석파tidal wave나 해일, 지진, 끔찍한 가뭄, 기근, 인구과밀, 혹은 전염병 같은 것들을 피해 떠나는 사람들이 생겨났을 게 틀림없다. 특히 규모가 작고 격리된 환상環狀 산호섬이 이러한 재해를 겪으면 인구가 감소하거나 절멸하기가 쉽다. 그리고 이런 자연재해보다 더 빈번하게 발생한 것은 폭력사태였을 것이다. 전쟁과 약탈과 가족간의 불화는 자발적인 망명이나 유랑, 혹은 강제추방이라는 결과를 낳았을 것이다. 태평양 연안의 원주민 역사를 살펴보면, 패배한 무리들이 그들의 적들보다 앞서 도주한 내용들로 가득하다. 그들이 태평양에 나타난 최초의 '보트 피플'이라 할 수 있다.

살인이나 간음, 무례한 언동, 관습이나 관례를 어긴 경우, 심지어 청소년 비행 같은 범죄나 비행 때문에 작은 카누나 뗏목에 몸을 싣고 표류하게 된 사람들이 많았다. 이런 '범죄자들'은 상당수가 다같이 추방되었을 것으로 보인다. 그렇다면 최초로 이스터 섬에서 살았던 사람들은 오스트레일리아로 쫓겨난 영국의 범죄자들처럼 폴리네시아에서 죄를 짓고 쫓겨난 죄인들이었을까?

어쩌면 남다르게 완력이 셌거나 영향력이 강했던 남자들, 타인의 질투를 받았거나 두려움의 대상이었던 사람들이 추방당해 떠도는 신세가 되었을지 모른다.

새로운 지역사회가 '움트는' 데는 그 밖에도 다른 사회적인 이유들이 있었다. 많은 섬에서는 족장의 맏아들이 영토를 물려받게 되었으므로 야망에 불타고 불만족스러운 작은 아들들은 고향땅에서는 발전할 기회와 가능성이 없다고 판단하여 카누에다 과일과 동물, 남녀 심부름꾼들을 싣고 만반의 채비를 갖춘 후에 항해를 떠나는 경우가 흔했다. 도드가 말했듯이,[6] 명예와 부를 얻기 위해 새로운 보금자리를 찾아 떠난 것이었다. 순수한 호기심으로 항해에 나선 경우도 있었을 것이다. 혹은 새로운 물자나 배우자를 구하기 위해 길을 나선 사람도 있었을 것이다. 폴리네시아 제도의 어느 섬 주민들은 무덤을 세우거나 연장을 만드는 데 적합한 종류의 돌이나 천연원료를 구하러 아주 먼 거리를 항해했다고 한다.

이스터 섬의 구비문학에는 이 섬에 처음으로 정착한 사람들의 모습이 생생하게 묘사되어 있다. 우리가 앞에서 보았듯이(71쪽 참조) 그들은 넓고 따뜻한 초록빛 섬에서 '마라에 렝가'라고 불리는 서쪽으로 왔다고 전해진다. 아마도 망가레바나 마르케사스 제도에 속하는 어떤 섬을 가리키는 것이리라. 항해를 떠난 것이 지각의 대변동 때문이었다고 전하는 이야기도 있다. 살던 땅덩어리가 바다 밑으로 가라앉아 버렸다는 설명으로 되어 있다. 그러나 대부분의 구전에 공통으로 담긴 내용은 이 섬의 족장 호투 마투아가 전쟁에서 참패하자 어쩔 수 없이 도망쳤다는 것이다. 친형제의 손에 의해 쫓겨나거나 아니면 라이벌 족장의 여자와 비행을 저지른 그의 형제 때문에 전쟁이 벌어진 것이라고 묘사되어 있다. 호투 마투아를 수행했던 일행 가운데 문신 기술자 하우 마카는 화산 분화구가 있고 기후가 쾌적한 해변이 있는 동쪽 섬을 꿈속에서 예언처럼 보았다. 그 섬에는 여섯 명의 남자가 보였다고 한다. 그 꿈 얘기를 들은 호투 마투아는 여섯 명의 남자를 골라 카누에 태워 섬을 찾으러 보냈다.

17. 폴리네시아의 이중 선체 카누를 그대로 복제한 호큘레아는 지난 4반세기 동안 태평양 해역에서 중요한 항해에 헤아릴 수 없이 많이 활용되었다. 별과 파도의 형태가 항해의 보조수단이 되었다.

그리고 섬을 발견하면 그곳에 남아 그가 올 때까지 기다리라는 지시를 내렸다. 하우 마카의 그 꿈이 정말로 실현되는지 확인하기 위해서였다. 그도 몸소 이중 선체 카누에 몸을 싣고 6주 동안 항해를 한 끝에 아나케나 해변에 내렸다. 이 이야기에서 세부 내용들은 신화일 테지만 이야기의 틀 속에는 상당한 진실이 담겨 있을 가능성이 높다. 특히나 호투 마투아를 도주로 몰아간 정치적인 상황은 상당히 신빙성이 있는 이야기이다. 이는 폴리네시아의 역사에 전형적으로 등장하는 사연인 것이다.

호투 마투아를 수행한 열두 명쯤 되는 사람들을 제외하고도 그가 탄 배에는 연장과 음식, 식물과 동물 등이 충분히 마련되어 있었던 게 틀림없다. 두 척의 카누는 돛대를 얹은 다리와 쉼터로 연결되었을 것이다. 마시는 물도 공급되었을 테고 항해 도중에 쏟아진 폭우로 모자라는 물을 보충했을 것이다. 비축된 식량으로는 과일과 코코넛, 채소, 소금 절임 생선 등이 있었을 것이다. 아득히 먼 심해로 나가서는 구하기 힘든 해산물 날치도 당연히 있었으리

라. 배 위에 모래상자를 실었을 테고 타다 남은 불은 늘 소중하게 돌보아 바다 위에서도 음식을 자주 해먹었으리라. 아주 소박한 이중 선체 카누, 즉 길이가 15m쯤 되는 카누라 하더라도 1만 8천 파운드의 짐을 실을 수 있다고 추산되어 왔으므로 배에 탄 사람들 외에도 많은 물자를 싣고 항해하는 데에는 아무런 문제가 없었을 것이다.

쉼터의 바닥과 카누 안에는 식용으로 쓸 식물들이 있었을 것이다. 약품과 옷가지, 보석과 그릇 들도 물론 있었을 것이다. 작은 우리에, 아니면 다리에 그대로 묶어둔 돼지와 개 들, 그리고 닭과 쥐도 얼마간 있었을 것이다. 나이든 이에게는 쥐고기가 진미라고 여겨졌다. 폴리네시아의 모든 개척자들은 수천 년을 지나오면서 이런 품목들을 챙겨서 떠나야 한다는 걸 터득하게 되었다. 만약 새롭게 정착한 땅에 이런 물품이나 동식물들이 없을 경우에 대비했던 것이다. 그리고 이스터 섬은 분명 폴리네시아의 식민지 건설에 도움이 될 만한 많은 자원들을 잃었다는 것을 입증하게 될 것이었다.

우연한 발견일까?

섬의 개척자들이 어디서 왔는가라는 질문에서와 마찬가지로 이스터 섬으로의 항해와 관련하여 두 가지 대표적인 견해가 있다. 즉, 어떤 학자들은 태평양 해역의 다른 섬들의 개척에서 보는 것처럼 고도로 숙달된 항해기술을 활용한 항해였다고 믿는다. 반면에 또 다른 학자들은 폴리네시아인들의 항해는 계획 없이 우연히 이루어진 일이었다고, 배를 타고 나갔다가 운이 좋으면 사람이 사는 섬을 발견하는 일이 많았다고 주장한다. 어떤 면에서 이런 논쟁은 우리에게 그다지 중요하게 다가오지 않는다. 의도적이었든지 아니면 우연이었든지 간에 중요한 것은 '정말로' 사람들이 이스터 섬에 닿았다는 사실이기 때문이다. 그러나 이렇게 서로 다른 논쟁들을 모두 살펴보는 일도 나름의 가치가 있다. 이스터 섬을 개척한 폴리네시아인들이 갖춘 능력과 재능, 그리고 그들의 문화를 통찰하는 데 이 논쟁들이 도움을 주기 때문이다.

'우연한' 항해였다는 이론의 대표적인 옹호자 앤드류 샤프는 일련의 저서와 논문에서 멀리 떨어진 섬을 의도적인 계획 아래 왕래하는 일은 항적航跡을 지도 위에 정확하게 표시할 수 없었던 시절에는 불가능했을 거라고 주장했다.[7] 다시 말하면, 그의 주장은 쿡이 품었던 의혹, 즉 태평양 해역의 수많은 외딴 섬들이 우연히 개척된 게 아닐까 하는 의혹과 같은 입장이다. '의도적인' 항해였다고 말하려면 실제로 세 차례의 항해가 이루어졌음을 함축한다는 샤프의 지적은 합당하다. 즉, 사전조사를 위한 답사항해, 새로운 섬을 발견했다는 것을 알리기 위해 고향으로 되돌아오는 항해, 그리고 마지막으로 그들이 새로이 발견한 섬으로 이주민들을 데리고 가는 항해가 그것이다. 이런 유의 세 차례에 걸친 항해는 이스터 섬의 경우 가능성이 희박한 일이다.

의도적인 항해의 가능성에 대한 의혹은 바람과 조류가 예측하기 어려운데다 변화무쌍하다는 점뿐만 아니라 별이나 천체가 육안으로 보이지 않은 경우도 빈번했다는 점에 근거하고 있다. 또 다른 중요한 요소를 들자면 3천만 km²의 드넓은 대양, 아프리카보다 더 넓고 소비에트 연방과 중국을 합친 것보다 훨씬 더 넓은 태평양 위에 흩어진 작은 섬을 겨냥하여 항해를 계획하기에는 그 표적이 너무나도 작고 미미하다는 점이다. 뉴질랜드에서 이스터 섬까지의 거리는 지구의 1/4바퀴를 돌 만큼 멀다. 마르케사스 제도는 400km에 걸쳐 있고 하와이 열도는 대략 600km, 그리고 뉴질랜드는 1,500km에 걸쳐 있다. 그러나 이스터 섬은 고작 23km에 불과하므로 태평양에서 잃어버리면 건초더미에서 바늘 찾는 형국이 된다. 항적을 계산할 때 아주 미세한 착오를 일으킨다 해도 엄청난 차이로 그 섬을 놓쳐버리게 될 정도이다.

몇백 킬로미터 거리의 '단거리'를 양방향으로 항해하는 일은 현실적으로 가능할지 모른다. 가령 섬 주민들의 주장처럼 섬에서 415km 떨어진 살라스이 고메즈까지 정기적으로 다녀오는 것과 같은 경우이다. 이 정도의 거리라면 바람이나 해류가 익숙해서 비교적 예측이 가능할 것이기 때문이다. 그러나 수천 킬로미터나 떨어진 지역을 오가는 항해는 이보다 훨씬 더 실현성이 없어 보인다. 골프 용어로 하자면 (홀이 비교적 큰 타겟이 되는) 퍼팅과 홀인원을 기록하는 것의 차이라고 할 만하다. 과거에는 이스터 섬까지 가는 데 훨씬 더 심한 제약이 가로놓여 있었을 것이다. 그러니 믿기지 않을 만큼 광대한 거리에 떨어진 지역을 그것도 여러 번에 걸쳐 도달했다는 것을 상상할 수 있겠는가.

많은 카누들이 어렵사리 이스터 섬에 닿은 게 가능하다고 해도(그럴 듯하지는 않지만) 이 섬과 폴리네시아 동부 사이에 정기적이고 계획적인 양방향 의사소통이 있었을 가능성은 훨씬 더 개연성이 없어 보인다는 점을 루이스와 이후 핀니가 거듭 강조했다.[8] 아마 그런 일은 없었던 듯하지만 튼튼한 카누를 만들 만한 목재를 구할 수 있었더라면 이스터 섬 주민들이 서쪽으로 바람을 타고 폴리네시아 열도 동쪽으로 항해해오는 일이 수월했을 것이다. 실제로 1940년대와 1950년대에 이 섬사람들은 가끔씩 칠레 해군의 노 젓는 배를 훔치거나 임시방편으로 만든 범선을 타고 서쪽으로 나아가서 폴리네시아 중심에서 가까운 동쪽 지역까지 다다르는 데 성공한 적이 있었다. 그러나 섬으로 다시 돌아가는 여정은 상상을 초월할 만큼 힘겨웠을 것이다. 편서풍이 반드시 불어야 했을 테고 주변을 에워싼 열도들이 하나도 없는 거대한 바다 한가운데 파묻힌 아주 작고 외딴 섬을 찾을 만한 능력이 필요했을 테니까.

그럼에도 최근 몇 년 동안 몇몇 연구자들, 외딴 위치 때문에 단일한 정착민들이 살아왔으리라는 인식을 흔쾌히 수용하지 않았던 이들은 줄곧 이스터 섬 주민들이 아마도 폴리네시아 동부와 양방향으로 정기적으로 접촉해왔으리라는 주장을 굽히지 않았다. 그 지역의 다른 곳보다는 덜 반복적이고 덜 지속적이기는 했더라도 접촉은 분명 이루어졌을 것이고 심지어는 남아메리카와 접촉했을 가능성도 있다고 보았다.[9] 이를 부인할 수는 없고 늘 열린 시각을 가져야 하는 것은 분명하지만, 지금으로서는 이런 주장을 뒷받침할 만한 아무런 증거도 없다. 그리고 지금까지 우리가 보아왔듯이 상식적인 판단은 이런 주장과 상당히 어긋나 있다.

정말로 이 섬이 그런 접촉을 유지했다면 무슨 이유로 섬의 언어가 그토록 고풍스러운 형태로 남아 있는 것일까? 어째서 이 낯설고 이질적인 석상들이 한 번도 발견된 적이 없는 걸까(또 그 반대로 라파 누이에는 풍부한 흑요암이 어째서 다른 섬들에서도 나타났다는 확실한 증거가 하나도 없는 걸까)? 왜 이 섬에는 폴리네시아 사람들이 나중에 사용한 형태의 낚싯바늘이나 슴베를 박아 넣은 손도끼, 혹은 폴리네시아의 전형적인 절굿공이가 전혀 없는 것일까? 그리고 무엇보다도 이 섬사람들은 왜 이러한 접촉을 섬에 전적으로 부족한 돼지와 닭, 폴리네시아의 생활양식에서는 너무나 중요하고 또 흔했던 이런 가축들을 확보할 기회로 삼지 않은 걸까?

요컨대 우리는 고립이야말로 라파 누이의 선사시대를 드러내는 가장 중요한 사실이라고 본 멀로이의 견해가 절대적으로 옳았다고 느낀다. 나아가 1722년에 네덜란드인으로서는 처음으로 이 섬을 찾은 코르넬리스 부만이 한 다음의 말을 상기할 필요가 있다. "이 사람들의 특징을 종합해볼 때 나는 그들이 이 섬에 살고 있는 부족들 외에 다른 부족들을 한 번도 본 적이 없다는 결론을 내릴 수밖에 없다."[10]

멀리 떨어진 섬들은 모두 최초의 정착민이 살기 전까지는 우연히 마주치게 된 게 분명하다는 앤드류 샤프의 견해는 의심할 나위 없이 합당하다. 그 누구도 섬들이 거기에 있으리라는 걸 미리 알지 못했을 거라는 간단한 이유 때문이다. 그러나 실제적인 논쟁의 중심은 이런 탐험항해에 운이나 항해술이 어느 정도 작용했을까 하는 데 놓여 있다.[11] 이런 항해는 흔히 '표류항해drift voyage'라고 불리는데, 이는 안내가 전혀 없다는 뜻을 내포하는 석연찮은 용어이다.

어쨌든 표류해 떠돌던 사람들이 이스터 섬에 정착하게 되었을 가능성은 상당히 희박해 보인다. 태평양 항해를 실험한 일련의 컴퓨터 시뮬레이션과 다양한 변수와 변화들을 통합해보고 바람, 해류, 그리고 섬의 위치와 관련된 풍부한 자료를 활용하여 세 명의 학자들(마이클 레비슨, R. 제라드 워드, 존 W. 웹)

은 남아메리카에서 표류나 우연에 따른 항해로 이스터 섬에 닿을 가망성은 사실상 제로라는 것을 알았다.[12] 마찬가지로 가장 인접한 망가레바나 투아모투같이 사람이 살고 있는 섬에서 출발하여 표류한 배들도 컴퓨터 시뮬레이션을 통해 보았을 때 이스터 섬에 하나도 닿지 못했다. 단지 피트케언에서 출발한 두 차례의 항해만이 섬 근처 어딘가에 다다랐을 뿐이다. 2,208회에 걸친 시뮬레이션 항해의 결과 이스터 섬에 당도한 경우는 한 번도 없었고 오로지 세 경우만이 그 섬에서 320km 반경 안에 다다랐을 뿐이다. 그래서 당시 섬에 살던 사람들이 의도적으로 동쪽 항로를 따라가다가 운이 좋아서 육지를 발견하게 되었으리라는 결론에 이르렀다. 우선순위로 고른 항로를 따라 항해를 하면 정말로 이스터 섬에 도달한다는 것으로 시뮬레이션이 변경된 것이다.

또한 이스터 섬에서 출발한 항해가 표류하다가 우연히 피트케언에 닿을 가능성이 있다는 것을 이 연구작업을 통해 입증했다는 사실은 주목할 만하다. 아마도 고기잡이에 나섰던 배가 폭풍우에 휩쓸려 떠내려갔으리라. 이런 일이 발생했다는 것은 지금까지 전혀 알려지지 않았으나 1947년에 이스터 섬에서 출발한 어느 어선이 폭풍우를 만나 표류하다가 그로부터 37일이 지난 뒤에 투아모투에 닿은 일은 있었다.

그 뒤를 이어서, 어윈은 수만 건의 카누 항해와 관련된 방대한 컴퓨터 시뮬레이션 작업을 실시했다. 폴리네시아 항해에서 있음직한 일들이 무엇인지 살펴보려는 시도였다. 여기서는 원양항해의 실제성이 강조되었고 세세한 날씨와 조류, 행선지로 정한 섬의 근접성과 원격성, 두 섬 사이의 거리에 관련된 아주 구체적인 자료들, 그리고 배에 갖춰진 기능과 상태에 대한 연구들을 한데 통합, 분석했다.[13] 이스터 섬과 관계된 부분에서, 피트케언에서 시작한 항해의 시뮬레이션 작업결과는 라파 누이를 발견할 확률이 여전히 높은 것으로 나타났다. 사실상 피트케언은 다다르기 어려웠다. 그리고 아열대 지역에서 생성된 편서풍이 불어서 겨울철에는 이곳에 성공적으로 도달하는 경우가 거의 없었다(아래 참조). 피트케언에서 이스터 섬까지 일방 시뮬레이션 항해에 걸린 기간은 21일이었다. 그러나 최적의 방향으로 항해를 할 때조차도 라파 누이에 성공적으로 다다를 확률은 고작 30% 정도에 불과했다.

폴리네시아인들이 의도적인 계획 아래 원거리 항해에 나섰을 거라는 입장을 옹호하는 사람들은, 우리가 활용하는 현대적인 과학기술은 좀더 전통적으로 실행하는 작업방식을 외면하게 만든다고 주장한다. 즉 우리의 전문가, 천문학자, 수학자, 시계, 도구, 나침반, 지도, 달력 들 때문에 시간과 방향을 재는 데 천체에 의존하던 방식이 사라지고 말았다는 것이다. 그리하여 사람들이 지금 우리가 사용하는 인공적인 보조수단 없이도 자신만만하게 바다를 가로질러 나아갈 수 있다는 걸 믿을 수 없도록 만들었다고 본다. 그 대신에 배들이 대개 인근 해안 근처를 맴돌며 돌아다녔다고, 그 밖의 다른 곳으로 감히 나아가게 된 경우란 우연히 불행한 사고를 당한 때라고 상정하게 되었다는 것이다.

민족지학은 이와 반대되는 많은 증거를 제시한다. 폴리네시아인들의 지리학적 지식수준은 상당한 거리까지 의도적인 왕복항해가 거의 일상적으로 수행되었음을 시사한다. 지역의 역사를 살펴보면 폴리네시아의 외딴 섬들에는 사모아와 통가에서부터 대양을 오가는 거대한 카누들이 빈번하게 왕래했다는 것을 알 수 있다. 그리고 아주 최근까지도 그 사이에 끼어든 섬이 하나도 없는, 1,300km의 거리까지 왕복항해가 이루어졌다. 그리고 2,240km까지 오가는 경우에는 중간에 섬 하나만(라이아테아에서 니우아타푸타푸까지) 거치게 되었다. 이 외에 폴리네시아 동쪽에서 뉴질랜드 사이에도 항해가 빈번했다 (뉴질랜드 흑요암이 그곳에서 발굴되는 것으로 알 수 있다). 폴리네시아인들은 바다에 2주일 동안, 혹은 그 이상 머문다는 생각은 전혀 하지 않았다.

중요한 요인은 한 치의 오차도 없는 정확성이 요구되지 않았다는 점이다. 즉, 섬 둘레로 반경 80~120km 거리는 새와 바람, 육지의 구름과 바다의 너울 형태의 변화를 길잡이 삼아 올 수 있다는 것이다.[14] 어려운 목표지점을 이런 식으로 '확장'함으로써, 전체 열도를 향해 그냥 나아가다가 이 '반경 현상'을 활용하는 것이 가능했다(화보 18). 이런 지표를 활용한다면 아주 작은 이스터 섬조차도 열 배 크기로 확대된다. 그렇게 확대되더라도 여전히 작은 표적이긴 하지만 단순히 육안으로 육지를 포착하는 데 의지하는 것보다는 훨씬 더 쉬워지는 것이다. 태평양 해역의 섬들은 기껏해야 100km 떨어진 거리까지만 보일 뿐이다. 그리고 대개는 가시거리가 이보다 훨씬 더 짧아서 고작 24km에 불과한 경우도 있다. 한편, 이스터 섬의 최정상(510m)은 1882년, 35해리 떨어진 거리에서 독일인들 눈에 띄었을 뿐이다. 1770년에는 스페인 사람들이 이 섬에 다다르기 며칠 전에 새들을 보았다.[15] 이 섬에는 원래 바닷새가 엄청나게 많아서 날마다 사방으로 흩어져 날아갔다. 이 바닷새들 덕분에 최초의 정착자들은 섬의 '시계視界'를 훨씬 더 멀리까지 확장할 수 있었을 것이다.[16]

앤드류 샤프와 그 밖의 다른 연구자들이 지적한 것처럼 이 '반경 현상'은 믿을 만한 게 못 되며 잘못된 판단으로 이끌 만큼 현혹적이기도 하다. 섬들을 뒤덮는 구름 현상이 언제나 나타나는 것이 아니고 광대한 바다 위에 육지라곤 흔적조차 찾아볼 수 없는 경우도 흔하다. 바닷새들도 늘 뭍 근처로 몰려드는 것은 아닌데다 설령 그렇더라도 뭍에 근접했다는 정도만 감지할 수 있을 뿐이다.

그럼에도 믿을 만하든 아니든, 폴리네시아의 항해자들이 이런 표지들을 실제로 활용하여 안전하고 정확하게 정해진 행선지까지 다다랐다는 것은 변함없이 사실이다. 또 다른 유용한 현상으로 수면 바로 아래에서 일어나는 발광 현상이 있었다(이는 해안에 부딪혔다가 밀려나오는 물결이 유발한 생물발광의 형태라고 여겨졌다). 뭍이 있는 방향에서 쏟아져 나오는 이런 빛줄기들이 가장 잘 보이는 지점은 100~160km 밖이다. 그래서 구름이 드리워 하늘을 볼 수 없는 흐린 날 밤에는 이 빛줄기를 보면서 배를 저어가는 식이 보통이었다.

우세한 바람과 조류를 따라 '표류하듯 이동'했다는 수동적인 헤예르달의 관점과 '우연에 기대어 이동'했다는 샤프의 수동적인 입장, 즉 섬에 식민지를 건설한 것이 파도에 휩쓸려 떠내려가다가 우연찮게 이루어졌다는 견해에 대한 적극적인 대안은 태평양 해역 섬들의 개척과 정착이 오랜 세월에 걸쳐 서서히 체계적이고 능란한 기술을 활용해온 과정이고, 미리 세운 계획에 따라 실행된 일로 보는 것이다. 즉 지형과 악천후 등의 날씨, 선박 조종술, 그리고 장거리 항해에 필요한 양식과 관련된 지식을 차근차근 축적한 후에 항해에 나섰다는 견해이다.[17] 여러 세기를 지나면서 섬의 분포, 실제로 서쪽에서 동쪽으로 고리처럼 연달아 매달린 섬의 분포를 통해 한 가지 믿음이 생겨났을 법하다. 즉, 언제나 새로이 발견할 땅이 있다는 것, 동쪽으로, 동쪽으로 섬들이 끝없이 펼쳐져 있다는 믿음이.

만일 섬을 식민지화한 것이 전적으로 우연한 항해의 결과라고 한다면 바다에서 실종되는 비율이 어마어마하게 높다는 사실을 생각해볼 필요가 있다. 항해에 나선 100척의 배, 혹은 1,000척의 배 가운데 제대로 헤쳐 나오는 경우는 오직 한 척 정도일 것이다. 그 어떤 해양민족이라 해도 이렇게 막대한 손실을 감당할 수 없었을 것이다. 그러므로 새로운 섬을 찾아 떠나는 개척항해는 이내 중단되고 말았을 것이다. 꺾이지 않고 지속되는 폴리네시아인의 팽창은 장비를 훌륭하게 갖춘 효율적인 배와 더불어 그들이 실행한 개척항해가 탁월할 정도로 성공을 거두었음을 입증한다. 비록 때때로 불가피한 손실과 실종을 겪기는 했을지라도 말이다. 이는 또한 그들이 별을 길잡이 삼아 새로운 땅을 개척하는 해양사업에 과감하게 나섰다는 것을 말해준다.

바람과 조류에만 기댈 수 없었던 그들은 선박—이중 선체 카누 혹은 '카타마란(catamaran, 원래 '묶은 통나무'라는 뜻의 말레이어)'—을 만들었다. 이 배는 안정성보다는 속도를 내는 데 역점을 두었다. 쿡의 보고서에는 자신의 배가 순풍 속에서 전력을 다하고 있을 때조차도 퐁가의 부족장들이 탄 카누는 어떻게 자신의 배 주위로 유유히 원을 그리며 나아갈 수 있었는지에 대해 의문 어린 감탄이 담겨 있다. 돛을 달고 항해하기에 맞춤한 바람이 불어주면 이런 카누는 하루에 160~240km까지도 나아갈 수 있었다. 게다가 폴리네시아

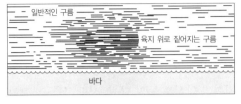

일반적인 구름

육지 위로 짙어지는 구름

바다

18. 폴리네시아 뱃사람이 채택한 기술 가운데는 성운의 변화를 관찰하는 것(위)과 섬 주위로 다양하게 변하는 너울과 파랑의 패턴을 살펴보는 것(가운데)이 있었다. 이는 섬이 몰려 있는 주위 반경 80km 안에서는 뱃사람들이 눈으로 직접 보지 않고도 뭍의 존재를 감지할 수 있었다는 뜻이다(아래).

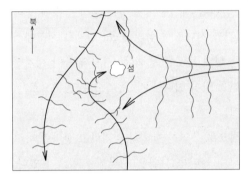

북

섬

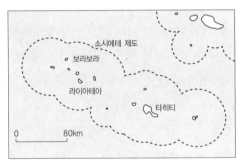

소시에테 제도

보라보라

라이아테아

타히티

0   80km

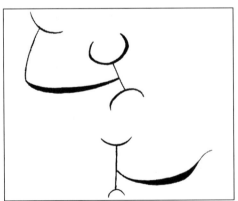

이스터 섬의 바위에 새겨진 배처럼 생긴 그림들.

인들은 장기간 식품을 저장하는 요령을 알고 있었으니까 8,000km 거리도 나아갔을 법하다.

공기역학상 효율적인 돛을 달고 날렵한 선체를 갖춘 카누에 무거운 짐이 가득 실렸다면 그다지 먼 거리는 못 가더라도 서쪽으로의 항해가 가능할 것이다. 선원이라면, 심지어 오늘날의 선원이라도, 며칠, 혹은 몇 주일씩 밀려오는 거센 바람과 해류를 헤치며 나아가고 싶지는 않을 것이다. 대부분의 폴리네시아인들이 서쪽에서 동쪽으로 확장해나간 것이 남서 무역풍이 우세하게 불 때 그 바람을 거슬러 나아간 게 아니라 바람이 역전되기를 기다렸다가 주기적으로 불어오는 편서풍(66쪽 참조)을 활용했을 것으로 보는 주장의 근거도 이것이다. 지난 200년 동안 연장된 편서풍과 더불어 찾아온 엘니뇨 같은 현상은 1년에서 8년의 간격으로, 심한 경우에는 7년에서 16년을 주기로 발생했다. 이와 비슷한 수치가 폴리네시아의 팽창기에도 적용될 수 있겠다.[18]

태평양 해역에 파견된 유럽의 선교 사절단과 탐험가들이 남긴 일지 덕분에 우리는 18세기와 19세기에 살았던 폴리네시아 사람들이 여름철에 특히 빈번하게 발생한 이런 편서풍에 대해 훤히 꿰고 있었다는 사실을 알 수 있다. 이들은 동쪽 항해에 이 바람을 활용했던 것이다. 예를 들면, 쿡은 타히티 사람들이 동쪽으로 배를 띄우고 싶으면 11월에서 1월 사이에 부는 편서풍을 기다린다는 말을 들었다. 이들은 일정한 주기로 불어오는 다른 서풍도 하루쯤의 오차로 예측할 수 있을 정도였다. 이들의 선조가 이보다 덜 유능했으리라고 추정할 만한 근거는 전혀 없다. 1986년에 폴리네시아의 이중 선체 카누, 호쿨레아는 사모아에서 타히티까지 성공적인 항해를 마쳤다. 이것은 이런 배로도 편서풍으로 풍향이 바뀌는 것을 활용한다면 서쪽에서 동쪽으로 항해가 가능함을 입증하기 위한 실험이었다.

엘니뇨 현상이 일어나는 여름철 동안 가끔씩 불어오는 편서풍을 활용하는 것 역시 폴리네시아인들이 남아메리카까지 배를 타고 갔다가 되돌아왔을지 모른다는 이론의 실현가능성과 부합된다(70쪽 참조). 반면에 훔볼트 해류는 서쪽으로 되돌아오는 항해에 활용되지 못했을 것이다. 앞에서 제시했듯이 그것은 남아메리카 해안을 따라 북쪽으로 진로를 택했을 거라는 간단한 이유 때문이다. 콘 티키호의 경우에서 이미 본 것처럼, 바다로 나와서 해류와 바람에 닿으려면 그 해류를 가로지르지 않으면 안 된다.[19]

이례적으로 편서풍이 불어서 많은 폴리네시아 섬들을 식민지로 개척하는 것이 용이했던 반면에 이스터 섬에 다가가려면 이 바람이 그다지 필요하지 않았다. 이스터 섬은 남위 27도로, 남동 무역풍과 좀더 위도가 높은 지역에서 부는 편서풍 사이의 통과지대에 놓여 있다. 우리가 앞에서 보았듯이 겨울철의 라파 누이는 종종 서풍이 한동안 계속 세차게 불고 비가 내리는 불안정한 날씨가 되기 쉬운 곳이다. 무역풍대에서 벗어나 남쪽에서 길을 잃고 헤매는 배라면 이 편서풍에 휘말려서 이스터 섬으로 흘러가게 되었을지도 모른다. 그러자면 춥고 폭풍이 몰아치는 항해를 견뎌낼 만한 능력은 물론이고 행운과 선박 조종술까지 절묘하게 결합되어야만 하리라. 그리고 이것은 왜 라파 누이가 폴리네시아 항해의 본류에서 멀리 떨어져 식민지 가운데 가장 격리된 섬으로 남아 있었는지, 대체로 혹은 완전히, 다른 폴리네시아 지역과의 접촉이 끊긴 상태로 남아 있었는지를 설명하는 데 유용하다.

언제나 동물과 식물이 새로이 개척한 식민지에 운송되었다는 사실은 식민지 개척이 우연히 이루어진 일이라는 주장을 강력하게 반증하는 것이다. 앞바다에서 조업하던 어부들이 뜻밖에 폭풍우를 만났는데, 바나나 새싹과 다양한 유용식물은 물론이고 여자 친척들뿐만 아니라 개와 닭, 돼지, 그리고 쥐까지 배에 싣고 있었다는 게 가능한 일이겠는가? 완벽한 '풍경'을 새로운 섬에다 옮겨다 놓은 것은 체계적이고 조직적인 개척이었음을 시사한다. 단지 몇 안 되는 경우(가령 피트케언, 헨더슨 같은), 즉 작은 섬이라 정착민들이 버리고 떠났거나 종족의 맥이 끊기게 되는 경우라면 아무런 준비 없이 떠난 항해에서 우연히 마주친 지역을 식민지로 개척하게 되었다는 주장을 펼 수 있을지 모른다. 물론 이런 경우라 해도 피폐해진 자연환경이나 다른 어떤 이유 때문에 실패하고 만 정상적인 식민지 개척지였을 가능성이 높다. 실제로 이런 지역은 삼림이 파괴되어 살던 사람들이 더 이상 항해용 대형 카누, 즉 망가레바와 교류하는 데 필요했을 카누를 제작하고 관리할 수 없게 되어 버려진 땅일 것으로 추정되어 왔다.[20]

그렇다면 항해는 모두 의도적이었을까? 혹은 모두 우연히 이루어진 일일까? 선사시대에 흔히 그렇듯이—호투 마투아가 알려진 한 행선지를 향해 항해를 떠났다는 전설이 있기는 하지만—참된 진실은 이 두 가지 이론을 결합한 데서 찾을 수 있을 듯하다. 성공한 식민지 개척의 많은 경우가 어부들, 혹은 인근 앞바다에서 항해를 하던 이들이 파도나 바람에 휩쓸려가면서 시작되었으리라는 주장은 미심쩍다. 오로지 체계적인 계획 아래 개척을 목적으로 떠난 의도적인 항해였다고 상상하는 것 역시 극단적이다. 폴리네시아의 확장은, 계획과 의도가 어느 정도 개입되었든 간에 위험하고 일정하지 않은 과정이었음은 분명하다. 계획에 따른 항해라 할지라도 예측할 수 없는 자연조건과 미지의 바다로 나선 뒤로는 행운에 크게 기댈 수밖에 없었을 것이다. 이 점을 생각하면 그토록 엄청난 위험에 의연히, 기꺼이 맞섰던 이 선구적 개척자들의 기술과 담대함에 경탄이 절로 나올 뿐이다.

3장에서 보았듯이, 이스터 섬 주민의 궁극적인 기원은 마르케사스인이었을지도 모른다. 그러나 이들이 마르케사스에서 곧장 이 섬으로 들어왔을 것 같지는 않다. 다시 말하자면 19세기의 항해 선박은 마르케사스를 떠나 곧바로 이스터 섬으로 향하는 경우가 전혀 없었다. 그러나 망가레바나 피트케언에서는 곧장 이스터 섬으로 가기도 했다.[21] 그 이유는 명백하다. 즉 마르케사스에서 곧바로 가려면 무려 2,000마일이나 되는 드넓은 바다를 가로질러 가는 게 필수이다. 이에 반해 망가레바에서 출발한 항해는 오직 1,450마일 거리 안에서 이루어졌다. 그리고 항해 중에 여기저기 흩어져 있는 작은 산호섬들을 만날 수도 있었고 피트케언이라는 고지대 섬, 300마일이나 간극을 줄여주는 망가레바 동부도 만날 수 있었다. 그렇더라도 피트케언에서 이스터 섬은 1,150마일이나 떨어져 있는 섬이다. 게다가 동쪽에서 불어오는 무역풍과 해류를 거슬러가며 이 거리를 항해한다는 것은 앞에서 항상 불어오는 바람과 밀려오는 파도를 헤치면서 4,000마일이 넘는 거리를 항해해야 한다는 뜻이었으리라.[22] 이것은 식민지 개척자들이 이례적으로 편서풍이 불어오는 시기를 틈타 항해에 나섰다고 상정하게 되는 또 하나의 유력한 근거가 된다.

1999년 6월, 대형 카누 호퀼레아는 하와이를 출발하여 이스터 섬으로 향했다. 그리고 7월 중순경에는 마르케사스 제도에 다다랐고 거기서 다시 갬비어 제도에 있는 망가레바로 항행했다. 이 항주거리를 나아가는 여정은 33일이 걸렸다. 망가레바에서는[23] 17일간의 항해 끝에 10월에 라파 누이의 아나 케나에 당도했다(이에 반해 어원은 시뮬레이션을 통해, 앞에서 언급했듯이, 겨울철 편서풍이 불어오는 동안에는 피트케언에서 라파 누이까지 20~21일이 걸린다고 예측했었다). 그러나 앤더슨은[24] 호퀼레아같이 실험용으로 제작한 현대적인 이중 선체 카누는 역사시대 초창기에 사용된 배보다 훨씬 더 성능이 좋고 선사시대에는 전혀 항행한 적이 없는 형태이기도 해서 이런 배의 속도를 기록한 자료나 서쪽으로 항해하는 성능 등을 그대로 받아들이기는 어렵다는 점에 유념할 필요가 있다고 했다. 그는 마오리족과 하와이 부족들이 사용한 카누들을 타고는 서쪽으로 나아갈 수가 없었고, 역사상 폴리네시아에서 사용한 배들 가운데 적응성이 높고 견고하다고 간주되는 종류도 있기는 하지만 대개는 약해서 부서지기 쉬웠다고 강조한다. 요컨대 선사시대의 배들은 호퀼레아보다 그 속도가 훨씬 더 느렸고 순풍을 이용한 항행, 파도에 밀려 떠내려가는 방법, 노젓기 등이 결합된 방법으로 나아갔을 테고 아주 오랜 기간 동안 바다에서 보내야 했을 것이다. 바다에서 장기간 항해하면서 비축 식량도 바닥났을 것이고 육체적인 스트레스와 여러 가지 위험에도 맞서야 했을 것이다. 폴리네시아인들에게 장거리 항해는 현대적인 실험이 제시하는 결과보다 훨씬 더 힘겨웠을 게 틀림없다는 것, 그리고 변방에 자리잡은 폴리네시아 동부지역은 확실히 지금보다 훨씬 더 접근하기 힘들었을 거라는 그의 결론은 라파 누이가 한 차례라도 발견되었다는 게 얼마나 기적 같은 사건인지, 그리고 이곳이 바깥세상과 지속적으로 접촉을 유지했으리라는 가정이 얼마나 있을 법하지 않은 일인지를 강조하고 있다.

따라서 최초로 이스터 섬에 살게 된 이들은 '세상 끝'에 자리한 고립된 땅('테 피토 테 헤누아Te Pito Te Henua', 직역하면 '땅 끝' 또는 '지구의 파편'이지만 때로는 '세계의 배꼽'이라는 뜻으로도 옮겨지는 곳)[25]에서 패트릭 키르히의 말처럼 "폴리네시아의 풍경을 그대로 옮겨와서" 새로운 삶을 시작했을 것이다. 그러나 이들이 가져온 돼지와 개 들은 물론 많은 식물들이 멸종되고 말았다. 식물들이 멸종된 것은 필시 새로운 환경에 적응하지 못한 탓일 것이다. 그리고 동물들은 우발적, 혹은 의도적인 박멸과정을 거치면서, 아니면 그 외 다른 이유 때문에 이 섬으로 오는 항해 중에 살아남지 못하여 멸종되었을 것이다.

그러므로 이제 이스터 섬에 첫발을 내디딘 이 최초의 사람들의 삶과 그들이 남겨놓은 흔적들을 살펴볼 때가 되었다. 그들이 이 새로운 땅에서 발견한 것이 무엇이었는지, 이 새로운 자연환경에 어떻게 적응해갔는지, 그리고 어떻게 이 자연환경을 철저히 바꾸어놓았는지 살펴볼 차례이다.

제5장

이스터 섬의 생활

1,400년 동안의 고독?

이스터 섬 사람들의 선사시대 생활을 추적하고자 할 때 우리에게 주어지는 첫 번째 과제는 이 선사시대가 언제 시작되는지를 결정하는 일이다. 유럽인들이 들어오기 전에 한 번 이상 이 섬에 닿았던 사람들이 있었을 가능성은 희박해 보인다. 그러나 호투 마투아까지 거슬러 올라가는 과거의 부족장들을 기록한 계보 연구를 통해 세바스천 잉글러트는 호투 마투아와 그의 추종자들은 빨라야 16세기에 이 섬에 당도했을 거라는 결론을 내렸다. 이에 반해 똑같은 근거로 메트로는 그들이 섬에 도달한 것은 12세기일 것으로 보았다.[1] 그러나 그 이후의 고고학 연구자들은 방사성 탄소 동위원소 연대측정법을 통해 690년에 이미 이 섬에 사람이 살았다는 사실, 그보다 더 앞선 4세기에도 살았을 가능성이 있다(물론 단발적인 연대는 늘 신중하게 다루어져야 하겠으나)는 것을 입증했다. 이것은 호투 마투아 이래로 57대의 왕들이 다스렸다는 또 다른 구전의 내용과도 부합하는 것이다. 한 세대를 평균 25년으로 계산해보면 450년으로 거슬러 올라가게 된다. 그러나 '하나우 에에페Hanau Eepe'와 '하나우 모모코Hanau Momoko' 주민들 사이에 갈등이 있었다는, 빠지지 않고 줄기차게 전래되는 이야기는 어느 시기에 끼워 넣어야 합당할까?

토르 헤예르달은 남아메리카와의 연관성을 '긴 귀'(하나우 에에페)와 '짧은 귀'(하나우 모모코)라는 유명한 전설에서 찾았다. 그는 긴 귀의 주민들을 최초의 개척자들(아메리카 인디언들)의 자손들로, 그리고 짧은 귀의 주민들을 좀더 나중에 섬에 닿은 폴리네시아인들로 보았다. 헤예르달은 '긴 귀'의 사람들이 귓불을 길게 늘인 다음 구멍을 뚫어 원반 모양의 장식을 매달았다고 보았는데, 이 풍습은 유럽인들이 처음 들어왔을 때에도 변함없이 유행한 관습이었다고 했다(그런데 루틀지 여사는 '긴 귀'라는 용어는 원주민들의 귀를 넓히는 풍습이 아니라 원래 태어날 때부터 생김새가 그렇게 길었다고 전해진다고 들었다[2]). 헤예르달이 선별한 이야기에 따르면 17세기에 벌어진 '포이케호 전투'에서 '짧은 귀'를 가진 단이족들이 '긴 귀'를 가진 장이족을 한 사람만 남겨놓고 대량학살을 했다고 한다(그 후에 홀로 남은 이 장이족 사람이 자손들을 보게 되었다).

그러나 세바스천 잉글러트는 이 폴리네시아 용어가 귀를 가리킨다는 데 강하게 반박했다. 그 누구보다도 치밀하게 이스터 섬 사람들이 사용했던 고대의 언어를 연구한 그는 이 용어가 각각 '넓은/힘센/살찐 사람들'과 '날씬한 사람들'을 가리킨다고 강조했다.[3] 폴리네시아에는 체격의 크기와 비대함을 지도력이나 마나(mana, 영적인 힘)와 연관시키는 통념이 널리 퍼져 있다는 관점에서 볼 때, 하나우 에에페는 상류계층, 하나우 모모코는 하류계층을 나타내는 말일 것이다. 여기서 다시금, 신세계와 연관되었다는 추론을 뒷받침하는 증거들이 사라지게 된다. 길쭉한 귀와 고리장식은 마르케사스 제도에서는 충분히 입증된 관습이므로 독점적인 신세계의 현상만으로 볼 수는 없는 것이다.

나아가 잉글러트는 하나우 에에페는 나중에 섬에 들어온 사람들로서 연단을 디자인했고 하나우 모모코는 석상을 만들었다고 보았다. 반면에 토머스 바르텔은 이 섬의 구전을 샅샅이 조사한 결과 폴리네시아에서 호투 마투아가 섬에 들어온 것은 그와 같은 방향에서 온 사람들이 최초로 섬을 식민지로 삼고 난 한참 후였다는 결론을 내렸다. 그는 호투 마투아는 하나우 모모코의 족장이었지만 하나우 에에페 죄수들도 섬에 데리고 들어왔다고 보았다. 섬에서 일할 노동력으로 필요했기 때문이라는 것이다. 그들은 모모코 지역에서 떨어진 포이케에 정착했다. 비록 두 명칭은 각각 '가냘픈'과 '땅딸막한'이라는 뜻이지만 이 두 집단과 관련된 이야기 속에는 이들의 인종이나 문화가 달랐음을 드러내는 내용은 전혀 담겨 있지 않다. 이 두 집단의 관계가 승리한 정복자와 패배한 피정복자, 혹은 고매한 신분과 미천한 신분일 가능성도 거의 없어 보인다. 그런데 폴리네시아에서 보통 땅딸막하다는 것은 마나나 상류계층의 이미지와 상충되기는 한다.

섬의 구전을 고고학에 맞추어보려는 시도들은 감탄이 나올 만큼 훌륭하지만 우리는 이 구전의 내용들이 실제로는 그다지 신빙성이 없다는 것을 이미 확인한 바 있다. 예를 들면, 지금까지 적어도 여섯 가지 서로 다른 족보가 기록되었는데,[4] 족보마다 왕의 이름과 그 수가 다 다르다. 그리고 이런 기록들은 지난 19세기부터 지금까지 생존해 있는 극소수의 원주민들로부터 이삭 줍듯 조금씩 모아온 것이다. 이 시기는 전쟁이나 질병으로 많은 사람이 죽었고 도덕적으로 타락하고 부패했으며 문화적으로도 피폐해진 상태였다. 그리하여 부족의 문화와 역사에 얽힌 집단의 기억을 대부분 잃어버린 상황이었다. 더욱이 호투 마투아의 탐험 선발대에 대한 이야기를 받아들인다면 그것은 이 섬에 다다른 것이 한 번이 아니라 두 번, 혹은 세 번이나 되었다는 의미가 될 것이다. 그것이 이론적으로는 가능한 일일지 모르지만 가장 개연성 높은 가설은 여전히 폴리네시아에서 온 단 한 차례의 초기 식민지 개척이라는 가설이다. 식민지 개척을 이끈 우두머리는 호투 마투아라는 이름(즉 대부)이 부여된 어느 문화의 영웅이었다. 이 섬의 고고학적 기록을 살펴볼 때 전통 공예와 건축이 끊임없이 발전해간 것은 분명하지만 외부에서 새로운 문화가 갑자기 유입되어 영향을 끼쳤다는 흔적은 그 어디에서도 찾을 수 없다.

이 외에 최초의 식민지 개척이 이루어진 뒤에 새로이 섬에 도달한 세력이 설령 있었다 하더라도 이미 정착한 인구에 비하면 그 숫자는 아주 미미했을 것이다. 그리고 한두 가지 이념 외에는 문화적으로 거의 영향을 미치지 못했을 것이다. E. P. 래닝이 환기하듯이, 작은 무리들이 바다를 건너와 섬에 닿게 되면 아마도 "머리를 때려 기절시켰거나 죽였을 테고 그게 아니라면 생선을 손질하는 일꾼으로 삼았을 것이다."[5] 그들이 함대 가득 전사를 싣고 섬에 들어온 게 아니라면 새로운 종교나 정치체계를 이 섬에 강요했으리란 상상을 하기는 어렵다. 침입은 말할 것도 없고 더 이상 섬으로의 이주를 보여주는 실질적인 증거가 부재하므로 이 섬의 문화적 발전과 정교화 과정은 내부의 힘으로 이루어졌다는 가정을 할 수밖에 없다.

지금까지 고고학에서 방사성 탄소 동위원소 조사를 통해 얻은 가장 빠른 연대는, 우리가 이미 보았듯이, 386년에서 100년을 더하거나 뺀 시기이다. 이 조사는 포이케호의 지표면에 묻혀 있던 목탄으로 측정한 결과이다. 이것은 삼림의 개간과 벌채가 아주 일찍부터 이루어졌음을 시사하는 것으로 볼 수도 있겠다. 그러나 그 결과는 상당히 불확실하다. 왜냐하면 동일한 장소에서 추출한 흑요암 샘플을 통해 얻은 시기가 1560년이기 때문이다! 심지어는 이보다 훨씬 더 빠른 4세기(318년)란 결과를 얻은 경우도 있는데, 이것은 아후 테프 1세의 묘지에서 나온 토토라 갈대 샘플로 측정한 결과이다. 그러나 동일한 묘지에서 나온 잔해 샘플의 분석결과는 1629년이다. 그러니까 가장 믿을 만한 방사성 탄소 동위원소 연대측정법을 통해 얻은 가장 빠른 시기는 690년에서 130년을 더하거나 뺀 시기로 추정된다. 이때는 테프 묘지의 남쪽으로 몇 km 떨어진 아후 타하이를 처음으로 건설한 시기였다.[6] 그러나 이곳에서 발견된 기단이 이미 대형인데다 양식화되어 있으므로 최초의 정착민들은 이보다 더 오래 전에 이 섬에 닿았을 것이다. 그 시기는 기원 초 몇백 년 사이일 것으로 보인다. 가옥과 관련된 최초의 시기는 라노 카우에서 발굴된 직사각형 주거지에서 나온 테스페시아 포풀네아Thespesia populnea 목탄에서 얻었다. 이 연대는 770년에서 239년을 더하거나 뺀 것이다.[7]

이 모든 초기의 연대들을 차라리 무시해버리는 전문가들도 있다. 문화적으로 뚜렷한 연관성이 결여되었다고 보거나 부적합한 자료를 근거로 얻은 연대로 보기 때문이다. 그 대신에 이스터 섬은 다른 동부의 폴리네시아와 마찬가지로 서기 천 년이 끝나갈 무렵에 최초로 식민지로 개척되었다고 주장한다. 300~600년에 동떨어진 오세아니아에 인류가 식민지를 개척했다는 증거를 고古 환경에서 찾는 학자들도 있다. 반면 언어학자들은 자신들의 연구를 토대로 망가레바와 라파 누이에 사람이 닿은 시기가 서기 몇백 년 즈음을 가리킨다는 주장을 굽히지 않을 것이다.[8]

전체적으로 활용가능한 증거들을 종합해보면 초기 거주의 중심지는 섬의 남서쪽 귀퉁이를 가리킨다. 대체로 오늘날 섬 주민들이 모여 사는 곳과 동일한 지역이다. 아나케나, 호투 마투아가 닿았을 것으로 추정되는 이 지역은 발굴작업을 통해 그 모습을 드러냈는데, 이곳에 최초로 사람들이 거주했던 시기는 8세기 말에서 9세기이고 기단은 1100년까지 존재했다.[9] 반면 남쪽 해안은 1300년경이 되어서야 인구가 급속도로 증가하고 건설이 시작된 것으로 보인다.

최초로 섬에 정착한 사람들이 직접 보았던 섬의 환경은 어떠했을까?

섬 환경의 재구성

꽃가루 분석으로 우리는 최초의 정착민들이 살던 당시 이스터 섬에 자라던 수목에 대한 긴요한 정보를 얻게 된다.

해마다 라노 라라쿠 화구호에서는 미세 조류들이 자라고 또 죽는다. 이들의 사체는 호수 바닥으로 떨어지는데, 이때 화구호를 에워싼 비탈에서 호수로 흘러내려온 진흙이나 침니와 뒤섞인다. 꽃가루 알갱이 같은 다양한 입자들도 공중에서 마구 떨어져 호수 바닥에 쌓인다. 따라서 해마다 이미 내려앉은 퇴적물 위로 또다시 흙과 입자들이 쌓이면서 새로운 퇴적층을 이루게 된다. 이 과정은 라노 라라쿠 화구호가 형성된 3만 7천여 년 전부터 진행되어

오고 있다. 현세의 몇천 년간 이 과정이 가속화되었는데, 이는 호수의 가장자리에서 자라는 토토라 갈대Scirpus riparius 때문으로, 건기가 되면 이 갈대가 퇴적층의 바로 위까지 올라올 정도로 자란다. 죽은 토토라의 잎과 뿌리줄기들도 이 퇴적층이 한층 더 급속도로 진행되는 원인이 된다. 이 외에 반수생半水生 식물 타바이Polygonum acuminatum 또한 마찬가지 방식으로 침전층을 높이는 데 영향을 준다.

이런 형태의 퇴적물—즉 대체로 조류에서 형성된 가늘고 미세한 진흙gyttja이나 보다 큰 식물에서 만들어진 좀더 거친 진흙과 이탄泥炭은 세계의 많은 지역에서 자연환경이 거쳐온 역사를 담고 있다는 사실이 널리 알려져 있다. 즉, 페이지마다 세목들이 충실하게 기록된 책처럼 퇴적물이 형성된 호수나 늪지 속, 혹은 그 주변에서 무슨 일이 생겼는지를 소상히 알려준다는 것이다. 이스터 섬에 이런 곳이 라노 라라쿠 한 군데만은 아니다. 잠재성으로 볼 때는 라노 카우가 훨씬 더 많은 정보를 담고 있다. 그리고 테레바카 정상 근처에 있는 라노 아로이도 1/3의 정보를 제공해준다. 라노 라라쿠와 라노 카우 모두 섬을 대표하는 고고학적 유적지 근처에 있다는 사실은(석상 채석장과 오롱고 마을) 결코 우연이 아닐 것이다. 이에 대한 가장 개연성 있는 설명은 건조한 이스터 섬에 이 두 곳이 신선한 물을 제공하는 주요 공급원이라는 점이다. 그렇기 때문에 섬 생활의 구심점이 되었음이 분명하다. 따라서 이 두 지역은 이스터 섬의 고대 환경, 나아가 이 환경에 끼친 인간의 영향력에 관하여 앞으로 더 많은 것을 밝혀줄 것이다. 이 두 곳의 위치는 모두 섬의 저지대이다. 고원지대로 이와 유사한 정보를 제공해주는 라노 아로이와 함께 이 지역들은 이스터 섬을 환경의 역사와 고고학이 통합된 세계적으로 중요한 장소로 만든다. 더욱이 이곳의 삼림의 생성과 몰락을 도표로 살펴봄으로써 섬의 몰락에 얽힌 수수께끼를 푸는 데 좀더 가깝게 다가갈 수 있을지 모른다.

이스터 섬 환경의 역사를 밝히려는 첫 시도는 1955년에 토르 헤예르달이 이끈 탐사대에 의해 이루어졌다. 헤예르달은 라노 라라쿠와 라노 카우의 습지대에서 채집한 코어 샘플(core sample, 시추기로 채취한 흙, 바위, 광물 등의 원통형 시료: 옮긴이)을 스웨덴의 화분학자花粉學者 올로프 셸링에게 보내어 분석을 의뢰했다. 셸링은 그전에 이미 하와이 섬에 대해 정밀연구를 한 터라 태평양 연안에서 발견되는 다양한 형태의 꽃가루를 잘 알고 있었다. 그는 이 섬에 토로미로Sophora toromiro가 예전에 훨씬 더 흔했다는 결론을 내린 바 있고 풍부한 야자수의 꽃가루를 찾아내기도 했다.[10] 이 야자과Palmae에서는 많은 경우 꽃가루 형태가 유사하기 때문에(적어도 보통 현미경으로 보았을 때) 꽃가루를 보고 특별한 종을 가려내기란 사실상 불가능했다. 그러나 셸링은 헤예르달이 보낸 샘플이 프리차디아Pritchardia 속일 가능성을 제시했다. 이는 타당성 있는 추론이었다. 왜냐하면 프리차디아는 하와이를 비롯한 다른 태평양 연안의 섬들에서 흔히 발견되기 때문이다.[11]

셸링은 또한 국화과Compositae의 꽃가루도 발견했다. 이것은 관목에서 추출되었고, 그래서 이스터 섬이 예전에 숲을 이루고 있었다는 결론을 내렸다. 안타깝게도 탄소 동위원소의 조사로 연대를 측정할 수는 없었다. 따라서 언제

19. 라노 라라쿠 분화구, 거대한 석상들이 세워진 채석장은 환경 연구에 긴요하다는 것이 입증되었다.

이 섬에 삼림이 우거졌었는지 그 시기를 밝히기란 불가능했다. 그리고 마찬가지로 안타까운 것은 이 작업 내용이 그의 전공 논문에서만 언급되었을 뿐 책자로서 출간되지 않았다는 점이다. 학자 생활에서 은퇴하자마자 그는 샘플 분석 작업에서도 손을 떼고 말았다. 그리하여 이 문제는 그대로 남게 되었다. 한때 이 섬에 널리 퍼져 있던 이 의문의 야자수는 무엇이었을까? 셀링이 보고한 대로 "그 꽃가루가 (라노 라라쿠) 화구호의 바닥을 가득 채웠던" 이 야자수는?

야자수 추적

존 플렌리는 1977년에 처음 라노 라라쿠를 보자 이곳이 꽃가루 연구(화분학)에 이상적인 장소라는 확신이 들었다. 처음부터, 분화구의 늪지로 유입되거나 유출되는 강이나 개울은 하나도 없었다. 이것은 꽃가루가 물을 따라 흘러들어 왔다기보다는 주로 공중으로 날아왔다는 것을 뜻했다(좀더 오래된 퇴적물 속으로 밀려들어 왔을 가능성도 있었다). 그리고 일단 분화구 속으로 들어온 꽃가루는 다시 물길에 쓸려나갈 수가 없었다. 둘째로 분화구의 직경이 대략 약 200m로 맞춤한 크기였다. 이전에 이루어진 뉴기니 연구를 통해 넓은 지역에서 채취한 꽃가루는 그 영역이 너무 넓어 해석이 용이하지 않았고 이보다 좁은 지역은 생성된 지 얼마 되지 않은 상태라는 것을 알게 되었다. 왜냐하면 늪지의 성장은 열대와 아열대 지역에서는 너무나 급속도로 이루어지기 때문이다.

세 번째로, 그것은 '다름 아닌' 늪지였다. 루틀지와 헤예르달의 저서에서 그려진 예전의 호수가 아니었다. 섬에서 자라는 동물들의 급수를 위해 물을 퍼낸 탓에 최근 들어 수면이 낮아졌기 때문이다. 분화구 가장자리의 가장 낮은 지점에는 대형 참호를 파서 분화구 바깥쪽의 탱크로 이어지는 파이프를 삽입했다. 이것은 그 결과를 의식하지 못한 채 저지른, 화분학 연구자료를 파괴한 비극적인 행위였다. 채굴자들은 과거에 호수로 유입된 지형학적 증거

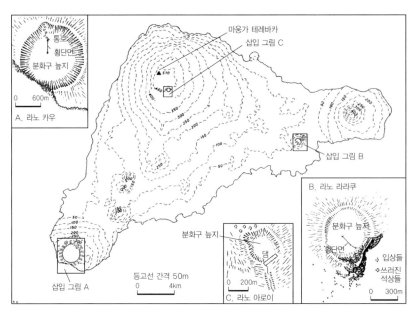

20. 존 플렌리가 동료들과 함께 이스터 섬의 환경을 면밀히 연구하는 데 활용했던 세 지역.

들, 과거의 기후를 살펴볼 만한 단서들을 파괴해버린 것이다. 게다가 가장자리 쪽으로 노출된 퇴적물들은 급속도로 말라가고 산화되어 가고 있었다. 그러나 많은 수고를 덜었다는 점에서는 득이 된 측면도 있었다. 코어 샘플을 얻기 위해 뗏목을 탈 필요가 없이 그냥 늪지 위를 30m쯤 걸어가면 되었던 것이다. 그 후 1984년에 캐나다 위니페그에 있는 마니토바 대학교의 짐 텔러 교수와 함께 이 섬을 찾은 플렌리는 물을 퍼내는 작업이 중단되었다는 것을 알고 적이 마음이 놓였다. 이제 물의 수위가 원래대로 돌아와 있었다. 그런데 그 결과로 오목해진 물웅덩이 속에서 코어 샘플을 좀더 많이 얻으려면 이번에는 뗏목을 만들어 타고 가야만 했다.

이 지역이 탁월한 또 다른 이유를 들자면 그것은 고고학과의 인접성이다. 석상이 서 있는 채석장들은 분화구 바깥쪽뿐만 아니라 남쪽의 안으로까지 퍼져 있다. 이곳에는 무수한 석상들이 호수를 바라다보며 서 있다(별지 화보 G). 이 채석장이 이용되던 시기에는 호수의 남쪽 제방 위에서 많은 사람들이

130

일했기 때문에 수목이 완전히 파괴되지는 않았을지라도 분명 변질되었을 것이다. 그 결과로 토양이 침식되었을 테고 침식된 토양은 결국 호수로 흘러들었을 것이다. 그래서 호수의 서쪽에서 샘플을 수집하자는 결정이 내려졌고, 이 결정은 옳았다는 것이 입증되었다(옆의 그림 참조).

깊이 70cm에서 솔라눔Solanum(포포로)이라고 믿어지는 뾰족한 꽃가루 봉오리가 나타났다(즉 70년 전으로 추정되고 200년은 넘지 않은 것이 확실했다).[12] 만일 이 꽃가루가 솔라눔 포스테리Solanum forsteri에서 나온 거라면 분화구 안에서 이 식물이 실제로 재배되었다는 것을 나타내는 것일 수도 있었다. 예전에 메트로가 이 식물을 재배했었다고 언급한 적이 있었다.

지하 1.1~1.2m 아래에 침전물이 흘러들어와 생긴 퇴적층 바로 아래 꽃가루 영역에 두드러진 한 가지 변화가 있었다. 초목 꽃가루가 덜 흔해지고 초목 입자의 크기가 더 커졌다. 토로미로의 꽃가루는 상당히 흔해졌다. 그러나 무엇보다 큰 변화는 '야자 꽃가루가 우세한 형태로 갑자기 등장했다'는 점이었다. 이것은 물론 이 시점이 지난 뒤에는 야자나무들이 돌연 사라졌음을 시사하는 것이었다. 그 입자들은 잘 보존되어 있었는데 확신할 수는 없으나 기준으로 삼은 코코닛 꽃가루와는 그다지 비슷해 보이지 않았다. 야자 입자는 식별하기 아주 까다롭기로 유명하다. 그리하여 당시 야자 꽃가루 연구의 세계적인 권위자였던 G. 타니카이모니가 플렌리의 실험실을 방문하게 되었다. 타니카이모니가 확인한 것은 단지 이 꽃가루가 어떤 종류의 야자수에서 나왔을 거라는 점뿐이었고 더 구체적인 설명은 들을 수가 없었다. 이것은 앞서 셸링이 프리차디아라고 언급했던 그 꽃가루 형태임이 분명해 보였다. 그래서 이 화석과 다양한 종류의 야자나무를 전자현미경으로 정밀하게 살펴보는 연구에 착수했다. 코코스Cocos와 두 종의 프리차디아도 이 연구대상에 포함된 야자나무였다. 두 종의 프리차디아는 표면이 부드럽고 여기저기 패여 있었던 것에 비해 화석의 표면은 끈적끈적했다. 따라서 프리차디아는 배제되었다. 화석 입자의 표면은 코코스, 그리고 유바에아 칠렌시스Jubaea chilensis의 표면과 비슷했던 것이다. 유바에아 칠렌시스는 야자주를 빚는 칠레산 야자로, 코코스와 동일한 아과Cocosoideae에 속한다.[13]

만일 우연한 행운이 없었더라면 이 꽃가루 형태를 더 이상 해석하는 일이 불가능했을지 모른다. 1983년에 플렌리가 이 섬에 머무는 동안 당시 주지사였던 세르지오 라푸는 그에게 섬을 찾은 프랑스의 동굴탐험 연구가 일행이 발견한 것들이 담긴 주머니를 보여주었다. 이 일행은 아나 오 케케에 있는 포이케의 북동쪽 용암동굴을 탐색하다가 우연히 나무열매를 보관하는 지하 저장고로 보이는 곳을 발견했고 그곳에서 견과를 35알 수집했던 것이다. 라푸 씨는 이 견과의 사진촬영을 허락해주었다(화보 21). 이 나무열매들은 대부분 구형이었고 지름은 2cm 정도였다. 그리고 그 둘레로 그어진 세 개의 줄은 마치 지구의에 그어진 경도선처럼 보였다. 각 '부분'의 중간쯤에는 작은 구멍이 나 있었다. 몇몇 경우는 패인 모양이었고 견과의 안쪽까지 구멍이 뚫려 있는 경우도 있었다. 이것은 코코넛의 한쪽 끝에 난 세 개의 작은 구멍을 연상시켰다. 물론 구멍이 나 있는 자리는 서로 달랐다. 존경받는 식물학자로 그 자리에 참석했던 벨라스코 씨는 주저 없이 이 나무열매들이 야자주를 빚는 칠레산 야자와 닮았다는 의견을 내놓았다.[14]

플렌리는 그 나무열매 가운데 몇 알을 가져가도 좋다는 허락을 받았으므로 몇 개를 왕립식물원이 있는 큐Kew로 보냈다. 야자나무 분류법 분야에서 세계적인 전문가인 존 드랜스필드 박사에게 검토를 의뢰한 것이었다. 그는 다소 흥분한 음성으로 전화를 주었다. 이 견과들이 코코소이드 야자나무에 속하는 게 틀림없다는 소식이었다. 코코소이드 야자에는 여덟 가지 속이 있는데 이 가운데 두 가지 속, 즉 유바에아와 유바에옵시스Jubaeopsis만이 그 화석과 비슷하게 닮았다. 화석과 건조된 식물자료, 그리고 큐에 있는 온대관 Temperate House—세계 최대 규모의 식물 재배 온실—에 있는 유바에아 칠렌시스Jubaea chilensis의 대형 표본에서 나온 열매들을 비교해본 뒤에 드랜스필드 박사는 프랑스의 동굴 연구가들이 발견한 것은 멸종된 유바에아 속에 해

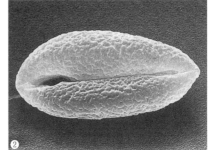

21.
❶ 이스터 섬의 포이케 북동쪽에 있는 동굴 안에서 발견된 야자열매 화석의 지하 저장고.
❷ 이스터 섬에서 나온 야자나무 꽃가루 입자를 전자 현미경으로 자세히 들여다본 사진.
❸ 야자나무의 뿌리 형태. 미국의 지질학자 찰스 러브는 이스터 섬의 토양 속에서 탄소와 나란히 이 뿌리가 만든 홈들을 발견했다. 뿌리가 작고 뿌리의 가지가 갈라지지 않은 특성, 그리고 폭까지도 칠레산 야자주 나무뿌리와 닮았다.

당되는 종일 거라는 결론을 내렸다. 살아 있는 종류에 비할 때 화석 열매가 약간 더 컸고 편원형oblate에 더 가까웠기 때문이다. 어쨌거나 열매들이 똑같았다 하더라도 이 식물의 다른 부분들까지 살아 있는 종과 비교했을 때 비슷하다고 가정한다는 것은 성급한 태도였다. 서로 상당히 다를 수도 있었던 것이다. 그 후에 드랜스필드 박사는 이스터 섬의 야자를 파스찰로코코스 디스페르타Paschalococos disperta라고 명명했다.[15] 그러나 프랑스 원정대의 리더인 자크 비네는 산티아고 길거리에서 싱싱한 야자주 나무열매를 샀다. 그곳에서는 이 열매를 식품으로 팔고 있었던 것이다. 그리고 이 열매들은 큐에서 자란 열매들보다도 훨씬 더 화석과 닮았다는 사실이 밝혀졌다. 따라서 이스터 섬의 야자나무는 적어도 유바에아 칠렌시스와 상당히 밀접하게 연관되어 있을 가능성, 나아가 같은 종일 가능성도 높아진다. 그러므로 이 칠레산 야자주 나무는 고고학자들이 그동안 탐색해왔던 바를 입증해주는 중대한 증거로 판명될 가능성도 크다.

칠레에서는 그릴랴glilla로 알려진 칠레산 야자주 나무는 세계에서 가장 큰 야자나무이다. 나무의 몸체 직경이 1미터가 넘는 경우가 흔하고 높이는 최소 20미터가 넘는다. 원통형의 몸체는 위로 올라갈수록 가늘어지지만 간혹 몸체의 1/3쯤 상단 부분이 살짝 불거진 경우도 있다. 잎은 코코넛처럼 크고 깃털처럼 생겼다. 열매는 잎들 사이에서 다발 모양으로 열린다. 자그마한 코코넛 열매처럼 생긴 열매들은 하나하나마다 외피는 섬유질이고 그 안은 딱딱한 껍질이다.[16)

칠레 사람들은 그들의 유일한 야자수종인 이 나무를 상당히 소중하게 여기는데 이는 그다지 놀랄 일이 아니다. 왜냐하면 이 나무는 네 가지 긴요한 식료품의 원료가 되기 때문이다. 나무열매에 들어 있는 기름 성분의 낟알은 맛있는 진미로 여겨진다. 게다가 몸통의 한쪽에 구멍을 내어 야자수의 수액을 '짜낼' 수도 있다. 이 수액을 끓여서 농축시키면 야자나무 꿀miel de palma이 만들어진다. 이 꿀은 산티아고에서 고가에 팔리는 식품이다. 수액을 좀더 가열하면 양이 줄어들어 갈색의 설탕 덩어리sucre de palma가 되는데, 그대로 먹을 수도 있고 요리에 이용할 수도 있다. 채취한 수액은 번갈아가면서 발효시키기도 하는데 야생 효모의 작용으로 자연 생성된다. 발효된 수액은 알코올 도수가 높은 야자주vino de palma를 만든다.

유바에아 칠렌시스는 야생에서는 더 이상 흔하지 않은 나무로, 이제는 관리보존 대상이 되었다는 것을 알아두는 게 좋다. 그렇지만 산티아고에서 발파라이소로 내려가는 남위 33도 도로 주변에, 그리고 좀더 내려가서 남위 36도 부근에서는 실물을 볼 수가 있다.[17) 카나리 섬(북위 27도)에 있는 테네리페에 심어진 것들도 잘 자라고 있다. 따라서 이 식물은(또는 이와 비슷한 계통의 식물은) 이스터 섬의 저지대(남위 27도)에서 생장하는 데 전혀 어려움이 없었을 것으로 보인다.

이것은 이 섬에서의 잇따른 발견으로 입증되었다. 동굴에서 나온 나무열매들을 보고 영감을 얻은 플렌리의 1983년 탐험대 소속 마이크 시먼즈는 이스터 섬의 북쪽 해안에 있는 아후 마이타키 테 모아의 구조물 안 틈새에서 또 다른 나무열매 하나를 발견했다. 보존상태가 아주 나쁘긴 했으나 동일한 식물군이라는 것은 분명히 식별할 수 있었다. 그리고 이 발굴물은 이 수종이 기단(중간기의 것, 대략 1100~1680년)이 건설되던 시기까지 혹은 그 이후까지도 살아 있었다는 것을 시사하는 중요한 발견이었다.

세르지오 라푸는 아나케나에 있는 그의 고고학적 발굴현장에서 이와 동일한 견과의 깨진 조각들을 많이 발견했다고 보고했다. 그러나 이것이 이 나무가 자랐던 지역을 가리킨다고는 단정할 수 없었다. 그런데 그 이후로 이 나무열매들은 다양한 지역에서 나타났다. 자크 비녜는 이 섬을 다시 찾은 1986년에 라노 카우 분화구 안의 동굴들에서 나무껍질을 열여섯 조각 발견했는가 하면 이스터 섬의 주민인 에드문도 에드워즈는 이 섬의 북쪽에 있는 한 동굴에서 엄청나게 많은 양을 발견했다. 프랑스의 고고학자 미셸 오를리악은 1988년에 아후 비나푸 근처의 남쪽 지역, 협곡 어귀의 해안에 노출된 붕적토 崩積土에서 나무열매 두 알을 발견했다.[18] 견과를 보관하는 지하의 소규모 저장고는 야스다 요시노리가 1995년 방문 때 이 섬의 북쪽에 있는 테 포라의 낭떠러지 틈새에서 발견했다. 그리고 최근 몇 년 동안은 다양한 지역에서 찾아낸 불에 탄 표본들이 방사성 탄소 동위원소 연대측정에 활용되어 왔다(아래 참조).

나무의 열매와 꽃가루만 이 야자나무의 유일한 증거는 아니다. 1868년에 섬을 찾은 린턴 파머[19]는 커다란 나무줄기를 발견했는데, 이를 코코넛이라고 추정한다고 보고했다. 그러나 위도상 코코넛일 것 같지는 않다. 그렇다고 유바에아도 아니다. 이 증거를 혼동한 메트로는[20] 파머가 큼직한 나무로 만든 '주발bowls'을 발견했다고 보고했다. 그러나 원래는 '나무줄기boles'였다. 섬의 바위그림 가운데 야자나무를 표현한 것이 두 종류가 있는데 하나는 커다

란 나무의 몸통처럼 보이는데 반해 나머지 하나는 잘게 갈라진 야자나무 잎처럼 보인다.[21]

야자나무의 뿌리는 뚜렷하다. 잎이 넓은 형태의 나무가 그렇듯이 야자나무는 크거나 잔가지가 많지 않다. 오히려 가늘고 갈라지지 않은 뿌리들이 나무의 밑동에서 곧바로 뻗어 나온 형태이다. 아후 아키비에서 윌리엄 멀로이는 뿌리 형태들을 발견했다고 보고했다. 그러나 그 종류가 무엇인지는 판단하지 못한 상태였다. 그러나 이 뿌리 형태들을 보면 예전에 그 지역이 상당히 폭넓은 수목으로 덮여 있었으리라는 것을 알 수 있었다(37쪽 참조).[22] 그 이후에, 미국의 지질학자 찰스 러브는 이스터 섬의 토양에서 탄소와 나란히 묻힌 뿌리의 흔적들을 수없이 발견했다(화보 21). 이 홈들은 잎이 넓은 나무의 뿌리가 그렇듯이 넓이가 다채롭지도, 또 위로 갈수록 가늘어지지도 않았다. 크기와 밀도, 그리고 가지가 퍼져나간 모양으로 볼 때 이것은 오늘날의 유바에아 뿌리의 형태나 구조와 완벽하게 부합하는 것 같다. 그리고 코코스와는 전혀 다르다.

러브는 저지대의 여러 곳에서(200m 이하) 이런 뿌리 형태들을 발견했고 포이케의 땅속 깊은 곳에서 발견하기도 했다. 포이케 남쪽에서 심각한 토양부식 지역을 탐색하는 사람에게는 쉽게 발견되었을 것이다. 어떤 경우는 맨 꼭대기 토양이 사라져버린 부식된 지대에서 발견되고 또 어떤 것들은 부식이 여전히 진행 중인 지대의 수직지형에서 발견되기도 한다. 이런 경우에는 뿌리 형태가 오직 지형의 아래쪽에서만 보인다. 즉, 원래의 뭉툭한 토양구조가 훼손되지 않고 남아 있는 부분에 있다. 이 뿌리 형태를 잘 볼 수 있는 또 다른 장소로는 바이테아에서 아나케나로 가는 길의 북쪽이다. 2001년 7월에 러브는 커다란 나무에서 나온 뿌리 형태들을 몇 개 또 발견했다. 이 뿌리의 크기는 지름이 15~20cm였고 뒤틀렸으며 중앙에서부터 방사상으로 퍼진 모양이었다. 이 크기를 통해 나무 몸통의 지름이 30~50cm라고 추정할 수 있다.[23]

이 증거들은 제라르도 벨라스코가 테 포라의 북쪽 낭떠러지에서 발견한 것

22. 견고한 용암 속에서 제라르도 벨라스코가 발견한 구멍들. 이 구멍 안에는 고리 모양의 흔적이 남아 있었는데 칠레 야자주 나무의 몸통에서 발견된 흔적들과 매우 흡사하다. 따라서 이 원통형 구멍은 야자수 나무 몸통의 허물인 듯하다.

으로 더욱 확실시되었다. 현무암을 최고 6m까지 관통하고 있는 원통형 구멍들을 찾았던 것이다. 이 구멍들은 분출한 용암이 외부에서 응고할 때 형성된 '용암관lava tube'이 아니라 계속 안으로 이동하여 형성된 것이다. 이 섬에는 용암관이 헤아릴 수 없이 많지만 지름이 5m가 넘는데다가 그 형태도 불규칙하다. 반면 벨라스코가 발견한 구멍들은 똑바르고 대개의 경우 지름이 40~50cm 크기이다(화보 22). 이 구멍들 안에는 칠레산 야자주 나무의 몸통에서 보는 것과 상당히 흡사한 고리모양의 자국이 나 있다. 게다가 이들 대부분은 매립된 토양이 분명한 오렌지색 점토층 바로 위에 있다. 이 원통형 구멍들은 매립토양에서 자라다가 밀려오는 용암에 매몰된 야자나무의 몸통 형태가 분명해 보인다.[24] 나중에 야자나무들이 불에 타거나 부식되어 이런 구멍 모양을 남긴 것으로 여겨진다. 이런 형태가 테레바카 용암을 구획하는 절벽의 하단 중간쯤에서 보이는 것을 감안하면 그 시기가 40만 년 전을 거슬러 올라가고 야자나무들이 그 시기에는 자라고 있었음이 분명하다. 그러니까 야자나무들은 이스터 섬에서 상당히 오랜 세월 동안 자랐을 것이다.

이 외에도 러브는 탄화된 야자나무 조각들을 발견했고 방사성 탄소 동위원소 연대측정 결과 그 시기가 대략 930년이라는 것을 밝혀냈다. 아나 오 케케에서 나온 야자열매의 방사성 탄소 원소는 이스트 킬브라이드에서 하크니스 박사가 연대를 측정했는데, 대략 1130년이었다. 다시 말하면 이 섬의 선사시대 중간기에 속한다. 미셸 오를리악이 발견한 것들은 1212~1430년과 1300~1640년에 해당되었다. 야스다 교수가 발견한 종류에서 밝혀진 연대는 1290~1410년과 1295~1415년이었다. 아후 헤키이의 우무umu(150쪽 참조)에서 발견한 불에 탄 종류를 조사해 얻은 연대는 705BP(1260~1400, before the present, 방사성 탄소 동위원소 연대측정법에서 1950년을 기준으로 역산한 연대: 옮긴이), 아카항가에서 발견된 조각은 340BP(1450~1650)로 거슬러 올라가는 지층에서 나왔다. 그런가 하면 마웅가 타리에서 나온 조각들도 몇몇 야자수 종이 16세기까지도 살아남았음을 시사한다.[25]

이런 결과들은 오늘날까지도 야자나무가 원사시대까지, 심지어 역사시대까지도 살아남았을 거라고 추정하기에 충분했다. 세르지오 라푸와 나눈 대화는 이러한 바람을 한층 확고하게 해주었다. 즉 나우 나우 오파타nau-nau-opata(직역하면 '낭떠러지에 매달린 견과나무')라 불리는 나무가 예전에 이 섬에서, 특히 바다 가까이에서 자랐다는 얘기였다. 이 나무는 지금은 사라지고 없다. 이 섬의 식물에 관련된 스코츠베르크의 설명에도 이에 대한 언급이 들어 있었다. 섬 아이들의 상의로 이용되거나 껍질에 작은 구멍을 뚫은 다음 실에 꿰어 장식용으로 목에 두르기도 하는 나무열매들이 그에게 보내졌었다. 스코츠베르크는 이 열매들이 테스페시아 포풀네아, 즉 섬에서 그때까지 볼 수 있었던 나무의 열매라는 결론을 내렸다. 그러나 이 수종을 자세히 살펴본 결과 껍질이 얇고 부서지기 쉬워서 상의로 만들기에는 너무 부적절하다는 사실이 밝혀졌다. 스코츠베르크가 관찰했던 구멍들은 모든 유바에아 껍질에 자연적으로 생겨난 세 개의 구멍들 가운데 두 개에 해당되는 것 같다. 그가 검토한 목걸이가 수집되었던 19세기에도 아이들은 이런 목걸이를 여전히 걸고 다녔다.

그러므로 이스터 섬에 최초로 사람들이 정착해 살기 시작했을 때 이 섬에 숲을 이루고 있던 수종이 무엇이었는지가 명확해진다. 예전에는 울창한 삼림이 우거져 있었을 거라는 견해, 나아가 열대우림 지역이었을 거라는 견해도 나왔다. 1983년에 패트릭 키르히는 과거에 이 섬에 작은 달팽이가 살았다는 것을 밝혀냈다. 그 이름은 전설적인 초대왕의 이름을 딴 호투마투아 아나케나나Hotumatua Anakenana였다. 이 달팽이는 지금은 습기 찬 산림환경에서만 자라는 종류이다.[26] 그리고 좀더 최근에는 카트린 오를리악이 고고학적 유적지에서 나온 목탄조각을 3만 점 이상 면밀히 검토한 끝에 13종 이상의 나무와 관목이 이제 이 섬에서 멸종되었다는 사실을 밝혀냈다.[27] 이 수종들과 계통이 같은 종류들은 대부분 열대우림 지역에서 자라고 몇몇 다른 태평양 상의 섬, 가령 타히티와 라로통가 같은 곳에서는 군데군데 소규모로 자라고 있다. 그러므로 사람들이 처음으로 이스터 섬에 닿았을 때는 섬에 열대우림 기후 지역이 존재했었다는 결론을 내릴 수 있을 것이다.

최초로 이스터 섬에 정착한 사람들의 일상생활과 관련하여 고고학과 민족지학 분야에서 발견한 증거는 무엇인가? 지난 수십 년까지도 이스터 섬의 고고학적 관심사는 대부분 이 섬사람의 기원은 물론 섬에서 발견되는 멋진 조각상들과 제례용 기단과 바위에 새겨진 그림에 그 초점이 맞추어져 있었다는 것은 이해할 만하다. 최근까지도 이런 것들이 관심의 중심에 놓여 있었다. 물론 몇몇 주목할 만한 연구가 선사시대 섬 주민의 가정생활과 경제 활동을 집중적으로 다루기는 했다. 그 결과로 예전에 간과되었던 연구분야에 대해 더 많은 것을 알게 되었다.[28]

'지상 낙원'

호투 마투아와 그의 부하들이 고립된 이 신세계는 어디였을까? 한 전설에 따르면 이 일행이 섬에 닿았을 즈음에는 걱정과 피로, 고통에 휩싸여 있었다고 한다. 해안에 다다르자 이들은 타고 온 배를 해체한 뒤 오랜만에 음식을 해먹었다. 그렇다고 그들이 굶주렸으리라고 추정할 만한 근거는 전혀 없다. 물론 초목이 무성하고 비옥하며 따뜻한 섬에 살다가 서늘하고 바람이 부는 섬으로 별안간 옮겨온 탓에 금방 적응할 수는 없었을 것이다.

전설에 따르면 이스터 섬에 다다른 첫 3개월 동안은 먹을 것이라곤 물고기와 거북, 양치식물, 그리고 '백단향 열매'(지금은 멸종되었음) 같은 나무열매뿐이었다고 전한다. 초창기, 즉 가져온 식물과 어린 묘목들이 자라는 동안 새땅에 정착한 이들은 의심할 나위 없이 섬의 천연자원인 물고기와 새, 그리고조개에 크게 의존했을 것이다. 이와 동일한 일이 다른 모든 폴리네시아 섬에서도 벌어졌다. 그리고 많은 경우 전 영역에 걸쳐서 생물들이 급속도로 멸종되거나 소수만 남을 만큼 피폐해지는 결과로 이어졌다. 가장 대표적인 경우가 뉴질랜드이다. 폴리네시아인들이 뉴질랜드를 개척하고 정착하는 동안 적어도 뉴질랜드 원산의 새 가운데 37종과 아종이 멸종되었다. 여기에는 한 종의 박쥐, 도마뱀들, 개구리들은 물론이고 타조처럼 생긴 날지 못하는 모아새12종도 포함되어 있다.[29] 실제로 스테드먼은 오세아니아에서 동물군의 붕괴는 8천 종 혹은 개체군의 소멸을 의미한다고 추정했다. 오세아니아 섬들에사람들이 발을 들여놓은 것과 동물군들의 멸종은 '참혹한 변화dreadfulsynchopation'라고 불리어 왔다.[30] 스테드먼이 태평양 제도 전역에서 발견된 새의 뼈를 분석하는 과정에서 지속적으로 발견한 것은 인간이 섬에 들어오기전에는 역사적으로 기록된 것보다 훨씬 더 풍부한 새들이 서식했다는 사실,그리고 인간이 태평양의 열대지역을 통틀어 뭍의 새들 절반 이상을 멸종시켰다는 사실, 즉 인간의 약탈 때문에, 서식환경이 바뀐 탓에, 인간이 섬으로 데려온 쥐들과의 경쟁에 지거나 잡아먹혀서, 혹은 인간과 함께 유입된 병에 걸려 죽어갔다는 사실이었다.[31]

이스터 섬도 예외는 아닌 것 같다. 아나케나의 발굴을 통해 6천 가지가 넘는 식별가능한 뼈들이 나왔는데, 이 중에 2,583개가 작은 돌고래였다(초창기에는 가장 흔했지만 뒤로 갈수록 현격하게 줄어든 동물이다). 스테드먼에 따르면이스터 섬은 과거에 세계에서 바닷새가 가장 풍부한 섬들 가운데 하나였던것 같다. 열대와 온대, 그리고 아북극 지대에서 온 바닷새들이 25종이나 살았다고 한다. 그런데 이제 라파 누이에는 그들 중 14종이 멸종되었다. 나머

Orongo.88/38-40

23. 탄화된 고구마. 미셸 오를리악과 카트린 오를리악이 화덕 우무 파에umu pae의 발굴과정에서 발견했다.

지 종들은 이스터 섬에서 떨어진 작은 섬에서 번식하고 지금은 단 한 종(빨간 꼬리를 가진 열대조)만 섬에 남아 살아가려고 안간힘을 쓰고 있다. 육지새 가운데 여섯 종도 원래 이 섬에 살았지만 오늘날에는 이 섬의 고유종이거나 토종인 육지새는 하나도 남아 있지 않다. 초기에 이스터 섬에 정착한 사람들은 검댕처럼 까만 제비갈매기, 쇠바다제비, 신천옹, 풀머 갈매기, 부비, 집게 제비 갈매기, 뜸부기, 비둘기, 왜가리, 앵무새, 외양간올빼미 등을 잡아먹었다. 줄어든 새의 수는 막대했다. 이렇게 많은 종들이 사라진 것은 인간의 약탈 때문이기도 하지만 닭이 가지고 들어온 질병에 옮거나 서식지가 파괴되어서, 혹은 섬에 들어온 쥐 때문이다. 태평양 제도 전역에서 이와 똑같은 현상이 벌어졌다.[32]

폴리네시아인들의 기본이 되는 빵나무도 가지고 들어온 것으로 추정되지만 이 섬의 기후 아래에서는 살아남지 못했을 것이다. 코코넛도 마찬가지로 제대로 버텨내지 못했다. 그러나 최근에 오를리악이 주관한 발굴작업을 통해 찾아낸 32,961가지 식물 샘플을 보면 여기에 해당하는 종들 가운데 식용식물이 200가지가 넘는다. 이 가운데 많은 식용식물은 꽃가루 샘플작업에서 검출되지 않았다. 그들은 또한 고구마 세 개를 통째로 발견했는데, 그 시기는 15~17세기로 거슬러 올라간다. 그리고 고구마 조각들도 발견되었다.[33]

예상할지 모르겠지만, 만일 돼지와 개를 섬으로 데려왔다면 이 동물들 역시 살아남지 못했거나 번식을 하기 전에 잡아먹혔을 것이다. 닭은 잘 살아남아 번식에 성공했고 세월이 흘러가면서 이 섬의 경제에 상당히 중요한 몫을 차지하게 되었다. 이것은 또한 왜 사람의 뼈(죽은 어부들의 넓적다리뼈)가 낚싯바늘에 활용되었는지 그 이유를 설명해준다. 섬에서 구할 수 있는 대형 포유동물의 뼈가 달리 없었던 것이다. 그렇지만 섬에서 가장 쉽게 발견되는 뼈로 만든 공예품, 즉 나무껍질 옷을 꿰매는 데 이용했던 눈이 작은 바늘은 닭의 뼈, 바닷새나 때로는 물고기의 뼈로 만들어졌다. 결국 섬에 정착한 사람들이 식용 쥐를 유입한 것은 끔찍한 결과를 예비하고 있었다(10장).

초기 섬사람들에 관련된 중요한 정보의 상당 부분은 최초로 이 섬을 찾은 유럽인들이 직접 눈으로 본 단편적인 목격담을 모은 것이다. 특히 1722년의 네덜란드 보고서는 매우 중대하다. 우리가 아는 한 가장 오래전의 라파 누이, 아직 바깥세계의 영향을 받지 않은 시기의 라파 누이를 일별하게 해주기 때문이다.

로게벤은 섬 주민들이 균형 잡힌 큰 체격에다 강인한 근육질로 매우 튼튼한 체력을 가진 사람들이었다고 했다. 수영 실력이 탁월하다고도 했다. 많은 사람들이 귓불을 늘려 구멍을 뚫었으며 남녀 모두 몸 전체에 문신을 새겼다고 전했다. 그들의 치아는 표가 날 정도로 튼튼해서 노인까지도 크고 딱딱하며 두꺼운 껍질의 견과류를 그 치아로 깰 수 있었다(위에서 보았듯이 그 견과류는 신비한 야자수의 열매였을 것으로 추정된다). 그러나 초창기 섬 주민들은 치아상태가 좋지 않았다는 것이 자연인류학자들이 일관되게 보고해온 내용이다. 예를 들면 아서 키스는 그가 조사한 섬의 성인 두개골 전체에서 충치를 발견했다. 그래서 "치아 문제는 우리의 대도시 빈민가보다 이스터 섬에 훨씬 더 심각하게 만연되어 있다"라고 말했다. 정말로 이 섬사람들은 선사시대의 그 어떤 사람들보다도 치아의 부식률이 높았다. 14세만 되면 썩은 부위가 이미 확연하게 보일 정도였고 그 이후로도 부식의 정도가 점점 더 심해져서 이십대에 이르면 모두 충치 구멍을 갖게 되었다. 그리고 삼십대가 되면 특히 여성에게서 다른 태평양의 농경집단보다 훨씬 더 높은 충치 빈도를 보였다.[34]

이것은 아마도 구강위생을 제대로 하지 않았기 때문에 생겼겠지만 부적절한 식습관이 초래한 측면도 있었다. 특히 후반기로 접어들면서 토기 화덕에 구운 탄수화물 함량이 높은 음식을 부수지 않은 상태로 먹어온 식습관이 문제였다. 충치는 특히 앞니에서 생기는 경우가 더 많았는데 아마도 갈증을 해소하기 위해 사탕수수를 빨아먹는 습관 때문에 나타난 이례적인 현상이었을 것이다. 사탕수수 즙은 이 섬에 부족한 담수를 보충해주는 액체였다. 쿡 일행의 식물학자 포스터는 "사탕수수 대의 길이가 9~10피트에 달한다"라고 보고했다.

비록 로게벤이 섬을 찾은 뒤 52년이 흐른 뒤에 섬을 찾긴 했지만 쿡은 섬 사람들의 체격이 그다지 좋지 않다는 것을 강조했다. 미셸 오를리악에 따르면 "섬 주민들 가운데 키가 크다고 여겨질 만한 사람은 단 한 명도 없었다." 초창기에 섬을 찾은 사람들은 모두 다양한 피부 색깔의 사람들을 보았다. 흰색이나 노란색, 붉은 기가 도는 피부까지 다채로웠는데 밝은 피부가 높이 평가되었다. 이것은 폴리네시아의 다른 지역에서도 마찬가지였다. 그리고 젊은 이들, 특히 젊은 여자들은 피부를 더욱 희게 하기 위해 아나 오 케케 같은 동굴 속에 격리되어 지냈다는 주장이 있다. 즉, 흰 피부는 높은 신분을 나타내는 것이었다.

섬사람들의 최초의 '초상'은 쿡이 섬을 찾은 동안 그려졌지만 몇몇 선사시대의 섬 주민들은 두개골의 틀에 이목구비를 재구성하는 기술을 통해 '되살아나게' 되었다. 미국의 조각가 섀런 롱은 세 명의 섬사람 얼굴을 살려낼 수 있었다.[35] 일부 세부적인 데는 대략적으로 묘사하는 게 불가피했지만 그녀가 재구성해낸 것은 실물 그대로 살아 있는 것 같고 정확하기도 해서, 그 머리모양과 이목구비를 보고 경탄한 오늘날의 이 섬 주민들이 그 중 한 남자의 혈통을 식별해냈을 정도였다. 식별된 이 가계는 아나케나 지역의 미루족의 귀족으로 나중에 조사해본 결과 이 두개골이 정말로 그 부족과 연관이 있는 아후 나우 나우 지역에서 나왔다는 것이 입증되었다!

자연인류학자들은 지금까지 골격자료의 분석을 토대로 이 섬의 사회집단에 대해 좀더 심도 있는 증거를 찾아냈다. 와이오밍 대학교의 조지 질은 몇 가지 변칙을 발견했다. 즉, 아나케나 주변 지역에서 출토한 골격들이 그 밖의 다른 지역과는 달리 결함이 있는 슬개골(한 귀퉁이가 없는 종지뼈)이라는 아주 희귀한 유전적 조건을 보였다. 반면 천골과 장골이 융합된 천장관절은 남부 해안지역에서는 아주 흔하지만 그 밖의 다른 지역에서는 상당히 희귀하게 보인다.[36] 이 가계들 사이에는 그들 각각의 특이성을 지켜주는 강력한 사회적 경계가 분명히 존재했다. 적어도 말기에는 그랬다. 특별히 아나케나 주민들은 미루족이거나 왕족의 혈통(호투 마투아의 후손)이라고 생각되었고 동계교배를 통해서 유전적인 격리성을 그대로 지켜나갔다고 여겨진다. 이들은 결혼을 통해 자기 집단 속에 외부인이 들어오는 것을 용인하지 않았다.

라파 누이의 다른 지역들 또한 맡은 역할이 다르다. 네덜란드인들이 보고한 바에 따르면 섬의 다른 지역(그들이 정박한 라페루즈 만에서 보았을 때)은 주요 경작지였고 과일나무가 자라는 곳이었다. 유럽인들에게 가져온 농작물은 모두 이 지역에서 수확한 것으로 보인다. 섬 주민들은 경작지에 고랑을 내어 네모반듯한 땅으로 구획했다.[37] 경작지를 구분 짓는 담이 따로 없었기 때문에 이들의 경작지를 고고학적으로 탐사하는 데는 상당한 어려움이 따른다. 따라서 공중촬영한 자료를 토대로 이 경작지를 연구하려는 시도는 아직까지 거의 이루어진 바 없다.

로게벤의 선장 코넬리스 부만은 "얌, 바나나, 작은 코코야자와 그밖에 다른 나무나 농작물을 별로 보지 못했다"[38]라고 전했으나 로게벤의 개인적인 평가는 이보다 우호적이다. "우리는 그것을 발견했다.……눈에 띌 만큼 풍성하게 바나나와 고구마가 열렸고 유난히 두툼한 사탕수수와 그 밖에도 많은 농작물을 볼 수 있었다. 그러나 닭을 제외하고는 가축이나 큰 나무들이 없었다. 그래서 이 섬은 비옥한 토양과 좋은 기후를 갖추고 있으므로 적절하게 가꾸고 일구기만 한다면, 지상의 낙원으로 만들 수 있을 것이다. 그런데 지금까지 이루어진 수준은 섬에 거주하는 사람들이 생계를 유지하는 데 필요한 정도에 머물고 있을 뿐이다."

이 네덜란드인들은 이스터 섬의 원주민들에게서 닭 60마리와 바나나 30다발을 받았다. 그러나 부만이 남긴 기록에 따르면 "그들에게 닭이나 바나나가 충분한 것은 아니었다."[39) 1770년에 스페인 사람들은 비나푸 근처에 있는 바나나 농장을 찾았는데, 그들의 주장에 의하면 "이 농장은 길이가 1/4마일 정도였고 폭은 그 절반쯤 되었다." 그러나 1774년에 쿡은 사탕수수와 고구마 (이 고구마가 그때껏 맛본 것 중 최상의 맛이었다고 했어도)를 재배하는 농장들이 몇 군데 드문드문 흩어져 있었을 뿐이라고 보고했다. 그런가 하면 포스터는 30cm 정도 되는 구멍 안이나 자연적으로 구멍이 패여 빗물이 고여 있는 곳에서 바나나가 자라는 모습을 보았다. 그들 일행은 이 섬의 다른 지역이 한때는 경작지로 이용되었다는 사실을 알 수 있었던 것이다. 1786년이 되자 라페루즈는 이 섬의 1/10만이 경작지로 쓰였다는 것을 알게 되었다. 그러나 섬사람들은 이 경작지를 정성껏 가꾸었다. 잡초를 뽑아주었고 물을 주었으며 식물의 대나 줄기를 태운 재를 비료로 이용해 비옥하게 만들었다. 바나나가 나란히 줄을 지어 자랐다. 1804년에 방문한 러시아의 리즈얀스키는 모든 가옥들마다 그 둘레에 사탕수수와 바나나가 심어져 있었다고 강조했다.[40)

부만이 전하는 바에 따르면 "그들은 바나나를 날카롭고 작은 돌멩이로 잘랐다. 우선 가지 주위를 벤 다음에 비틀어 땄다."[41) 이때 사용된 돌은 이 섬사람들이 도구로 만들어 썼던, 그리고 나중에는 무기를 만들 때 이용했던 대표적인 천연재료인 흑요암이 분명하다.[42) 우리가 앞에서 보았던 대로 이스터 섬 주민들은 다른 폴리네시아인들과는 달리 뼈나 조개껍질을 그다지 많이 활용할 수가 없었다. 이 섬에는 천연재료가 될 만큼 큰 조개류가 거의 없었기 때문이다.

흑요암 광맥이 노출되어 있는 주요지역은 이 섬의 남서쪽이다. 특히 오리토 지역의 90ha 가량에 산발적으로 흩어져 있다. 작은 섬 모투 이티 또한 쉽게 접근할 수 없긴 해도 다녀올 가치가 있다. 이 섬은 거의 전역이 박피를 벗겨내어 석기를 만드는 데 좋은 흑요암이 퍼져 있기 때문이다. 라파 누이의 박편剝片 석기 가운데 몇 점을 손질하고 둥글리는 예비분석을 통해 밝혀진 사실은 이것들이 목재를 밀고 깎는 대패처럼 쓰였다는 것이다. 한편 테레바카의 남쪽 비탈에 있는 마웅가 타리의 고원 농업단지에서 얻은 흑요암 박피를 좀더 정밀하게 분석한 최근의 결과를 보면, 약 25% 정도가 고구마를 긁어 벗겨내는 데 쓰였고 25%는 식물을 베는 데 쓰였으며 이보다 덜 중요한 용도로 쓰인 것에는 연한 목재와(11%), 식물들(9%), 그리고 물고기들의 껍질을(9%) 벗겨내는 종류가 있었다.[43]

현재 진행 중인 작업은 이스터 섬의 흑요암에 함유된 다양한 미네랄을 확인하고 흑요암의 타입에 따라 분류하는 것이다. 그래서 가까운 미래에는 각각의 자원들이 어떻게 쓰였는지 정량화하고 연대를 측정하는 일이 가능해질 것이다. 나아가 섬 전체에 분포된 이 자원을 평가하는 작업도 가능해질 것이다. '함수층'(작게 갈라진 흑요암의 표면에 주위의 물들이 흡수되어 만들어진 아주 미세한 층으로, 세월이 흘러갈수록 그 층이 두터워진다)을 측정하는 방법들이 끊임없이 향상된 덕택에 흑요암의 연대 측정은 이 섬의 선사시대 후반기를 알아보는 방사성 탄소 동위원소법에 없어서는 안 될 보완역할을 한다는 것이 입증되고 있다. 물론 이보다 앞선 시기는 여전히 이 기술을 통해 측정하기에는 문제가 있기는 하다.

일련의 고고학적 발굴작업을 통해 선사시대에 이 섬에 살았던 사람들의 일상적인 모습이 좀더 분명하게 그려지기 시작했다. 물론 1950년대에 헤예르달이 이끌었던 팀이 성취한 많은 작업결과들은 아직 출간을 기다리는 중이기는 하다(특히 동물군과 꽃가루의 연대 측정을 주목할 만하다). 그리고 우리가 가진 정보라는 것은 섬의 초창기인 개척기라기보다는 유럽인과의 접촉이 이루어지기 전의 몇 세기에 관련된 것이다. 나아가 발굴된 민예품들이 대부분 연대나 정황, 전후관계 등을 가늠할 수 없는 지표면에서 발견된 자료라는 것,

24. 이 완성된 타원형 가옥 하레 파엥가hare paenga는 영화 〈라파 누이〉를 위해 재구성된 것이다. 바깥은 식물 재료를 층층이 이용했고 집 앞에는 초승달 모양의 돌로 인도를 깔았다.

아니면 오랜 세월 사용되어온 화장터나 구조물의 틈새에서 나온 자료라는 것이 더 큰 문제가 된다. 게다가 쉽게 부패하는 품목들은 대개 완전히 분해되었으므로 고고학자들로서도 파악하기 까다롭다. 그럼에도 지난 수십 년 동안 실시된 층위학적인 발굴작업은 이 섬의 물질문화 발전과정을 보다 분명하게 파악할 수 있도록 도움을 줄 것으로 믿는다.

이 섬의 기본적인 가정 단위는 거주지(집, 경사진 바위, 혹은 동굴)를 비롯하여 그와 연관된 몇 가지 특징을 지닌 품목으로 이루어졌던 것으로 보인다. 즉, 토기 화덕과 돌로 지은 닭장, 돌로 두른 정원 울타리 등이 그것이다.[44] 대개의 정착지역은 농사를 짓는 경작지 안이나 그 주변에 흩어진 두세 군데의 거주지로 구성되었다. 이런 거주지의 빈도와 사회적 지위, 집의 크기, 건축의 수준은 해안에서 벗어날수록 줄어든다. 내륙의 거주지는 대체로 바위가 많은 고원지대나 언덕 비탈에 있고, 예상할 수 있겠지만 샘 주변이나 내륙과 고지대의 토양이 좀더 비옥한 곳에 밀집되어 있는 듯하다. 전체적으로 거주지는 해안가에 비스듬하게 자리잡은 형태가 뚜렷하지만 바람과 물보라에 섞인 소금기와 해안의 척박한 토양 때문에 내륙의 자원들을 개발하고 개척했다. 해안에서 내륙으로 길게 늘어선 이런 구조는 폴리네시아 동부 전역에서 땅을 활용하고 땅의 소유를 표시하는 패턴과 상당히 많이 닮아 있다.

또한 제단을 갖추고 제례장소를 에워싸고 '마을단지'가 형성되었다. 그리고 여기서 50~100m쯤 떨어진 곳에는 연석縁石으로 치장된 다섯 채 남짓한 타원형 가옥이 자리했는데, 제사장과 족장, 혹은 고위층 사람들의 거주 공간이었다. 평민들 거주지는 이 선별된 해안의 가옥에서 내륙으로 100~200m 더 들어간 곳에 자리했고, 보통 타원형 가옥(비록 연석으로 치장되지는 않았으나)이었다. 우무umu, 마나바이manavai(151쪽 참조)와 하레 모아hare moa(152쪽 참조)가 함께 있었는데, 이는 그들의 생활이 농사와 원예에 의존했음을 말해준다.

가장 훌륭하게 지어진 집들(하레 파엥가)은 깎은 현무암으로 테두리를 두른 토대가 갖추어져 있었다. 이렇게 돌을 다듬으려면 상당한 시간과 노력이 필수적이었으므로 이런 집에 사는 이의 사회적 위상과 부를 드러내는 것이다. 실제로 파엥가는 '다듬은 돌'과 '대가족'이라는 뜻이다. 이 주춧돌의 크기는 길이가 0.5~2.5m이고 폭은 20~30cm이며 높이는 50cm가 넘었다. 주춧돌에 난 작은 구멍에는 나뭇가지를 구부려 만든 것이 얇은 기둥처럼 꽂혀 있었다. 이것이 마룻대에 붙어서 일련의 아치모양을 이루었고 식물을 재료로 만든 가옥의 상부구조를 지탱해주었다(화보 24). 집 밖에는 많은 경우 옆쪽으로 해변의 자갈을 모아 초승달 모양의 인도를 깔았다. 사람들은 여기서 일하고 먹고 담소를 나누었다.

하레 파엥가는 거의 대부분이 제례용 기단 주변에서 발견된다. 그리고 흔히 해안가의 제단에서 조금 떨어진 내륙에 반원형으로 밀집되어 있다. 성소에 그렇게 가깝게 있다는 사실은 이 가옥에 거주한 이들의 높은 사회적 지위를 반영한다. 그래서 1770년에 이 섬을 찾은 스페인 사람 중에 아구에라는 "다른 이들(섬사람들의 제사장이라고 믿어지는 이들)은 석상 근처의 거주지를 차지한다"라고 강조했다. 이런 형태의 가옥은 1722년에 섬을 찾은 네덜란드인들이 최초로 묘사했는데, 그에 따르면 "마치 그린란드에서 보는, 돛대가 하나 달린 범선을 엎어놓은 모양이거나 벌집처럼 생겼고 짚 같은 것으로 만들었다"고 한다. 배 형태의 가옥 개념은 폴리네시아에 보편적일 뿐만 아니라 태평양을 가로질러 멀리 동남아시아에까지 퍼져 있다. 이는 섬사람들의 전통 유산 가운데 배가 으뜸으로 중요하다는 것을 명시하는 것이다. 그리고 대부분의 가옥 입구가 바다 쪽을 향해 있고 그들이 사용한 화덕과 다른 구조물 역시 바다 쪽으로 놓여 있었다는 사실 또한 주목할 만하다.

대부분의 가옥에는 굴처럼 보이는 출입구가 오직 하나뿐이었다. 이 출입구는 높이가 최대 1m이므로 안으로 들어가자면 기어서 가는 수밖에 없다. 이런 형태는 추위와 폭우를 막기 위해서였다. 입구의 양쪽에 나무나 돌로 만든 작은 조상이 세워져 있는 경우도 가끔 있었다. 이런 구조물은 처음부터, 혹은 시간이 흘러가면서 여럿이 공유하는 공간이 된 것처럼 보인다. 집 안에는 12명의 사람이 먹고 잠잘 만한 공간이 마련되어 있다. 루틀지가 섬사람들에게서 들은 바에 따르면 저녁식사는 이 공간 안에서 먹었고 그런 다음에는 집의 세로 방향과 평행이 되도록 누워서 잠을 잤다고 했다. 머리는 문 쪽으로 향했는데 나이든 이들이 (높이가 최대 2m까지 되는) 가운데 누웠고 좀더 젊은 사람들은 (높이가 1m가 안 되는) 가장자리에 누웠다.

대부분의 타원형 가옥은 평민들이 거주한 공간이었으므로 연석이 장식된 경우가 하나도 없었다. 기둥은 직접 땅속에 찔러 넣은 식이었다. 그래도 집 앞과 수평을 이루게 돌을 깔아놓은 인도는 있었다. 가옥의 평균 길이는 12~14m였고 폭은 2m였다. 그러나 1786년에 라페루즈가 언급한 내용에는 가옥의 길이가 100m여서 적어도 200명의 사람을 수용할 정도였다고 되어 있었다. 이 공간은 기본적으로 밤에 잠을 자는 쉼터였으므로 낮 시간의 활동은 대부분 집 바깥에서 이루어졌다. 따라서 가구를 놓을 필요도 없었고 또 그럴 만한 공간도 마땅히 없었다. 로게벤의 다음 진술은 이런 사실을 확인시켜 준다. "우리는 정말 아무것도 발견하지 못했다.……가구나 가재도구라 할 만한 물건은 한 점도 없었다. 물을 담아놓은 호리병박들뿐이었다. 호리병박에 든 물을 마셔보았더니 상당히 짭짤했다"(이에 반해 쿡 일행은 섬의 서쪽 지역에서 나온 샘물을 마셔 보았는데 아주 달콤하고 맛있었다고 단언했다). 쿡은 원주민들에게는 호리병박 열매가 아주 귀했기 때문에 코코넛 껍질은 대단히 환영받는 선물이었다고 확언했다. 집 안의 바닥에는 갈대 깔개가 깔렸고 돌로 만든 베개도 있었는데 돌베개에는 무늬를 새겨 장식한 경우가 많았다.

물론 현장에서 직접 목격한 설명들이 이 섬의 선사시대의 맨 끝에 해당되는 것이긴 하지만 가정생활에 관련된 우리의 고고학적 자료들도 대부분 후반기에서 나온 것이다. 이것은 섬사람들이 집을 지을 때는 이전의 거주지와 아주 가깝거나 혹은 그 위에다 세우는 경향이 있었다는 단순한 이유 때문이다. 그러므로 더 오래된 증거들은 대체로 새로운 증거에 덮여 가려지기 일쑤였다.

섬의 도처에 가장 많이 흩어져 있는 고고학적 특징은 우무 파에(돌을 일렬로 늘어세워 만든 토기 화덕)이다. 그동안 수백 점의 화덕이 발견되었다. 네덜란드인의 보고에 따르면 섬사람들은 닭을 땅속의 구멍에 넣어서 요리했고 그 구멍 속에는 덤불을 태워서 빨갛게 달아오른 돌들이 놓여 있었다고 한다. 한편 라페루즈는 화덕을 에워싼 자그마한 바람막이 시설을 발견하기도 했다.

우무 파에의 형태(둥근 모양, 직사각형 모양, 오각형 모양 등등)와 크기는 매우 다양하다. 일회용으로 만들어진 화덕들이 있는가 하면 가족이나 공동체 일원들이 영구적으로 이용한 화덕도 있었다. 또한 가장 큰 화덕은 공동체에서 열리는 축제 기간 동안 사용되는 등 화덕의 쓰임새가 다양했다. 그런데 가장 큰 화덕이라 하더라도 그 지름은 최대 1m였다. 섬사람들에게는 거대한 화덕이 필요 없었는데, 그것은 이 섬에 대형 화덕에 넣어 요리할 만큼 큼직한 포유동물이 없었기 때문이다. 대개의 화덕들은 집 앞에(바다 쪽을 향해) 놓여 있었지만 특별하게 요리를 하는 중앙 화덕 시설도 알려져 있다. 라노 카우에 있는 시설이 그 예인데, 33개의 대형 화덕으로 이루어져 있다. 그러나 가정에서 쓴 화덕들은 단순한 구덩이와 매한가지였다. 화덕도 가옥과 마찬가지로 수백 년 동안 한자리에 그대로 유지되었다. 250년의 세월을 아우르는 세 개의 화덕이 한자리에 겹친 형태로 남아 있는 것이 인공 둔덕 위에서 발견되기도 했다. 이것은 아마도 오랜 세월 동안 연속적으로 음식물 찌꺼기를 치우고 열에 가열되어 갈라진 돌들을 치워가는 과정 속에서 생겨난 형태일 것이다. 이런 쓰레기 둔덕의 지름은 최대 10m이고 높이는 50cm이다.

마나바이manavai, 즉 정원의 울타리는 벽으로 둘러쳤거나 혹은 지하에 있었다. 지금까지 기록으로 남아 있는 마나바이는 1,450군데쯤 된다. 이 울타리들은 불어오는 바람을 막아주고 습기를 유지시켜주는 데 도움이 되고 그늘도 제공함으로써(마나바이란 '물이 있는 자리'라는 뜻) 바나나와 꾸지나무가 자라는 데 유리한 미소微小환경을 제공했으리라 생각된다. 분명한 것은 이 울타리가 대부분 해안지역에 있다는 사실이다. 앞바다에서 불어오는 바람을 막아식물이 건조, 탈수되는 것을 방지해야 할 필요성은 해안지역에서 더욱 절실했을 것이다. 내륙에 지어진 거주지에서는 자연적으로 움푹 패거나 침하된 지대를 이용했을 것이다. 아니면 이런 울타리가 주거지에서는 덜 중시되었을 것이다. 따라서 내륙에는 마나바이가 해안지역에서보다 눈에 덜 띈다. 그러나 라노 카우 분화구는 예외이다. 거대한 천연 울타리랄 수 있는 이곳은 바람을 막아줄 뿐만 아니라 비옥하고 풍부한 미생물 환경도 제공해준다. 그러므로 분화구 안쪽으로 가파른 비탈에 계단 모양의 뜰이 마련되어 있고 거주단지가 보인다는 것은 새삼스러운 일이 아니다.

타원형의 가옥에서 10~30m 떨어진 곳에서 발견되는 이런 정원 울타리들은 상당히 다채롭고 외따로 떨어진 것도 있지만 2~50곳씩 밀집되어 있기도 하다.[45] 평균적으로 울타리의 지름은 3~5m이지만 이보다 훨씬 큰 경우도 더러 보인다. 울타리 재료로는 거친 잡석들이 쓰였고 높이는 1.5~2m로, 하와이에서 보이는 구조와 흡사하다. 어느 거주지역의 발굴과정에서는 현무암으로 만든 괭이가 나왔다. 원형으로 구획한 정원도 알려져 있지만 그 내부를 발굴해보면 오랫동안 거주했음을 시사하는 찌꺼기나 쓰레기들, 음식을 해먹던 장소, 도구들이 왕왕 나왔다. 그래서 많은 경우 원형 울타리로 보이는 것은 갈대로 지붕을 엮은 돌집이었으리라 추정된다. 곤살레스는 1770년에 족장이나 연장자는 큰 집에서 살았던 반면에 '제사장'은 석상들이 세워진 근처의 소담한 돌집에서 살았다고 강조한 바 있다.

하레 모아(hare moa, '닭장')는 훔쳐가는 게 불가능할 정도로 견고하게 지어졌다. 이것은 오랫동안 닭이 섬사람들의 식량공급과 선물교환 방식에서 상당히 중요한 자리를 차지한다는 것을 반영한다고 간주되어 왔다. 닭장에는 한결같이 튼튼하고 두터운 벽이 둘러쳐졌고 지붕은 납작했으며 직사각형 모양의 자연석 돌무더기로 되어 있었다. 높이는 최대 2m, 넓이는 2m 혹은 3m, 길이는 5~20m였다. 가운데에서부터 아래로 낮고 좁다란 방이 마련되어 있었는데 지면과 같은 높이로 만든 입구는 작아서 밤에는 돌로 막아놓을 만했다. 누군가 닭을 잡아가려고 하면 근처 집에서 들릴 수 있도록 해놓은 것으로 추정된다.

이 섬에서 발견된 이런 구조물로서 기록에 남은 것은 1,230개가 넘는다. 그리고 거의 대부분은 해안지역에서 발견되었다. 이것이 '닭장'으로 이용되었다고, 그 안에 닭들이 있었다는 말을 들었다고 최초로 보고한 이는 1868년의 파머였다. 그러나 파머는 이 이야기에 대해 나름의 의혹을 피력하기도 했다. 이전에 무덤이라고 들었던 것이 이와 상당히 흡사한 구조였다는 말이었다. 1882년에 가이슬러는 이 닭장들 가운데 하나를 면밀히 조사, 분석해보았는데 그 안에서 새와 사람의 뼈를 함께 발견했다. 그는 이것이 무덤이었다고 들었다며 새들은 우연히 이 안으로 날아 들어왔을 뿐이라고 했다. 동시에 그는 닭들은 이 섬에서 야생으로 살아가고 있었으므로 닭장은 도처에 헤아릴 수 없이 많이 흩어져 있었다는 보고도 했다. 그렇지만 18세기 말에 쿡과 라페루즈가 닭이 아주 드물다고 했던 말, 그리고 1820년대에 섬을 찾는 사람들은 닭에 대한 언급을 전혀 하지 않았다는 사실을 환기해볼 필요가 있다. 따라서 식용으로 사육했던 조류들이 1820년대 즈음에는 이 섬에서 자취를 감추

었고 1860년대에 들어와 다시 들여올 수밖에 없었다는 추정은 상당히 설득력이 있다.[46]

정보 제공자 후안 테파노에게서 이 집들이 닭을 안전하게 지키기 위한 의도로 지어졌다는 말을 들은 것은 루틀지였다. 닭장의 입구에 세워놓은 돌을 치우려면 시끄러운 소리가 나기 때문에 도둑이 닭을 훔쳐갈 수 없다는 얘기였다. 루틀지는 이 닭장이 나중에는 납골당으로 바뀌었을 가능성이 있다고 추정했지만 오늘날 대부분의 전문가들은 오히려 그 반대일 거라는 의혹을 제시하고 있다.[47] 다시 말하면 이 닭장은 거의 대부분이 납골당이었으며 길고 좁다란 방에는 부수적인 몇 가지 매장물이 들어 있었으리라고 보는 것이다. 그러다가 나중에 이들 중 몇 군데는 사람이 개입하여, 혹은 사람의 매개 없이 닭장으로 쓰였으리라는 견해이다.

더욱더 혼동을 불러일으키는 근거로는 사람의 두개골이 간혹 이 '닭장'에서 발견되어 왔다는 점을 들 수 있다. 미루 왕족에서 나온 이들 푸오코 모아(puoko moa, 닭 머리들)는 달걀의 산출량을 늘리는 신통력을 지닌 것으로 여겨졌다. '닭 머리들'이 새겨진 20여 개의 푸오코 모아는 남성과 여성 것이 모두 있었다.[48] 씨족장의 두개골이 다산의 신통력을 발휘한다는 믿음은 마르케사스 제도에서도 자료로 기록되어 왔다. 그런데 이상하게도 라파 누이의 풍부한 바위그림에 묘사된 닭은 열세 가지, 식물이 묘사된 것은 여덟 가지밖에 안 된다. 이는 암각화가 그저 식량자원을 기록하는 방법은 아니었음을 보여준다. 배를 채우는 일보다는 영적인 문제, 그리고 제례와 연관된 종교적·사회적 현상이었음을 말해주는 것이다.

이스터 섬 내륙의 고지대에는 가장 궁핍하게 살았던 평민들의 거처가 발견된다. 좀더 작고 허술한 건물들은 더 낮은 그들의 신분을 가리킨다. 이런 집들은 직사각형으로 이루어진 것(4~5m 길이, 2~2.5m의 폭)과 둥근 형태를 이룬 것(1.8~3.75m의 지름) 등 두 가지가 있다.[49]

테레바카 산기슭에서 골짜기를 따라 정방형과 장방형의 집터가 400군데쯤 확인되었다. 이것은 초기에 지어진 것으로 보이고(흑요암 조사결과에 따르면 대략 800~1300년의 것) 마르케사스 제도에서 보이는 구조와 비슷하다. 이런 집의 위쪽으로는 식물들이 자라고 있었을 테고 거칠게 만든 제단들, 화산암의 암재로 만든 석상들, 집 밖에 깔아놓은 인도 등도 갖추어져 있었을 것이다. 그런데 이 모든 시설들이 소규모였을 것이다. 내부의 발굴작업 결과 목공에 쓰인 도구들이 발견되었다. 따라서 이곳이 거주지였으리라고 추측할 수 있다. 아마도 짧은 기간 동안, 혹은 특정한 계절에만 머물렀을 것이다. 산에서 자라던 거대한 나무들을 베어 거둬들이는 일꾼들의 거처로 이용되었을 것이다. '테레바카'를 직역하면 '카누를 저어 나간다'라는 뜻이다. 한때 울창한 수목이 우거진 섬이었으므로 카누와 입상을 제작하기 위해 나무를 베고 목재로 만드는 노동력이 분명 많이 필요했으리라(7장). 마르케사스 제도에서는 대형 카누 한 척을 제작하는 데 장정 400명의 노동력이 필요한 것으로 알려져 있다. 그리고 폴리네시아 전역에서 카누를 제작하는 작업에는 전문 기술자 외에 공동의 노력도 요구된다.

바이 아타레에서도 장방형의 집터가 80곳 넘게 발견된 것으로 알려져 있다.[50] 라노 카우 분화구의 가장자리, 의식이 거행되던 오롱고 마을의 맞은편인 이곳은 집의 토대-연석들에 쓰인 반석을 모아둔 채석장 지역이다. 따라서 이렇게 밀집된 집들은 채석공들이 살던 거처로 보인다.

1886년에 톰슨은 타원형 석조가옥들로 이루어진 마을이 타하이 북쪽으로 서해안을 따라 1마일이 넘게 펼쳐져 있는 것을 보았다고 보고했다. 이 집들의 입구는 한결같이 바다를 향해 있었고 각각의 집 뒤로는 작은 동굴이나 벽감이 마련되어 있었다고 했다. 의식이 거행되는 오롱고 마을처럼(11장) 이집들은 위층 벽이 아래층 벽보다 더 돌출된 형태의 내쌓기 방식으로 지어졌고 꼭대기에는 쐐기돌이 놓여 있었다고도 했다. 그러나 오롱고 마을이 상당히 나중에 형성된 것인데 반해 이 집들이 톰슨에게는 섬에서 가장 오래된 것처럼 보였다. 그를 안내했던 사람이 이 지역에 대해서 아무것도 몰랐고 심지어는 이름조차도 몰랐던 것 같다. 이 마을의 흔적이 오늘날 하나도 남아 있지 않은 것은 슬픈 일이다. 그렇지만 돌로 지은 가옥과 돌을 잘라내어 상부구조를 만든 내쌓기 방식이 후반기에 마구잡이로 들어온 것이라기보다는 라파 누이에서 오랜 세월을 거쳐 내려온 전통이었다는 증거는 제공해준다.

가끔씩 동굴에서도 사람이 살았다. 특히 선사시대의 후반기에 그랬다. 가령 해안지역의 자원을 개발하던 어부들이 살았다. 지금까지 발굴작업을 벌인 동굴에서 늘 뒤늦게 발견된 자료들은 이 섬의 선사시대의 오랜 기간 동안, 즉 아직도 울창한 수목이 뒤덮고 있었던 시기에는 동굴마다 식물들이 빼곡히 자랐고 물도 넘치도록 흘러서 습기가 많았기 때문에 거주지로 적당하지 않은 상태임을 강력히 시사한다. 심지어는 비교적 건조한 오늘날의 환경에서도 동굴은 대개 축축하다. 이와 비슷한 현상이 하와이에도 알려져 있다. 하와이 사람들이 동굴에 거주하기 시작한 것은 최초의 정착이 이루어지고 난 400년 뒤인 것으로 보인다.

해안가의 동굴에서 내륙의 동굴에서보다 더 많은 낚시 도구와 물고기 잔해가 나온다는 것은 놀라운 일이 아니다. 내륙의 동굴에서는 이보다는 닭의 뼈들이 훨씬 더 현저하게 보인다. 불구덩이나 밀집된 목탄은 대개 동굴 입구와 가까운 바깥쪽에 있다. 반면에 뼈와 껍질의 잔해들은 동굴 안은 물론이고 바깥에도 쓰레기더미처럼 조개무지를 이루고 있다. 남쪽 해안가에서 발굴한 어느 커다란 동굴에서는 최초로 거주한 사람들이 남긴 현무암 도구들을 비롯하여 쥐와 닭, 물고기 뼈, 조개껍질, 물고기 비늘 같은 상당히 고밀도의 잔해들이 나왔다. 톰슨은 1886년에 해안가에서, 그리고 자신이 탐색한 모든 동굴과 유적지에서 작은 단각 연체동물의 껍질들을 발견했다고 보고했다. 이런 것은 섬사람들이 상당히 높이 쳐주는 식량자원이었다. 조개들은 크기가 아주 작았는데도(최대 4cm) 식용으로 채집되었다. 바위가 많아 거센 파도가 치는 지역에서는 이런 것들을 손으로도 쉽게 채집할 수 있었던 것이다. 조개는 날로 먹거나 물에 끓여 먹었다. 가재나 게 같은 갑각류도 먹었을 것으로 보인다. 이스터 섬 앞바다의 작은 섬에서 얻은 새알도 당연히 식용으로 섭취했을 것이다. 쿡을 비롯하여 초기에 이 섬을 찾은 몇몇 사람들은 섬에 뭍의 새와 바닷새가 희귀하다고 말했다(141쪽 참조). 그러나 1968년까지도 수천 마리의 바닷새들이 대형으로 떼를 지어 이따금씩 이 섬을 찾아오곤 했다.

거북은 한 번도 흔했던 적이 없는데, 이는 추운 기후인데다 모래사막이 없었기 때문이다. 그래도 이 섬의 32군데 바위에 거북이 그려져 있다. 그만큼 거북이 중요한 존재로 인식되었음을 함축하는 것이다(반면에 상어는 두 군데, 문어는 열세 군데에 그려져 있을 뿐이다). 드물게 거북 껍질로 만든 장식물도 발견되었는데, 폴리네시아 전역에서 특별히 거행되는 의식이나 왕족과 거북이 연관된다는 점을 주목할 필요가 있다. 바다표범도 마찬가지로 이 섬에서는 희귀한 존재였다. 그래도 아나케나의 초창기 지역을 최근에 발굴하면서 이 바다표범의 뼈를 얼마간 찾아냈고 23군데의 암각화가 이 동물을 묘사한 것으로 보이기는 한다.[51]

고고학적 증거자료가 되는 낚싯바늘을 살펴보면 긴 낚싯줄을 이용한 고기잡이는 그다지 중시되지 않았음을 짐작할 수 있다. 특히 어망을 효율적으로 사용할 수 있었던 얕은 물의 남부 해안 같은 지역에서 그랬다. 전체적으로 보았을 때, 이 섬의 어업기술에 관련된 우리의 지식은 한정되어 있다. 너무 많은 어구들이 부패하기 쉬운 것이어서 고고학적인 증거가 될 만큼 지금까지 보존되지 않았기 때문이다.[52] 예를 들면, 어망을 사용했으리라 짐작할 수 있는 유일한 단서는 현무암으로 만든 그물을 가라앉히는 추와 뼈로 만든 그물을 뜨는 바늘뿐이다. 어쨌거나 이스터 섬에는 개펄이 없었기 때문에 여러 사람들이 어망을 던져서 물고기를 잡는 것은 불가능했다. 망가레바의 개펄에서는 어망으로 공동작업을 펼쳐서 무려 150m 거리에 떨어진 어류들을 낚았고 라파 그룹에 속한 투부아이에서는 1km가 넘는 거리에 어망을 던져서 고기를 잡았다. 반면에 이스터 섬에서는 공동작업으로 해안에서 고기잡이를 하는 것은 드문 일이었고 그 규모 또한 작았다. 이 섬의 바위그림 중에 그물이 발견된 곳은 오직 한 군데뿐이다. 그리고 고대에 사용했던, 20미터가 넘는 단한 점의 저인망으로 그물눈이 꾸지나무의 수염뿌리로 된 것을 초기에 방문한유럽인들이 발견하여 지금까지 워싱턴에 보존하고 있을 뿐이다. 가이슬러는1882년에 60m 길이의 어망을 보았다고 보고했으나 대부분의 학자들은 이길이는 과장된 것으로 생각한다.[53)

지금까지 발견된 낚싯바늘은 무척 다양하다. 돌이나 사람의 뼈로 만든 바늘이 있는가 하면 흑요암으로 드릴을 이용하여 만든 것, 산호충을 다듬어서만든 것 등 다채롭다. 이런 낚싯바늘은 외해로 나가 개척할 때보다는 연안에서 자잘한 물고기들을 낚을 때 자주 이용되었다. 이는 지금까지 남아 있는 해양식물군이 주로 근해에서 보이는 어종과 장어 등 작은 물고기라는 점에서확인된다. 지금까지 발견된 것 중에 가장 오래된 낚싯바늘은 비나푸와 타하이에서 나온 뼈로 만든 종류이다. 모두 13세기 초의 것들이다. 그렇지만 앞에서 언급한 대로(79쪽) 좀더 앞선 시기의 낚싯바늘에 관련된 자료는 빠져있다. 아나케나에서 이루어진 발굴작업에서는 마르케사스 제도에서 사용했던 종류와 동일한 뼈로 만든 초기 형태의 작살이 발견되었다. 물론 덫이나 올가미를 놓거나 손으로 직접 잡는 수많은 기본방법들에 관련된 흔적을 찾을길이 없을 것이다. 19세기에 타히티의 주교 하우젠에게 건네진 롱고롱고 목판은 6m 길이의 사람 머리카락으로 만든 장식끈으로 묶여 있었다. 이것은그 당시 고기잡이에 쓰이던 끈이었다.

지금까지 낚싯바늘은 남쪽 해변보다는 북쪽 해변에서 훨씬 더 많은 수가발견되었다. 그러므로 북쪽의 연안에 물고기가 훨씬 더 풍부해서 고기잡이에한층 더 나은 조건이었으리라 여겨진다. 지금까지 이 섬에서 발견된, 두 부분으로 이루어진 큰 낚싯바늘은 대개 이 섬에서 나온 것이다. 이런 종류는 낚싯대 없이 쓰는 손 낚싯줄 방법에 능숙한 사람들이 사용했을 것으로 보인다. 고고학적 기록들을 살펴보면 심해에서 발견된 형태와 연안에서 발견된 형태가다르다는 것이 이채롭다. 라파 누이의 바위그림에서 지금까지 발견된 낚싯바늘 장식 중 93% 이상이 북쪽 해안에서 발견되었다(그 중 58%는 아후 라아이에서 발견되었다). 이것들은 모두 심해어업에, 특히 참치잡이에 쓰였던 종류이다.[54]

이 낚싯바늘 모티프는 섬의 어디에서도, 탁월한 고기잡이 장소였으리라 추정되는 어디에서도 찾아볼 수가 없다. 지금까지 남부의 해안보다는 북부의 아나케나 같은 지역의 패총들에서 훨씬 더 높은 비율과 많은 종류의 물고기 뼈가 발견되었다. 남부 해안에서는 작은 조개류가 더욱 중요했던 것 같다. 그러니까 대체로 말한다면, 이스터 섬의 북서지역이 어업을 전문으로 했다면 남동지역에서는 건조한 밭에서 짓는 농업이 집중적으로 이루어졌다고 하겠다. 그리고 남동부의 초목이 무성하고 비바람을 막아준 라노 카우 분화구 안에서는 계단식으로 경작지를 일구었다고 하겠다. 그래서 해안과 내륙 사이는 물론이고 두 지역 내에서도 거래방식이 제도화되기에 이르렀을 것이다. 특히나 어선을 만들자면 점점 남쪽 해안에서 자라는 토로미로 나무 목재가 긴요해졌을 테고 배의 누수를 방지하기 위해서는 화구호에서 나오는 이끼가 긴요해졌을 것이다.

민족지학적 차원에서 이 섬을 살펴보면 해양자원이 한정(타푸)되어 있었다는 것, 그리고 이 자원은 상류계층이었던 북부의 미루 씨족들이 장악했다는 것을 알 수 있다. 이것은 어째서 낚싯바늘뿐 아니라 해양생물을 그린 대부분의 암각화가 북쪽 해안에 있는지 그 이유를 말해준다. 섬에서 가장 높은 족장이 이 고급 물고기를 재분배했다(이것은 폴리네시아에서는 흔히 보이는 현상이다). 반면에 상당한 경제적인 가치를 지닌 자원들, 가령 참치와 거북, 바다표범과 고래 등은 일정한 기간 동안 귀족들만 독점적으로 취할 수 있게 보관되었다. 오직 미루족의 귀족들만이 5월에서 10월까지 여러 달에 걸친 타푸 기간 동안에도 참치 같은 큰 물고기를 맛볼 수 있었다. 만일 당시에 보통 사람들도 그 귀한 고기들을 먹으려고 시도했더라면 식중독을 일으키거나 천식에 걸린 사람들이 아마도 더 적었을 것이다. 이것은 미루의 정치적인 지배력과 이 자원들을 그들이 독점했음을 드러낸다. 동시에 외해를 개척하는 일이 점점 더 어려워졌음을 말해준다(10장).

그러나 의심할 나위 없이, 이 섬의 엘리트 집단에 대한 존중을 가장 여실히 드러내는 상징은 거대한 석상들이다. 이제 우리가 관심을 돌리게 되는 주제가 바로 이것이다.

제2부

돌의 조상: 화석화된 꿈

이스터 섬은……이 땅은 아직도 떠나간 건설자의 유령이 버티고 있다.……
섬의 대기는 과거에 품었으나 지금은 사라진 원대한 목표와 활력으로 떨린다.
그것은 무엇이었을까? 무엇 때문이었을까?

—캐서린 루틀지

제6장

석상과 제례 의식

……덧없는 되풀이, 우리 속에 갇혀 돌고 돌며 같은 짓을 하고 또 하는 동물처럼,
돌아가는 필름 속에 보이는 이 얼어붙은 얼굴들, 이 얼어붙은 형태들……
—제이콥 브로노스키

'살아 있는 얼굴'

이스터 섬 사람들이 펼친 석기시대 문화 가운데 가장 유명하고 또 가장 경이로운 업적은 표준화된 수백 개의 거대한 석상—모아이moai—을 금속도구를 전혀 사용하지 않고 만들었다는 것이다. 그들은 어떻게, 그리고 왜 이런 작업을 한 것일까?

이스터 섬 사람의 근원을 추적해보면 이런 석상을 제작한 동기를 어느 정도 이해할 수 있다. 즉 라파 누이를 19세기에 방문한 사람들마저도 이 석상을 다른 폴리네시아 섬들의 석상들과 비교한 사람들이 있을 정도이다. 예를 들면 1774년에 포스터 일행은 "그들이 모신 왕들에게 경의를 표하기 위해 세워진 석상들은 타헤이티에 있는 부족장의 묘지, 혹은 마라이스marais에 세워진……나무 조각상들과 매우 유사하다"라고 말한 바 있다.[1] '돌을 재료로' 거대한 인간의 형상을 새기는 작업은 폴리네시아에서는 흔하지 않았다. 석상을 만들 만한 적합한 재료가 없다는 것도 그 이유가 되겠다. 태평양 상에서 발견되는 조각상들은 모두 화성암火成岩으로 되어 있다. 화산성 응회암이 사용된 마르케사스 제도에는 제례용 기단과 더불어 땅딸막한 사람 형상을 빚은 고대의 대형 석상들이 남아 있다. 가령 히바 오아 섬에 있는 '타카이이'라 불리는 거대한 석상은 그 높이가 2.83m에 달한다. 이것은 라파 누이의 석상들과는 다르지만 석상을 조각하는 전통과 유산은 이 두 지역이 공유한다는 점은 분명히 나타낸다. 작품 〈타이피족〉에서 허먼 멜빌은 마르케사스 제도의 타이피 계곡에서 자신이 어떻게 거대한 목조상과 마주치게 되었는지에 대해, 석조 기단 위에 서서 꿰뚫어보던 그 조상의 눈에 대해 말하고 있다.[2] 오스트랄 제도의 라이바바에도 역시 거대한 돌기둥으로 만든 조각상으로, 키가 2.3m에 달하는 티키tiki 상이 있다(1837년에 모에랑우는 라이바바에의 티이ti'i, 즉 마라에marae 의 석상들이 라파 누이의 모아이에 버금갈 만큼 거대하다고 보고했다[3]). 그런가 하면 피트케언 섬에도 제단 위에 단단하고 붉은 탄산석회로 만든 석상들이 세워져 있었다고 한다. 그러나 애석하게도 바운티호Bounty 의 반란자들이 이 석상들을 절벽 아래로 내던져버리고 말았다! 그러나 루틀지 여사와 그 밖의 다른 연구자들은 피트케언 섬의 제단들이 이스터 섬의 기단보다 작은 형태이긴 하지만 경사진 안쪽 파사드의 길이가 12m로 유사하다는 것을 입증했다. 그리고 이곳에 지어진 현대식 가옥의 베란다 밑에서 발견된 조각상의 파편 하나는 양손으로 배를 꽉 그러쥔 포즈의 토르소였다는 것도 보여주었다.[4] 최근에 아후 통가리키의 거친 돌무더기 사이에서 발견된 모아이 조각도 마르케사스 제도와 오스트랄 제도에서 발견된 종류와 마찬가지로 몸의 중심에 팔을 비스듬히 올린 자세였다.[5] 이 외에도 이스터 섬에서 발견된 석상들과 뉴질랜드에서 발견된 부석浮石으로 제작된 석상 형태도 얼굴이 좁고 직사각형 모양으로 긴데다 이마가 돌출되었고 코 모양이 길쭉하게 구부러졌다는 점에서 유사했다.

이스터 섬에 남아 있는 거의 대다수의 석상들은(지금까지 목록에 오른 석상

25. 포스터가 스케치한 모아이. 최초로
(1774) 그린 석상 드로잉으로 알려져 있다.

은 887체이고 그 중의 절반쯤에 해당하는 397개가 라노 라라쿠에 있었다) 라노 라
라쿠의 응회암으로 만들어진 것이다.[6] 여기에는 제례용 기단 위에 세워진 입
상들도(164개) 모두 포함된다. 그러나 약 55개는 다른 돌을 재료로 만들어졌
다(그리고 높이 4.05m, 무게 12.5톤인 평균 크기보다 작은 석상들이다). 다른 재료
란 붉은 화산암 재(18개), 현무암(15개), 혹은 조면암(粗面岩, 22개), 그리고 포
이케에서 추출된 조밀하고 하얀 돌 등을 가리킨다. 최근의 조사를 통해 포이
케에서 이전에 알려지지 않았던 석상 12개가 새롭게 발견되었다. 그런데 이
12개 가운데 오직 두 개만이 라노 라라쿠의 응회암으로 이루어져 있다. 기단
위에 세워 완성시킨 석상들의 높이는 2m에서부터 10m에 육박하는 것까지
그 종류가 다양하다. 가장 높은 것은 아후 항가 테 텡가에 있는 석상으로 그
길이가 9.94m에 달한다. 그런데 이 석상은 쓰러졌다가 다시 세우는 과정에서
부서진 듯하다. 왜냐하면 이 석상의 안와가 전혀 다듬어지지 않은 상태이기
때문이다. 아후 테 피타 쿠라에 세워진 '파로'라고 알려진 석상은 어깨 폭이

164

거의 3.2m에 육박하고 중량은 82톤에 달한다. 한 기단 위에 모아이를 15개까지 나란히 세울 수 있었던 것 같다. 이렇게 한 기단 위에 세워진 석상들의 모습이 완전히 똑같을 거라고 흔히들 오해하는데 사실은 이들 중 그 어떤 석상도 똑같은 형태는 없다. 줄로 늘어선 경우에는 어느 정도의 다양성을 찾아볼 수 있다(별지 화보 J~L). 어떤 기단의 석상들은 한꺼번에 세운 것처럼 보이고 또 다른 기단의 경우에는 시간을 들여 나란히 세운 것처럼 보인다.

지금까지 만들어진 가장 큰 석상의 별명은 '엘 지강테El Gigante'인데 이 거대한 석상의 길이는 20m, 무게는 270톤에 육박한다. 이 석상을 옮기는 작업은 이스터 섬 사람들의 놀랄 만큼 천재적인 솜씨마저도 훨씬 뛰어넘는 것으로 보는 것이 대체적인 견해이다(파리 콩코르드 광장에 세워진 오벨리스크도 그 높이가 22.8m로 이 석상보다 별로 더 크지 않다). 라노 라라쿠 채석장에 완성되지 않은 채로 누워 있다는 그 자체만으로도(화보 31) 하나의 수수께끼를 던진다. 이 석상은 권력욕에 불탄 한 개인이나 집단에게 부과된 임무였을까? 움직일 수 없는 조각상을 깎는 일이 쓸모없는 헛수고라는 것을 알고는 일꾼들이 그냥 버려둔 것일까? 전체적으로 석상 제작 작업이 중단된 탓에 이렇게 버려진 것일까? 1886년에 섬사람들은 톰슨에게 타키리 기단이 마지막으로 제작된 기단인데 엘 지강테를 세우려는 의도로 만든 것이었다고 알려주었다. 혹은 어떤 학자들의 믿음대로, 기단 위에 세우려는 의도가 전혀 없었던 것일까? 그저 어마어마한 크기의 암석 조각품이었을까? 유럽 대성당에서 볼 수 있는 드러누운 장례용 석상 같은 것이었을까?[7] 이렇듯 수많은 의문을 자아내는 석상임이 틀림없다.

12개의 석상들 뒤쪽에는 얕은 양각으로 세밀한 도안이 그려져 있다. 아마도 지위를 표시하는 문신이었으리라. 가령 양쪽 어깨에 나 있는 곡선들과 척주에 그려진 수직선은 사람의 얼굴을 추상적으로 표현한 것으로 보인다. 이것은 이스터 섬과 폴리네시아의 타 지역 그림에도 널리 퍼져 있고 중요한 것이다(예를 들면 나무로 만든 의례용 노에도 이런 그림이 보인다). 아나케나에 있는 석상들의 엉덩이 부위에도 소용돌이 무늬가 얕은 양각으로 새겨져 있다.

전형적인 석상의 손가락 끝과 배꼽 아래 사이에는 얕은 양각으로 하미hami 라고 여겨지는 형태가 보인다. 하미란 허리에 두르는 천을 접어 생긴 주름을 말한다. 또한 등허리를 구불구불 가로지르는 선들은 마로maro를 표시하는 것으로 생각된다. 마로란 권위 있는 자의 허리에 두르는 성스러운 천이다. 이것은 폴리네시아 전역에서 족장들과 제사장들의 위상을 상징하는 것으로 중요하게 여겨졌다. 19세기에 이스터 섬에 기록된 마로의 표본은 꾸지나무 속껍질인 타파나 사람의 머리카락으로 만들어진 것이다.

대체로 석상의 대부분이 남성일 거라고 여기지만 사실은 대부분의 석상에는 성별이 구별되어 있지 않다. 특정한 성으로 확실히 단정할 수 있는 경우는 채석장과 통가리키에 있는 석상들처럼 몇 안 된다. 이런 석상의 경우는 턱 아래에 수염이 나 있거나 혹은 외음부 표시가 되어 있는 표본도 두 개 있다.[8] 어떤 학자들은 하미가 남성을 가리키는 것으로 본다. 여성의 표시로 상당히 선명한 젖꼭지를 간혹 발견한 학자들도 있다. 그러나 모두 근거가 없는 것이다. 한두 개의 석상에서 통통하게 살찐 가슴이 보이기도 하지만 여성임을 나타내는 표시는 그 외에는 전혀 없다. 그런가 하면 외음부를 가진 두 석상 가운데 적어도 한 개는 성별을 암시하는 단서가 흉부에 전혀 보이지 않는다. 아마도 외음부는 나중에 덧붙여진 것일지도 모른다. 게다가 성적인 구별이 애매모호한 것은 폴리네시아 예술에서 그다지 드문 일은 아니다.

이것들의 의도된 기능이 무엇이었든지 간에 기단 위에 세워진 석상들과 그렇지 않은 석상들은 뚜렷하게 구별할 수 있다. 기단 위에 세워진 석상에만 안와와 머리장식, 그리고 채색이 되어 있고 또 이 석상들의 평균 높이는 4m이다. 이에 반해 기단 위에 세워져 있지 않은 석상들의 높이는 6m이다. 그리고 많은 경우 채석장에 흩어져 있는 석상들보다 기단에 놓인 석상들이 더 땅딸막하고 모가 덜 난 형태이다. 또 이목구비도 덜 뚜렷하고 코나 턱이 오목하거나 돌출된 정도도 덜하다. 어떤 이들은 가장 초창기의 석상들은 머리 모양이

26. 예전에는 석상들이 모두 '눈이 멀었다'고 생각했다. 그러나 1978년에 아나케나에 쓰러진 석상 밑에서 발견된 붉은 화산암재와 흰 산호로 된 조각들이 발견되었다. 이 조각들을 한데 붙여 만든 눈알은 비어 있던 석상의 안와 자리에 꼭 들어맞았다.

보다 둥그스름하고 자연스러웠을 거라고 믿는데, 그것은 기단 구조물의 건축 재료로 자주 이용된 것이 이런 형태였기 때문이다.[9]

생각에 잠긴 듯한 석상의 외모와 더불어 안와는 텅 빈 채로 남겨져 있었으리라는 것이 대체적인 추측이었다. 그러나 콜린 던다스 중위는 1871년에 "우리가 표본을 찾은 것은 아니지만 (안와는) 소형 목각상의 눈에서와 같은 방식으로, 흑요암으로 만든 안구를 채우려는 의도였으리라고 나는 믿는다"라고 말했다.[10] 1978년에 발굴작업을 한 원주민 출신 고고학자 소니아 하오아는 아나케나에 쓰러진 한 석상 밑에서 흰 산호와 둥근 모양의 붉은 산화재 조각들을 찾아냈다. 이 조각들을 한데 맞추자 타원형으로 다듬은 안구 모양이 되었다. 말끔히 닦아낸 35cm 길이의 산호는 석상의 텅 빈 안와에 꼭 들어맞았다(화보 26). 원래의 모습으로 되돌려놓자 잘 끼워 맞추어진 석상의 눈은 놀랍게도 그동안 세상 사람들에게 익숙했던 이미지와는 전혀 다른 이미지를 보여주었다(화보 27).[11]

복원한 눈을 맞추어놓자 석상은 그들 앞의 마을을 똑바로 쳐다보는 게 아니라—그랬더라면 상당히 당혹스러웠을 것이다—살짝 위쪽을 바라본다는 것이 밝혀졌다. 이것은 망가레바 말로 섬이라는 뜻을 설명해주는 듯하다. 즉 '마타 키 테 랑기'는 직역하면 '하늘을 우러러보는 눈'이라는 뜻이다. 이보다 덜 낭만적인 관찰자들은 이 눈 때문에 석상의 모습이 "마치 과세 신고기간이 닥치자 수심에 잠긴 기업인 같은 표정"이라고 논평하기도 했다.

쓰러진 석상들에 산호 눈알이 남아 있는 경우가 드문 것은 섬사람들이 파괴된 기단 주변에서 찾아낸 산호 조각들을 태워서 집을 짓는 회반죽 재료로 활용했기 때문이다. 게다가 산호 자체도 귀했다. 섬에는 개펄이나 석호가 전혀 없었으므로 섬에서 구한 산호 조각도 파도에 휩쓸려 해안가로 떠내려온 것뿐이었다. 윌리엄 멀로이는 1950년대에 비나푸에 쓰러진 석상의 얼굴 아래에서 거의 손상되지 않은 눈알 하나를 발견했다. 그러나 심하게 부식된 상태인데다 둥근 모양이었으므로 원래는 양끝이 뾰족한 타원 모양으로 "아름답게 빚은 산호 접시"라고 추측했다.[12] 소니아 하오아가 1978년에 발견한 이후로 흰 산호나 경석으로 된 안구 조각들이 많은 지역에서 발견되었다. 그 가운데 어떤 눈동자들은 화산암재로 만들었다기보다는 흑요암으로 되어 있었다.[13] 그런데 한 가지 흥미로운 사실은 기단 위에 그대로 서 있는 석상들을 본 유럽의 개척자들 가운데 그 누구도 이 눈동자에 대해 언급한 이가 없었다는 점이다. 실제로 1770년에 곤살레스는 "얼굴에서 유일한 특징은 단순한 눈구멍이다"라고 말했다. 그러므로 의식과 지성을 체현하는 이 눈은 어떤 특정한 시기에 그냥 끼워 넣었거나 그게 아니라면 특별한 의식을 준비하면서 석상에 '생명을 불어넣기 위해' 집어넣었다고 생각해도 무방하지 않을까?

이 유명한 석상들에 대해 외부 세계에 처음으로 기록된 논평은 로게벤 선장의 일행에 소속된 코르넬리스 부먼이 1722년 4월 8일에 쓴 일기에 드러나 있다. 부먼은 "육지에서 우리는 이교도들이 세운 것 같은 몇 개의 높다란 석상을 보았다"[14]라고 썼다. 그런가 하면 1770년에 스페인 사람들은 멀리 떨어진 바다에서 석상들을 보고는 커다란 관목들이 좌우 대칭을 이루어 늘어서

27. 아나케나에 직립한 모아이에 꼭 맞게 복원한 눈은 응시하는 시선이 살짝 위로 향해 있음을 보여준다.

있는 것으로 오인하기도 했다! 로게벤의 항해일지에는 섬사람들이 "특이할 정도로 높게 세워진 몇몇 석상들 앞에다 불을 피운 다음 쭈그리고 앉아 머리를 조아리고 마주 모은 손바닥을 올렸다 내렸다 하고 있다"라고 적혀 있다. 이 네덜란드 사람들이 보았던 불길은 흙으로 빚은 화덕에 불을 피우는 모습이었으리라 여겨져 왔다. 이렇게 화덕에 불을 미리 피워 놓아야 갑자기 손님이 찾아와도 음식을 대접할 수 있기 때문일 것으로 생각되었다. 그러나 부면의 설명을 보면 네덜란드 사람들이 땅속에서 닭이 구워지는 걸 보았으므로 아마도 두 가지 현상을 구별할 수 있었으리라는 것을 알 수 있다.

처음으로 섬을 찾은 유럽인들은 대형 석상이 신을 상징하는 것으로 추측했다. 그러나 1786년에 라페루즈는 "우리는 종교의식이 거행된 흔적을 전혀 찾을 수 없었다. 그리고 나는 그 누구라도 이 석상들이 숭배의 대상이었으리라는 추정을 하지 않을 거라고 생각한다. 물론 섬사람들이 이 석상에 경의를 표하는 것은 사실이다"라고 썼다. 이 석상들 가운데 그 어느 것도 신격화된 명칭으로 불렸다고 알려진 것은 없다. 오히려 석상들은 모두 집단 명칭인 아링가 오라(aringa ora, 살아 있는 얼굴)로 알려져 있다. 즉 석상들은 개별적인 초상을 표현했다기보다는 일반화된 형태였음이 분명하다. 쿡 일행은 어떤 석상들이 아리키(ariki, 족장)라고 불려지는가 하면 또 다른 석상들은 '뒤틀린 목', '문신한 자', 심지어 '구린내 나는 자' 같은 별명으로도 불렸다고 들었다(오늘날에도 섬사람들은 끼리끼리, 혹은 방문객들을 별명으로 부르는 일이 흔하다). 가이슬러는 1882년에 "오늘날까지도 라파 누이의 연로한 사람들은 수많은 석상마다 붙여진 이름을 잘 알고 있다. 석상들이 서 있거나 아니면 쓰러졌거나 상관없이 지극한 공경심을 보인다"라고 보고했다. 그들은 이 숭배의 대상들이 특별하고 굉장한 위력을 지녔다고 여전히 믿었던 것이다.[15]

섬사람들의 증언과 폴리네시아의 다른 지역 민속지학을 근거로 할 때 석상들이 높은 지위를 누렸던 조상들을 상징한다는 것은 거의 확실하다. 이 석상들은 흔히 조상의 묘석이 되어 그들에 대한 기억을 생생하게 되살려주는 역할을 했다. 소시에테 제도의 기단 앞에 수직으로 세운 석판이 한 씨족의 조상을 나타낸 것과 같은 맥락이다. 혹은 마르케사스 제도의 성소 테라스에 우뚝 솟은 석상들이 이름난 옛 족장들이나 제사장들을 상징했던 것과도 통한다. 스페인 출신 조타수 모랄레다는 1770년에 모아이가 특별한 공적을 세운 존재, 추모할 가치가 있는 존재를 나타낸다고 보고했다.[16]

이것은 기단 위에 세워진 조각상의 특징들을 설명해준다. 즉, 석상의 제작 의뢰는 조상들이 생존해 있는 동안 이루어졌으리라는 추정이 가능해진다. 이집트 파라오의 묘지나 피라미드의 경우와 흡사한 것이다. 그러나 석상의 주인공이 아직 살아 있다는 것을 나타내기 위해서는 눈 부분을 새기지 않은 채 그대로 남겨두었을 것이다. 사후에만 안와 부분을 도려내고 석상을 기단 위로 옮겨 놓았을 것이다. 그런 다음 눈알을 끼우고 때로는 머리 장식을 정해진 자리에 얹었을 것이다. 이것은 아마도 석상의 마나(mana, 영적인 힘)를 '활성

화하려는' 의도였을 것이다. 만일 이런 추론들이 합당하다면 석상의 눈에는 의례 행사보다 훨씬 더 중요한 의미가 담겼던 것이리라.

그러나 이들의 '정체'에 더하여, 석상들은 다른 유의 상징을 체현한 것일 수도 있다. 즉 진열 장식은 폴리네시아 문화에서 불변하는 요소이다. 해변에 수평으로 놓인 기단들 위에 수직으로 높이 세워진 이 석상들은 두 세계를 가르는 성스러운 경계의 역할을 했다. 즉 신과 생명체, 삶과 죽음 사이를 매개하는 존재였다. 이런 유의 중간적 영역은 모든 인간 사회에서 의례적인 의미를 띄는 경향이 있다. 조상을 상징하는 조각상, 바다를 등지고 마을이 자리한 내륙을 바라보는 이 조각상은 아마도 사람들에게 대단한 확신과 안정감을 안겨주었을 것이다. 인도네시아의 술라웨시 섬에 세워진 옷을 입히고 머리에 장식을 한 목각 초상들과 낭떠러지의 높다란 전망대 위에 놓여 아로새긴 눈에 담긴 꿰뚫는 표정으로 마을을 영원히 굽어 살피는 영혼을 상징하는 이 석상들을 비교해볼 수도 있을 것이다.

이스터 섬의 석상이 놓인 위치가 가급적 해변 쪽에 가까운 것은 바다로 침입하는 적을 방어해주는 역할을 시사한다는 주장이 그동안 제기되어 왔다. 특히 호투 마투아와 그를 추종한 세력들의 일부가 물에 가라앉은 미지의 섬으로 도피했다는 전설이 사실에 근거한 것이라면 이런 주장은 설득력을 갖는다. 그러나 그런 경우, 조상을 상징하는 석상은 쳐들어올지 모르는 위협적인 적을 등지고 서 있다기보다는 그 적이 쳐들어올 방향으로 서 있어야 마땅하다. 그렇다면 경작이 가능한 한정된 농경지로부터 떨어진 곳이라는 편의성 때문에 해안가에 이런 구조물을 세웠다고 보는 설명도 그럴 듯해진다. 바다 근처에 경작지를 개간하는 것은 무용한 일이었다. 진한 소금을 품은 파도가 치기 때문에 농작물이 제대로 자랄 수 없었기 때문이다.

독일의 예술사가인 막스 라파엘은 석상들의 완벽한 기념비적인 형태와 웅장한 규모는 그것을 바라보는 사람의 상대적인 왜소함을 부각시키고 보호받고 싶은 욕구를 충족시켰다고 지적했다. 그리고 이 석상들은 섬사람들에게

안정감과 평화로운 마음을 가져다준 것이 분명하다고 강조했다. 기념비적인 존재는 늘 경외감을 불러일으키는 법이므로.[17] 이 조각상들은 개별적인 존재와의 대화를 수행하는 예술작품은 아니었고 조상의 영적인 힘이 깃든 보고였다. 머리 혹은 눈 속에 집중된 이 영적인 힘으로 지역사회를 지켜주는 존재였다. 낱낱의 석상들이 발휘하는 흡입력은 한정적인데, 그 형태가 상당히 틀에 박힌 양식이기 때문이다. 그러나 이 석상들이 한데 모이면 그 효과는 엄청나게 확장된다.

라파엘은 왜 석상의 뒤통수가 납작하고 뺨과 귀가 한결같이 '정적static'인지, 그러면서도 코와 입은 공격적으로 돌출되어 있는지에 주목했다. 게다가 오목하게 굴곡지거나 똑바른 코는 섬에서 발견되는 목각 조각상들의 둥그스름한 코와 두드러질 만큼 대조적이라는 점을 강조했다. 그는 의식적이었든 무의식적이었든, 코의 형태는 남근의 상징이었다고 믿었다. 즉 아랫부분이 양쪽으로 불룩한 수평의 기단 위에 수직으로 석상이 세워져 있는 것이다(남근을 상징하는 코의 형상은 목각은 물론이고 암각화에서도 발견된다). 그런가 하면 얇은 입술은 '뿌루퉁하게' 내민 형태이거나 앞으로 툭 튀어나와 있고, 입술 사이에 그어진 홈줄은 여성의 성기를 나타낸다고 보았다. 요컨대 라파엘은 석상의 머리 부분을 성적인 상징으로 받아들였고 죽은 사람을 기리는 기념비는 부활의 과정과 연관되어 있다고 생각했다. 다른 학자들은 모아이 전체를 남근의 상징물로서 생식력, 혹은 다산성을 기원하는 것으로 보기도 했다. 이 섬에는 페니스가 이 석상 디자인의 모델이 되었음을 말해주는 전설이 한 가지쯤은 있다. 그런데 우리는 앞서 성별을 구별하기 애매모호하다는 점이 석상이 지닌 특성이라고 강조한 바 있다.

날개처럼 생긴 두 손을 배 위에 얹고 있는 모양 또한 특별한 의미를 지니고 있는 듯하다. 뉴질랜드 마오리족의 전통적인 조각도 마찬가지로 양손을 배 위에 얹고 있는데, 이는 의례에 필요한 지식과 구전을 지키려는 뜻이 담겨 있다. 왜냐하면 이런 지혜로운 내용들은 뱃속에 담겨 전해지는 것으로 믿기 때

28. 라노 라라쿠 채석장 비탈에 서 있는 날렵하고 각진 형태의 모아이.

문이다. 복부에 손을 대고 있는 조각상들은 마르케사스 제도와 폴리네시아의 다른 섬에서도 흔히 보인다.

세계 곳곳의 많은 사회에서 조상의 존재는 조각상으로서든 혹은 뼈의 형태이든(혹은 조각상과 뼈 모두이든) 땅이 늘 자기 집단의 소유였음을 입증하는 가장 확실한 증거물이 되는 경우가 많다. 그러므로 어느 의미에서 조각상은 말 그내로 말뚝을 박아 자기 소유지를 주장하는 것처럼 땅에 대한 권리를 주장하는 것으로 볼 수 있다. 즉, 조상 할아버지(또는 할머니)를 통해 자신이 그 혈통을 이어받은 땅의 주인임을 말하는 것이다. 신분이 높았거나 훌륭했던 사자에게 맡겨진 이러한 역할은 그들이 살아 생전에 했던 역할과 그다지 유사성이 없을 수도 있다. 변화하는 사회에서는 권력을 추구하는 집단이나 개인을 돕고 그들의 주장이나 권리를 지원해주는 존재로 죽은 자에게 기대는 경우가 아주 흔하다. 신의 직계자손이거나 힘센 전사, 혹은 대단한 신망과 위세를 떨쳤던 훌륭한 사람을 숭앙하고 신격화하는 것은 폴리네시아 문화에 깊게 뿌리내린 전통이었다. 폴리네시아에서는 귀족 가문 사람들만이 그 조상과 가계를 거슬러 올라갈 때 신에게로 연결된다고 믿었다. 폴리네시아의 미술 전반은 이런 조상을 그린 전형화된 초상들이 대부분을 차지하고 있다.

그러나 이스터 섬에서는 석상 조각 작업이 중앙권력의 지배를 받는 주민들에 의해 이루어진 것 같아 보이지 않는다. 오히려 섬의 다양한 지역에서 온 수많은 친족 집단들이 상당히 독자적으로 이루어낸 작업처럼 보인다. 이 집단끼리는 경쟁을 했던 것 같고 저마다의 성소와 조상을 상징하는 조각상들을 그 규모나 웅장함에 있어서 이웃한 집단들의 그것보다 훨씬 뛰어나고 능가하는 수준으로 만들려고 애썼던 것 같다. 전체적으로 조각된 석상의 크기가 시간이 흘러갈수록 커져가는 경향을 보인다는 것이 그 증거이다.

그러나 어떻게 석기시대의 단순한 기술을 활용하여 이런 조각을 만들어낼 수 있었을까?

제7장

채석장의 수수께끼

석상 분만실

라노 라라쿠의 화산 분화구는 세계에서 가장 기이하고 많은 생각을 불러일으키는 고고학적 유적지이다. 이곳은 완성되지 않은 석상들과 수백 개의 석상들을 파헤쳐 가져간 흔적인 빈 벽감들로 가득하다. 만일 운이 좋아서 사람들이 떼지어 몰려오지 않고 온전히 혼자서만 호젓하게 이 공간을 차지할 수

29. 모아이를 조각하는 데 사용된 수천 개의 현무암 토키toki 가운데 하나. 손으로 쥐기에 맞춤한 돌이다.

있다면 분화구가 자아내는 정적과 고요는 섬뜩할 만큼 자신을 압도해올 것이
다. 그러나 한번 상상해보라. 이 독특한 채석장의 안팎 비탈에서 석상 작업을
하느라 떠들썩했을 광경을. 몸에 문신을 하고 그림을 그려 넣은 부족의 수많
은 일꾼들이 쉬지 않고 바위를 내리쳤을 리드미컬한 망치소리를. 그리고 분
명 단조로운 노랫가락도 울려 퍼졌으리라…….

　우리가 사는 현대라는 시대, 발달된 과학기술을 구사하고 속도와 성급함을
중요시하는 이 시대의 관점에서 본다면 어떻게 선사시대의 사람들이 거대한
바위를 깎아 다듬고 나르고 세우는 힘겨운 육체노동을 하면서 막대한 시간을
보낼 수 있었는지 이해하기 어렵다. 서유럽의 거석이거나 라파 누이의 거대
한 석상이거나 사정은 마찬가지일 것이다. 그러나 한편으로 생각해보면 선사
시대에, 특히나 자그마한 외딴 섬이었다면 그밖에는 달리 할 일이 없었을 거
라고 주장할 수도 있겠다. 그래서 돌을 조각하는 일은 대체로 누구나 좋아하
는 일이 되었을 것이다. 1786년에 라페루즈는, 다소 낙관적인 시각인 것 같
지만, 일년에 들판에서 사흘 동안 일하는 것이 섬 주민 한 사람이 일 년간 먹
을 식량을 얻는 데 필요한 노동의 양이었으리라고 추정했다. 그런가 하면
1860년대에 선교 사절단으로 들어온 외젠느 에로는 섬사람들은 제대로 된
일을 전혀 하지 않았다고 보고했다. 한나절만 일하면 1년치 고구마를 확보할
수 있었기 때문에 나머지 364일 동안은 "돌아다니고, 잠을 자고, 찾아다니면
서" 보냈을 거라고 보았다. 그 당시에는 오락거리를 스스로 개발해야만 했던
것이다!

　현대인의 관점으로는 단순한 기술과 많은 시간, 넘치는 육체의 힘, 그리고
정교하고 기발한 솜씨로 이루어낼 수 있는 성과를 이해하기 힘들다. 지금까
지 고고학계에 피상적인 지식에 매달려 어이없는 주장을 일삼은 분파들이 득
세한 것은 바로 이 때문이다. 가장 명백한 예가 스위스의 작가 에리히 폰 데
니켄 등이 제안한 이론이다. 이 이론에 따르면 선사시대에는 산발적으로 외
계의 우주 비행사가 찾아왔기 때문에 고고학 관련 기록들 중에서 오늘날 높

은 평가를 받거나 수수께끼처럼 다가오는 것들은 죄다 이 외계 비행사가 이룩한 것이라는 주장이다.[1] 이 견해는 상정된 고대의 '미스터리'를 연극 속의 인물처럼 뜻밖에 나타난 외계인이 절망적인 상황을 해결해준다는 안이하고 단순한 해결책일 뿐만 아니라 '우리는 혼자가 아니다'라는 안도감을 주고 우주에 어떤 자비로운 힘이 있어서 인간의 발전과정을 지켜보다가 이따금씩 나타나 자극을 주어 올바른 방향으로 인도한다는 말이다.

그러므로 이스터 섬 사람들이 스스로 세운 기념비 같은 거대한 석상들을 통해 혼자가 아님을 확신하게 된 이런 노력들이 고대 우주 비행사의 출현이나 소멸, 혹은 물에 잠긴 초문명을 제안하고 옹호하는 자들에 의해 강탈당하고 왜곡되어 왔다는 점은 다소 역설적이다. 이런 견해들은 우리 선조들이 이룩한 진정한 성취를 무시하는 것이고 종국적으로는 인종차별주의라는 결과로 치닫게 한다. 즉 전체 인류라는 종의 독창성과 능력을 무시하는 태도인 것이다.

폰 데니켄이 이스터 섬의 석상들에 대해 갖는 견해는 매우 단순하다. 즉 강철처럼 단단한 화산암으로 만들어진 이 석상들을 '미분화된 도구'로는 만들 수 없었으리라고 본다. "작고 원시적인 석기를 들고 그토록 거대한 용암 덩어리 틈에서 수월하게 빠져나올 수 있는 이는 아무도 없었을 것이다.……그토록 완벽한 작업을 수행할 수 있는 사람이라면 필시 초현대적인 도구를 지녔음이 틀림없다." 그는 소수 그룹의 "영민한 존재들이" 이 섬에 좌초되어 있는 동안 원주민들에게 다양한 기술을 가르쳐주었고 석상들을 만들었으며—그는 이 존재들의 외모가 '로봇처럼' 생겼다고 강조한다—석상들이 미처 완성되기 전에 구출되었을 거라는 견해를 제시한다. 이들이 떠나고 난 뒤에 섬 사람들은 석기를 들고 석상을 마무리하려고 안간힘을 써보았으나 결국 참담한 실패로 끝나고 말았다는 주장이다.

라노 라라쿠(라라쿠는 어느 지역의 조상의 혼백을 가리키는 이름이었다)의 노란색을 띠는 갈색 화산성 응회암은 화산재와 화산력으로 이루어져 있다. 그리고 비바람에 노출된 표면은 정말로 강철처럼 단단하다. 1770년에 섬을 방문한 스페인 사람들이 석상을 괭이나 곡괭이로 쳐보았더니 불똥이 튈 정도였다. 그러나 그 아래쪽은 분필만큼도 단단하지 않다. 압축된 화산재로 이루어져 있기 때문에 석기로도 쉽게 잘라 형태를 만들 정도이다. 그래서 메트로는 "현대 조각가들은 이 재료가 나무보다도 작업하기에 더 수월하다고 생각한다. 도끼만 가지고도 그들은 하루 만에 커다란 응회암 덩어리를 잘라내고 불과 몇 시간 만에 거대한 석상들과 똑같은 복제품으로 만들어낸다"[2]라는 것을 알았다. 이 채석장에는 얇게 벗겨진 돌의 파편들과 단단한 현무암으로 만든 끝이 뾰족한 돌곡괭이(토키)가 수천 개나 흩어져 있다. 그러므로 폰 데니켄의 이론이 옳다면 섬사람들이 석기가 쓸모없는 연장이라는 걸 깨닫기도 전에 이미 이렇게 많이 만들어놓았다는 것은 기이하기 짝이 없는 일이다.

1950년대에 토르 헤예르달이 이끄는 탐사 원정대는 섬사람들과 더불어 어떻게 이 석상들이 조각되었는지에 대해 논의했다. 섬사람들은 그 작업에 이런 곡괭이들이 이용되었다고 분명히 주장했다. 이 섬의 암각화에 그려진 한두 점의 까뀌에서 자루가 달린 것이 발견되긴 했지만 석상을 만드는 데 쓰였던 연장 손잡이에 자루가 달렸는지의 여부는 불분명하다.[3] 이제는 널리 알려진 실험이 되었지만, 헤예르달은 여섯 사람을 고용하여 이런 연장들 가운데 몇 가지를 써서 5m 높이의 석상의 외형을 뜨는 작업을 맡겼다.[4] 처음에는 손과 팔을 써서 바위 표면을 재어 나누었다. 그런 다음에는 바위를 세게 내리치기 시작했는데 내리칠 때마다 돌가루가 조금씩 일었다. 이 돌을 부드럽게 만들기 위해 자주 물을 끼얹었다(구멍이 많고 가벼운 돌은 빗물도 잘 흡수하는데 그렇기 때문에 석상을 부서지기 쉽게 만들어 오늘날까지 보존하는 것이 어려워진다). 그 곡괭이들은 금방 무뎌졌으므로 날카롭게 갈거나 다른 것으로 바꿔 써야만 했다. 숙련되지 않은 이 남자들이 석상 한 개의 외형을 뜨는 데는 사흘이 걸렸다. 부족한 대로 이 증거를 바탕으로 해보았더니 대체로 여섯 명의 남자가 날마다 일하면 이런 크기의 석상을 완성하는 데 12~15개월이 걸렸을 거라는 계산이 나왔다. 이때 한 사람에게 할당된 영역은 50cm였다(캐서린 루틀지는 채석장을 면밀하게 연구한 최초의 인물이었다. 그녀는 석상 한 체의 초벌 마무리를 끝내는 데 보름이 걸렸을 거라고 추산했다. 그러나 메트로는 이 날짜가 너무 짧다고 생각했다).

라노 라라쿠: 채석장

그 다음에 20명의 숙련공들이 널찍널찍 떨어져서 열 명씩 팀을 이루어 번갈아가며 작업한다면 섬에 있는 어느 석상이라도, 심지어는 '파로'라 하더라도 1년 안에 완성시킬 수 있었을 것이다. 섬에 1천 개의 석상이 흩어져 있다고 감안한다면 적어도 이 조각작업에 걸린 세월은 500년은 되었으리라는 추산이 나온다(노르웨이 팀의 채석장 발굴작업에서 얻은 방사성 탄소 동위원소 연대 측정 결과를 근거로 하면 대략 1000~1500년 사이이다). 섬의 인구가 아주 적었다 하더라도 이런 양의 석상을 만들어낼 수 있었음이 분명해진다. 그러나 라노 라라쿠에 흩어진 상당히 많은 석상들은 완성되지 않은 상태이고 크기와 형태도 다양한 것으로 미루어보아 석상 작업에 참여한 집단은 매우 다양했을 것으로 보인다. 그리고 1천 개의 석상을 만드는 데 필요한 기간은 훨씬 더 짧았을지도 모른다. 채석장에 상당히 많은 석상들이 마무리되지 않은 채 흩어져 있다는 것 또한 석상 제작이 석상을 옮겨다가 세우는 일보다 훨씬 더 수월했음을, 생산이 수요를 훨씬 더 앞질렀음을 암시한다. 발굴작업을 통해 분화구 안쪽은 물론 보통 해안과 라노 라라쿠 사이의 단구에 집터가 풍부하게 발견되었는데, 이는 채석장에서 일한 수많은 일꾼들의 거처였던 것으로 여겨진다.

분명한 사실은 전문기술을 지닌 거장이 여기서 작업을 했다는 것이다. 섬 사람들이 전하는 말에 따르면 석상을 만드는 조각가들은 위세 높은 계층이었다고 한다. 그들의 정교한 솜씨는 집안의 아들에게 전승되었고 조각가 집안 출신이라는 대단한 자긍심을 심어주었다고 한다. 전설에 따르면 석상을 제작한 사람들은 다른 모든 일에서 면제되었다. 그러므로 어부와 농부들이 이들에게 식량을 제공했고, 특히 귀한 해산물을 바쳐야 했다. 조각가들은 물고기와 바다가재, 장어 등을 노동의 대가로 받았다.

채석장의 넓은 지역이 비탈의 침전물 아래로 가려져 있어서 오늘날 우리가 알아볼 수 있는 것보다 채석장의 규모는 사실 더 크다(이 채석장이 이스터 섬의 석상 중 90% 이상이 생산된 '분만실'이었다는 사실을 기억해둘 필요가 있다). 지금은 채석장의 길이가 약 800m이고 예전에 흩어져 있던 석상들도 치워져서 빈 벽감들이 헤아릴 수 없이 많이 보인다. 비탈의 안팎으로 보이는 397개의 석상들은 조각 공정의 모든 단계를(별지 화보 G~H) 설명해주고 있다. 가이슬러가 기록한 대로 미완으로 남아 있는 석상들은 "석상 제작에서 거치는 단계를 여실하게 보여주는" 것이다.[5] 이를 통해 우리는 석상 제작과정이 얼마나 체계적으로 이루어졌는지 알게 된다.

석상들은 눕혀진 상태로 조각되었고 대체로 하단 부분이 언덕 아래를 향하게 눕혀 놓았다(물론 그 반대 방향으로 두고 작업한 단계도 있었을 것이고, 그 외에도 산과 평행이 되도록 나란히 누워 있는 석상, 혹은 거의 수직에 가깝게 세워져 있는 석상도 있기는 하다). 석상을 조각하던 장소와 절벽까지는 대체로 60cm쯤 떨어져 있었다. 한 사람이 들어가서 일할 만한 공간이었다.[6] 돌을 자르고 다듬어갈 때 용골이 등 뒤에 놓여서 석상들이 암반에서 벗어나지 않도록 했다. 머리 부위의 세부(눈 제외), 양손 등이 기본적으로 이 단계에서 조각되었다. 그러고 나서는 표면을 매끈하게 다듬었는데 아마도 경석을 썼을 것이다. 이 돌조각들이 발견되었기 때문이다. 한편 응회암은 조각과 다듬는 데는 요긴하지만 광택을 내는 데는 부적당하다.

빈틈없이 돌들을 채우고 끼워서 석상을 탄탄하게 만든 뒤에는 용골을 쪼아서 완전히 구멍이 뚫릴 때까지[7] 구멍을 팠다. 이 단계에서 부서진 경우도 있었을 것이다. 그리고 채석장에는 깨진 돌 파편이나 돌의 결함 때문에 작업을 매듭짓지 못하고 버려진 석상들이 상당히 많다는 점을 주목할 필요가 있다. 응회암은 쉽게 구할 수 있었으므로 질 나쁜 돌을 계속 붙들고 작업하는 것보

30. 이 구멍은 라노 라라쿠 분화구의 가장자리에서 석상을 들어올리는 작업을 할 때 이용하기 위해 나무 기둥을 박아 넣은 곳으로 생각된다.

다는 결함이 있는 석상이면 포기하고 새 돌을 구해다가 작업을 다시 시작하는 편이 훨씬 더 간단했다. 작업 도중에 미끄러져 넘어지는 일이 생겨도 그 조각은 포기했다. 폴리네시아에서는 이것을 조각가의 마나mana에 영향을 끼치는 불길한 징조로 보았기 때문이다.

그 다음 단계는 석상을 훼손하지 않고 비탈(약 55도 경사진 비탈) 아래로 나르는 일이었다. 움푹 들어간 통로나 땅굴이 이용된 것 같다. 용골의 남은 부분은 석상의 방향을 그대로 고정시키는 데 활용되었다. 섬사람들은 굵은 밧줄이 이용되었다고 주장하는데, 아마도 지금도 볼 수 있는 '볼라드'(bollards, 배의 밧줄을 매는 기둥: 옮긴이)뿐 아니라 석상의 목에도 이 밧줄을 매달았던 것 같다.

평지에서 150m 위에 있는 분화구의 가장자리에는, 분명 비탈 안쪽의 한 부분에서만 작업이 이루어졌기는 하지만, 깊이와 넓이가 각각 1m가 넘는 원통형 구멍들이 뚫려 있다. 그리고 바닥에는 이 구멍들이 연결된 수평 통로들이 나 있다.[8] 남겨진 흔적들을 보면 약 7.5~10cm 두께의 굵은 밧줄들을 여

31. 이 거대한 '엘 지강테El Gigante'는 가장 큰 모아이이다.

기에 단단히 붙들어 맺다는 걸 짐작할 수 있고, 이는 섬사람들도 사실로 확인해준 바이다. 거목을 쉽게 구할 수 있었다는 것이 밝혀졌으므로(5장) 커다란 나무의 몸통을 이 구멍 속에 세웠으리라고 생각되기도 한다. 밧줄은 세운 나무 몸통에 감았을 것으로 보인다. 섬사람들은 1882년에 섬을 찾은 독일 사람들에게 이 구멍에 거대한 나무 몸통을 끼워 넣었고 석상들을 정해진 지점으로 내릴 때 몸통에 묶은 밧줄을 활용했다고 말한 바 있다. "인부들이 여기서 긴 밧줄을 조절하여 완성된 석상을 아래로 운반할 때 닻을 내리는 계류지 같은 역할을 했다"는 것이다.[9] 비탈 아래쪽으로 이어지는 통로 안에 수평의 나무 들보가 가로로 비스듬히 놓여 있었고 밧줄은 여기에 매어져 있었을지도 모른다. 이런 통로의 자리와 들보가 놓인 흔적들이 아직도 채석장에는 남아 있기 때문이다. 사고도 분명히 발생했을 것이다. 석상의 몸통 부분이 비탈 아래쪽으로 운반되는 동안 머리는 그 자리에 그대로 남아 있었을 것이다. 그러나 대체로 이 방식은 효과를 발휘한 것처럼 보인다.

일단 채석장에서 아래로 날라 놓으면 석상의 뒷부분 조각을 마무리했다. 그런데 라미레즈와 후버가 지적했듯이, 이 섬과 관련된 수많은 미스터리 중하나는 왜 석상 조각가들이 거친 돌덩어리를 채석한 다음에 좀더 작업하기

편한 자리로 끌어다놓고 작업을 하지 않았을까, 하는 의문이다. 왜 이들은 석상을 옮기기 전에 작업을 거의 마무리한 것일까? 심지어는 채석장의 비탈 아래로 석상을 끌어내리기도 전에 작업을 끝낸 이유는 무엇일까?[10]

　채석장의 바깥쪽 비탈 아래로 약 400m 되는 지역에 완성품이나 진배없는 70여 개의 석상들이 땅속 구덩이 안에 세워져 있다. 이 석상들이 바로 침전물 때문에 어깨까지, 혹은 턱까지 파묻힌 채로 산을 등지고 서 있는 석상들이다. 카툰에 전형적으로 등장하는 이스터 섬의 석상으로, 바다를 응시하고 있는 머리도 바로 이것이다. 캐서린 루틀지, 그리고 좀더 최근에는 토르 헤예르달 팀이 실시한 발굴작업에서 밝힌 바에 따르면 이 석상들은 제례용 기단 위에 세워진 석상들과 마찬가지로 완결된 석상의 형태이며 가장 큰 석상의 높이는 11m가 넘는다.[11] 지금까지 이 석상들은 아직 세상을 떠나지 않은 사람들을 상징하거나 혹은 올려놓을 기단에 공간이 모자라서 아후로 미처 옮겨지지 못했거나, 그게 아니면 단순히 운반방법이 여의치 않아서 그곳에 남겨진 것으로 간주해왔다.

　채석장 근처의 평원 가장자리에는 30개가 넘는 석상들이 누워 있는데, 대개 등을 대고 누운 자세이다. 다른 석상들은 어렴풋이 서쪽 방향으로, 그리고 남쪽 해안을 따라 서쪽 방향으로 선사시대의 '길'을 따라 흩어져 있다. 그러므로 이제 우리는 이 섬을 찾은 모든 사람들을 당혹시켰던 바로 그 질문을 마주하게 된다. 즉, 어떻게 이 석상들을 채석장에서 끌어내려 왔을까? 때로는 몇 마일이나 되는 먼 거리인 그들의 최종 목적지까지 날라온 방법은 무엇일까? 하는 질문이 그것이다.

제8장

어떻게 석상을 날랐을까?

(그들은) 의기양양한 태도로 우리에게 이렇게 묻는 것 같았다.
"이런 공학기술적인 작업이 어떻게 이루어졌는지 짐작해보시라! 어떻게 우리가
이 거대한 석상들을 가파른 화산 벼랑에서 끌어내려 언덕배기를 지나처 섬의 어디든지
자유자재로 날랐는지 어디 한번 맞추어보시라!"고.
—토르 헤예르달

오랜 세월 동안 완성된 석상을 채석장에서 어떻게 운반했을까 하는 의문에 대해 기발하거나 무리한 설명들이 제시되었다. 1722년에 로게벤은 스스로 지질학자가 아니라는 것을 명백히 하듯이 응회암의 색깔과 그 구성성분(그 안에 박혀 있는 헤아릴 수 없이 많은 화산력)을 오인하여 석상들이 사실은 '원래의 장소에서' 진흙과 돌을 합성하여 형성되었다는 주장을 폈다. 캡틴 쿡이 거느렸던 항해사들 몇몇도 1774년에 같은 결론을 내렸다. 1949년엔 심리학자 베르너 울프가 초벌작업을 끝낸 석상들이 분출하는 화산의 위력으로 기단이 있는 자리까지 날라져 왔고 석상이 떨어진 그 자리에서 마무리 작업이 이루어졌다는 억지 상상을 하기까지 했다![1] 그 외에도 전자기력이나 중력이 작용한 거라는 의견을 제시한 이들도 있었고 앞에서 언급한 대로 외계인의 방문으로 보는 견해도 있었다. 한편 섬사람들은 옛날부터 전래되어 온 전설에 대한 믿음을 고집한다. 즉 석상들이 영적인 힘을 발휘하여 기단까지 저절로 걸어왔다거나 아니면 제사장이나 족장의 명령을 받고 기단까지 이동했다고 믿는다. 전설에 따르면 석상들이 날마다 기단 쪽으로 조금씩조금씩 걸어왔고, 밤이 깊어지면 여기저기를 돌아다니며 신탁의 말씀을 전했다고 한다.

믿으면 산도 움직인다는 말은 진실일지 모른다. 그러나 고고학자들은 이보다는 좀더 현실적이고 실제적인 설명을 찾아내려고 노력해왔다. 첫 번째 제기된 논점은 운반의 어려움은 반드시 석상의 무게 때문만은 아니었다는 점이다(보통의 경우 석상의 무게는 18톤을 넘지 않지만 상당히 무거운 것만은 사실이다). 그러나 라노 라라쿠 응회암은 그다지 단단한 돌이 아니어서(응회암의 비중, 즉 물의 밀도와의 비율은 약 1.82로 가볍다) 석상이 부서지기 쉽다는 점 때문에 운반이 어려웠을 것이다. 석상에 이미 새겨진 정교한 세부 형태에 손상을 입히지 않아야 한다는 점도 중요했다.[2]

수백 개의 석상들이 채석장에서 옮겨졌고 그 중에는 10km라는 먼 거리를 이동한 것들도 있다. 물론 그렇게 먼 거리를 옮겨온 종류는 비교적 작은 석상들에 국한되어 있기는 하다. 그러니까 이것은 오직 영혼의 힘으로 옮겨졌다는 주장을 반박하는 유력한 논증인 셈이다! 특정한 석상들을 세우는 데는 품이 많이 들고 운반하는 거리도 녹록지 않았으므로 석상을 더 크게 만들어 과시하고자 했을 테고 거대한 석상의 존재는 해당 마을의 위상을 한층 더 높여주었을 것이다.

초기의 연구자들은 섬에 빗줄을 만들 만한 재료나 나무가 없다고 생각했으므로 석상을 옮기는 방법이 막연하게만 여겨졌다. 이 문제와 관련하여 본격적인 진전이 이루어진 것은 1934년에 프랑스와 벨기에 공동 탐험대가 이 섬을 찾은 게 최초였다. 6톤 무게의 석상 하나가 썰매를 활용하여 운반되었고 이 작업에는 섬의 주민 100명이 동원되었다. 그 이후에, 1950년대에 헤예르달이 이끈 원정대는 약 10톤의 무게, 4m 높이의 석상을 나르는 실험을 실시했다. 연장자들의 지시에 따라 섬 주민들은 갈라진 나무를 이용해 나무 썰매를 만들었고 석상의 등이 바닥에 닿도록 썰매 위에 눕혔다. 그리고 나무껍질로 만든 밧줄을 석상에 매달았다. 대략 180명의 남자와 여자, 그리고 어린이들이 모여들어 썰매 위에 얹은 석상을 잡아당겨 단거리를 운반하는 작업을 실시하기에 앞서 축제를 벌이고 춤을 추었다. 썰매는 두 개의 밧줄로 잡아당기게 했다.[3]

180명의 사람이 10톤짜리 석상을 잡아당길 수 있으니까 1천5백 명의 사람이 힘을 합한다면 82톤 무게의 파로도 옮길 수 있었음이 틀림없다. 뒤에서 다시 살펴보겠지만(250쪽) 이 정도의 인원은 선사시대의 섬 인구를 훨씬 밑도는 수이다. 썰매로 운반할 때 지나는 경로에 윤활유를 발라 매끄럽게 만들면 노동력을 1/3로 줄일 수 있었을 것이다. 타로와 고구마, 토토라 갈대 혹은 야자나무의 갈라진 잎을 모두 이 윤활유로 활용할 수 있었을 것이다. 더군다나 섬의 구전 가운데는 삶아서 으깬 얌과 고구마가 실제로 석상을 운반하는 윤활유로 쓰였다는 내용이 있다. 그래도 윤활유로 쓰기 위해 으깬 곡물들은 버리지는 않았을 것이다. 닭들이 나중에 먹을 수 있었을 테니까.

체코의 엔지니어 파벨 파벨은 9톤 중량의 복제품 모아이를 대상으로 중요한 실험을 했다. 우선 이 석상을 풀밭 위에 놓인 썰매 위에 등을 뒤로 하여 눕혔다. 그러나 30명의 장정들이 힘을 합해도 움직일 수가 없었다. 감자 800kg을 활용하자 썰매를 당기는 일이 한결 수월해졌고 인부들은 썰매를 6m(이 거리만큼 나르는 데 으깬 감자의 30%가 소모되었다)만큼 옮길 수 있었다. 그런데 이 썰매를 지름이 20cm, 길이가 2m인 여러 개의 목재 위에 놓았을 때는 당기는 데 10명의 인원이면 되었다.[4]

예전에 이 섬에는 목재의 공급이 풍부했다는 것을(5장) 앞에서 이미 확인했으므로 썰매를 땅 위에서 끌지 않고 윤활유를 발라 매끄러운 목재 트랙 위에 올려놓고 끌면 작업이—그리고 노동 인력이—거의 절반으로 줄어들 수 있었을 거라는 사실을 염두에 두어야 한다. 토로미로 목재는 지름이 50cm인 롤러를 만들고 레버로 활용하는 데 적합했을 것이다. 그리고 석상을 다루는 데도 요긴하게 쓰였을 것이다.

윌리엄 멀로이는 석상을 운반하는 간단하고 합리적인 방법을 제안했다. 즉 커다란 나무의 갈래로 구부러진 Y자 형태의 소형 썰매를 만들어 그 위에 얼굴 부분을 밑으로 향하게 석상을 눕힌 상태로 옮기는 방식이었다.[5] 대형 두 발 기중기의 큰 쪽을 갈고리를 만들어 석상의 목에다 건다. 그리고 기중기가 앞으로 살짝 기울면 밧줄이 석상을 일부 들어올려 썰매가 감당할 무게를 얼마간 덜어주는 방식이다. 그렇게 되면 석상은 두발 기중기를 따라오게 된다. 불룩한 복부 때문에 몸을 흔들흔들하면서.

멀로이는 이 방법을 활용한다면 파로를 기단 쪽으로 6km 옮기는 데 필요한 인원이 90명밖에 필요하지 않을 거라고 추산했다. 고대 과학기술 전문가들은 바닥이 편평한 소형 썰매라도 같은 효과를 낼 거라고 강조했고, 파로 석상을 나르는 데 90명의 인원을 추정한 것은 너무 적은 숫자라고 지적했다. 가능하긴 했지만(두발 기중기 역할을 해낼 만큼 큼직한 나무가 있고 야자수는 낭창낭창해서 이 작업에 부적합하다고 가정했을 때) 멀로이의 방식은 다른 기술보다 별로 효율적이지 않은 것으로 추정되었다.[6] 그것은 또한 석상의 목 부위가 부서지기 쉽다는 점을 특히 강조한다. 그 밖에도 운반하다가 포기한 채 버려진 석상들은 대부분이 이런 방식을 활용하기에 이상적인 튀어나온 배 모양이 아니다. 이는 이 방법이 채택되지 않았음을 시사하는 것이다.

폰 자헤르는 숨바 섬(인도네시아)에서 쐐기 모양의 나무 몸통 두 개로 만들어진 썰매가 어떤 식으로 46톤 무게의 바위를 일곱 마을 출신 장정들 1천5백 명이 교대로 끌어서 운반했는지에 대해 자세히 설명했다. 덩굴로 만든 육중한 밧줄을 10개 사용했고 1천 명의 장정들이 동시에 끌어당겼다. 이 노동의 대가로 급료는 따로 받지 않았어도 음식은 풍성하게 제공되었고 노래와 여흥도 즐길 수 있었다. 그리고 확고한 '결속력'이 형성되었다. 이 행사를 위해 많은 돼지를 잡았고 이 바위를 소유했던 사람은 높은 명성을 얻었다.[7] 이런 유의 행사를 살펴보면 우리는 이스터 섬의 협동 활동을 통찰하는 나름의 식

32. 칠레산 야자주 나무의 단면도. 얇고 단단한 외피와 섬유질로 이루어진 내피가 보인다.

견을 얻을 수가 있다.

썰매를 활용한 간단한 방법은 이제 한층 더 그럴 법하게 보인다. 섬에 썰매는 물론 썰매를 끄는 트랙으로도 활용할 수 있는 야자나무가 존재했다는 걸 알기 때문이다. 야자수 목재는 내구성이 썩 좋은 편은 아니다. 게다가 대개의 나무 몸통이 건조과정에서 쪼개지거나 축축하고 습기가 많은 경우에는 썩어 들어간다. 그러므로 사용된 목재는 자주 갈아줄 필요가 있었을 것이다. 따라서 석상을 옮기는 데 야자나무가 활용되었다면 이 활동이 섬의 수자원을 고갈시키는 데 크게 작용했을 것으로 보인다. 그렇지만 오늘날 볼 수 있는 유바에아 칠렌시스, 혹은 야자주를 빚는 칠레산 야자나무—과거에 이스터 섬에 무성했던 수종과 가장 유사한 나무—는 부패에 상당히 강하다는 점을 주목할 필요가 있다. 게다가 바깥쪽 나무껍질은 그 두께가 5mm에 불과한데도 상당히 조밀하다.

이 외에도 야자나무 몸통은 그 지름이 20cm 이상이라면 롤러로도 이용되었음이 분명하다. 앞에서 언급한 대로(5장) 오늘날의 수종인 유바에아는 그 키가 25m까지 자랄 수 있고 지름은 1~1.8m이다. 그리고 몸통은 얇고 단단한 외피에 싸인 작은 구멍이 많은 섬유질 덩어리로 되어 있기는 하지만(코코넛의 몸통보다 덜 조밀하고 섬유질은 더 많다. 위의 그림 참조) 완전히 마르고 나면 상당히 단단해진다—다 자란 야자나무의 밑둥 부분의 단단한 외피는 대

188

략 6톤의 무게까지 지탱할 수 있다고 추정되었다.[8] 제대로 효과를 발휘하려면 롤러들은 모양이 아주 균일해야 하고 잘 만들어진 트랙 위를 굴러갈 수 있어야 하는 것도 필수이다. 영국과 프랑스에서 이루어진 선사시대의 거석 운반 관련 실험에 의하면 이런 기술은 1톤당 약 6, 7명의 인력을 줄여준다는 것이 밝혀졌다. 따라서 야자수로 만든 롤러 위에 파로를 얹고 끌어당기는 데는 500~600명의 사람들이 필요했을 것이다. 대충 만들어진 트랙 위에서는 롤러가 걸려서 움직이지 않게 되는 수가 있겠지만 잘 만들어진 트랙에 윤활유까지 발라준다면 작업을 비교적 수월하게 진행할 수 있는 것이다.

거대한 석상들을 수평으로 눕혀 운반하는 데 필요한 또 다른 테크닉을 제시한 사람은 프랑스의 건축가이자 고고학자인 장 피에르 아당이다.[9] 아이보리 해변에서 어부들을 관찰하던 중에 그는 두 명의 남자가 꽤 무거운 카누를 해변 위로 너무나 수월하게 나르는 것을 보았다. 네 사람이 달려들어도 끌어당길 수 없을 정도로 무거운 카누였다. 한 사람이 카누의 한쪽 끝에 앉아서 하나뿐인 롤러가 카누 아래에 놓일 수 있도록 카누를 들어올렸다. 그렇게 하면 나머지 한 사람이 카누를 통째로 180도 회전시킬 수가 있었다. 그런 다음 두 사람은 자리를 바꾸어 카누가 필요한 거리만큼 옮겨질 때까지 같은 작업을 되풀이했다.

일련의 롤러들을 채석장 아래 경사로의 기단부에 석상이 내려올 때마다 준비해 놓는다면 석상들은 땅에서 살짝 위로 들어올려질 것이다. 롤러는 반드시 무게 중심 아래, 혹은 회전축 아래에 놓여야 할 것이다. 머리 부분은 주머니에 넣은 돌로 눌러놓고 바로 옆의 땅속에는 기둥이나 바위를 단단히 박아놓아야 할 것이다. 경사로 기단부에 밧줄을 매고 나면 석상을 통째로 180도 돌리기만 하면 될 것이다. 밧줄과 평형추와 기둥은 뒤따르는 작업에 필요한 자리로 다시 옮겨놓아야 할 것이다. 아당은 이 방법을 활용했다면 파로를 590명의 장정들이 운반했을 것이고, 이것은 썰매를 활용한 운반에 필요한 총 인력의 1/3이 좀 넘는 숫자라고 추정했다. 이 테크닉과 멀로이가 주장한 방법 모두 짧은 시간 동안 집중해서 당기기만 하면 되는 것이고 작업 사이에 제대로 쉴 수 있으므로 썰매를 끄는 일과는 다르다.

이 섬이 재발견된 지 몇 년 뒤인 1728년에, 로게벤 일행이 제시한 정보를 바탕으로 그려진 듯한 네덜란드의 드로잉에는 대형 조각이(모아이와는 전혀 닮지 않은) 불과 9명의 원주민에 의해 운반되는 장면이 담겨 있음을 주목할 필요가 있다. 이 운반작업에 활용된 방법을 평가하기는 어렵지만 그림 속의 조각상은 석재 평판 위에 놓여 있는 것처럼 보이고 그 밑에는 롤러들이 있었던 것 같다. 그러므로 이 그림은 아당의 제안에 무게를 실어주는 것으로 볼 수 있다.

반 틸버그는[10] 석상들이 등을 대고 누운 상태로, 다리를 먼저 운반했을 거라고 확신했다. 그녀는 우선 이 운반을 실험하는 컴퓨터 시뮬레이션을 실시했다. 그러나 안타깝게도 그녀의 실험을 위해 선별된 평균적인 기단은 아후 아키비였다. 이것은 내륙에 있는 종류였기 때문에 전형적인 기단과는 상당히 거리가 멀었다. 따라서 이 경우에는 기단의 앞이나 뒤로 모두 접근할 수 있었다. 이에 반해 해변에 놓인 기단들은 앞으로만 다가갈 수 있었다. 그러므로 해변의 기단 위에 석상을 세우려면 석상을 한바퀴 돌려야만 했을 것이다. 만일 석상들을 눕힌 채로 다리가 앞쪽으로 오게 하여 기단 쪽으로 날랐다면 말이다. 물론 컴퓨터 시뮬레이션 작업도 썩 훌륭하지만 실제로 거대한 바위를 옮기는 일은 전혀 다른 문제이다……

1998년에 텔레비전 방영을 위한 실험에서 반 틸버그는 섬의 석상과 똑같이 복제한 9톤의 석상을 운반하는 작업을 지휘했다. 40명의 인부들이 활주부가 달린 썰매 위에 얹은 석상을 50m 잡아당겼다. 그러나 썰매 위에 반듯이 눕혔던 석상의 자세를 엎드린 자세로 바꾸는 것이 불가피했다. 반듯이 누운 자세로 나르면 기단 뒤에서 다시 세워야만 했고 이 작업은 대개의 경우 방금 언급했듯이 불가능했기 때문이다. 그러나 엔지니어 빈스 리가 지적했듯이 틸버그가 새로 채택한 방법도 수많은 문제점을 안고 있었다. 거대한 돌기둥을 끌어당기는 인부들이 썰매가 기단에 근접했을 때 어디로 가야 하겠는가?[11] 리가 제시한, 좀더 합리적이고 실제적이며 체험에 근거한 견해, 즉 지렛대를 사용하는 방법만이 이 난제를 풀 수 있다. 그러자면 지렛대를 대고 밀 수 있는 면이 필요해진다. 마찬가지로 안데스 문명 지역과 이집트, 그리고 그 밖의 지역에서 발견된 거대한 바위들도 이 바위들을 끌어당기는 데 동원되었을 수많은 인부들이 서 있기에는 터무니없이 좁은 장소들이 발견되었다. 이런 경우에는 옆에서와 뒤에서 이 대형 바위를 미는 지렛대를 이용했음이 분명하다.

리의 지휘 아래 이스터 섬에서 실시된 인상적인 실험에서는 12명의 인부들이 지레를 이용하여 한 시간 반 동안 6톤 무게의 바위를 15피트 높이로 들어올렸다. 그러니까 인부 한 명당 1천 파운드의 바위를 옮긴 셈이었다. 잡아당기는 사람은 전혀 필요하지 않았다. 그들이 날마다 바위를 옮긴 거리는 80~100피트였다. 이것은 반 틸버그가 이보다 4~6배 많은 사람을 동원하여 나간 진도와 같은 속도였다. 그리고 바다 쪽에서 작업하는 인부들이 하나도 없었는데도 어떤 기단에도 닿을 수 있었음은 물론이다![12]

석상들을 눕히거나 엎은 상태로 운반했다면 반드시 수목으로 심을 채워 넣고 상당히 조심스럽게 감싸야 했음이 분명하다. 석상은 부서지기 쉬웠고 장식들도 훼손되지 않도록 보호해야 했기 때문이다. 그러나 표면의 마찰을 줄이기 위해 이 석상들을 똑바로 세운 상태로 운반하게 될 때 마치 냉장고처럼 밑 부분을 회선시킨나면 어떻게 될까?

캐서린 루틀지는 "그들이 석상을 똑바로 세운 상태로 옮겼는지 여부를 숙고"했다.[13] 그런가 하면 헤예르달은 1950년대에 섬사람들에게서 석상들이 "꿈틀거리며 나아갔다"는 말을 전해 들었다(섬사람들은 다리를 모으고 무릎을 뻣뻣하게 한 자세로 설명했다). 한편 그로부터 몇 년이 지난 뒤에 섬을 방문한 프랑스 탐험가 프랑시스 마지에르는 한 원주민에게서 "석상들은 둥그런 기단부를 절반쯤 돌린 상태로 똑바로 세워서 날랐다"라는 말을 들었다.[14]

1980년대에 이 기술의 실행 가능성을 살펴보는 두 가지 실험이 독자적으로 이루어졌다. 파벨 파벨은 점토로 만든 26cm 크기의 조상으로 실험을 한결과 기단부 둘레가 넓고 윗부분이 좁은 덕분에 아주 안정적이라는 것을 입증했다. 무게 중심이 전체 높이의 약 1/3 지점에 놓였기 때문이다. 그러고 나서 그는 12톤의 무게가 나가는 4.5m 높이의 콘크리트 조상을 제작했고 1982년에 스트라코니스(체코 공화국)에서 이 조상을 똑바로 세우는 실험을 해보았다. 회전이 용이하도록 이 상의 기단부는 약간 볼록하게 돌출된 형태로 만들었다(기단부가 편평하면 '디딤대'가 더 길어져야 했을 것이다). 조상의 상부와 기단부에 밧줄을 단단히 동여매었고 17명의 사람들이 두 그룹으로 나누어 석상을 끝머리 쪽으로 살짝 기울인 다음 앞으로 끌어당겼다. 연습을 거쳐 숙련이 되자 작업에 상당한 진전을 보였다. 팀원들은 리듬에 맞추어 힘들이지 않고 작업을 하게 되었다.[15]

1986년에 파벨은 이스터 섬에서 두 개의 실제 석상을 다시 세우는 작업을 통해 이 실험을 다시 한번 실시했다. 먼저 무게 4~5톤, 높이 2.8m의 석상으로 실험해보았다(밧줄과의 마찰로 손상되지 않도록 심을 덧대었다). 이 석상을 기울이는 데는 단지 세 사람의 힘만 필요했다. 그러고 나서 다섯 사람이 석상을 앞으로 끌어당겼다. 그 다음에는 통가리키에서 무게 9톤, 높이 4m의 석상을 나르는 실험을 해보았다. 이것은 매우 안정적이어서 석상을 쓰러뜨리지 않고 어느 쪽으로든 70도까지 기울일 수 있었다. 6m의 거리를 운반하는 데불과 16명의 사람이면 되었다. 그리고 석상을 기울이는 데는 7명이, 앞쪽으로 돌려 방향을 바꾸는 데는 9명이면 충분했다. 그리하여 파벨은 미리 연습을 거쳐 숙련이 된다면 석상을 하루에 200m 거리만큼 옮길 수 있었을 것이고, 섬에서 가장 큰 석상이라 해도 이 방법으로 나를 수 있었을 것이라는 결론을 내렸다. 물론 82톤이나 나가는 파로가 울퉁불퉁한 지역을 6km씩 통과하려면 소형 석상을 6m 나르는 것과는 상황이 전혀 다르긴 했을 것이다. 그는 모아이를 운반한 시기는 우기였을 거라고 믿는다. 그래야 기단부의 마찰과 마모를 줄일 수 있기 때문이라고 보기 때문이다. 토르 헤예르달은 이 방법을 쓰면 20톤의 석상을 하룻동안 평균 100m까지 나를 수 있었을 거라고 추산했다.[16]

미국의 지질학자 찰스 러브도 와이오밍에서 대형 조상을 복제했다. 콘크리트를 써서 4m 높이로 만든 이 조상은 무게가 10톤이었고 라노 라라쿠 응회암보다 더 비중이 높았다. 이것은 이스터 섬 석상의 20%를 차지하는 최소형 석상에 상당하는 것이었다. 러브는 각각 2.5cm 두께의 대마 밧줄 두 가닥을 석상의 이마에 매달고 14~22명의 장정들이 번갈아가며 당겨도 불과 몇 피트 밖에 옮기지 못한다는 것을 알게 되었다. 게다가 석상 기단부 앞쪽 한 귀퉁이가 떨어져 나가고 말았다. 이것은 위태롭고 불안정한 방법이어서 두 차례나 석상이 쓰러졌다. 따라서 이렇게 간단한 기술은 아주 짧은 거리를 옮길 때, 혹은 석상을 최종적인 자리에 옮겨 놓을 때 쓴 방법 같다. 바깥쪽 가장자리에 통나무를 받쳐서 석상을 안전하게 고정시켰고 기단부를 보호했지만 석상을 앞으로 움직이는 것이 그다지 수월해지지는 않았다.

그러나 러브는 복제한 석상을 기단부에 꼭 맞는 썰매 활주부에 깎아 끼운 두 개의 초록 통나무 위에다 똑바로 세움으로써 돌파구를 찾았다. 그런 다음에는 조그만 목재 롤러 트랙 위에다 올려놓았다. 이렇게 하고 나자 25명의 인부들이 두 개의 밧줄을 이용하여 석상을 2분 만에 45m까지 옮길 수 있게 되었다. 문제는 석상을 옮기는 데 있는 것이 아니라 어떻게 멈추느냐에 있었던 것이다![17] 이것은 장거리를 운반할 때 가장 효과적인 방법처럼 보인다. 편리하고 안정적이고 빠른데다 석상에 전혀 손상을 입히지 않고 나무도 거의 필요하지 않으며 줄도 별로 쓰지 않아도 되는 기술이다. 나르는 사람도 몇 명 필요하지 않다(화보 33). 기울여서 회전시키는 파벨의 기술은 석상의 자리를 잡는 마지막에 활용되었을 가능성이 높다. 리는, 모아이는 똑바로 세워야 하고 썰매의 네 귀퉁이를 버팀 밧줄로 고정시켜야 한다는 점을 강조했다. 이렇게 하면 하중을 조절할 필요가 거의 없을 뿐만 아니라 평지에서 끌고 가야 하

33. 찰스 러브가 와이오밍에서 제작한 모아이를 썰매와 롤러를 이용해 운반하고 있다.

는 문제도 피할 수 있는 것이다.[18] 그 밖에도 러브가 지적했듯이, 반 틸버그가 쓴 방법은(그녀의 실험을 방영한 텔레비전에서는 간과하는 심각한 실수를 저질렀고 앞에서 언급했던 문제들과는 별개로 하더라도) 채석장에서 석상들을 일으켜 세우고, 썰매 위에다 기울여 쓰러뜨리고 난 뒤 연단에 다다르면 다시 일으켜 세워야 하는 것이 필수이다. 그런데 이런 작업은 모아이에는 물론이고 섬사람들

에게도 상당히 위험이 따르는 일이었을 것이다. 반면에 파벨과 러브가 실시한 실험은 똑바로 세워서 운반하는 방법이 효율적이라는 것을 입증했다.[19]

똑바로 세워서 나르는 방법과 관련하여 세 가지 문제가 제기되었다. 첫째로 앞에서 보았듯이 회전을 하면 기단부가 손상된다는 것이다.[20] 그리고 마찰 때문에 부드러운 응회암이 심하게 마모되어 석상들의 콧방울이 주저앉는 것은 시간문제라고들 했다. 그러나 분명한 것은 만일 러브가 제안한 방법을 활용했다면 그런 일은 없을 것이다. 두 번째로 구릉지대를 운반할 때는 어떻게 하느냐는 의문이다. 섬사람들이 산비탈을 오르거나 내리려고 애쓰는 동안 석상들이 쓰러지지 않았을까? 사실, 석상들의 기단부는 앞으로 약간 기울어져 있다. 재건된 기단 위에 세워진 석상들 중에는 앞으로 쓰러지는 것을 막기 위해 아래에 돌을 받쳐주어야 하는 경우도 있었다. 그리고 이것은 10도 혹은 12도 올라가는 비탈에서 평형을 잡아주는 데 도움이 되었을 것이다. 한편 내려오는 비탈에서는 간단히 석상을 돌려서 뒤로 운반할 수 있었을 것이다. 반면에 수평으로 눕힌 석상이나 썰매는 울퉁불퉁한 지역을 지나게 되면 롤러를 벗어나게 될 것이다. 세 번째로 석상의 목 부위에는 밧줄로 묶은 흔적이 전혀 발견되지 않았을 뿐만 아니라 기단부가 마모된 흔적도 찾을 수 없다는 점이다. 이것은 밧줄 밑에 심을 덧대는 효과적인 방법을 사용했다는 것으로 간단하게 설명될 수 있다. 그리고 이미 보았듯이, 러브가 제안한 롤러를 쓰는 방법은 석상의 기단부에 전혀 손상을 입히지 않는 기술이다.

석상을 운반하는 이 모든 방법들에서 가장 긴요한 요소는 많은 양의 튼튼한 밧줄이다. 파로를 당기는 데 10가닥의 밧줄밖에 쓰지 않았다고 가정한다면 각각의 밧줄은 최소한 50명, 어쩌면 150명이 합친 힘을 견뎌낼 정도여야 했을 것이다. 앞에서 보았듯이 밧줄들은 그 지름이 몇 cm나 되었으리라 추정되었다. 그리고 길이는 약 80m가 필요했다. 다시 말하면, 수백 미터 길이의 아주 두꺼운 밧줄, 무게가 1톤 이상 되는 밧줄이 필요했다는 뜻이다. 운반하는 방법이 효율적일수록 밧줄은 덜 필요해진다. 그렇더라도 섬 주민 가운데 정해진 사람들은 이 필요를 충족시키기 위해서 언제나 밧줄을 만드는 작업에 매진했음이 틀림없다. 특히나 밧줄은 나무보다 더 빨리 망가지기 때문에 끊임없이 새것으로 교체하고 공급해야 했을 것이다.

섬에 존재했던 것으로 알려진 좋은 밧줄 재료로 유일한 것은 트리움페타 세미트릴로바Triumfetta semitriloba 관목의 속껍질이었다. 이 관목을 섬사람들은 하우hau라고 불렀다. 또한 이제는 멸종된 야자수의 수관도 재료로 활용되었을 가능성이 있다. 하우는 놀랄 만큼 튼튼한 식물섬유인데, 역사시대로 들어오면서부터는 꼬아서 만든 작은 밧줄로 많이 이용되었다. 그러나 이제는 위에서 언급한 종류의 밧줄 재료로 공급될 만큼 충분한 양이 남아 있지 않다. 굵고 튼튼한 밧줄로 만들었다는 것을 밝혀주는 설명도 전혀 남아 있지 않다. 튼실한 밧줄을 구할 가능성이 줄어든 것은 통나무의 결핍만큼이나 석상 제작의 종말에 원인을 제공했을 가능성이 상당히 높다.

오랜 세월 동안 라노 라라쿠 기슭에 있는 석상들과 채석장과 연단 사이에 놓인 석상들에 대해 많은 관심이 쏟아졌다. 석상을 운반하는 데 활용된 특별한 방식을 알 만한 단서를 얻을지 모른다는 기대 때문이었다. 평지에 놓인 다른 석상들은 똑바로 세워져 있다가 쓰러져서 깨진 게 분명한 반면, 채석장의 비탈에 있는 많은 석상들은 대부분 구덩이 안에 서 있기 때문에 모든 석상들이 똑바로 세워진 채 운반되었을 거라는 추정이 간혹 제기되기도 했었다. 그러나 다른 학자들은 석상들 가운데 많은 수가 전혀 운반된 적이 없을 뿐만 아니라 이 자리에 일시적으로(왜냐하면 뒷부분이 아직 완성되지 않았기 때문이거나 의식을 거행해야 하기 때문에, 혹은 그 석상들이 대변하는 인물의 죽음을 기다리느라), 또는 영구적으로 채석장에 가까운 길과 나란히 똑바로 세워져 있었을 거라고 믿는다. 어쩌면 이 석상들은 운반하는 도중에 포기한 종류일 수도 있다. 어쩌면 분란이나 충돌이 일어난 탓에, 의례가 여의치 않았던 탓에, 그게 아니라면 석상을 운반하는 임무를 맡은 집단에서 필요한 인력을 모집할 수 없었기 때문에 운반작업이 중단되었을지도 모른다.

이 지역에서 훼손되지 않은 채 수평으로 누워 있는 석상들 중 많은 수가 엎어진 자세로 있다. 이것은 이런 자세로(롤러 위에 반듯하게 눕혀서 운반되었다는 주장과는 반대로) 운반했다는 멀로이의 견해에 근거가 될 수도 있겠다. 반면에 얼굴이 앞쪽을 향해 있고 부서진 상태의 다른 석상들은 처음에는 길을 따라 똑바로 세워졌으나 나중에 쓰러졌음을 시사한다. 혹은 똑바로 세운 채로 운반하는 과정에서 쓰러져 부서졌을 수도 있다. 도로에 버려진 40개 이상의 모아이를 면밀히 살펴본 러브의 조사는 이 석상들이 똑바로 세워진 상태로 운반되었음을 강력히 시사한다.[21]

사실상 고대의 도로를 따라 발견된 석상들은 눕혀져 있거나 엎어져 있거나 혹은 모로 누운 자세이다. 석상들이 언덕 위로 운반되던 중이었던 게 분명한 지점에서는 대체로 눕혀져 있고 기단부는 언덕 쪽을 향해 있다. 반면 언덕 아래로 내려가는 지점에서는 보통 엎어진 상태이고 기단부는 언덕 위로 운반되는 경우와 마찬가지로 언덕 쪽으로 향해 있다. 많은 석상들의 얼굴이 채석장과는 다른 방향을 향하고 있지만 전적으로 일관된 패턴이 있는 것은 아니다. 어떤 경우에는 2~4개의 석상들이 다양한 자세로 상당히 서로 가까이 놓여 있는가 하면 비스듬히 놓여 있는 경우도 간혹 보인다.

루틀지 여사는 적어도 세 개의 웅장한 대로를 통해 라노 라라쿠에 접근했을 거라고 믿었다. 각각의 대로에는 언덕을 등진 석상들이 군데군데 줄지어 서 있었고 이스터 섬 주변에 누워 있는 석상들 가운데 운반하던 중이었던 경우는 하나도 없다고 그녀는 확신했다.[22] 1986년에 토르 헤예르달 원정대가 실시한 발굴작업에서 그녀의 견해를 뒷받침해줄 만한 내용이 나왔다. 이 작업에서 무게 40톤, 높이 7.8m의 석상이 루틀지가 말한 '남쪽 도로'를 따라 라노 라라쿠 가까운 곳에 엎어져 있는 것이 발견되었던 것이다. 그 뒤에는 고르지 않고 울퉁불퉁한 원형 포장도로가 나 있거나 현무암으로 만든 받침돌이 놓여 있었다. 그 받침대에는 석상의 기단부 흔적이 뚜렷했다. 그러므로 이 모아이는 특별한 의도 아래 조심스럽게 이 지점에 세워두었을 것이다.[23] 파묻힌 석상의 얼굴 부위는 풍파에 마모되지 않은 상태였는데, 이는 석상이 그리 오랫동안 직립해 있지 않았음을 시사해준다. 그러나 여기서 약 700m 떨어진 곳에서 이와 비슷한 크기로 엎어진 자세인 석상이 또 한 점 발굴되었는데, 그런 유의 포장도로 흔적은 찾을 수 없었다. 라노 라라쿠 기슭에 묻힌 직립한 석상들 가운데 얼마쯤은 지금도 여전히 돌로 포장된 도로 위에 서 있다.

섬에 낸 '길들'은 지금도 지는 해의 사양을 받으면 보인다. 좀더 낮은 지반 위에 약간 올라와 있고 보다 높은 지반에 눌려 편평한 이 통로들은 폭이 약 3m로, 라노 라라쿠에서 방사상으로 퍼져 있다. 대체로 지형에 따라 놓여 있고 급격하게 변경되는 경우를 피했다. 울퉁불퉁한 물질이나 돌은 모두 치워진 게 분명하다. 그러나 수십 년간 방치된 데다가 양들을 방목한 덕분에 길 위에는 너럭바위들은 치워졌다고 해도 자잘한 돌들이 다시 덮여 있다.

노면의 상태가 결정적으로 중요했던 게 분명하다. 진흙으로 덮여 있는 길은 세게 눌리면 매우 단단하고 견고하게 변한다. 그러나 부드럽거나 질척질척한 길로는 석상을 운반할 수 없었을 것이다. 이것은 석상의 운반이 보다 건조한 여름에 이루어졌음을, 축축한 겨울철에는 운반작업이 완전히 중단되었음을 함축한다(이는 위에서 언급했던 파벨의 제안과 정반대되는 것이다). 만일 그렇다면, 그리고 만일 석상이 직립 상태로 운반되었다면 부드럽거나 축축한 땅에 다다른 석상들은(1986년에 헤예르달에 의해 발굴된 석상들 가운데 맨 처음 것처럼) 일시적으로 견고한 받침돌을 마련하여 넘어지는 것을 막았을 것이다. 보다 건조하고 단단한 땅 위를 지날 때는(두 번째 것처럼) 받침돌이 필요 없었을 것이다.

그러나 최근에 러브는 라노 라라쿠에서부터 여러 지역에 이르는 20~40km 지역에 건설된 도로들을 면밀히 조사했다. 주로 3개의 주요 도로와 몇몇 간선도로를 집중적으로 조사했으며 남쪽으로 난 도로들 가운데는 총 210m(5개 구역에서)를 발굴해보았다. 그가 예비 단계에서 찾아낸 발굴물은 놀랄 만했다. 도로들은 오래된 현무암이 거침없이 흐르는 데와 그 사이의 얕은 계곡들을 가로지른다. 그리고 깎고 메운 작업을 한 것이 보인다. 10~20m 범위를 발굴하자 길들이 어떻게 치워지고 깎아지고 평탄하게 고르는 작업이 이루어졌는지가 드러났고, 많은 곳이 흙으로 메워졌다는 게 밝혀졌다. 다양하게 경사진 비탈들을 깎고 메워 석상을 나르는 사람들이 수월하게 만들었던 것이다. 이런 길을 내려면 분명 대대적인 공동작업이 필요했을 것이다. 계곡을 메우게 되면 점토층을 1m까지, 혹은 그 이상을 쌓아올려서 약 5m 폭으로 편평한 지면이 생긴다. 이렇게 포장도로가 완성되면 거친 암반 지역을 통과하여 파로를 나르는 작업을 빠르게 진척시켰을 것이다. 어떤 지역은 좀더 높은 현무암 지대의 표면을 파고들어가게 길을 내어 편평한 표면을 피했음이 분명하다. 작은 통로들은 얕은 V자 모양으로 자르거나 넓게 U자 형태로 깎아 들어갔을 것이다. 그 폭이 약 5.5m였고 깊이는 30cm쯤 되었다(다른 지역에서는 도로가 암반지역을 깎고 들어갔다기보다는 오히려 도로의 지표면을 반쯤 파고 들어간 것 같아 보이기는 한다). 어느 지역의 도로에는 갓길을 따라 긴 암벽이 일렬로 늘어서 있다. 이것은 판 구멍을 다시 메운 곳에 앉힌 도로 가장자리의 연석처럼 보인다. 그런가 하면 또 다른 지역의 도로에는 연석 바깥으로 암반지역을 파고 박은 기둥들이 무수하게 나타나기도 한다. 석상을 당겨 지레로 끌어올리는 데 쓴 특이한 고안장치 같은 걸 보관했던 장소로 추정된다(이렇게 되면 앞에서 언급했던 리의 통찰력을 인정하는 셈이다). 이런 특징들은 위쪽으로 경사진 도로의 비탈에서 아주 흔하게 보인다.[24]

그동안 그다지, 또는 전혀 주목받지 못했던 또 다른 가능성은—아마도 끊임없이 파도가 요란하게 부서지기 때문일 텐데(이는 1886년에 미국인들에게 실제로 떠오른 생각이긴 하지만)—채석장에서 해안까지 500m의 단거리를 운반한 다음 해변 근처에서 뗏목이나 통나무 위에 띄워서 세워지기로 결정된 기단까지 보낸 석상들도 있었을지 모른다는 것이다. 해변 주위로 몇몇 지점에는 용암이 흘러내린 제방길이 있고, 포장된 경사로도 몇 군데 있으며 이 경사로들은 바다와 만나게 되어 있다. 이러한 아파파(apapa, 직역하면 '짐을 부리다'라는 뜻)는 일반적으로 카누 진입로, 거대한 배가 정박하거나 짐을 내리는 장소로 보인다. 파로의 기단 옆에 하나가 있는데 멜로이는 타하이에 있는 해변의 둥근 돌을 활용하여 그럴듯한 경사로를 복원시켜놓았다. 그러므로 커다란 돌덩이나 석상 가운데는 바다로 운반되었을 가능성이 농후한 것들이 있다. 그리고 섬 연안의 작은 섬 모투 누이에 그 시기가 1174년으로 거슬러 올라가는 기단처럼 생긴 구조물에서 나왔다. 적어도 석상 한 개가 이곳으로 운반되었으리라는 주장을 도출했다는 것 또한 기억해둘 만하다.[25] 대부분의 전문가들은 이 주장에 강하게 의문을 보이지만 이스터 섬의 어부들은 바다 밑에 가라앉은 모아이가 있다고 강조한 것으로 전해진다.[26]

유일하게 결론을 내릴 수 있는 것은, 고고학에서 너무나 흔히 있는 일이지만, 이 모든 석상들에 적용될 만큼 충분한 단 한 가지 설명이란 없다는 사실이다. 채석장과 기단들 사이에서 발견된 거대 석상들은 그 길이가 1.77m에서 9m까지 다양하다. 그리고 가장 작은 석상을 운반하는 데 쓰인 방법이 가장 큰 석상을 운반하는 방법과 같았을 거라고 가정할 만한 근거는 전혀 없다. 석상의 형태와 크기에 따라 다양한 방법이 활용되었을 것이다. 그리고 운반해야 하는 거리와 동원가능한 인력, 구할 수 있는 목재와 밧줄의 종류에 따라서도 운반기술이 달라졌을 것으로 보인다. 파벨이 지적했듯이, 운반방법을 결정하는 데 가장 중요했던 기준은 석상의 무게와 크기였다. 왜냐하면 4m 석상은 2m 석상보다 크기는 두 배지만 그 무게는 여덟 배나 더 나가기 때문이다.[27] 러브는 도로의 형태가 다음번에 운반될 석상의 최대 무게에 따라 결정된 것이 분명하다는 것에 동의한다. 그리고 점점 더 큰 종류를 조각하면서 모아이를 운반하는 방법도 달라져간 것은 의심할 여지가 없다. 그러나 어쨌든 간에 우리는 모든 것을 백지로 돌리고 처음부터 다시 시작할 필요가 있다. 왜냐하면 연구자들은 늘 섬의 노면이 편평하고 도로가 수평을 이루었다고 가정해왔기 때문이다. 그러나 러브의 작업이 명백히 보여주듯이, 지금까지 제시된 모아이 운반에 관련된 이론이나 실험방법들 가운데 그 어느 것도 그가 발굴한 도로의 구조에 맞설 만한 것은 없다! 도로의 깎인 부분들이 롤러나 미끄럼막이에, 혹은 석상을 기울이는 데 도움이 되는 것은 아니다. 그리고 활용된 그 어떤 새로운 고안장치도 편평하게 구멍을 채운 지면과 V자형으로 판 지면에 모두 적용시킬 수는 없었을 것이다.[28] 그래서 석상의 운반에 얽힌 미스터리는 여전히 풀리지 않은 채로 남아 있다.

제9장

제례용 기단과 푸카오: 석상 세우기

지금까지 살펴보았듯이 우리는 채석장에서 어쨌든 거대한 석상들이 내려와 있다는 사실을 안다. 그러면 이 석상들은 어디로 가야 할까? 이 시점에서 아후ahu라는 독특한 대상, 말 그대로, 그리고 은유적으로도 그늘에 가려져 있던 직사각형 기단에 대해 숙고하고 넘어가는 것은 값진 일이다.[1] 라파 누이의 기단들은 석상이 하나도 얹혀 있지 않다 하더라도 그 자체만으로도 고고학적으로 경이적인 대상이다. 왜냐하면 이 기단이야말로 공동체가 대대적인 토목공사를 통해 이루어낸 탁월한 작품이기 때문이다. 기단을 만드는 데 300~500톤 무게의 거석을 옮겨야 하는 경우도 있었다. 가령 타하이 단지에는 23,000m³의 암석과 흙으로 채워지고 추정 무게가 2천 톤에 육박하는 세 개의 구조물이 있다.

이 자그마한 섬에는 최소한 313개의 제례용 기단이 있고 높은 절벽 지역을 제외하면 섬의 해안가를 빈틈없이 둥글게 에워싸고 있다(물론 몇몇 기단들은 절벽 끝에 놓여 있기는 하다). 작은 만이나 내리기에 수월한 지역, 특히 거주지로 선호되는 지역 주변으로는 밀집된 현상이 두드러진다. 기단은 아주 작은 것에서부터 길이 150m, 높이 4m가 넘는 석상에 이르기까지 그 크기가 다양하다. 중심부는 잡석으로 이루어져 있고 돌세공으로 표면이 마무리되었으며 회반죽은 전혀 사용하지 않았다. 바다를 향한 파사드는 가급적 해안에 가깝도록, 그리고 해안과 평행이 되도록 놓여졌던 것 같다. 바다에 나가서 보면 벽처럼 우뚝 솟은 듯한 모습이 인상적이다. 기단의 파사드는 근처에 있는 돌을 깎거나 다듬지 않고 그대로 이용한 것에서부터 서로 잘 맞물리도록 정밀하게 다듬은 것까지 다채롭다. 육지 쪽으로는 해변의 반석들을 나란히 깔아 놓은 경사로가 있었고 이 비스듬한 길을 내려가면 인공으로 편평하게 만든 광장으로 연결되었다. 타하이에 보이는 이런 '공터' 하나의 크기는 55×40m이다. 해변 둘레에는 평균 0.7km마다 대표적인 기단 단지가 형성되어 있는 듯하다. 기단으로 부족간의 경계를 표시했고 주거의 중심지와 사회경제적, 종교적 중심지로서의 기능도 했던 것 같다.

라파 누이의 기단들은 폴리네시아 중동부 지역의 기단인 마라에를 변형한 것이 확연하다—마라에marae란 말은, 이스터에 정착한 사람들이 폴리네시아를 떠나고 난 뒤에 생긴 말이 분명하다. 왜냐하면 옛 라파누이어에는 들어 있지 않은 말이기 때문이다. 원시 폴리네시아어 말라에malae가 어원으로, '만남의 장소'란 뜻이다. 다른 군도에서도 도처에서 이렇게 공개된 공간과 기단을 유사한 목적으로 이용해왔는데 하와이의 헤이아우heiau가 그 예이다—소시에테 제도, 투아모투 제도, 오스트랄 제도의 아후ahu라는 말은 장방형 공터의 맨 끝에 높이 돋운 기단만을 가리키는 말이었다. 반면 마르케사스 제도 북쪽지역과 이스터 섬에서는 아후가 의식을 거행하는 시설 전체를 가리키는 말이었다. 내륙에는 헤아릴 수 없이 많은 폴리네시아 마라에가 발견된다. 그러나 대개의 경우는 해변에 놓인 기단이고 해안과 평행을 이루고 있다.

이스터 섬에 있는 몇몇 기단들은 부장품을 넣기 위해 특별히 만들어진 것으로 보인다. 이것이 석상과 기단을 만든 원래 목적은 아니었던 것 같지만 톰슨이 거대한 통가리키 구조물을 조사한 결과 그 중앙에 좁다란 통로가 드러낳고 그 안에는 사람의 유해로 가득했다. 이보다는 평범한 아후가 다양한 용도로 쓰였다. 즉 사회적, 의례적 센터로도 기능했고 가계나 부족, 혹은 영역의 경계를 가르는 표지로도 쓰였다. 라파 누이의 초창기에는 매장이 정해진 법이라기보다는 오히려 예외적인 일이었던 것처럼 보인다. 왜냐하면 초창기 사람의 유해는 전혀 발견된 적이 없기 때문이다. 매장보다는 화장이 훨씬 더 일상적이었고 아키비나 하루 오 롱고같이 넓은 단지에 놓인 중앙 기단 뒤에서는 정교하게 만든 화장 구덩이들이 발견되었다.[2] 이런 구덩이에는 해변의 자갈돌, 흑요암 파편들, 목탄과 낚싯바늘 등 다채로운 민예품들 틈에 사람의 유해가 섞여 있다. 그리고 때로는 닭이나 쥐의 뼈도 보인다. 즉 화장한 유골들과 봉헌물이 한데 섞여 있는 것처럼 보인다. 이것은 폴리네시아의 마라에 옆에 봉헌물과 성물을 처리하기 위해 마련해 두었던 넓적한 돌을 나란히 세운 구덩이와 유사하다. 그러나 화장은 폴리네시아의 동부와 중앙지역의 다른 곳에서는 행해지지 않은 풍속이다.

라파 누이 기단의 연구를 특별히 어렵게 만드는 것은 오랜 세월을 거쳐 오면서 많은 수의 기단을 석상 제작이나 집터로 쓰느라 마구 허물어뜨리고 약탈해갔기 때문이다. 그래서 처음 보면 별다른 특징도 없는 돌들이 수북이 쌓여 있는 무더기처럼 되어버렸다. 그러나 남아 있는 기단들을 면밀히 살펴보면 그 구조와 관련된 새로운 사실을 많이 찾을 수 있다. 수화층 연대측정(흑요암)과 방사성 탄소 원소 연대측정(목탄)을 통해 단 한 번에 세워진 기단들이 있는가 하면 수세기에 걸쳐서 세워진 기단들도 있다는 사실이 밝혀졌다. 즉 대부분의 '아후 상'은 한 차례 이상의 건설과정을 거쳐 완성된다. 어떤 경우는 7, 8회의 작업을 거치기도 한다.[3] 가령 아나케나에서는 몇 가지 종류의 기단이 그 위에 세워지고 또 세워지는 방식으로 건설된 것처럼 보인다. 기단의 크기는 몇백 년이 흐르는 동안 크게 확대된 것 같다. 기단을 수정하는 작업은 흔히 예전에 만들어진 석상이나 예전의 집터로 이용된 판석을 한데 섞어서 했다. 가령 통가리키에서는 몇몇 기단과 도로를 만들 때 이전 형태의 석상들을 틀이나 메우는 재료로 재활용하여 좀더 복잡하게 확대하는 일련의 과정을 거쳤다.[4] 이런 방식이 문제인 것은 너무나 많은 건축작업에서 각각의 아후를 만든 시기를 가늠할 수 없게 되기 때문이다. 건축학적으로 다양성과 지속성을 동시에 보여주기 때문에 지금까지 발굴된 열두 개 남짓한 기단 가운데서 아후의 형태가 어떻게 진화·발전되어 왔는지 뚜렷한 그림을 그려볼 수 있는 경우가 없다. 게다가 최근에 실시된 기단의 재구성 작업은 한 시기 이상의 건설 과정에서 보이는 건축적 특성들을 한데 통합하고 있어서 고고학자들과 일반인들을 모두 혼란스럽게 만들고 있다.[5]

그럼에도 이 섬의 아후를 발굴하고 연구해온 고고학자들의 견해에 따르면 초창기에 정착한 폴리네시아인들에서 유래된 형태가 전체적으로 어떤 스타일로 지속되어 왔는지가 반영되어 있다고 한다. 즉 처음에는 소형 기단에서 시작되어 점차 커지고 정교해져 간다는 것, 그리고 자연스러운 형태는 크기가 확대될수록 상당히 양식화된 모아이로 변해가는 것도 파악할 수 있다는 것이다. 1950년대의 노르웨이 원정대에서 개발한 아후의 연대기적 분류법 3단계는 나중에 멀로이와 피구에로아에 의해 의문이 제기되었다. 이들은 분류를 할 만큼 뚜렷한 변화를 발견하지 못했고 오히려 "점차 새로운 아이디어가 도입되고 주제가 확장되며 역량이 개선되는 특징을 보여주는" 중단 없는 오직 한 시기의 발달과정으로 보는 편이 타당하다고 생각했다.[6]

이스터 섬 사람들은 폴리네시아의 기본적인 건축형태에다 점차 그들만의 지역 특성을 가미하여 정교화해 나갔다. 즉 좌우 양쪽으로 낮게 넓혔고 경사면을 덧붙인 것이 그 예라 하겠다. 시간이 흐르면서 기단의 형태에도 변화가 나타났다는 사실이 발굴작업을 통해 밝혀졌다. 즉 겹쳐쌓기나 서로를 맞대는 방식, 혹은 일렬로 배열하지 않은 건축적 특징들이 그 예이다. 그러나 이런 특성들은 동시대에 발생했거나 섬 전역에서 보인 변화는 아니었다. 따라서 비나푸의 기단처럼 극소수의 기단의 발굴에서 보이는 잠정적인 결과일지 모른다는 강한 의혹이 제기되고 있다. 가령 잇따라 실시된 아키비의 발굴에서는 이것이 예상보다 훨씬 이후의 시기에 해당하는 것으로 나타났다. 어떤 기단의 경우는 꼼꼼한 수정작업이 이루어지기 전에 부분적으로, 그리고 의도적으로 파괴되었다. 어떤 건축 특성들은 섬 전역에서 발견되지 않고 서로 다른 친족이나 씨족 사이의 경쟁의식을 강조하듯이 지역적으로 상당히 다르다는 것이 입증되었다. 각각의 기단을 통해 자기 집단 고유의 기념비를 제작하고자 했던 것 같다.

섬의 가장 초기 기단들은 그 위에 석상을 얹지 않은 단순한 옥외 제단이었을지 모른다. 이것은 그 뒤에 오는 기단들이 보여주는 변화들 때문에 물론 단정하기는 어렵다. 그게 아니라면 마르케사스 제도의 경우에서 보듯이 목각상을 세워두는 대였을는지도 모른다. 어떤 기단의 경우에는 벽으로 구획한 안뜰이 마련되어 있거나 한 뙈기쯤 편평하게 고른 땅 옆에 놓인 기단들도 있다. 이런 구조를 갖춘 기단으로 지금까지 밝혀진 최초의 것은 아후 타하이 제1기에 만들어졌다(기원 690년). 이 기단은 돌 장식으로 에워싸여 있고 자갈돌로 채워진, 좁고 위가 납작한 형태였다. 이것이 나중에는 양쪽 날개를 달아 그 크기가 확대되었다. 이런 유의 기단 위에는 나중에 등장한 전형적인 모아이보다는 붉은 화산암재로 만든 석상이 놓였을 것으로 짐작된다. 실제로 화산암재로 만든 석상 하나가 이곳에서 발견되기도 했다. 둥글고 자연스러운 형태와 둥근 눈, 보통의 '사람' 귀가 새겨진 이 석상은 가공되지 않은 재료와 함께 마르케사스 제도의 티키tiki 석상을 연상시킨다. 이와 비슷한 석상이 아후 통가리키의 토대가 1960년에 (칠레에서 발생한 지진이 야기한) 8m 파고의 쓰나미에 무너졌을 때 성토 속에서 드러났다. 그리고 두 개의 불완전한 석상은 후기에 제작된 아후 헤키키의 날개 속에 통합되기도 했다. 이렇게 작고 붉은 석상들은 모아이의 전신으로 추측된다. 최초의 기단들 앞이나 위쪽에 흡사 작은 석상들처럼 서 있거나, 혹은 간단하게 수직 석판처럼 서 있는데 이는 폴리네시아 다른 지역의 마라에에서는 부족장을 상징한다.

이스터 섬에서 발견된 몇 점 안 되는 화산암재 석상들은 모아이만큼이나 오랜 세월을 아우르는 것 같다. 그리고 초기의 기단 위에 세워져 있었는지의 여부와 상관없이 이곳에서 거행된 종교의식이나 종교 구조물과 깊은 연관이 있다. 붉은 화산암재[7]는 뭍 쪽을 향해 있는 특정 기단들의(아카항가, 비나푸) 재료로도 쓰였다. 그리고 린턴 파머는 1868년에 (비나푸에서 발견된 것과 같은) 이 화산암재로 만든 '기둥 모양의 석상'이 석상이 얹어진 모든 기단에 적어도 한 개씩은 있다고 말했다. 이 말은 화산암재로 만든 석상이 선사시대 전체를 통틀어 제작되었으리라는 뜻일 테고, 그것은 거대한 석상들보다 앞서거나 같은 시기에 별개로, 그러나 관련 있는 대상으로 만들어졌으리라는 뜻일 것이다.

아후 아키비의 제1기는 이례적이다. 왜냐하면 석상들이 내륙에 있고 바다 쪽을 향하고 있기 때문이다. 이 기단은 좌우에 20m의 양 날개가 달린 단순한 형태로 35m 높이의 아후였던 것 같다. 그러나 석상이 놓였음을 입증할 만한 증거는 하나도 없다. 그 대신에 폴리네시아의 마라에 위에 세운 것처럼 그 위에 커다란 다각형의 석판(그 이후 시기의 성토에서 발견되는)을 수직으로 세워 놓았을 가능성은 있다. 그리고 동일한 성토에서 발견되는 라노 라라쿠 응회암으로 만든 1m 높이의 작은 석상들도 같은 경우로 보인다. 기원 1460년 무렵에 받침돌 위에 놓인 7개의 대형 석상을 지탱하기 위해 이 기단은 다시 제작되었다. 그리고 해변의 조약돌을 일렬로 늘어놓아 양 날개와 경사면을 상당히 돋우었다.[8]

원래 기단 위에 세워진 라노 라라쿠 응회암으로 만든 최초의 '전형적인' 석상은 타하이의 북쪽에 자리한다. 그리고 제작시기는 12세기로 거슬러 올라간다. 이 석상의 높이는 5m가 넘고 무게는 20톤이며 이 시기에는 채석장에서 작업이 이루어졌음을 보여준다. 그리고 전형적인 석상의 형태가 이미 잘 발달되어 있다는 것도 보여준다. 석상이 얹어진 기단으로 가장 나중의 것은 대략 1650년에 제작되었고 항가 키오에에 있는데 그 높이가 4m가 넘고 무게는 14톤에 달한다. 달리 말하면 라노 라라쿠에서는 석상의 채석작업이 적어도 500년 동안, 어쩌면 그보다 훨씬 오랜 세월 동안 이루어졌으리라는 것을 알 수 있다.

타하이 기단의 이른 시기에도 불구하고(위 참조) 대체로 아나케나 발굴작업을 근거로 한 가장 최근의 정설은 의례가 거행된 지역은 약 1000~1100년에 조성되기 시작했고 곧이어 확장기가 뒤따랐다고 본다. 기단의 건설이 약 1200년에 이르면 하나의 강박증처럼 된 게 분명해 보인다. 그리고 이 '황금기', 즉 기단과 석상을 제작하는 절정기는 16세기가 끝나갈 때까지 지속되었던 것 같다.[9]

천문학자 윌리엄 릴러는 15세기에서 20세기 사이에 제작된 기단들이 천문학적으로 고려된 방향으로 놓였다는 타당성 있는 증거를 제시하는데, 대개의 경우 그 방향이 해가 뜨는 쪽이나 해가 지는 쪽인 점은 주목할 만하다.[10] 해변에 놓여진 기단의 90% 이상에서 긴 굴대가 해안과 거의 평행을 이루도록 세워졌다. 이는 기단을 항해에 요긴한 수단으로 활용하는 폴리네시아의 다른 지역과 같다. 그러나 해변에 놓였지만 해안과 나란히 놓이지 않은 여섯 개의 기단은 긴 굴대가 남북으로 나란하고 춘분점을 마주하고 있다. 육지에 놓인 기단의 경우를 보면 어떤 것들은 동지점, 즉 낮의 길이가 가장 짧고 태양이 최남단에 이르는 때를 향해 놓여 있는 것 같다. 이스터 섬에서 가장 독보적인 기념비 셋, 즉 비나푸, 통가리키, 헤키이는 모두 다섯 개의 중심 기단들이 춘분점이나 동지점을 향해 있다는 사실은 주목할 만하다. 포이케의 정상은 아마도 역년을 가리키는 지표로 이용되었을 것이다. 왜냐하면 오롱고에서는 동지의 해가 포이케 위로 뜨는 것이 보이기 때문이다. 구전에 따르면 제사장들은 특별한 성좌가 뜨고 지는 것을 유심히 관찰했다고도 한다. 의식과 축제를 거행하고 농사일과 고기잡이 일이 시작되는 시기를 이 별자리를 보고 가늠했던 것이다(북서쪽 해안의 마타리키에 보이는 작은 컵 모양이 56개 몰려 있는 것은 일종의 별자리를 닮았다). 섬사람들은 계절의 시작을 아는 것이 중요함을 알았을 것이다. 섬의 기후가 아열대, 다소 온대성이기 때문에 한 해가 시작될 때

I. 라노 라라쿠를 찍은 항공사진. 아직도 채석된 그 자리에 나란히 누워 있는 모아이들이 보인다.

J. 윌리엄 멀로이가 복원한 아후 아키비의 항공사진. 내륙에서는 거의 찾아볼 수 없는 기단 위에 세워진 석상들이다. 이런 석상에 머리장식이 얹어진 경우는 전혀 없다.

K. 아나케나에 있는 아후 나우 나우와 근처에 세워진 25톤 무게의 모아이. 이 석상들은 1955년에 노
   르웨이 탐험대가 착수한 실험을 위해 12명의 섬사람들이 들어올렸다. 두 개의 지렛대를 사용하고
   돌을 그 아래로 밀어 넣은 후 경사면을 만들어 18일에 걸쳐 이루어진 작업이었다.

L. 아나케나에 있는 아후 나우 나우. 석상의 머리장식을 다시 복원해놓았다.

M. 아후 비나푸에 쓰러져 있는 모아이를 공
중에서 찍은 사진.

N. 오롱고 절벽의 바위에 새겨진 새사람 조
각. 여기 서면 모투 누이와 모투 이티 등
작은 섬들이 보인다. 오른쪽의 뾰족한 바
위는 모투 카오카오이다.

O. 오롱고에서 바라본 작은 섬 모투 누이와 모투 이티.

P. 의식이 거행된 오롱고 마을의 가옥들을 찍은 항공사진. 오롱고 마을은 라노 카우와 바다 사이의 절
벽 꼭대기에 자리하고 있다.

농작물을 심어야 했을 것이다. 새와 물고기, 거북도 모두 계절에 따라 나타났을 것이다.

이미 언급했듯이, 기단들은 다양한 재질의 벽으로 싸여 있는 잡석 덩어리였다. 비나푸나 다른 한두 개의 기단들에서 보듯이 바닷가 쪽의 파사드를 이루는 매끄럽게 다듬어서 정확하게 끼워 맞춘 현무암 석판이 기단 건설의 최종단계였다는 것은 의심의 여지가 없다. 그런데 어떤 경우에는 석상이 먼저 세워진 뒤에 마무리 작업이 덧붙여지기도 했다. 이 돌덩어리가 다른 쪽 경사면 돌덩어리와 더불어 양쪽으로 미는 석상의 어마어마한 무게를 감당할 수 있게 해준다. 그러므로 이것은 고대적 특성은 아니다. 그리고 안데스 문명과는 그 어떤 연관성도 보여주지 않는다.

이스터 섬에서 가장 훌륭한 파사드 석판은 보통 그 무게가 2~3톤이다. 비나푸의 석판은 치수가 2.5×1.7m이고 무게는 대략 6~7톤쯤 된다. 반면 아후 바이 마타에 있는 것은 3×2m이고 무게는 9~10톤이다. 그러나 이 탁월한 건축 솜씨는 결코 이 지역에서만 보이는 특징은 아니다. 19세기에 유럽에서 온 사람들은 타히티 사람들이 어떻게 3톤 중량의 통나무 같은 거대한 덩어리를 지렛대와 롤러만 가지고 그렇게 먼 거리를 옮겼을까 궁금해했다. 그런데 뉴질랜드의 마오리족이 카누를 만들기 위해 운반한 통나무는 라파 누이의 석상보다 그 무게가 훨씬 더 나가는 경우가 흔했다. 이와 유사하게 탁월한 솜씨는 폴리네시아 전역에서 찾아볼 수 있다. 그리고 타히티 마하이아테아 마라에의 경우는 그 길이가 100m가 넘는다. 그런가 하면 마르케사스 제도에 있는 기단들처럼 길이가 120m, 넓이가 30m가 되거나 기단을 구성하는 돌덩이들을 모두 합친 무게가 10톤이 넘는 경우도 있다.[11] 지금까지 추산된 바에 따르면 가장 소규모의 기단들도 최소한 20명의 인부들이 몇 달 동안 일해야만 세울 수 있었다.

발굴한 라파 누이 기단의 성토에서 흔히 발견되는 다량의 흑요암 파편들은 이것이 건축에 일정한 역할을 했음을 시사한다. 아마도 밧줄 재료인 섬유질을 자르거나 다듬는 데(섬사람들은 돌덩이들을 썰매 위에 얹어서 날랐다고 주장한다), 혹은 지레를 매끄럽게 다듬거나 음식을 준비하는 데 쓰였을 것으로 짐작된다.[12]

섬에 세워진 마지막 타입의 기단은 반¼ 피라미드 형태로, 보통 이전의 것에다 겹쳐 쌓았던 전형적인 형태의 기단과는 현격하게 달랐다. 그리고 이전의 기단들을 허물고 난 뒤에 생긴 돌로 다시 만드는 경우가 많았다. 반 피라미드 형태의 기단으로 알려진 것은 75개가 채 안 되는데, 이는 석상이 놓인 기단이 125개가 넘는다는 점과 대비된다. 이런 기단 위에는 석상이 놓인 것이 하나도 없었고 대개의 경우 두세 사람 이상의 공동작업이 필요 없는 종류의 돌을 재료로 만들었다(석상을 얹은 아후는—모아이는 말할 것도 없고—돌이 많이 필요하므로 분명 수십 명의 인부들이 힘을 모아 작업해야만 했다).[13] 이런 기단들은 좀더 초창기에 보이는, 석상이 전혀 없는 몇몇 기단들과 마찬가지로 순전히 매장을 위해 고안되어 납골당으로 쓰였던 것 같다.

준비과정에서 육중해진 기단이 있다고 가정해보자. 어떻게 그 위에다 석상을 세웠을까? 캡틴 쿡은 석상들을 돌로 받쳐서 조금씩조금씩 들어올렸을 거라고 생각했다. 1786년에 라페루즈와 동행했던 레세뷔어 신부는 이에 동의하여 지레를 활용하고 연속적으로 돌을 아래쪽으로 미끄러뜨림으로써 아주 쉽게 석상을 들어올렸으리라는 견해를 제시했다. 그 이후로 나온 추정은 대개 흙과 돌로 경사면을 만들고 석상을 그 위로 들어올린 다음에 기울이는 방법을 상정하는 식이어서, 위의 견해와 일치되는 입장이었다.

이 테크닉이 처음으로 섬에서 시도된 것은 1955년이다. 윌리엄 멀로이는 비나푸에서 발굴작업을 하던 도중에 2톤이 넘는 쓰러진 석판을 기단 벽 안의 제자리로 옮겨놓아야 했다. 그 원래의 자리란 2m 앞, 1m 아래였다. 여섯 명의 섬사람들이 긴 지레를 이용하여 판상물의 양쪽을 들어올리는 작업에 착수했다. 원래의 자리에 놓일 때까지 돌장식 기단을 만들 재료들을 그 밑으로 미끄러뜨렸다. 그리고 나서 조금씩 판상물을 기울이고 지레로 들어올리고 난 뒤 제자리로 밀어넣었다. 전체 작업에는 한 시간이 걸렸다.

또 다른 중요한 실험이 1955년, 헤예르달의 탐사 원정 중에 실시되었다. 아나케나에 쓰러진 25톤 무게의 석상을 같은 방법을 활용하여 3m 위에 간단하게 들어올렸다. (5m 길이의) 지레 두 개를 썼고 돌들을 그 밑으로 미끄러뜨려 넣었다. 섬사람 열두 명이 그 아래에서 경사면을 만들었다. 그러고 난 뒤 석상을 원래 있던 기단 위에 세우는 데는 불과 18일밖에 걸리지 않았다.[14] 처음에 기단과 같은 높이가 될 때까지는 수평으로 들어올렸다. 그런 다음에는 머리만 들어올리다가 비스듬히 기울어졌을 때 석상을 그냥 앞으로 밀어넣자 수직 방향으로 세울 수 있게 되었다. 지레들을 석상에 바로 기대 세운 탓에 커다란 홈집이 생겼다. 이것은 원래 기단을 세웠던 사람들은 석상에 심을 덧대어 보호했을지 모른다는 생각이 들게 한다. 그러나 늘 그렇게 한 것은 아닐 수도 있다. 왜냐하면 러브는 아후 위에서 석상을 기울일 때 홈집이 난다는 것을 발견했는데, 이런 홈집과 비슷한 것을 그 밖의 다른 곳에서도 볼 수 있기 때문이다. 즉 쓰러진 석상들은 기단부가 깨진 경우가 흔했고 그 위치는 양쪽 가장자리였다. 때로는 엄청난 압력을 못 견디고 토대에서 위쪽으로 얇은 조각들이 떨어져 나가기도 했다. 그리고 도로 쪽에 쓰러진 석상들 가운데 많은 경우가 이와 마찬가지로 양쪽 가장자리에서 위쪽으로 커다란 조각들이 벗겨져 나가 있다.[15]

이스터 섬에는 거대한 경사로를 세운 고고학적 흔적은 거의 찾을 수 없다. 아카항가에 남아 있는 돌공사 언덕의 잔해는 기단의 내륙 쪽에 놓여 있고 석상이 거기에서 떨어져 나온 것처럼 보인다. 이와는 다른 기단들, 가령 테 피토 쿠라 같은 기단들 근처에는 엄청나게 많은 돌들이 흩어져 있는데, 이는 작업이 활발하게 이루어진 흔적으로 볼 수도 있다. 경사로를 만들거나 없애는 데도 별도의 엄청난 노동량이 필요했을 것이다. 그러나 경사로를 만들려는 생각은 알려진 대로 섬에 목재가 없었기 때문에 떠오른 것이었다. 이제 우리는 이 섬에 한때는 목재가 풍부했었다는 사실을 알고 있으므로 어떤 대체 방안이 활용되었으리라는 것도 추측할 수 있다. 즉 십자형 목재로 간단하고 견고한 나무 발판을 만들었을지도 모른다. 이런 십자형 목재는 경사로만큼 효율적이면서도 세우거나 해체하는 데는 경사로보다 품이나 시간이 덜 들었을 것이다. 1960년에 아후 아키비의 복원과정에서 멀로이가 이끈 팀은 실제로 지렛대 작업에 직사각형의 통나무 보강재를 활용했다. 또한 아키비 광장의 발굴작업 중에 최대 깊이가 2m에 이르는 기둥 구멍들이 많이 발견되었다는 사실은 주목할 만하다. 아후 아키비의 16톤 석상들 중 일곱 개 가운데 맨 처음 석상을 세우는 데는 한 달이 걸렸으나 일곱 번째 석상을 세우는 데는 일주일이 채 걸리지 않았다. 이것은 숙련되지 않은 일꾼에게는 경험이 도움이 된다는 사실을 말해주는 것이다. 선사시대에 살았던 섬사람들이 석상을 최소한의 노력을 들여서 세우는 방법을 명확하게 알고 있었다고 추정하는 것은 무방하다.

그러나 지금까지, 이 주제와 관련된 실험과 이론화 작업은 모두 수평으로 누운 석상들과 연관되어 있었다. 만일 위에서 논의했던 것처럼 석상들을 똑바로 세운 채로 기단까지 옮겼다면 어떻게 될까? 아주 견고한 이 석상들이 조심스럽게 조금씩 들어올려졌을 거라는 사실을 의심할 만한 그럴 듯한 근거는 전혀 없는 듯하다. 즉, 아래에는 돌이나 통나무를 끼워 넣은 상태로 한쪽을 먼저 기울였다가 그 다음에는 또 다른 쪽을 기울이는 식으로 들어올렸을 거라고 추정할 수 있다.

석상을 일으켜 세우는 것보다 훨씬 더 예사롭지 않은 작업은 그 뒤에 이루어진 작업, 즉 눈알을 눈구멍에 박아 넣는 작업 뒤에 행해진 푸카오pukao라는 석상의 영예로운 마지막 장식이었다. 이것은 푸나 파우 채석장에서 나온 부드럽고 붉은 화산암재로 된 원통 모양이었는데, 후반기에 만들어진 기단 가운데 가장 크고 가장 중요한 기단에만 더해지는 장식이었던 것으로 보인다. 왜냐하면 대부분의 석상들은(가령 아키비의 석상들은) 이런 장식이 없는데다 실제로 존재한 것으로 알려진 숫자도(잉글러트는 기단에서 떨어진 58개의 석상을 이런 종류로 간주했으나 아후에 세워진 모아이가 164개나 되고 아직도 채석장에는 31개나 되는 푸카오가 남아 있다) 100개가 채 못 된다. 이런 장식들은 마을 사이에, 서로 다른 친족들 사이에 경쟁의식이 지속되었음을 말해주는 표시로 보아야 할 것이다. '누구누구에게 뒤지지 않으려는' 결의, 그리고 상대 집단보다 더욱 화려한 기념비를 세워야 하고 조상을 숭배하는 상징물도 더 많이 장식해야 한다는 결연한 의지를 드러낸 것으로 보아야 할 것이다. 마르케사스 제도에는 거대한 돌이 죽은 사람의 석상 위에 놓여 있는데 이것은 죽음과 애도의 표시이다. 푸카오 역시 이와 유사한 의미를 담았던 것 같다.

이 원통형의 정확한 정체에 대해서는 여전히 논쟁 중에 있다. 과거에는 풀로 만든 모자이거나 채색한 꾸지나무나 타파로 만든 터번의 일종일 거라는 주장을 한 학자들이 있었다(원통형의 머리장식은 폴리네시아의 많은 지역에서 발견된다). 그런가 하면 장식하여 물들인 머리털 한 다발이거나 가발일 거라고 주장한 학자들도 있었다. 우주 헬멧으로 보았던 폰 데니켄의 주장은 굳이 거론할 필요도 없겠다. 폴리네시아 전역에서 붉은빛은 의례와 최고 권력을 연상시키는 의미심장한 색깔이었고 머리카락은 때로 멜라네시아의 붉은 황토색으로 칠해졌다. 현재 가장 타당성 있게 받아들여지는 주장은 하우 쿠라쿠라hau kurakura, 즉 전사들이 달았던 붉은 머리깃털 장식의 양식화된 형태였을 거라는 설명이다. 초기에 섬을 방문했던 유럽인들은 머리에 깃털을 꽂은 섬사람들을 보았을 뿐 아니라 둥글거나 원통형 깃털 머리장식이 섬에 남아 있기도 하다. 폴리네시아 전역을 통틀어 붉은 깃털은 신에게 깃든 영적인 힘과 동일시되었다.[16]

오랫동안 붉은 화산암재로 만든 머리장식을 어떻게 박았을까에 대해 확실히 알 수가 없었다. 오늘날 복원된 석상에서 보이는 장식들은 모두 기중기를 이용해서 별다른 어려움 없이 박은 것이다(화보 35). 푸카오를 일으켜 세우는 작업이 최대 관건이었을 것이다. 그러나 파로처럼 어마어마하게 큰 종류들은 —지름이 2m, 높이가 1.7m, 무게가 11.5톤에 달하는—어떻게 한 걸까? 심지어는 이보다 더 큰 종류로 채석장에 누워 있는 것들도 있다. 쿡은 경사로나 발판을 활용했을 거라는 의견을 제시했다. 멀로이와 아당 같은 학자들은[17] 원통형 모양의 장식이 석상과 동시에 들어올려졌을 테고 석상과 머리장식은 단단하게 묶여졌을 거라는 주장까지 폈다. 그러나 대다수의 학자들은 그런 방식은 위험천만하다고 보며, 붉은 원통장식이 나중에 덧붙여졌을 거라는 게 대체적인 견해이다. 마무리되지 않은 원통형 머리장식이 원래 설치하려던 자리인 단일 석상이 얹힌 기단(아후 아투레 후케)에서 150m 떨어진 곳에 버려져 있는 것이 이 견해를 뒷받침한다.

　머리장식이 원통형인 것은 흔히 채석장에서 기단까지 지렛대를 이용하여 굴려서 운반한 다음 석상 위에 올리기 전에 재작업이 이루어졌음을 암시한다. 어떤 장식은 횡단면이 좀더 타원형에 가깝도록 다듬어졌고 아랫부분에 얇은 장붓구멍을 뚫었다.—아마도 석상의 편평한 머리에 좀더 단단하게 얹기 위해서였을 것이며, 눈 위로 약간 튀어나온 것도 그 때문일 것이다(아나케나의 석상들 가운데는 장붓구멍에 꼭 맞도록 머리 부분에 장붓구멍이 있는 경우도 있다). 어떤 푸카오는 이 장붓구멍에 맞추려고 끝을 짧게 잘라낸 형태이기도 하고 꼭지 부분에 보다 좁은 돌기장식이나 매듭을 만들어놓은 종류도 있다(화보 27). 이렇게 다양하게 변형시킨 형태는 물론 원통형의 무게를 덜어준다는 이점이 있었다.

　수수께끼를 풀어주는 그럴 듯한 해답은 체코의 엔지니어 파벨 파벨의 실험을 통해 나왔다. 파벨은 복원한 스톤헨지 3층 석탑에 6톤 무게의 상인방돌을 올리는 데 활용했던 것과 똑같은 기술을 적용했다. 이 방법은 놀랄 만큼 간단했고(화보 34), 조금씩조금씩 푸카오를 비스듬한 나무 가로대 위로 들어올리는 작업을 수반했다. 지름이 1m, 무게가 900kg인 콘크리트 푸카오를 3m의 콘크리트 모아이 위로 들어올리는 데는 오직 네 사람의 여섯 시간 작업으로 충분했다![18]

　곤살레스는 1770년에 원통 푸카오의 윗부분 표면에 구멍이 살짝 나 있고

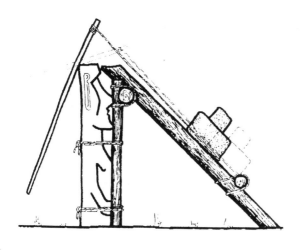

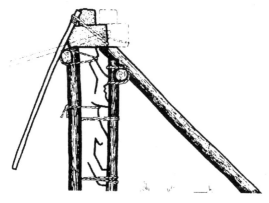

34. 파벨 파벨이 푸카오를 모아이 위에 올리기 위해 자신이 고안한 방법을 설명한 그림.

거기에는 죽은 사람의 뼈가 들어 있었다고 보고했다. 로게벤 일행은 1722년에 하얀 공이나 돌처럼 생긴 '장식띠'가 그 위에 얹혀 있는 것을 관찰했다. 어떤 학자들은 이것이 정말로 하얗게 표백된 뼈였을지 모른다고 믿는다. 그러나 아나케나에서 작업하는 동안 산호가 덮인 하얀 조약돌이 수없이 발견되었다. 그러므로 아나케나에서는 조약돌로 기단을 장식했을 것으로 보인다. 어쩌면 하얀 눈, 때로 석상의 눈구멍에 박혀 있는 하얀 눈알이, 위쪽 푸카오에 보관되어 있었는지도 모른다.

거대한 석상과 기단은 분명 처음 보았을 때보다 훨씬 더 복잡하다. 그리고 몇 가지 중요한 의문은 그대로 남아 있다. 가령 왜 채석된 석상들이 라노 라 라쿠 분화구 안에 놓여 있었을까? 기단으로 운반하는 일에 착수하기도 전에 분화구 안에서 끌어내리려면 별도의 노력이 많이 필요하지 않았을까? 그렇게 하는 것이 위세를 한층 더 높여준 걸까? 그럴 법하다. 그러나 전체적으로 볼 때 분화구 안에 놓인 석상들은 바깥에 있는 석상들에 비해 작고 덜 정교하다. 그러므로 분화구 안에 놓인 석상들은 애초부터 운반의도가 없었던 종류로 화 구호를 마주보는 자리에 영원히 세워두었던 게 아닐까? 이것은 이미 자리잡 은 기단에 얹는 종류로 할당되었을 석상보다 완성되거나 혹은 미완성인 채로 채석장에 남겨진 석상이 훨씬 많은 이유가 될 수 있을 것이다.

벨기에의 고고학자 라바셰리는 미완성 석상들은 얕은 양각으로 새겨져 있 다는 점을 지적했다. 이 이론은 앞서 언급했던 엘 지아강테에도 적용되는 것 이다. 그런데 그는 이것을 석상 조각의 발전과정에서 가장 앞선 원시적인 단 계에 속하는 것으로 상정했다. 그러나 위계질서와 상대보다 한발 앞서려는 태도를 근거로 한 새로운 견해도 있다. 즉 모든 기단과 석상의 종류와 규모를 통틀어 볼 때 이 작업에는 해당 집단의 위세와 재력이 반영되어 있었다는 의 견이다.

이런 관점에서 보면 윤곽만 뜨거나 완성되지 않은 채로 남겨진 석상들은 조금만 채석하는 것 외의 손질을 하지 않은 '가장 값싼' 선택이었다는 주장 이 가능해질 것이다. 그리고 마무리되지 않은 상태로 분화구 안에 남겨진 석 상들은 가장 덜 훌륭한 작품, 가장 덜 눈에 띄고 운반의 가능성이 가장 낮은 종류였을 것이다. 아마도 재정 형편이 나아지면 이렇게 남겨진 석상들의 조 각작업을 나중에라도 재개하여 마무리했을 것이다. 완성되어 선별된 석상들 은 좀더 값지고 조각가의 손길도 더 많이 닿았으며 운반하는 품도 더 많이 들 었을 것이다. 루틀지는 분화구 안에는 바깥보다 완성품 석상이 더 적다는 사 실을 발견했다. 석상이 설치되는 자리는 그것이 반영하는 위세와 권위의 수 준을 드러냈다. 분화구 안에 설치된 석상들은 아마도 영원히 그 안에 두려고

했던 종류일 것이다. 반면에 평지 아래로 끌어내려 똑바로 세운 석상들은 처음에는 분화구 안에 두려는 의도가 있었는지 모르지만 작업을 위탁받은 집단이 나중에 필요한 재원을 확보하게 되면 운반될 가능성도 있었을 것이다. 이것은 채석장 안이나 주변에 있는 석상들은 운반할 시기가 임박한 것도, 그렇다고 운반을 기대할 수 있는 것도 아니었다는 것을 설명해줄 것이다.

물론 최고로 위세 높은 석상은 실제로 옮겨져서 기단 위에 똑바로 세워진 종류였다. 여기서 우리가 이미 보았듯이, 운반한 거리와 석상의 크기와 무게, 기단의 크기와 화려함의 정도 등 모든 요소들이 이 위세를 겨루는 게임에서 나름의 몫을 했다. 어떤 집단에서는 그들이 가진 모든 자원을 파로처럼 어마어마한 크기의 석상 하나를 만들어내는 데 쏟아 부었던 것 같다. 진정으로 막강한 집단의 경우에는 비나푸의 최상급 돌세공이나 기단 하나에 15개의 석상을 세운 통가리키처럼 극단으로 치닫기도 했다. 반면에 아나케나 귀족집단은 독특하고 개성 넘치며 정교한 디자인을 석상에 새겨 넣어 자신들 고유의 특색을 과시했다.

통가리키(장식벽)는 지금까지 이 섬에 세워진 가장 거대한 의례용 구조물이었다. 통가리키의 중앙 기단 길이는 100m쯤 되었고 양쪽에 달린 날개까지 합친 총길이는 220m에 달했다. 바다 쪽으로 면한 벽의 평균 높이는 4m이고 800개가 넘는 "울퉁불퉁하고 가공되지 않은 채로 대충 짜 맞춘 현무암 돌덩어리"로 이루어져 있다.[19] 여기에 놓인 15개의 석상들 높이는 5.6~8.7m이고 평균 중량은 40톤이 넘는다(중앙에 가까이 놓인 최대형 석상은 88톤이다). 따라서 푸카오를 얹은 이 기념비의 총 높이는 14m에 육박한다!

분명 후기 발달단계에 속했을 마지막 손질 또한 상대 집단보다 한 발 앞서려는 의식에서 촉발된 것으로, 석상의 꼭대기에 머리장식을 얹는 것이었다. 이것으로 집단을 책임지는 권위를 반영했고 공사를 지휘하고 관장한 업적의 경외스러움과 위세 당당함을 한껏 과시했다. 우리가 이미 보았듯이 가장 크고 가장 풍요로운 기단에만 푸카오를 얹을 수가 있었다. 이 외에도 석상의 화

35. 원래의 자리로 되돌려놓은 푸카오. 제자리를 찾은 다른 푸카오와 마찬가지로 이것 역시 현대식 기중기로 들어올렸다.

려함을 더하기 위해 붉은 화산암재 덩어리로 기단의 여러 부분을 장식하거나 (증거는 불충분하지만) 석상에 채색을 하기도 했다. 1871년에 던다스는 비나푸에 쓰러진 몇몇 모아이와 관련된 보고에서 "석상들 중에는 카누 그림이나 거칠고 투박한 형상들을 붉은 색, 검정색, 흰색 흙으로 장식한 것처럼 보이는 것들이 있다"라고 밝혔다[20]─그러나 이런 그림은 석상을 아래로 내린 다음에 그려 넣은 것 같다. 초기에 섬을 방문한 유럽인들 가운데 모아이에 그림이 그려져 있다고 언급한 이는 아무도 없었지만 메트로는 석상들 가운데는 그림이 그려진 것들도 있었다고 믿었다.[21]

그러면 회색과 흰색, 그리고 때로는 붉은색 돌로 만든 완성된 기단 위에 노란빛을 띤 수많은 석상들이 빛나는 하얀 눈과 붉은 원통형과 하얀 돌로 머리 장식을 한 채로 서 있는 광경을 그려보라. 석상은 물론 기단에까지도 그림이 그려졌을지 모른다. 그리고 좀더 작고 붉은 빛을 띠는 석상들은 안뜰에 세워졌을 것이다. 다시 말하면 이스터 섬은 이 섬 주민들의 독창성과 믿음, 그리고 공동체 정신을 증언해주는 헤아릴 수 없이 많은 인상적이고 선명하며 울긋불긋 화려한 기념비로 에워싸여 있다. 이런 광경이 내부에서부터 허물어진 것은 도대체 무슨 일이 생겼기 때문일까?

제3부

파국

아마도 섬, 적어도 바다에 떠 있는 섬을 가장 명확하게 구분 짓는 요소는……
혼란에 대해 극도로 취약하거나 영향받기 쉽다는 점이다.
—레이먼드 포스버그

제 10 장

파괴되는 조상들

무슨 수로 저 섬에서 불을 피울 수 있을지 모르겠다. 땔감이 하나도 없으니!
— 캐서린 루틀지가 이끈 선박의 요리사 베일리

만일 캡틴 쿡이 1774년에 이 섬에 불과 며칠이 아니라 좀더 오래 머물렀더라면 이스터 섬을 둘러싼 미스터리는 없었을지 모른다. 쿡은 엄정한 관찰자로서 자신이 본 바를 꼼꼼하고 정확하게 기록으로 남겼다. 그런 그가 좀더 오래 섬에 남아 있었더라면 거대한 석상들에 담긴 종교적 중요성을 깨달았을 것이다. 그 석상들이 붕괴된 역사와 롱고롱고의 의미도 발견했을 것이다. 분명 섬과 섬의 생태에 대해 그가 서술한 내용보다 완전한 설명을 할 수 있었을 것이다. 그러나 우리가 알고 있는 한, 쿡은 물론이고 초기에 이 섬을 찾은 그 누구도 이런 기록을 남기지 않았다. 이스터 섬에는 우리가 앞에서 이미 알게 된 것처럼 1800년에서 1900년 사이에 100척이 넘는 배—대개가 포경선—가 찾아 들어왔다. 그러나 지금까지 세상에 알려지지 않은 어떤 필사본이 그 어딘가에 남아 있을 가능성은 희박해 보인다. 이스터 섬의 역사는 그러므로 영원히 실종되었다. 아니, 정말로 그런 걸까? 비록 문자로 기록된 자료는 존

222

재하지 않는다 해도, 구전 중에 쓸모 있는 내용은 극히 한정되어 있다 해도, 이와는 다른 종류의 기록은 남아 있다. 그것은 바로 우리가 앞서 보았던 것처럼 꽃가루 분석이 제공해주는 고고학적 기록이다.

폭력의 분출

우리는 언제 섬사람들이 석상을 쓰러뜨리기 시작했는지 어렴풋이 알고 있다. 1722년의 로게벤도, 1770년의 곤살레스도 쓰러진 조각상을 보았다는 언급은 한 바 없다. 네덜란드인 로게벤은 섬의 아주 작은 일부분만 보았지만 스페인의 곤살레스는 그보다 꽤 넓은 부분을 보았다. 그러므로 모든 모아이, 아니 거의 모든 모아이는 1770년까지도 똑바로 직립해 있었음이 확실하다(그러나 스페인 사람들은 15개의 석상들이 세워져 눈에 확연하게 띄었을 통가리키 기단이 자리한 지점을 지나쳐 항해했고 그에 대해 아무런 언급도 없었으므로 1770년에는 이미 통가리키 모아이가 쓰러졌을 가능성도 있다[1]). 그로부터 불과 4년 뒤, 캡틴 쿡이 섬을 방문했을 때 상황은 전혀 딴판이었다. 그는 수많은 석상들이 기단 옆에 뒤집힌 상태로 있었으며, 기념비는 더 이상 버티고 서 있지 않았다고 보고한 최초의 사람이다. 석상 주변에는 잔해만 흩어져 있었을 뿐이다. 한 기단에는(비나푸에 있던 기단으로 보인다) 쓰러진 세 개의 석상과 똑바로 선 네 개의 석상이 있었다. 그리고 직립한 석상들 중 하나에서는 머리장식이 사라지고 없었다.[2]

러시아의 리즈얀스키가 1804년에 이 섬을 찾았을 때 항가-로아(쿡) 만에는 여전히 네 개의 석상이 서 있었고 비나푸에는 일곱 개의 석상이 서 있었다(그는 최소한 수직으로 서 있는 석상들을 20개는 보았다). 그러나 그의 동료 오토 코체부는 1816년에 비나푸의 두 개를 제외하고는 모두 쓰러져 있는 것을 발견했다. 만에 세워졌던 기념비들은 1825년에 이르자 완전히 파괴되고 말았다. 이 섬에 서 있는 석상들을 목격했다는 마지막 언급은 프랑스의 장군 아벨 뒤프티 투아르가 1838년에 보고한 내용이다. 그는 서쪽 해안에서 "네 개의 붉은 석상이 세워진 기단 하나를 보았다. 석상들은 동일한 간격으로 떨어져 있었고 꼭대기는 하얀 돌이 덮여 있었다"라고 보고했다. 1868년에 섬을 방문한 영국의 외과의사 린턴 파머는 직립한 모아이 상이 단 한 개도 남아 있지 않다고 보고했다. 1860년대에 섬에 들어온 선교 사절단은 석상의 존재에 대해 별로 언급하지 않았다. 그러니까 네덜란드의 로게벤이 석상 숭배의식이 여전히 남아 있었다고 생각한 시기인 1722년과 쿡이 석상 숭배는 과거의 일이라고 생각한 1774년 사이에 무언가 맹렬한 일이 발생한 것이다.

쿡의 동료인 포스터는 비나푸의 석상들이 쓰러진 것은 지진 때문이었을 거라는 견해를 내놓았다. 그리고 최근 들어 지질학자 오스카 곤살레스 페랑은 이스터 섬이 아주 활발하게 지진활동이 일어나는 지대라는 사실을 지적했다. 그리고 석상의 80%가 서쪽으로 쓰러진 것을 근거로 페랑은 소규모 지진에 의한 것으로 추정했다.[3] 그러나 이 섬에 전해 내려오는 풍부한 구전에는 최근에 그토록 엄청난 재해가 일어났다는 내용은 전혀 없다. 오히려 그 반대로 사악한 제사장이 통가리키 석상을 쓰러뜨렸다는 식의 이야기가 전해진다. 섬에서 일어난 분쟁과 불화를 담은 이야기는 많다. 메트로는 석상들은 사람들이 의도적으로 쓰러뜨렸다는 말을 분명히 들었다. 그리고 섬사람들은 이를 가리켜 "석상들을 쓰러뜨리는 전쟁"이라고 했다.[4] 그러니까 1987년에 이 섬에 실제로 진도 6.3의 지진이 발생하긴 했어도 다시 세운 석상에는 아무런 영향을 미친 게 없다(!)는 사실을 짚고 넘어갈 필요가 있다.

석상을 넘어뜨리는 일은 그리 간단한 작업이 아니었다. 밧줄과 지렛대, 그리고 많은 인부들이 필요한 일이었음이 틀림없다. 그러므로 파로, 즉 지금까지 기단 위에 세워진 석상 중 가장 높고 육중한 이 석상이 맨 나중에 쓰러진 것도 그 때문일지 모른다. 파로가 쓰러지자 머리장식도 그 앞 몇 미터에 내려앉았다. 그러나 토대를 파헤치거나 간단히 앞으로 기울여 쓰러뜨리는 것으로는 끝나지 않은 경우가 흔했다. 부서지기 쉬운 목 부위가 떨어질 자리에 돌을 갖다놓아 머리를 의도적으로 잘라내는 경우가 많았다. 머리를 베면 석상을

36. 바이후에 있는 기단을 멀리서 바라본 광경. 쓰러진 석상들이 펴 있다.

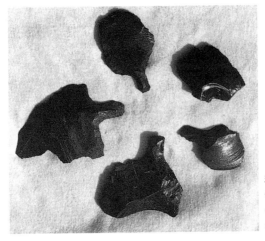

37. 흑요암으로 만든 수천 점의 마타아, 즉 투겁창이나 단검의 일부. 이스터 섬에 폭력이 발생했음을 말해주는 것들이다.

다시 세울 수가 없었기 때문이다. 대개의 석상들은 육지 쪽으로 쓰러졌는데 아마도 눈을 가리기 위해서였던 것 같다. 얼굴을 위로 향한 자세로 쓰러진 석상의 경우에는 눈 부위가 가루가 될 정도로 완전히 부서져 있었는데, 이것 역시 상당한 품이 드는 일이다. 머리와 눈을 이렇게 훼손한 것은 석상에서 마나가 머무는 자리가 머리와 눈 부위라는 것을 반영하는 듯하다―그저 쓰러뜨리는 데서 끝난 게 아니라 석상이 상징하는 힘을 완전히 절멸시켜 놓은 것이다. 쿡은 쓰러진 석상들에 대해 이렇게 썼다. "하나만 제외하고 모든 석상들이 쓰러져 깨졌거나 외관이 훼손되었다." 그런가 하면 가이슬러는 1882년에 "그들은 엎어진 석상들은 여전히 살아 있는 존재로 본다. 부서진 상태라야 죽은 것이고 따라서 그 어떤 위력도 사라졌다고 생각한다."[5]

석상들이 몇 세기를 거쳐오면서 더러 파괴되었다는 것은 분명하다. 그것은 새로운 석상을 만들 수 있는 자리를 마련해주기 위해서였다. 파괴된 기존의 석상들 파편(특히 머리 부분)은 새롭게 세우는 기단의 형태 속에 흡수·통합되었다. 기단의 경사면에 미리 파놓은 구멍 속으로 석상을 떨어뜨리기도 했다. 그런 다음 완전히 혹은 일부를 파묻었다. 그러나 실제로 석상을 파괴하게 된 것은 이전에 자신들이 세운 기념비의 규모와 화려함의 정도를 두고 서로 겨루던 집단 사이의 불화와 싸움이 일어나면서부터이다. 그러므로 패배하여 정복당한 집단은 쳐부수어 승리한 집단 쪽에서 긍지를 과시하는 상징적인 행위로 석상을 훼손하는 굴욕을 감당해야 했던 것으로 보인다. 조상을 상징하는 석상들에 가해진 침해는 집단 전체를 유린하는 상징적인 행위였다. 이런 식의 앙갚음은 급속도로 입상의 상당수를 없애버렸다.

이보다 더 심하고 극적인 폭력과 분쟁의 양상은 선사시대의 후반기로 접어들면서 예전에는 연장의 재료로만 쓰였던 흑요암으로 만든 무기가 갑자기 등장한 데서 찾을 수 있다. 마타아는 크고 꽃자루처럼 생긴 얇은 파편으로, 손잡이를 만들어 단검이나 투겁창으로 썼다(화보 37). 최초의 마타아로 알려진 것은 아후 나우 나우의 지층에서 나온 두 점인데 그 시기가 1220~1420년으로 거슬러 올라간다.[6] 그러나 본격적으로 급증한 것은 18세기와 19세기에 접어들면서부터이다. 이때는 마타아가 섬에서 가장 흔한 전통 공예품이 되었다. 그 크기 때문에 채굴된 석판마다 한두 점밖에 얻을 수가 없었다. 반면에 풍부하게 구할 수 있었던 흑요암은 시간이 흘러가도 그 질이 표가 나게 떨어지지는 않았다. 그래서 수천 점의 마타아가 생산되었다. 루틀지는 동굴 안의 돌 밑에서 50~60점씩 무더기로 발견했다고 보고했다.[7] 멀로이도 비나푸 발굴작업에서만 무려 402점을 얻었다. 1722년에 네덜란드 사람들은 이 섬의 주민들이 무기를 갖고 있지 않다고 보고했다. 그러나 1774년에 쿡 일행은 꽤 여러 점의 곤봉과 창을 보았다. 포스터는 "어떤 이들은……얇고 모양이 조악한 막대기로 만든 창이나 작살을 들고 있었다. 창이나 작살은 끝이 뾰족하고 검고 반들반들한 화산암으로 만든 날카로운 삼각형 모양이었다"[8]라고 말했다. 그러나 대부분의 무기는 숨겨진 장소에 보관되었던 게 틀림없다. 왜냐하면 1786년에 라페루즈는 섬사람들이 모두 무장을 했다고 주장했기 때문이다. 1770년대에 섬을 찾은 스페인 사람들은 몇몇 원주민의 몸에서 마타아에 찔린 게 명백한 흉터나 상처를 보았다. 그리고 폭력은 남자에게만 국한되어 가해진 게 아니었다. 왜냐하면 아서 키스 경은 섬에서 나온 유해를 연구한 결과 여자 두개골에서 심하게 맞은 흔적들을 밝혀냈기 때문이다.

구전에 따르면 대대적인 전투가 '포이케 호Poike Ditch'에서 땅딸막한 하나우 에에페족과 호리호리한 하나우 모모코족 사이에 벌어졌다고 한다. 포이케 호는 3.5km 지형으로 반도처럼 따로 떨어져 있다. 이것은 일련의 긴 도랑으로 이루어져 있는데 20~30개의 도랑은 지금도 볼 수가 있다. 각각의 도랑은 길이가 약 100m, 폭은 10~15m, 깊이는 2~3m, 그리고 5m 간격으로 서로 떨어져 있으며 도랑들을 따라서 흙과 암석으로 이루어진 둑이 이어진다. 이렇게 흥미와 호기심을 자극하는 이스터 섬의 풍광에 대해 무수한 글들이 흘러나왔다. 섬사람들은 이곳이 '하나우 에에페의 조리 장소Cooking Place of the Hanau Eepe'로 불린다고 주장한다. 그리고 하나우 에에페족이 팠고 방어용으로, 혹은 하나우 모모코족을 불태우기 위해서 덤불숲으로 채웠다고 주장했다. 그러나 하나우 모모코족이 형세를 역전시키고 말았다. 그래서 격렬한 전투를 치른 후에 이 불길 속에서 파멸한 쪽은 하나우 에에페족이었다(하나우 에에페족은 살육 사태가 벌어지자 포이케로 후퇴해왔었다).

1950년대에 노르웨이 탐사단의 발굴에서 이 포이케 호 안에 광범위하게 불탄 지역이 발견되었는데, 방사성 탄소 동위원소법에 따르면 그 시기가 1676년을 기준으로 100년 전후인 것으로 추정되었다. 이 수치는 잉글러트가 1680년에 이 섬에서 일어난 전쟁을 지질학상으로 계산해본 결과와 일치하는 듯했다.[9] 그러나 좀더 최근에 포이케 호의 발굴을 통해 나온 것은 뿌리와 식물처럼 생긴 형태와 목탄이 들어 있는 1m가 넘는 구멍 하나뿐이었다. 나무가 뽑히면서 생긴 구멍이었는데, 방사성 탄소 동위원소 연대측정을 해본 결과 11세기로 밝혀졌다. 이것은 이 '호'가 전쟁과 관련이 있다는 구전의 내용에 대해 짙은 의혹을 던지는 듯하다. 특히 이 안에서 마타아가 전혀 발견된 적이 없다는 사실은 의혹을 더욱 증폭시킨다.[10]

초기의 연구자들은 이 도랑이 전적으로 자연발생한 것으로 믿었다. 그러나 시험적으로 구덩이를 파본 뒤에 대개의 지질학자들과 고고학자들은 자연적으로 형성된 도랑을 사람의 손으로 고쳤거나 혹은 전적으로 사람의 손으로 만든 것이라는 데 일치된 의견을 보이고 있다. 한쪽으로 쌓여 있는 흙더미들은 과거에 연속적으로 구멍을 팠다는 걸 말해준다. 그러나 호 자체는 수백 년에 걸쳐 물과 바람에 침식되면서 대부분 메워졌다. 그런데 이것은 어떻게 쓰였던 것일까? 방어를 맡은 요새였을 가능성은 희박해 보인다. 왜냐하면 연속적으로 이어져 있는 것도 아니고 끊어진데다가 양쪽 끝으로 돌아서 갈 수도 있는 구조이기 때문이다. 한 가지 생각해볼 만한 것은 근처 라노 라라쿠 채석장에서 일한 일꾼들이 먹을 음식을 준비하는 화덕을 일렬로 설치했을 가능성이다. 이는 호의 명칭도 설명해준다(이 호는 '타바케의 긴 화덕'[11]이라고도 불렸으므로). 불에 탄 물질을 보아도 이런 추측은 가능하다. 혹은 악천후를 제대로 막아주는 호였으리라는 설명도 가능하다. 이 안에서 바나나, 사탕수수, 타로 같은 농작물을 길러서 채석장의 인부들이 먹을 양식으로 제공했거나 포이케 산비탈을 흐르는 물을 끌어다 썼을 수도 있다. 이런 경우에 불에 탄 것들은 추수 뒤에 남은 줄기와 잎들을 처리한 흔적들로 볼 수 있다.

전쟁을 치렀다는 것을 좀더 확실하게 드러내는 단서는 동굴 안이나 앞바다의 작은 섬을 피신처로 삼는 풍습이 나중에 생겼다는 사실이다.[12] 앞바다의 작은 섬들 중에는 언제까지나 물을 공급해줄 만한 데는 한 곳도 없는데다가 거칠게 부서지는 파도를 헤치고 다가가기도 힘든 곳이다. 그러므로 이런 작은 섬들이 영구적으로 살 만한 곳은 못 되었던 게 분명하다. 그러나 피신해온 사람들은(고기를 잡거나 새알을 채취하기 위해 온 사람들도 마찬가지였다. 177쪽 참조) 동굴에 적응하여 살면서 돌 벽으로 출입구를 세우는 경우가 흔했다. 높은 지위의 사람들이 살았던 타원형 집, 하레 파엥가에서 가져온 연석들로 방어벽을 친 동굴도 있었다. 이것은 상대 적에게서 훔쳐온 물품으로 용이하고 확실하게 위세를 과시할 수 있는 방법이었다. 이런 동굴 속에 기어서만 다닐 수 있는 낮은 통로를 낸 것은 방어수단이라기보다는 온기를 보존하고 몰아치는 바람과 비를 막기 위해서였을 것으로 생각된다. 그러나 최근에 이스터 섬의 남서쪽에 있는 아나 키옹가 동굴의 발굴에서는 동굴의 크기가 확장되었고 의도적으로 요새처럼 만들어 위장했다는 사실이 밝혀졌다. 즉 실내의 작은 방은 돌로 사방을 둘러쳤고 입구 통로가 세워지긴 했지만 확장작업에 쓰인 돌 부스러기와 파편 아래 가려져 있었다. 동굴의 바닥을 5cm만 파보아도 수천 마리의 물고기와 쥐, 그리고 닭의 뼈가 나왔다. 아마도 이곳은 1722년(여기서 나온 유럽인의 유리구슬을 근거로 입증되었다) 이후의 어느 시기에 잠시 동안 은신처로 쓰였던 것으로 보인다.

왜 이스터 섬 사람들은 방어적인 거주지를 짓지 않았을까? 어째서 뉴질랜드의 마오리족처럼 언덕 꼭대기에 요새를 설치하는 것조차 하지 않았을까? 그때쯤이면 섬에 통나무는 부족했을지라도 쓸 만한 돌이 여전히 풍부했고 언덕도 있었는데 말이다. 그 의문에 대한 답은 간단하다. 즉, 라파 누이는 곁에서는 식별하기 불가능한 지하의 은신처, 요긴하게 쓸 수 있는 넓은 은신처를 풍부하게 마련해놓았다는 사실이다. 전쟁을 피해 자신의 조상들이 그랬을 법한 방법, 다시 말해 카누를 타고 도망칠 수는 없었기 때문에 섬사람들은 지하를 은신처로 삼거나 연안의 작은 섬으로 가는 방법을 택했던 것이다.

그렇다면 분란을 일으킨 원인을 말해줄 만한 단서가 있는가? 가장 뚜렷한 증거로 찾아볼 만한 것은 식량의 결핍이다. 그리고 섬사람들이 먹은 음식이 세월이 흐르면서 현저하게 변해갔다는 고고학적, 민족지학적 기록들도 풍부하다. 기근도 분란의 원인이 되었을 것이다. 이 섬에서 나온 모아이 카바카바 moai kavakava 라는 아주 유명한 나무로 만든 소형 조상을 보면 염소수염과 매부리코, 움푹 들어간 뺨, 튀어나온 등과 앙상한 갈빗대로 사람의 형상이 표현되어 있다(화보 38).[13] 이것은 흔히 기근을 나타내는 것으로 본다. 그러나 이 조상의 절반은 평범하고 건강하며 건장한 모습이고 엉덩이도 둥그스름하다. 이 형상은 복합적인 상징, 즉 제2차 신들, 사자의 영혼, 혹은 초자연적인 존재를 표상한다. 그리고 춤을 출 때 악령을 쫓는 수단으로도 사용했다(멜빌은 마르케사스 제도의 타이피 제사장들이 신탁의 상징으로 작은 목각을 지녔다고 보고

했다). 섬에 있는 휴대 가능한 다른 미술 공예품들이 그렇듯이 시기나 층위학적인 기원을 알 만한 단서는 전혀 없다(한 종류만 예외적으로 방사성 탄소 동위원소 연대측정을 해본 결과 대략 기원 1390~1480년의 것으로 알려졌는데 이 과정을 통해 조각상이 조각된 시기까지는 아니더라도 나무가 죽은 시기는 충분히 추정해볼 수 있다).[14] 어쨌거나 조상들은 섬사람들이 무기질이 결핍되거나 굶주리면 신체적으로 어떤 결과가 나타나는지 숙지하고 있었음을 분명히 암시하고 있다. 우리는 이미(142쪽) 1722년에서 1774년 사이에 섬사람들의 외양과 건강에 급격한 변화가 나타났다는 것을 알았다. 어쩌면 스페인의 탐사단이 방문한 시기와 쿡 일행이 방문한 시기의 4년 사이에도 변화는 현격하게 일어났던 것 같다. 쿡은 매우 궁핍하고 비참한 상태로 지내는 원주민들을 맨 처음으로 본 사람이었다. 그는 "작고, 여위고, 겁에 질린 참담한" 모습이었다고 기록했다. 아후 나우 나우에서 나온 해골 유해를 X선 분석한 질에 따르면 섬사람들, 특히 어린아이들의 경우에 스트레스와 성장이 멈추는 시기가 반복적으로 나타났다. 이것은 영향결핍 아니면 유럽인들에 의해 들어온 전염병 때문일 것으로 보인다(어쩌면 그 두 가지가 다 원인이었을 수도 있다). 한편 섬에서는 충치와 뼈에 구멍이 많이 나 있는 것도 발견되었다. 이는 철분과 칼슘이 부족하고 탄수화물이 많이 함유된 음식을 먹었다는 뜻이다.[15]

처음으로 이스터 섬을 방문한 유럽인들은 바닷새와 가금류, 물고기가 1722년에 이르면서 드물어졌고 1770년대에는 유난히 줄어든 것이 확연하다고 보고했다. 이들 스페인 사람들은 섬사람들이 땅바닥을 긁어 파내어 만든 작은 사육장에서 닭을 길렀고 그 위에 짚을 덮었다고 말했다. 어떤 지역들의 발굴 결과는 1650년 이후로는 (다른 음식과 비교할 때) 닭의 뼈가 급격하게 감소했다는 것을, 그리고 선사시대 후반기로 접어들면서 사람의 뼈 조각과 치아의 수가 증가했음을 보여주었다.

이것은 굶주림을 해결하기 위해 이 섬에 동족끼리 잡아먹는 식인cannibalism이라는 끔찍하고 불가피한 상황을 야기했다. 선원들이 1845년에 몸에 이빨

38. 모아이 카바카바. 특징인 움푹 들어간 뺨과 앙상하게 튀어나온 갈비뼈가 보인다. 전설에 따르면 이런 조상들은 채석장의 맨 꼭대기에서 잠들었다가 발견된 두 유령을 닮았다고 한다.

자국이 난(!) 흉포한 섬사람들을 피해 도망쳤다는 식의 비현실적인 이야기들은 분명 새겨서 받아들일 필요가 있을 것이다.[16] 그동안 고고학자들도 근거가 불충분한 증거들에 기대어 식인이라는 다소 성급한 결론을 낸 측면이 있다. 가령 "불에 탄 헤아릴 수 없이 많은 뼈들"(초창기에 화장 풍속이 두드러진 현상이었음에도)을 발견한 것이나 아나케나의 화장터에서 불에 탄 뼛조각들을 발견한 것같이 설득력이 약한 증거에 기대어 식인이라는 단정을 내린 것이다. 반 틸버그는 "고고학적으로 식인을 드러내는 증거는 몇몇 지역에 존재한다", 또한 "의례행사 때는 물론 의례가 거행되지 않은 상황에서도 라파 누이에서 식인행위가 있었음을 분명히 드러내는 잔해들이 남아 있다"라고 말했다. 하지만 그녀는 이 증거의 내용이 무엇인지에 대해서는 밝혀놓지 않았다. 그러므로 사실상 섬에서 식인이 행해졌다는 것을 뒷받침하는 증거라는 것은 전적으로 설화에 나오는 이야기일 뿐이지 고고학적인 내용은 아니라는 사실은 그다지 놀라운 게 아니다.[17]

식인은 라파 누이의 구전에서는 아주 현저하게 드러나고 있다. 그리고 아나 카이 탕가타 채색 동굴(화보 39)의 이름은 흔히 '사람 먹는 동굴eat man cave'로 번역된다. 그러나 이 이름은 마찬가지로 '사람이 먹는 장소place where men eat'라는 뜻일 수도 있다. 최근에 세계 곳곳에서 실시된 민족지학적 조사는 어느 지역, 어느 시기를 막론하고 (생존을 위한 것이 아닌 형태의) 식인이

39. 아나 카이 탕가타 동굴. 이 동굴의 이름은 '사람이 먹는 동굴'이나 '사람을 먹는 동굴'로 번역된다—후자로 해석하면 식인이라는 무시무시한 뜻인데, 특히 섬사람들의 생존 그 자체를 위협하기에 이른 식량부족의 입장에서 볼 때는 이런 해석으로 기울게된다.

실재했음을 뒷받침할 만한 확실한 증거를 별로 찾아내지 못했다. 그러니까 처음 얼핏 보았을 때는 이스터 섬에 두드러진 이런 구전이 다른 지역의 구전과 마찬가지로 사실적 근거가 별로 없는 것일 수 있다. 그러나 분란이 발생했고 섬사람들이 겪은 선사시대 후반기의 심각한 식량부족 문제와 더불어 이렇게 고립된 장소에서 독자적으로 독특한 문화발전을 이루어냈다는 것을 감안할 때 이 섬에 식인풍습이 실재했다는 주장을 완전히 도외시할 수는 없다.

한편 전설의 내용이 한결같이 석상을 자르고 다듬는 작업이 모두 식량 때문에 분란이 일어났다는 식으로 끝을 맺는 것은 주목할 만하다. 가령 늙은 여인이나 마녀가 자기에게 할당된 대형 바다가재의 양에 만족하지 않고 분노해서 석상 제작작업을 중단시켰다는 식의 이야기이다.[18] 이런 이야기들은 분배체계와 교환 조직망이 붕괴되었음을 나타내는 것이다. 그리고 농부와 어부가 석상을 만드는 기술자들에게 음식을 제공하는 체계로 이루어진, 석상 제작에 긴요한 집단 안의 협동작업이 결국 허물어지고 말았다는 것을 시사하는 것으로 생각된다. 라노 라라쿠의 작업 중단이 미스터리 작가의 이야기에서처럼 그토록 아꼈던 연장을 갑자기 내팽개쳐버린 극적인 사건은 아니었을 것이다.

오히려 집단을 지탱해주던 체제가 시간이 흐르면서 점차적으로 무너지고 해체된 것으로 보는 편이 타당할 것이다. 요컨대 석상 제작 작업은 급속도로 멈춰버렸는데, 이는 생존에 필수적인 것(음식)과 필수적이지 않은 것(석상)의 불균형이 점점 심해졌기 때문인 것으로 보인다.

농업과 관련하여, 발굴작업과 흑요암의 연대측정을 바탕으로 연구한 스티븐슨은 섬을 개척한 뒤 처음 몇 세기 동안 해안지역에서 집중적으로 농사를 지었고 고지대에는 1100년경에 처음으로 정착했으며 1425년경에는 좀더 광범위하게 거주지를 개발했을 거라고 주장한다. 1400년대에 더 넓은 지역에 경작지가 나타나는 것은 종교적인 구조물 제작이 갑자기 증대하는 것과 시기가 일치한다. 그러나 그 후로 1500년대 말에는 고지대가 버려진 땅이 되었다. 테레바카 산의 마웅가 타리에서 나온 자료를 보면 1200년에서 1600년 사이에 농업활동이 집중적으로 이루어졌다. 즉, 자급 노동생산과 토지의 사용이 증대된 반면 농작물의 실패율과 저생산 위험성은 줄어들었다. 그래서 생산성이 더 낮은 지역, 즉 섬에서 다른 곳보다 척박한 토양으로 된 지역들에는 걷잡을 수 없이 늘어난 인구를 수용할 거주지로 자리잡았던 것 같다.[19]

1300년대에 수분공급의 부족으로 지나치게 메마른 토양의 생산성을 증대하기 위한 방편은 돌로 뿌리 덮개를 만들어 집안의 정원과 밭에 씌우는 것이었다. 돌로 덮개를 씌우면 밑에 깔린 흙을 보호할 뿐만 아니라 토양의 수분 함량을 높여주었다. 라페루즈는 그것을 "우리가 섬에서 마주쳤던 그 기이한 돌덩이들은 자연이 베풀어준 선물이다. 그 돌 덮개로 토양을 마르지 않고 촉촉하게 유지했다. 그 옛날의 나무들을 대신하여 부족하나마 그늘을 만들어준 것이다"라고 했다.[20]

선사시대가 끝나갈 무렵에는 어업보다는 채취할 수 있는 해양자원에 대한 의존도가 점점 더 커지는 변화가 생긴 듯하고 해양자원은 지나치게 남획되었다. 네리타Nerita 조개의 채취가 증대된 것은 이보다 상등급인 사이프라에아Cypraea가 남획된 탓으로 여겨진다. 역사시대가 시작될 즈음에는 어업이 상대적으로 사소한 일이 되었다. 그래도 과거에 구가했던 탁월한 기술은 구전되는 수많은 전설 속에 등장하는 어부 영웅의 모습으로 살아남아 있긴 했다. 섬의 조개 무덤을 발굴해본 결과 기원 1400년경에서 오늘날까지 다른 자원에 비해 물고기의 잔해가 상대적인 감소를 보였다. 어업 관련 활동에 필요한 동굴 쉼터를 사용한 흔적이나 증거 역시 1500년 이후로는 눈에 띄게 감소했다.

어업이 쇠퇴한 대표적인 이유는 우리가 앞에서 보았듯이 계절의 산물인 타푸tapu, 즉 지체 높은 미루 가문이 해양자원에 강압적으로 규제를 행사했기 때문이다. 카누의 숫자와 크기가 줄어들자 연안 조업에도 규제가 생겼음이 틀림없다. 오를리악 일행은 2천3백 개의 탄화된 나무 파편을 다양한 지역에서 발굴했는데, 14세기 초엽에서 17세기 중엽에 해당하는 것들이다. 그리고 여기에는 몇 가지 유용한 종류도 나왔다. 가령 알피토니아 지지포이데스 Alphitonia zizyphoides 같은 수종은 타히티와 파투 히바에서 생산된, 품질이 탁월하고 단단하며 내구성이 높은 나무로 카누를 제작하는 데 쓰였다. 그 외에도 엘라에오카르푸스 라로톤젠시스Elaeocarpus rarotongensis 같은 수종은 중간 정도의 경도를 가진 목재로 오스트랄 제도에서 노와 작살을 만드는 재료로 사용되었다.[21]

그러나 이런 발굴자료들이, 그러한 수종들이 얼마나 풍부했는지에 대해서는 아무것도 밝혀주지 않는다. 반면에 아나케나의 가장 오래된 지층에서 나온 결과를 보면 섬사람들에게 바다로 나가는 카누가 있었다는 사실은 분명하다. 크고 작은 돌고래 뼈들이 너무나 많이 발견되었기 때문이다. 이 자원이 급격하게 감소한 것은(아나케나 지역에서는 돌고래 뼈가 500년 전부터 희귀해지거나 사라져버렸다[22]) 바다로 나가는 능력이 줄어들었음을 말해준다. 그리고 초기에 제작된 석상들, 즉 참치잡이 어부들의 신성함을 상징했던 석상들이 점차 뒤집히거나 파괴되어 이후의 성토 속에 묻히게 된 때와 그 시기가 같다는 것은 결코 우연의 일치는 아닌 듯하다.[23]

바다 조업능력이 쇠퇴한 것은 이스터 섬에 실제로 카누로 쓸 만한 목재가 풍부하지 않았음을 시사한다.[24] 1722년에 이 섬을 방문한 네덜란드 탐험대는 그들의 선박 쪽으로 다가온 섬사람이 작고 좁은 나무 조각을 유기물로 붙여 만든 보트를 타고 왔다고 보고했다. 그리고 그 보트는 너무나 가벼워서 한 사람이 거뜬히 나를 수 있을 정도였다고 했다. 다른 카누들 역시 초라했고 빈약했으며 물도 쉽게 스며들어 섬사람들은 하루 중 반나절은 배에 괸 물을 퍼내는 데 허비했다고 했다. 부면은 대부분의 섬사람들이 갈대다발 위에 몸을 얹고 헤엄을 쳐서 그들 쪽으로 다가왔다고 덧붙였다. 카누는 거의 보지 못했고 그들이 본 카누 중에 제일 큰 것의 길이가 고작 3m였다.

1770년에 곤살레스는 단 두 척의 카누만 보았을 뿐이다. 그로부터 4년이 지난 후에 캡틴 쿡은 태평양의 섬들 가운데 이스터 섬의 카누가 가장 품질이 떨어졌다고 말했다. 작은데다 조각조각 기웠으며 항해에 버틸 힘도 없는 형편없는 카누라고 했다. 그가 본 카누는 고작 서너 척뿐이었고 그 길이도 3, 4m에 불과했다. 카누는 가장 길어봐야 1m밖에 되지 않는 나무판자를 이어 붙여 만들었고 대개의 원주민들은 헤엄을 쳐서 바다로 나왔다고 말했다. 포스터는 자신이 스케치한 카누에 대해 이렇게 썼다. "그 보트는 너무나 보잘것없어 보였다. 여러 개의 나뭇조각을 잇대어 만든 이 보트에 탄 사람들마다 쥐고 있던 노도 통나무로 만든 것은 아니었다. 이는 이 섬에 목재가 결핍되어 있음을 충분히 입증하는 것이다."[25]

1825년에 비셰이는 바다를 향해 놓여 있지 않은 세 척의 카누를 해변에서 보았다. 그런가 하면 1816년에 러시아의 코체부도 마찬가지로 세 척의 카누를 보았는데, 각각의 카누를 두 사람씩 저어가고 있었다. 이 모든 것이 전설에 나오듯이 호투 마투아의 선박, 즉 길이가 30m, 높이는 2m에 달하며 수백 명을 날랐다는 선박과는 거리가 상당히 멀다. 이 중 선체 카누와 폴리네시아 범선을 포함한 카누는 이스터 섬 사람들이 남긴 암각화에 분명히 묘사되어 있다. 이는 이 섬의 어느 시기에는 섬사람들이 좀더 훌륭한 선박들에 정통해 있었음을 입증한다. 수많은 카누 진입로가 기단들 주위에서 발견된 것 역시 이것을 사실로 뒷받침한다.

그렇다면 이 모든 변화의 결정적인 원인은 무엇이었을까? 그 해답은 분명 남벌에 의한 삼림파괴에 놓여 있다. 특히 야자수가 사라졌다는 데 있다. 처음으로 섬을 방문했던 유럽인들은 한결같이 이스터 섬이 헐벗고 황폐하고 나무가 없는 외양에 대해 논평했다. 로게벤은 1722년에 이 섬을 "큰 나무들이 결핍된" 곳으로 묘사했고 1770년에 곤살레스는 "폭 6인치 정도의 목재가 될 만한 나무는 단 한 그루도 찾을 수 없다"라고 썼다. 포스터도 1774년에 "섬 전체에 높이 10피트가 넘는 나무는 단 한 그루도 없었다"라고 보고했다.[26] 그러므로 목재의 공급이 상당히 딸렸다는 건 너무나 명백하다. 1838년에 뒤프티투아르는 섬으로부터 다섯 척의 카누가 그가 타고 있는 배 쪽으로 다가왔는데, 각각의 카누는 두 명이 저어왔다고 말했다. 그들에게 가장 절실하게 필요한 것은 목재였다. 심지어 바닷물에 떠내려온 나무마저도 한없이 소중한 가치를 지닌 보물처럼 여겼다. 죽음을 앞둔 아버지는 흔히 자녀들에게 그림자 왕국에 가면 나무를 보내주마고 약속했다. 폴리네시아 말로 라카우(rakau, 나무, 목재, 재목)가 '재물'을, 라파누이 말로 '부'를 뜻했다는 것은 상당히 의미심장하다. 이밖에는 다른 어느 곳에서도 이렇게 기록된 경우가 없다.[27]

그렇다면 왜 야자나무는 멸종되었을까? 아마도 최후의 일격을 가한 것은 19세기와 20세기에 유입된 양과 염소였을 것이다. 그러나 쿡과 라페루즈가 옳다면 그 이전에 이 수종은 이미 희귀해졌음이 분명하다. 그 한 가지 해답은 이빨 자국에서 찾을 수 있다. 지금까지 복원된 파스찰로코코스Paschalococos 의 열매는(5장) 아나케나의 파편들과는 구별되게 쥐들이 갉아먹었다. 큐와 테네리페의 오로타바(야자주 나무가 자라는 식물원이 있는 곳) 모두에서 많은 열매들이 훼손되지 않은 상태로는 회수하기 어렵다. 거의 모든 열매에 동일한 구멍이 나 있는데 구멍 주위로는 이빨 자국이 촘촘히 박혀 있다. 이것은 이스터 섬의 동굴에서 발견된 나무 열매들과 같다. 이들 모두에서 구멍은 열매의 핵을 꺼낼 정도로 크게 나 있다. 그리고 구멍의 가장자리에 남은 이빨 자국은 선명하다. 플렌리는 이스터 섬에서 발견된 갉아먹은 열매들을 영국의 제4기 포유동물 전문가인 케임브리지 대학교의 A. J. 스튜어트 박사에게 제출했다. 스튜어트 박사가 그 이빨자국이 쥐가 낸 자국임을 판명해주기를 바라는 마음에서였다. 그러나 기대는 어긋났다. 스튜어트 박사는 이 이빨 자국은 생쥐의 이빨 자국에 더 가깝다고 말했다. 이런 결과는 혼란스러운 것이었다. 왜냐하면 생쥐는 이스터 섬에 흔하지 않기 때문이다. 그리고 나서 아나케나에서 고고학 유적지를 발굴하자 폴리네시아 쥐, 즉 라투스 엑수란스Rattus exulans의 잔해가 무수하게 나온 일이 벌어졌다. 이 섬에 현재 살고 있는 쥐, 라투스 라투스Rattus rattus는 유럽과의 접촉이 이루어지고 난 후에 유입된 종류로 섬에 들어온 이후 급속도로 이 폴리네시아 쥐를 몰아냈다.

라투스 라투스는 이미 언급한 대로 폴리네시아 항해자들이 정착하는 곳마다 어김없이 의도적으로 들여온 쥐이다. 사실은 이 쥐들이 그들의 단백질 공급원이었던 것이다. 라투스 엑수란스는 아주 작은 크기의 종류(생쥐)였다. 스튜어트 박사의 조사결과는 이제 납득할 만해졌다. 동굴에서 나온 열매들을 갉아먹은 것은 분명 라투스 엑수란스였다. 당시 이스터 섬에 존재한 유일한 설치류가 이 라투스 엑수란스였을 것이다. 있을 법한 사건의 경로를 재구성하는 작업은 섬에 쥐들이 유입되는 현대판 모험담을 살펴봄으로써 원활하게 이루어졌다. 거의 모든 곳에서 이 쥐들은 귀찮고 해로운 존재가 되었고 종종 재난을 불러일으키기도 했다. 지상에 부화하는 새들에게 미친 영향이 가장 많이 보고되었다. 즉 이 쥐들이 새가 멸종될 만큼 너무나 많은 새알을 훔쳐갔다고 한다. 이스터 섬의 야자나무와 같은 경우를 로드 하웨 섬의 야자나무에서 찾아볼 수 있다. 커피바의 단골손님인 켄티아kentia 야자나무의 원산지인 이 섬에서는 쥐들이 야자열매를 너무나 많이 먹어치우는 바람에 씨앗을 수출하는 교역이 파산했고 이 종의 재생력도 완전히 고갈시켜버렸다.[28]

따라서 이스터 섬 야자나무의 재생을 방해한 것은 폴리네시아 쥐의 유입이었던 것으로 보인다. 이 쥐가 들어오면서 결국 야자나무는 멸종해버렸다. 그러나 실제로 이 나무 자체를 없앤 것은 인간이었다. 그런 행위로 주목할 만한 것은 배의 건조였다(테레바카가 그 예이다). 야자나무는 이런 용도에 부합하는 이상적인 나무가 아니다. 왜냐하면 야자나무 목재에는 구멍이 적지 않기 때문이다. 그러나 코코넛의 몸통은 마르케사스 제도에서 카누에 이용되었다고 알려져 있다.[29] 어쨌거나 야자나무의 몸통으로 바다에 띄우는 뗏목을 만들 수는 있다. 이스터 섬의 야자나무는 이 목적에 이용할 수 있는 단연 최고의 나무였던 것 같다—이 목재로 만든 카누나 보트는 거칠게 다루어도 충분히 견딘다고들 했다[30]—물론 이 외에 단단한 종류의 나무들도 이용되었다(235쪽 참조). 우리는 이스터 섬 주민들이 때로 대형 카누를 제작했다는 사실을 알고 있다. 이런 대형 배는 그들이 남긴 암각화에 보일 뿐 아니라(화보 18), 실제로 이스터 섬에서 동~동북 방향으로 415km 떨어진 살라스 이 고메즈로 정기적인 운항도 했던 것 같다. 아마도 바닷새를 잡기 위해서였을 것이다. 그리고 앞에서 이미 보았듯이, 대형 낚싯바늘은 연안에서 상어나 그 밖의 대형 어류를 낚았다는 것을 암시한다. 이런 고기잡이를 할 때 소형 카누를 탔다면 상당히 위험했을 것이다.

야자나무가 감소한 이유로 땔나무를 얻거나 농지를 조성하기 위해 삼림을 벌채한 것도 상정해볼 수 있다. 7장과 8장에서 설명한 것처럼 거대한 석상을 운반하는 용도로 특히 야자나무를 벌채한 것도 그 이유가 될 수 있다.

이스터 섬에 숲이 줄어들었다는 것은 두 가지 근거에서 나온다. 즉 꽃가루 분석과 목탄 분석이 그것이다. 우리는 이제 이스터 섬의 분화구 소택지인 라노 라라쿠, 라노 아로이, 라노 카우 등 세 곳 모두에서 얻은 꽃가루 도표를 갖고 있다. 라노 카우에서는 세 가지 독립된 도표를 얻었다. 하나는 소택지의 가장자리에서, 또 하나는 중앙에 가까운 곳에 떠 있는 부초 덩어리에서, 마지막 하나는 중앙의 물 밑에 가라앉은 퇴적물에서 얻은 것이다.

이 도표들에서 얻은 결과가 서로 보완적인 역할을 함으로써 이스터 섬의 고ㅛ 생태환경을 재구성하는 데 도움을 줄지 모른다. 우선 이 도표들은 서로 다른 표고에서 얻은 것이다(라노 라라쿠는 약 75m, 라노 카우는 약 110m, 라노 아로이는 약 425m의 높이이다). 즉 두 가지 도표는 저지대의 식물에서 얻은 꽃가루 견본이고, 나머지 하나는 고지대 식물의 꽃가루 견본이다. 둘째로, 이 도표들은 그 직경이 서로 다르다(라라쿠는 약 500m, 카우는 약 1,000m, 아로이는 약 200m이다). 이것은 매우 중요하다. 왜냐하면 잘 알려져 있듯이 좁은 지역에서 꽃가루 샘플을 추출할 때는 주로 근처에서 얻는 경향이 있는 데 반해 넓은 지역에서 추출된 꽃가루 샘플은 좀더 넓은 범위에서 얻는 경향이 있기 때문이다.[31] 또한 넓은 지역의 가장자리에서 채취된 샘플은 주로 근처의 건조한 가장자리 땅에서 얻어지는 반면에 넓은 지역의 한가운데서 채취된 샘플은 주로 범위 내에서 얻어진다는 것도 알려져 있다.[32] 더구나 우리는 좁은 지역이 넓은 지역, 시냇물이 흘러들어오지 않는 넓은 지역보다 더 방해를 받기 쉽다는 것도 안다(이스터 섬의 분화구에는 시내가 유입되는 경우가 하나도 없다). 방해라면 사람들이 가장자리 퇴적물 안으로 걸어 들어가서 침전물을 뒤섞어 놓거나 둑에서 자라던 숲을 없앤 탓에 침식이 일어나 더 오래된 물질이 밖으로 노출되는 것, 늪지의 수목들이 불에 타는 것, 유출점의 교란으로 수면의 높이가 변하는 것(현재 유출점이 있는 곳은 라노 아로이 한 곳뿐이다) 등을 들 수 있겠다. 이런 방해 작용은 층위학적 순서를 뒤섞어놓는 것 외에도 보다 오래된 탄소를 끌어들이게 되어 방사성 탄소 동위원소의 조사 자체를 무효로 만들어버린다.[33] 이 모든 측면을 염두에 두면서 우리는 이제부터 이 세 곳에서 나온 꽃가루 증거자료를 살펴보려 한다.

라노 라라쿠 호(습지)에서는 그 시기가 약 35,000BP로 거슬러 올라가는 12m의 코어 샘플(RRA 3)이 나왔다. 여기서 나온 꽃가루는 오랜 세월 동안 이 섬에 숲이 들어차 있었음을 말해준다.[34] 그러나 화학분석 결과 지난 2,000년 동안에는 호수로 들어간 금속 이온의 양이 엄청나게 증가했다는 것이 나타났다. 코어 샘플에서 시각적으로 확인할 만한 토양의 침식이 일어나기도 전에 분명히 무언가 극적인 일이 발생했던 것이다. 이 변화는 실제로 분화구 안에서 침식이 일어나지 않은 채로 토양이 노출되어 여과와 침출이 심해졌을 가능성을 시사한다. 즉 선별적으로 나무를 벌채했던 것이리라. 번갈아가며, 그리고 아마도 이에 덧붙여 분화구 바깥지역의 소각으로 삼림이 파괴되자 분화구에서는 미네랄이 풍부한 나무가 타서 생긴 재를 품은 연기가 났을 수 있다. 아직 조사연구에서 완전히 배제되지 않은 세 번째 가능성은 기후의 변화이다. 총 강우량의 변화, 혹은 빗줄기의 세기의 변화도 영향을 미쳤을 것이다. 계절의 주기가 빨라져서 우거진 수목의 밀도가 낮아지고 따라서 우기에는 더 많은 여과작용이 일어났으리라는 게 가장 그럴 듯하다.

방사성 탄소 동위원소 측정법에 의해 산출된 시기를 보면 실제로 반전이나 전환은 없었을지라도 어떤 시기는 그래프로 표시하기에는 너무 오래된 것 같아 보였다. 그게 아니라면 침전물에 갈라진 틈이 있었던 것 같았다. 따라서 이 채취 샘플의 윗부분에 대한 좀더 자세한 해석은 판단이 유보되었다.

라노 아로이에서 나온 코어 샘플(ARO 1)을 분석한 결과 라노 라라쿠에서 나온 나무 꽃가루보다 훨씬 더 수치가 낮다는 것을 알게 되었다.[35] 그것은 또한 시기가 30,000BP도 더 이전으로 거슬러 올라갔다. 그리고 어떤 시기에는 나무들이 거의 없었던 것으로 나타났다. 18,000BP경인 마지막 빙하기의 절정기도 이 시기에 속한다. 고도가 약 425m인 아열대 기후에서는 이런 현상이 그다지 놀랍지 않았다. 그 이후로 나무가 다시 더 흔해져서 숲의 깊이가 약 1.5m가 되었다(2,000BP 이후). 그러다가 다시 나무가 줄어들었고 그 이전에는 볼 수 없었던 목탄이 나타났다. 그러나 이 시기는 다시금 방해 작용이 있었음을 보여준다. 이번에는 대대적으로 일어난 방해라서 0.45~0.75m 깊이에서 가장 높은 시기는 18,000BP가 넘는다. 제라르도 벨라스코와의 대화를 통해 밝혀진 것인데, 1920년대에 이 지역에는 대규모의 방해 작용이 있었다고 한다. 즉 분화구의 한가운데에서 이탄 덩어리를 둑으로 끌어내기 위해 거세한 황소떼들이 동원되었다는 것이다. 물의 저장을 용이하게 하기 위한 조치였다. 그러니 이 분화구 또한 삼림이 줄어든 현상에 대한 세부적인 연구에는 부적합한 대상이라는 것이 분명해졌다.

절망에 빠진 우리는 라노 카우로 관심을 돌렸다. 가장자리에서 채취한 표본(KAO 1)에는 연속성이 있었고 급속도의 성장을 보여주었다. 즉 1,400년 동안 7m가 자랐다. 현무암의 시기는 이보다 더 빨랐으나 아래쪽으로 자라는 뿌리가 오염된 것으로 여겨졌다. 꽃가루 샘플 도표(화보 40-1)는 실로 인상적이다. 세계 어느 곳보다 숲이 파괴된 것을 현저하게 보여주었던 것이다. 초기 샘플들(바닥 근처에서 얻은 것)은 하우하우(트리움페타)가 지배적이었음을 보여준다. 이 나무는 밧줄의 재료로 쓰였으므로 분화구에서 자라는 대표적인 수목이 된 것은 자연스러운 현상이었던 것 같다. 혹은 처음에 숲에 일어난 교란 작용이 이 나무의 성장을 촉진시켜 이런 배열이 되었을 수도 있다. 그게 아니라면 의도적으로 하우하우를 재배했다고 볼 수도 있다. 그러나 750년 무렵부터 모든 나무들이 줄어들기 시작했다. 꽃가루 샘플을 보면 950년 무렵에 다다르면 벌채가 완전할 정도로 이루어졌다는 게 나타난다. 1400년 무렵이 되면 숲의 꽃가루 수치가 최저에 이른다. 그 뒤에는 약간의 회복기도 있고 시간이 흐르면서 멜리아(Melia, '미로 타히티')같이 역사적으로 유입된 존재가 기록에 등장한다. 이런 시기들은 너무 오래된 것일 가능성도 있다. 왜냐하면 작열감량법loss-on-ignition에 따르면 6m 깊이에 약간 침하된 것이 보이는데, 이는 그 지점에 파도가 밀려들어왔다는 걸 암시하기 때문이다. 그러나 라노 카우 분화구 안쪽 비탈의 삼림벌채가 다소 이른 시기로 나타난다는 것은 그다지 놀랄 일은 아니다. 이곳은 섬을 통틀어 농사에 적합한 가장 좋은 미소微小 기후를 누리는 곳이므로.

삼림벌채 시기를 말해주는 또 다른 중요한 증거는 캐서린 오를리악이 목탄을 통해 밝혀낸 탁월한 연구에서 나왔다.[36] 섬의 고고학적 유적지에서 얻은 3만 개가 넘는 목탄 파편들을 낱낱이 식별해냄으로써 그녀는 원래 숲의 속성에 대해 훨씬 더 많은 자료를 제공할 수 있었을 뿐만 아니라 숲이 줄어든 시기도 제시할 수 있었다. 옆의 도표 '40-2'에서 볼 수 있듯이 그녀가 제공한 정

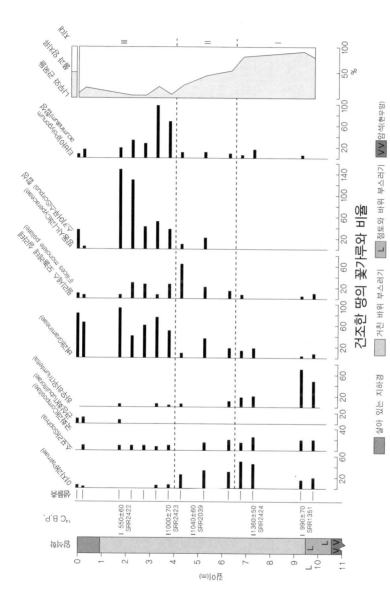

40-1. 타조 가우 분화구는 화산추가 마그마굄 magma chamber 안으로 무너져 내려 형성된 칼데라이다. 이 습지는 대체로 부초 덩어리이다. 그 두께가 1m 정도밖에 안 된다. 만일 안으로 떨어지면 지평적인 지명적이다. 실제로 한 기절하자가 그 안에 떨어져 혼자도 없이 사라진 적이 있다. 이 꽃가루 도표는 습지의 가장자리에서 채취한 샘플을 분석한 결과이다. 도 표의 맨 위 가장 앞선 시기인데 위로 올라가면서 도표를 앓어보면 오른쪽 기둥에서 나무와 꽃가루가 현저하게 감소한 것을 알 수 있다.

제10장 _ 파괴되는 조상들 **243**

보는 사람들이 1640년경까지는 나무를 거의 집중적으로 불태웠지만 그 이후부터는 줄기와 풀 종류 식물의 뿌리줄기로 태우는 대상이 갑자기 바뀌었음을 나타낸다. 그것은 나무를 더 이상 구할 수 없었기 때문으로 보인다.

요약해보면, 삼림벌채는 적어도 1,200년 전에(즉 800년 무렵이나 그보다 더 이전에) 라노 카우 칼데라 안에서 시작되었을 것으로 보인다. 그리고 점차적으로 다른 지역으로까지 확산되었을 것으로 보인다. 어떤 지역에서는 1400년경에 이르면 숲이 완전히 파괴되고 말았을 것이다. 그러나 마지막까지 남아 있던 숲은 1640년경에 땔감으로 쓰기 위해 베어졌을 것이다. 나무가 사라진 숲은 주로 풀들로 대체되었고 잡초도 유입되었다. 1786년의 라페루즈 이래로 오늘날의 학자들에 이르기까지 이 섬의 나무들이 사라진 것은 가뭄 때문이었다는 견해가 종종 제시되어 왔지만 상황은 좀더 점진적으로 변해왔고 그보다는 훨씬 더 복잡해 보인다. 물론 가뭄이 일정한 역할을 했을지도 모른다. 어쨌든 오늘날에도 가뭄은 자주 일어나니까. 그러나 섬에 정착한 사람들의 활동이 훨씬 더 지속적이고 중요한 요인으로 작용했음이 분명하다. 여기에 더하여 그들이 들여온 쥐들의 약탈이 숲이 사라지는 데 영향을 미쳤을 것이다.

나무가 소실된 것은 어업과 석상제작에만 큰 영향을 미친 것은 아니었다. 비옥한 숲의 토양이 사라지자 식량부족 사태가 일어났던 게 분명하다. 수목을 불태운 후에 포이케 반도의 땅속 깊은 곳에서 광범위하게 토양의 침식이 일어났다는 충분한 증거가 이제는 확보되어 있다. 부식한 토양은 대개는 바다로 흘러들어가 사라졌지만 그래도 많은 양이 침전물로 이루어진 분지에 갇혀 있어서 사건의 추이를 밝혀주고 있다. 침전 활동으로 형성된 강 유역의 분지 밑바닥에는 야자나무 뿌리 형태를 간직한 원래의 토양이 지금까지도 남아 있다. 이 토양 위에는 목탄과 탄화된 야자수 열매가 들어 있는 층이 있어서 이를 근거로 방사성 탄소 동위원소 연대측정을 한 결과 그 시기가 1256~1299년인 것으로 밝혀졌다. 이렇게 목탄으로 이루어진 층은 몇 헥타르에 걸

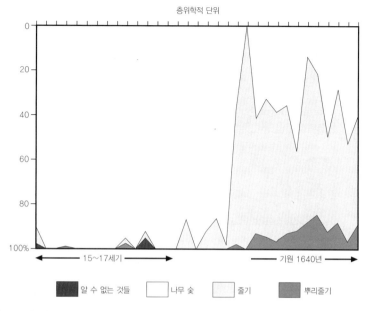

충위학적 단위

15~17세기

기원 1640년

■ 알 수 없는 것들   □ 나무 숯   □ 줄기   ■ 뿌리줄기

40-2. 이스터 섬의 고고학적 유적지에서 발견된 목탄의 종류. 초창기의 분포 범위(도표 기저부의 절반)는 대부분이 나무 목탄으로 이루어져 있다. 후반기의 분포 범위. 대략 1640년 이후(도표의 상단 부분)는 대부분 줄기 목탄이다(주로 풀). C. & M. 오를리악 자료 참조.

친 지역에서 발견되었다. 이 목탄층 위에는 분지 주변의 고지대로부터 흘러 들어온 토양 침전물로 얇고 수평으로 이루어진 다양한 층들이 덮여 있다.[37]

물조차도 영향을 받았다. 즉, 오바헤에서 내륙 쪽에 있는 아바 오 키리에는 분명 고대에 흐르는 물 때문에 생겼을 깊은 골짜기가 하나 있다. 오늘날 이 골짜기에 물이 차는 것은 호우가 내렸을 때뿐이다. 그러나 골짜기의 깊이를 보면 삼림벌채가 있기 전에는 이 섬에 이것처럼 간헐천이 있었던 게 틀림없다. 지형학적인 특징을 보면 과거에는 연중 마르지 않는 시내가 테레바카 비탈에서 흘러내려와 아나케나 만에서 바다로 흘러들어갔다는 것을 알 수 있다. 그리고 삼림벌채가 이 시냇물을 모두 말라붙게 했을 가능성이 매우 높다.[38] 수원의 감소는 마르지 않고 남아 있었던 시내의 존재를 한없이 귀중하게 만들었음이 분명하다. 테페우에서 내륙으로 들어간 바이 타파 에루의 샘

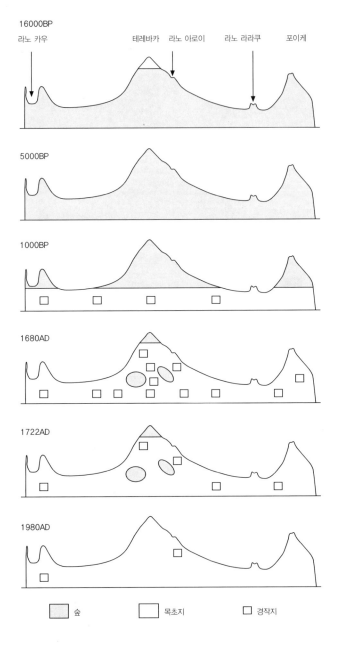

40-3. 꽃가루 샘플자료를 토대로 재구성한 섬의 횡단면에 나타난 수목.

41. 라노 카우 분화구에서 시추기로 코어 샘플을 채취하는 모습.

에 암각화가 조각되어 있는 것은 이 때문으로 보인다.

이스터 섬은 작은데다 외따로 떨어져 있기 때문에 섬에 거주하는 사람들은 재생 불가능한 삼림자원의 상실과 같은 환경 변화가 미치는 결과에 특히 영향을 많이 받았다. 생태에 재난이 닥쳐오면 달리 갈 데가 없었으므로 우리가 이 장의 시작에서 약술한 참담한 결과를 끝까지 남아서 감당해야 했다.

인구

인구증가가 삼림을 벌목하도록 내몬 이유일까? 세계의 어느 곳에서나 마찬가지로 이스터 섬의 선사시대 인구를 계산해보는 일은 벅찬 과제이다. 추정은 한다 해도 명확하다고 말할 수는 없다. 그래도 유럽과 첫 접촉이 이루어진 시기에 대한 추정일 때는 상황은 한결 낫다. 로게벤은 1722년에 섬의 인구를 "수천 명"이라고 추측했다. 그러나 그의 일행이 섬에 머문 것은 단 하루뿐이었다. 1770년에 곤살레스는 9백 명이나 1천 명이라고 생각했다—어느 스페인 사람은 이 섬에서 더 이상의 인구를 부양할 수가 없게 되어 한계 주민 수 이상으로 아이가 태어나면 60세 이상의 사람은 죽였다는 말을 들었는데 이 사람은 이스터 섬에서 노인을 한 명도 보지 못했음이 틀림없다.[39] 그로부터 불과 4년 뒤에 쿡은 섬의 인구를 6백 명이나 7백 명으로 추정했다. 그리고 쿡의 일행이었던 식물학자 포스터는 9백 명으로 생각했다. 그

러나 처음으로 섬을 방문한 이들은 여자나 어린아이를 거의 본 적이 없으므로 섬 인구 중 많은 사람들이 그들의 눈을 피해 숨어 있었던 게 틀림없다. 아마도 그들이 만든 지하동굴 은신처에 몸을 피했을 것이다. 곤살레스는 실제로 대부분의 섬사람들이 지하 동굴에 살고 있다고 보고했다. 동굴의 입구가 좁은 탓에 기어서 발을 먼저 들여놓은 다음 안으로 들어가야 했다고도 보고했다. 포스터가 항가 로아 근처의 언덕에 서서 본 것은 "10채, 혹은 12채의 오두막뿐이었다. 그 언덕에 올라서면 섬의 상당히 넓은 지역을 내려다볼 수 있었는데도 말이다."

1786년에 섬에 들어온 라페루즈는 이보다 훨씬 다양한 사람들을 보았다. ―섬사람들은 "지하동굴에 마련된 거주지에서 기어서 나왔다."―그리고 그는 섬의 인구를 2천 명으로 추정했다. 한편 1804년에 해안가 근처에서 23채의 가옥을 보았던 리즈얀스키는 섬의 인구를 대략 1천8백 명으로 추측했다. 반면에 1825년에 비셰이는 약 1천5백 명으로 추산했다. 이스터 섬에서 여러 해를 보낸 새먼은 톰슨에게 1850년에서 1860년 사이의 섬 인구는 약 2천 명이었다고 말했다. 1862년의 인구수는 대략 3천 명이었다고 알려져 있는데, 이 시기는 1862~1863년에 무시무시한 노예상인들이 섬으로 들어와서 수많은 섬사람들을 페루로 끌고 가기 직전이었다. 1872년에 이스터 섬에 남은 사람은 불과 110명밖에 되지 않았다.[40] 1886년에는 이보다 약간 증가하여 155명이 되었는데, 남자는 68명, 여자는 43명, 15살 미만의 사내아이 17명, 여자아이가 27명이었다. 1915년에 섬 인구는 250명이 되었고 이때부터 증가했다. 1888년부터 이 섬이 배속된 칠레로부터 인구가 유입되었다는 점은 감안해야 할 것이다. 그 당시의 문서를 살펴보면 섬의 거주민은 3,837명이었고, 대부분이 항가 로아라는 큰 마을에 모여 살았다.[41]

요컨대 처음 방문한 유럽인들의 낮은 추산에도 불구하고 라페루즈가 추정한 2천 명이 가장 그 기준에 가까운 것 같다. 그러므로 우리는 이제 기원후 첫 몇 세기 동안에는 작은 배에 가득 타고 들어온 사람들이 정착해 살았던 이 섬이 그로부터 약 1,400년이 지난 다음에는 2천 명으로 늘어났다는 것을 알 수 있다. 그동안 인구수와 관련하여 어떤 일이 벌어졌을까? 폴리네시아 섬들에 적용되는 일반적인 기준은 초창기의 인구는 환경이 그 인구를 감당할 수 있는 선을 넘기 직전까지 기하급수적으로 급증한 뒤 안정적으로 간다는 것이다. 물론 그 수위를 넘어서면 갑작스런 동요가 생길 수 있다는 가능성을 배제하지는 않는다. 어떤 이들은 18세기의 이스터 섬 인구 수치를 초기에 폴리네시아 동쪽에서 사람들이 들어와 정착했다는 증거로 본다. 600년 이후에 이 섬에 들어왔다면 이 정도로 인구가 증가할 만큼 시간이 충분하지는 않았으리라고 보기 때문이다.[42] 그러나 이스터 섬에서는 150년마다 인구가 곱절로 증가했을 거라는 추정이 있다. 학자들 중에는 간단한 원예기술만 지닌 섬 주민들이 "먹을 것이 풍부한 자연환경 속에서 돌림병, 치명적인 육식동물(타지 사람의 약탈도 포함하여)도 없었으므로 살아갈 땅이 더 이상 남지 않을 때까지 그 수가 '한 세대마다' 두 배씩, 심지어는 세 배씩 늘어날 수 있었을" 거라고 추정하는 이들도 있다.[43] 분명, 이 섬의 무언가가 갑자기 깨져버리자 섬의 체계도 무너지고 만 것이다.

로게벤은 이스터 섬이 1722년에 그곳에 살던 인구보다 더 많은 인구를 수용할 수 있었을지 모른다고 보았다. 그리고 우리가 이미 본 것처럼, 라페루즈는 2천 명의 사람을 부양하는 데 이용된 섬의 면적이 1/10밖에 되지 않는다는 걸 발견했다. 쿡 일행은 섬 내륙의 상당히 많은 지역에서 예전에 개간된 흔적을 포착했다. 물론 앞에서 언급한 대로(145쪽) 1770년대가 될 때까지 손질되지 않은 채로 버려진 밭의 흔적은 별로 찾아볼 수 없었고 오늘날까지 남아 있는 흔적은 더욱 드물다.

얼마만큼 선사시대의 인구는 증가할 수 있었을까? 루틀지 여사는 원주민들로부터 그들의 선조들이 "풀처럼 빽빽했다"라는 말을 들었다. 그리고 섬의 절반—약 15,000에이커—에 해당하는 땅에서 바나나와 고구마를 기를 수 있었다는 정보도 얻었다. 그래서 식구가 5~7명인 가족당 2에이커의 땅이 할당된다면 예상 가능한 인구는 37,500~52,000명에 이르게 될 것이다. 이것은 실제로는 한 번도 연구된 적이 없었던 상당히 이론적인 수치이다. 타히티의 인구밀도를 활용하여 메트로는 1km²당 13.7명의 사람들이 살았을 것으로 추정했고, 그렇게 해서 계산된 인구는 약 3천 명이나 4천 명이었다. 최근 몇 년 동안 이스터 섬 연구를 해온 대부분의 고고학자들은 선사시대 때 이 섬의 인구가 최대 6천~8천 명에 이르렀을 거라고 추정하고 있다. 반면 어떤 학자들은 1만 명, 혹은 심지어 2만 명으로 추측하기도 한다. 추정이 어려운 것은 정착해 사는 인구의 분포가 고르지 않았기 때문이다. 사람들은 관개가 어려운 탓에 해안가에는 인구밀도가 높은 반면 내륙으로 들어갈수록 흩어져 살았다.

최근에 이루어진 라파 누이의 약 80% 지역에 대한 조사에서 이 작은 섬에 무려 20만 건이 넘는 고고학적인 특징과 유적지가 있다고 추정했다.[44] 그리고 이 숫자는 단지 표면적으로 보이는 자료에만 국한시켰을 때이다. 남동 해안만 해도 3km도 못 미치는 지역 안에 기단이 17개, 가옥은 100채가 넘는다. 이처럼 높은 인구 밀도는 섬의 남쪽과 동쪽 지역의 높은 농업 생산성을 반영하는 듯하다. 15세기에 남쪽 해안에 중요한 기단들이 급속도로 확산된 것은 지속적인 인구증가와 더불어 섬의 다른 지역에 살던 사람들이 이곳으로 옮겨왔음을 말해주는 것으로 생각된다. 각 시기별로 남부 해안의 거주지역을 살펴본 한 조사는 1100년까지는 인구 수준이 상당히 낮게 유지되었다는 결과를 내놓았다. 그 후로 100년마다 인구는 두 배로 늘었고 1400년이 지나고 나서야 비로소 그 증가속도가 떨어졌다. 적어도 1600년경 이후로는 살아갈 환경자원이 줄어들었기 때문이다.[45]

그 밖에도 고고학적으로 인구가 증가했다는 것을 나타내는 단서는 무수하다. 가령 동굴이나 바위로 만든 은신처는 1400년경까지는 그다지 많이 이용되지 않았다.[46] 그러나 그 이후로 폭넓게 이용된 것은 해양자원을 훨씬 더 많이 개발하고 활용했음을 시사한다. 이것은 먹여 살려야 할 식솔의 수가 증가했음을 반영하거나 토지 등 천연자원의 생산성이 감소했음을 반영한다고 볼 수 있다. 그리고 이는 지나친 삼림벌채와 침출이 야기한 상황으로 보인다. 1650년 이후로는 동굴 은신처에 남아 있는 음식물, 특히 해산물이 감소한 것이 눈에 띌 만큼 확연하다. 이는 인구의 현저한 감소를 나타내는 것으로 볼 수 있다.

인구의 증가와 감소를 알 수 있는 이와 유사한 단서로는 거주 유적지에서 얻은 흑요암을 통한 연대측정 결과이다. 이 결과는 흑요암 자원의 개발과 활용이 1300년경에서 1650년까지 증대했음을 보여준다. 그 뒤로는 50년 동안 감소하다가 다시 증가했는데, 처음 증대한 것은 늘어나는 인구 때문이었다. 반면에 감소한 것은 인구의 감소를 반영하는 것으로 보인다. 그리고 그 후에 다시금 증가하는 현상은 일종의 사회적 변화를 나타내는 것으로 생각된다. 즉, 좀더 넓은 거주 단위를 형성하고 인구가 밀집되는 양상이 늘어났거나 아니면 채석장을 장악했던 과거의 지배체계가 붕괴되고 모든 이들에게 개방되었다는 변화를 나타내는 것으로 보인다. 이러한 이론은 종교와 매장풍습, 건축, 그리고 리더십의 변화와 더불어 이 섬에 1680년경에 일어난 대대적인 사회·정치적 변화를 암시하는 구전의 내용과도 맞아떨어진다. 그러므로 이제부터는 이런 변화가 낳은 결과에 대해 좀더 자세히 살펴볼 차례이다.

제11장

오롱고와 롱고롱고

우리는 이스터 섬의 사회·정치적 발전에 관련된 정보를 주로 구전의 내용과 최초로 섬을 방문한 사람들의 보고자료를 통해서 얻을 수밖에 없다. 늦어도 선사시대의 막바지에 이르렀을 때 이스터 섬은 다양한 씨족들에 의해 그 영역이 나누어졌다. 물리적인 경계선이 없었던 탓에 각 영역의 경계는 애매하고 겹쳐지기도 한다. 어쨌든 호투 마투아로부터 내려온 왕족 혈통의 미루족에게 경제와 종교 활동의 지배력과 권한이 집중되어 있었고 그 중심은 아나케나였으며 서열상 우두머리인 아리키 헤누아Ariki henua 가 이끌었다. 그가 섬에서 가장 중요한 존재이긴 했지만 왕이거나 정치 지도자는 아니었다. 그보다는 오히려 종교적인 상징, 마나mana 의 비밀을 간직한 중요한 존재, 혹은 영적인 힘을 상징했다. 말하자면 그는 운명적으로 마나로 태어났다.

섬의 계급구조는 엄격했고 잉여 농산물도 높은 지위에 앉은 이들의 차지였다. 씨족의 족장들, 제사장들, 의례와 예술에 관련된 지식을 보유한 이들, 전사들(마타토아, matatoa)이 고위층에 속했다. 생산은 점점 더 중시되어 갔고 특정 활동을 수행하는 능력에 집중된 권위는 초자연적으로 부여되는 것이었다. 앞에서 보았듯이, 섬의 각 지역마다 전문으로 하는 특정 활동(고기잡이와 경작활동)이 달랐고 주요 자원에 대한 접근도 달리 했으므로 지역별로 효율적인 교환망이 형성되었음이 틀림없다. 응회암, 화산암재, 현무암, 흑요암, 목재와 꾸지나무, 갈대, 붉은 황토, 산호 무더기와 심지어는 배의 갈라진 틈을 틀어막는 데 쓰인 이끼에 이르기까지 긴요한 자원들은 지역에 맞게 특화되었다.

이런 체계 아래에서 섬사람들은 돌투성이 농토를 개간하고 경작하느라, 나무를 베어 쓰러뜨려 알맞은 목재로 만드느라, 고기를 잡느라, 웅장한 기단과 석상을 조각하느라 오랜 시간 힘들게 일했다. 폴리네시아 동부지역을 통틀어 공동작업이나 전문기술을 요하는 노동은 자급자족 활동에 이용되었다. 그러나 이스터 섬의 독특한 환경적 조건은 이런 출구를 가로막거나 불가능하게 만드는 것 같다. 따라서 이 섬에서는 공동작업이나 전문기술과 유사한 노력들을 비교秘敎적인 모색에 쏟아 부었다. 기념비적 건축물과 석상을 제작한 것이 바로 이런 노력이다. 조각 전문 장인과 일반 노동자를 매질하며 이런 일을 하도록 몰아세운 것은 결코 아니었던 것 같다. 오히려 수고한 대가로 요리가 제공되었고 그들의 노력의 결과가 초자연적인 보상으로 나타나기를 기대했다—중세 유럽의 대성당을 건설한 사람들의 상황과 상당히 비슷했다. 석상과 제례용 기단을 제작하는 작업은 흥겨운 축제와 더불어 이루어졌고 거대한 석상이 지닌 영적인 힘이 그 석상을 소유한 지역사회에 도움과 은혜를 베풀어주리라고 생각했다.

앞장에서 개략적으로 살펴본 여러 가지 이유로 인해 이 체계가 무너지자 교환망이 해체되었고 정착과 자급자족 패턴에 현저한 변화가 왔을 뿐 아니라 종교와 정치에도 큰 변화가 일었다. 라페루즈는 1786년에 이 섬에는 더 이상 족장이 하나도 없다고 강조했다. 전투가 점점 더 늘어나자 전사들을 이끌던 리더들이 권력자로 부상한 것 같다. 그래서 조상 대대로 세습되어온 특권들도 새로이 권력을 획득한 자들이 차지했다. 이것을 상류층에 대항한 하류층의 반란이나 폭동의 결과라고까지 본 이들도 있다. 부족 집단 사이의 갈등과 경쟁은 토착적이라고 할 만큼 이스터 섬 사회에 늘 내재해 있었다. 세월이 갈수록 점점 웅장하고 화려하게 제작된 기념비를 통해 이를 확인할 수 있다. 그러나 이 작업에는 집단들 사이의 협력과 협동도 필수적이었다. 그래서 구전은 물론이고 고고학적 증거를 통해서도 알 수 있듯이, 체제가 와해되기 전까지는 실제로 전쟁이 일어난 적은 없거나 있더라도 매우 드문 일이었다. 간단한 약탈행위에서부터 대표 지역간의 갈등과 분쟁에 이르기까지 폴리네시아에서는 언제 어디서나 전쟁이 다반사로 일어났으므로 이스터 섬의 문화에서 가장 두드러진 특성은 위기가 닥쳐와서 폭력으로 치달아가기 전까지 1천 년이 넘는 세월 동안 평화가 이곳을 다스렸다는 점이다. 그러나 전사들이 권력을 장악하고 나자 통제력을 잃어 느슨하게 흐트러졌던 두 동맹집단—서쪽(투우, Tu'u)과 동쪽(호투 이티, Hotu Iti)—사이에 영토분쟁이 끊이지 않게 되었다.

이런 변화와 더불어 죽은 자의 시체를 처리하는 데에도 새로운 방법이 나타났다. 기단 뒤에 마련된 화장용 구덩이는 그 중요성과 의미를 상실하게 되었고 매장이 지배적인 방법이 된 듯하다. 보통 시체는 한동안 노출된 채로 내버려두었다가 나중에 뼈만 추려서 집안의 동굴에 가져다놓았다(동굴 매장 풍습은 1700년경에 시작된 것 같다[1]). 죽은 이의 뼈는 동굴 외에도 반半 피라미드 형태나 쐐기 모양으로 새롭게 제작된 석상을 얹지 않은 기단들 속이나 파괴된 기단 안쪽 틈에, 기단의 날개 부분이나 경사로 안에, 쓰러진 석상 아래 후미진 구석에, 쓰러진 석상의 머리장식의 움푹 팬 구멍에 넣어두거나 혹은 광장에 그냥 흩뿌렸다. 초기에 섬을 방문한 사람들이 보았던 뼈들은 대개 접촉 후의 시기의 것으로 보인다. 왜냐하면 루틀지는 1860년대에 이 섬에 천연두가 광범위하게 유행했을 때 어디를 가보아도 시체들이 아무데나 흩어져 있었다고 보고했기 때문이다. 천연두는 페루에 노예로 끌려갔다가 살아서 되돌아온 몇몇 사람들이 옮긴 것이었다. 또 프랑스 여행가 피에르 로티는 1872년에 섬 전체가 하나의 거대한 납골당 같았다고, 흙을 슬쩍 들춰만 보아도 두개골과 턱뼈가 나올 정도였다고 전했다. 1880년이 될 때까지도 섬사람들은 밤이면 가톨릭교회 공동묘지에 묻힌 시체를 몰래 훔쳐갔다. 시체를 기단 안에 두는 것이 더 낫다고 생각했던 것이다.

섬사람들의 종교는 폴리네시아의 전형적인 분할형태인 지역의 친족집단에서 숭배되었던 조상신을 모시는 믿음에서, 단일한 신, 즉 창조신 마케마케(마르케사스 제도에 널리 퍼져 있는 이름)와 열매와 과실, 다산을 비롯한 풍요에 집중된 신앙과 의식으로 바뀌었다. 그들은 불안정한 시기에 적합한 체계를 개발함으로써 집단 사이에서 새알 쟁취 경기라는 의식을 거행해 해마다 지도자를 교체했다. 이 '고된 시련을 통해 선출된' 승리자는 성스러운 새사람(탕가타 마누, tangata manu)으로 한 해 동안 신성한 존재로 숭배되었다. 그리고 이 승자가 속한 집단은 그 한 해 동안 특권을 누렸다.[2] 처음으로 유럽인들이 이스터 섬에 들어갔을 때는 바로 이 체제가 실행되고 있었다. 섬에 새롭게 퍼진 종교의 대표지역은 의식이 거행되는 오롱고 마을이었다.

오롱고: 새알 쟁탈전

의식이 거행되는 오롱고 마을[3]의 풍광은 경탄을 자아낸다. 바다로 떨어지는 가파른 벼랑과 장엄하고 거대한 라노 카우 분화구 사이의 가장자리에 자리잡은 이 마을은 원래 한 점의(어쩌면 두 점의) 아후를 닮은 테라스와 광장으로 이루어져 있었다. 이것들은 돌로 지은 일련의 가옥에 거주하기 시작한 1400년 직후부터 버려져왔던 것처럼 보인다. 마지막 시기, 즉 16세기 중반이 지나면서 오롱고에는 50여 채의 타원형 돌로 지은 집들이 죽 늘어서 있었다. 이 집들은 위층 벽을 아래층보다 돌출되게 쌓는 내쌓기 방식으로 돌을 올리고 그 위에 흙 지붕을 덮었으며 연안의 작은 섬들을 마주보며 반半 타원형으로 배열했다(화보 44). 집의 출입구는 기어서만 나다닐 수 있었고 집 안의 폭은 6~12m(벽의 두께는 약 2m)였으며 지붕까지의 높이는 1~2m 사이였다. 전체적으로 집은 카누를 엎어놓은 듯한 형태였다(하레 파엥가와 닮았다). 흔히 그림이 그려진 석판이 들어 있었고 그림의 주제는 대부분 새였다. 이 집들이 얇고 납작한 현무암으로 지어진 것은 이 시기에 목재가 부족했기 때문이라는 주장이 제기되어 왔으나 의식이 한 해에 한 번씩 열렸으므로 다음 번 의식이 거행될 때까지 이렇게 노출된 자리에서 1년 동안 꼬박 폭풍우 같은 악천후를 버텨내려면 돌을 재료로 짓는 수밖에 없었으리라는 주장이 더 그럴 듯하다.

의례는 성스러운 축복을 얻기 위한 경쟁에서 비롯되었다고 여겨진다. 그러나 마침내 의례가 종말을 고한 1878년에는 일종의 기술을 겨루는 시험으로 변질되었다. 이것은 1860년대에 들어온 선교 사절단의 영향 때문이다. 언제 이런 의식이 시작되었는지는 정확하게 알려져 있지 않다. 루틀지는 1866년으로 끝나는 86명의 신성한 새사람birdman 목록을 입수했다.[4] 누락된 이름들을 감안한다면 1760년 즈음에 의례가 시작되었다고 추정할 수 있다. 그러나 어떤 학자들은 그 기원을 그보다 몇백 년 전이라고 보기도 한다.

의식을 거행하는 목적은 한 해를 관장할 새로운 새사람을 찾는 데 있었다. 이 새사람이 지상에서 마케마케의 대리자가 되었다. 후보자들은 각각 자신을 대변할 젊은이를 뽑았다. 이들은 대대로 세습된 귀족 출신이라기보다는 승리를 구가하거나 유력한 부족에서 나온 야망에 불타는 전사들이었다. 해마다 9월이면(즉 봄이 되면) 이렇게 뽑힌 불운한 '스턴트맨들'은 깎아지른 듯한 300m 절벽을 타고 해안으로 내려가야만 했다. 해안으로 내려간 뒤에는 갈대 다발에 몸을 싣고 상어가 득실거리는 거친 파도와 거센 물살을 헤치면서 가장 크고 가장 멀리 떨어진 작은 섬, 모투 누이(3.6헥타르)에 닿아야 했다. 섬에 다다르면 이 젊은이들은 길게는 몇 주일 동안 철따라 이동하는 바닷새, 즉 검댕 제비갈매기가 날아들기를 기다렸다. 그 목적은 이 새가 가장 먼저 낳는 잡기 어려운 갈색 반점 알을 찾는 것이이었다. 그 알을 얻은 승자는 이 소식을 오롱고 절벽 꼭대기에 서 있는, 자신을 선발한 주인에게 소리쳐 알렸던 것으로 전해진다. 그 외침은 "머리를 짧게 깎으세요. 주인님이 알을 얻었습니

43. 멀로이가 복원한 오롱고 가옥 가운데 한 채의 횡단면. 자연석으로 만든 두꺼운 벽과 내쌓기 방식의 천장, 그리고 넓적한 돌과 흙으로 덮개를 씌운 것이 보인다. 작은 섬 모투 누이가 앞바다에 보인다.

44. 의식이 거행된 오롱고 마을의 가옥들.

45. 가파르게 경사진 오롱고 절벽과 앞바다에 떠 있는 작은 섬들. 이 사진을 보면 새알을 찾아 바다에 뛰어든 사람들이 모투 누이에 닿기 위해 얼마나 먼 거리를 헤엄쳐가야 했는지를 알 수 있다.

다"였다고 한다. 그러고 난 뒤에는 머리띠 속에 새알을 빠지지 않게 넣고서 헤엄쳐 되돌아왔다. 그러면 그 주인은 성스러운 새사람이 되었고 머리카락과 눈썹을 밀고 속눈썹을 뽑은 다음에 머리에는 그림을 그리게 했다. 반면 이 경쟁에서 진 사람들은 마타아를 가지고 스스로 머리카락과 눈썹을 밀었다.

새로 뽑힌 새사람은 라노 라라쿠 기슭에 마련된 타원형 가옥을 향해 떠나 그곳에서 일 년 동안 한가로운 은둔생활을 했다. 씻지도 않고 손톱을 깎는 일도 하지 않으며 지냈다. 이로써 격리생활을 했다는 것을 확실하게 증명했음이 틀림없다! 구해온 새알은 입김을 불어넣은 뒤 일 년 동안 매달아 놓았다가 나중에 라노 라라쿠의 균열된 틈 속에 파묻었거나 바다 속에 던졌을 것이다. 그게 아니라면 그동안 정상적인 생활로 되돌아온, 새알을 소유한 사람과 함께 나중에(마찬가지로 라노 라라쿠에) 묻혔을 것이다. 새알은 마력을 지닌 것으로 생각되었고 먹을 것을 더 풍족하게 가져다준다고 여겨졌다.[5] 의식이 거행된 마지막 몇 년 동안에는 새알을 차지한 승자가 속한 집단에서 라노 카우 기슭의 마타베리에 있는 가옥들을 차지했고 다른 집단을 쳐들어가서 약탈해도 아무런 처벌을 받지 않았다.

일반 거주지와는 달리 오롱고 마을의 가옥들은 땅속에 묻은 토기 화덕과는 긴밀한 연관성이 없었다. 그 대신에 의식에 참여한 사람들이 먹을 음식을 준비하는 자리에 특별히 화덕을 모아놓았다. 참가자들은 이렇게 마련된 음식을 들고 작은 섬으로 나가곤 했다. 혹은 하인이나 친척들이 음식을 가져오도록 했다. 왜냐하면 모투에는 물이 전혀 없었고 먹을 거라고는 물고기와 해초, 그리고 딸기류뿐이었기 때문이다. 새알을 찾아 떠난 이들에게 제공되는 음식은 다른 이들이 몰래 훔쳐가지 못하도록 감시해야만 했다.

앞바다의 작은 섬들은 이전에는 주로 흑요암이 함유되어 있어서, 혹은 바닷새가 오는 지역이라서 소중하게 생각되었는데 이제는 종교적 의미에서 새로이 중시되었다. 그 때문에 모투 누이에 있던 21군데의 토굴은 새알을 찾는 이들이 일시적으로 머무는 거처로 변경되었고 많은 수의 사람을 매장하는 장소로 이용되기도 했다. 그 토굴 가운데 여덟 곳의 벽에 정교한 암각화가 그려져 있었는데, 새사람들과 밝은 빨강색 가면을 쓴 마케마케도 보인다. 한 동굴에서는 붉은 흙으로 만든 도료가 한 무더기 숨겨져 있는 것이 발견되었는데, 이는 암각화를 그리는데, 혹은 비법을 전수받은 이들의 몸에 문양을 그려 넣는 데 쓰였을 것으로 보인다. 동굴 한쪽에서는 60cm 크기의 석상이 하나 발견되기도 했다. 루틀지의 설명에 따르면 이는 서부 세력과 동부 세력 영토의 경계선을 표시한 것이라고 한다.

상당히 큰 석상, '호아 하카나나이 아Hoa Hakananai' a'[6]라고 알려진 석상이 오롱고 중심에 자리한 한 가옥의 내부에 바다를 등지고 서 있었다. 석상을 에워싸도록 집을 지은 게 틀림없다. 발굴작업 결과 집 출입구 앞에서 엄청난 양의 목탄이 나왔기 때문이다. 이 석상은 가슴께까지 땅속에 파묻혀 있었는데 이는 가옥의 높이를 줄여야 했기 때문으로 보인다. 전형적인 모아이와 닮은 이 석상은 현무암으로 조각되어 있었고 등 쪽에는 새사람들, 춤을 출 때 쓰는 노들, 여성의 외음부, 그 밖의 다양한 주제들로 풍부하게 장식되었다. 아마 응회암으로 조각하는 것보다 훨씬 더 많은 품이 들었을 것이다. 붉은색과 흰색으로 칠한 흔적도 발견되었다. 석상은 기단부가 뾰족하게 되어 있으므로 기단에 세울 의도로 제작되지 않은 것임을 알 수 있다. 1868년에 무게 4톤, 높이 2.5m의 이 석상을 집 밖으로 끌어내는 데는 많은 양의 밧줄과 지레, 300명의 선원들, 200명의 원주민들이 필요했고 상당한 어려움이 따르는 작업이기도 했다. 지금 이 석상은 영국 박물관의 대정원Great Court of Britain Museum에 서 있다(화보 46).[7]

이 석상은 모든 전형적인 모아이의 원형이었다고 주장되어 왔다. 그러나 이 석상이 오롱고에서 숭배되었으리라는 관점에서 보았을 때는 상당히 후반기에 제작되었을 가능성이 훨씬 더 높다. 즉 옛 조상의 숭배의식과 새롭게 등장한 새사람 종교 사이를 잇는 중요한 연결고리라고 볼 수 있다. 석상의 앞면은 전형적인 모아이의 모습과 같지만 뒷면은 새로운 시대를 나타내는 주제를 모두 담고 있다. 가령 새사람, 이중 깃으로 이루어진 노(힘의 상징), 그리고 여성의 외음부(다산과 풍요의 상징) 같은 모티프가 그려져 있다.[8] 이 외에 변화를 시사하는 것으로는 예전에 석상을 제작했었던 채석장에 새사람의 거주지가 있었다는 점과 머리장식이 얹어진 석상들도 있었다는 점 등을 들 수 있다. 학자에 따라서는 머리장식을 한 석상은 전사를 상징하는 표지로 보기도 한다.

오롱고 마을 주변의 바위에는 1,274개의 암각화가 줄 모양으로 장식되어 있다. 특히 섬 전역에서 암각화가 가장 집중적으로 보이는 곳은 마타 느가라우라고 불리는 지점이다. 이곳의 암각화는 이미 그린 데다 겹쳐 그리는 경우가 많다.[9] 마타 느가라우에 퍼져 있는 현무암들은 밀도가 매우 높아서 석상을 제작하는 데는 상당히 많은 시간과 노력이 들었다는 것을 주목할 필요가 있다. 암각화에서 가장 두드러지는 모티프는 새사람이다(화보 48, 별지 화보 P). 새사람은 때로 새알을 들고 있는 경우도 있다. 지금까지 새사람 그림은 473군데에서 발견되었는데 그 대부분이(86%) 오롱고 근처에 있었고 그 밖의 다른 곳에서는 거의 발견되지 않았다. 그리고 발견되었다 하더라도 보다 초창기에 새겨진 것이라서 훨씬 투박한 형태이다(아나케나에서 발견된 새사람이

46. 1868년에 영국인들이 오롱고 마을의 한 가옥에서 꺼낸 독특한 모양의 현무암 석상. 이 석상은 지금 런던의 대영박물관의 대정원에 놓여 있다. 석상의 이름인 '호아 하카나나이 아'는 '훔친 친구'라는 뜻이다. 석상의 무게는 4톤, 높이는 2.5m이다. 등 뒤에는 도드라지게 조각한 고리와 허리띠 장식, 새사람, 노, 그리고 여성의 외음부를 비롯하여 장식이 풍부하다.

그 예이다). 그러나 후반기에 제작된 석상은 좀더 완전한 형태를 이루고 있고 이전에 그려진 그림을 지우고 새로 새긴 흔적도 종종 보인다. 후반기에 제작된 석상은 오로지 오롱고 마을을 에워싼 지역에서만 발견된다. 이 석상들은 각각 경쟁에서 승리한 자의 초상이라는 견해가 강력하게 제기되어 왔다. 어떤 석상의 경우는 가옥에 일부분이 묻혀 있기도 해서 가옥을 세운 시기보다 앞서 제작된 것으로 보인다.

이렇게 후반기에 제작된 석상들 중에 많은 수가 구부정한 자세이고 손과 발이 선명하게 그려져 있다. 그리고 군함새처럼 갈고리 모양의 부리와 인후가 자루처럼 늘어진 모습이다. 의식에 관계된 새는 검댕 제비갈매기지만 군함새들도 멀리 솔로몬 제도에 이르기까지 태평양 섬의 종교의식에 중요한 새였다. 군함새는 날아가는 모습이 당당하고 성적으로나 자기 구역을 지키려는 습성이 탐욕스러울 정도로 강하다. 수컷의 부리 아래 늘어진 붉은 자루 모양의 살집은 구애나 교배를 할 때는 풍선처럼 크게 부풀어오른다. 섬사람들이 이 새를 왜 중요시했는지 쉽게 이해할 만하다. 붉은색을 중시한 것과는 별개로 이 새의 행동은 섬사람들의 생활방식을 고스란히 반영했기 때문이다. 즉 약탈과 강탈을 일삼은 그들은 군함새와 마찬가지로 이웃의 둥지를 허물어뜨리고 잔가지들을 훔쳐오기까지 했다(자잘한 가지를 훔친 데서 섬사람들이 얼마나 목재를 절실하게 필요로 했는지를 엿볼 수 있다).

과거에는 군함새가 이스터 섬에 빈번하게 날아들었던 것 같다. 그러나 오늘날에는 이 새가 섬을 찾는 경우는 상당히 드물어졌다. 아마도 섬에 둥지를 틀 만한 나무가 없기 때문일 것이다. 1983년에 하늘을 나는 40마리의 군함새가 보였다. 그러나 섬에 내려 둥지를 튼 새는 단 한 마리도 없었다. 더욱이 이 새는 2년마다 알을 한 개씩 낳는데, 만일 방해를 받거나 불안한 기분이 들면 절대로 둥지를 틀려 하지 않는다. 이것은 어째서 해마다 모투 누이를 찾아오는 게 좀더 확실한 검댕 제비갈매기를 숭배의 대상으로 삼았는지 그 이유를 설명하는 데 도움을 준다. 그러므로 검댕 제비갈매기는 차선책으로 받아들여졌던 것 같다. 왜냐하면 두 종류의 새 모두 끝부분이 물갈퀴처럼 생긴 발가락과 두 갈래로 갈라진 꼬리를 달고 있기 때문이다. 물론 제비갈매기의 경우는 부리가 똑바르고 턱밑 살이 자루처럼 늘어져 있지는 않다. 제비갈매기 한 마리가 한 해에 낳을 수 있는 알은 먼저 낳은 두 개의 알을 집어간 경우일 때 최대 세 개이다. 그러나 이제는 이 제비갈매기도 꼭 돌아오리라고 보장할 수 없게 되었다. 아마도 과거에 지나치게 이용한 탓일 것이다. 그래서 1983년에는 오직 한 쌍의 제비갈매기만이 이스터 섬 연안의 작은 섬에 둥지를 틀었다.

새가 나타내는 상징은 대체로 자명하다. 새들은 날고 싶은 곳이라면 어디든지 날아갈 수 있는 존재, 섬에 붙박인 사람들과는 달리, 원한다면 언제든지 섬을 떠날 수 있는 존재인 것이다. 사람과 새의 요소를 결합시키는 것은 동남아시아에서부터 멜라네시아를 거쳐 폴리네시아의 섬들에 이르기까지 오세아니아의 예술 형태에 일관되게 나타나고 있다. 이것은 신이나 조상의 혼백과 연관된다. 모아이가 날개처럼 생긴 손 모양을 하고 있다는 사실을 떠올릴 수 있을 것이다(172쪽). 일반적으로 대형 육상 포유동물들이 없는 이들 섬에서 새의 상징을 강조한 것은 이해할 만하다. 오세아니아 신화에서 새는 늘 주목받는 자리를 차지하고 있고 신과 신비로운 관계를 맺고 있다고 여겨진다. 즉 신의 사자이거나 영혼의 운반자 역할을 한다고 믿는다. 바닷새가 특별히 상징적인 것은 이 새가 육지와 바다와 하늘을 통합한 존재이기 때문이다. 새 머리를 한 인간의 모습은 시간과 공간상 멀리 떨어진 지역에도 보인다는 점 또한 기억할 만하다. 호루스와 토트 같은 이집트 신들이나 기원전 약 15,000년의 프랑스 라스코 동굴에 그려진 새 머리를 한 사람의 그림도 그 예이다. 위에서 보았듯이 새사람 개념은 이 섬에 뒤늦게 유입된 것이 결코 아니었다. 오롱고의 가옥보다 시기적으로 앞섰고 얼마간 진화·발전을 거친 것으로 보인다. 따라서 새사람과 마케마케 개념은 부차적인 이데올로기로서 시작되었을 것이다. 즉, 구전에 따르면 호투 마투아와 더불어 마케마케 숭배사상이 들어왔다고 한다. 차츰 새사람을 숭배하는 종교를 채택하게 되고 나중에는 지배적인 종교로 자리잡게 된 데는 전사계급의 필요성뿐만 아니라 전사의 통치를 정당화하려는 의도가 반영되어 있다고 하겠다.

새알 숭배의식이 새로이 등장한 것은 새의 수가 줄어든 상황이 촉발한 측면도 있을 것이다. 새가 줄어들자 섬에서 단백질 자원이 감소하는 것을 막아야 했을 것이다. 새들이 사람에게 피해를 입지 않고 안전할 수 있도록 이스터 섬에서 모투 누이로 몰고 가는 마케마케와 그 밖의 다른 신들을 묘사한 신화가 여럿 있다. 이런 견지에서 볼 때 메트로와 함께 모투 누이로 온 몇몇 섬사람들이 그곳에 온 지 채 반 시간도 안 되어 무려 100개가 넘는 새알을 게걸스럽게 삼켜버렸다는 사실은 의미심장하다.

부릅뜬 눈과 가면을 쓴 얼굴은 오롱고 지역의 암각화에서 새사람과 더불어 흔히 나타나는 모티프이다. 이것은 다른 신들이나 조상들, 혹은 특정 개인을 가리킬 수도 있겠지만 보통은 마케마케를 상징하는 것으로 여겨진다. 어떤 얼굴에는 의도적으로 서로 균형이 맞지 않은 눈을 새겨 넣기도 했다. 폴리네시아의 다른 지역에서와 마찬가지로 새사람과 몇몇 가면에서 보듯이 둥근 눈은 초자연적인 존재를 가리키는 반면에, 석상에서 보이는 것처럼 타원형 눈은 자연물에서 나타났다. 어떤 가면 얼굴에 표현된 코는 긴 모양이 남성의 성기와 닮았다. 그러나 주로 새겨진 것은 여성의 성기였다.

여성의 외음부(코마리, komari)는 이스터 섬의 암각화에 가장 흔하게 표현된 모티프이다.[10] 그리고 지금까지 발견된 564개 가운데 돌베개와 작은 입상들, 두개골 등에 새겨진 것을 제외하고 334개나 오롱고에 있다. 이는 이 유적지에서 발견된 전체 암각화의 30%를 차지하는 것이다. 아나케나에서는 이런 그림이 하나도 발견되지 않았다. 전통적으로 옛 귀족의 본거지인 이곳은 새사람과 다산을 숭배하는 종교처럼 새로운 질서를 끌어들이는 데 완강하게 저항했을 것이다. 오롱고에서는 여성의 외음부를 표현한 그림이 의식을 거행하는 집 안에도 새겨져 있는 것을 발견할 수 있다. 그림의 크기는 4~130cm까지 다양하다. 여자아이들은 아주 어린 나이 때부터 의도적으로 자신의 음핵을 크게 늘렸던 것으로 알려져 있다. 이는 가장 길고 훌륭한 음핵을 가진 여자가 가장 훌륭한 전사의 마음을 사로잡아 남편으로 맞을 운명이라고 믿었기 때문이다. 특별한 의식이 거행될 때 소녀들은 오롱고에 있는 두 개의 바위 위에 서 있었고 제사장들이 그들을 검사했다. 가장 훌륭한 음핵으로 평가된 처녀의 성기는 돌에 새겨 영원하게 만들었다. 다산을 강조한 것은 라파 누이 문화의 마지막 단계에 해당하는 것으로 보인다. 왜냐하면 여성의 외음부가 후기 스타일의 새사람 조각 위에 최소한 48차례나 겹쳐서 새겨져 있기 때문이다. 그런가 하면 쓰러진 한 미완성 석상은 얕은 양각으로 새긴 거대한 외음부 속에 깊고 매끈하게 파고 들어간 형태로 조각되기도 했다. 길이가 46cm, 넓이는 25cm인 이 조각상은 눈에 잘 띄는 자리에 세워졌다.

이스터 섬에는 바위그림이 상당히 풍부하다. 약 1천 군데의 유적지에서 4천 점 이상의 암각화와 수천 개의 석상들이 오롱고와 아나케나 같은 해변의 종교적 중심지를 에워싸며 밀집되어 있다. 반면에 그림을 새길 만한 바위나 돌이 희귀했던 내륙에서는 거의 찾아볼 수 없다. 이렇게 작은 섬에 이토록 풍부하고 다양한 암각화가 간직되어 있다는 사실은 굉장하다. 양뿐만 아니라 디자인과 제작기술, 솜씨에 있어서도 최상의 수준과 품질을 보여준다. 간단한 조각에서부터 정교한 얕은 양각기법을 활용한 조각에 이르기까지 모든 조각에는 원래 홈줄마다 색을 입혔던 것 같다. 그림들은 앞에서도 언급했듯이 몇몇 동굴은 물론이고 오롱고의 주거지 내부에도 남아 있다. 아나 카이 캉가타의 이름난 동굴(233쪽 참조)에는 아름답게 그려진 후기의 제비갈매기 그림이 남아 있다. 그림은 아주 높은 곳에 그려져 있어서 발판을 디디고 작업한 게 분명하다.

바위그림의 대부분은 꽤 후반기에 와서 그려진 것으로 보인다. 특히 카누나 컵 모양을 새긴 디자인은 쓰러진 석상들에서 흔히 발견된다. 그리고 원통형의 푸카오는 승리를 표시한 자리에서 보인다. 라노 라라쿠 기슭에 서 있는 석상의 가슴팍에는 세 개의 돛대와 유럽인이 탄 열다섯 척의 배도 묘사되어 있다. 특정한 지역에서 특별한 모티프의 그림을 집중적으로 새겨 넣은 것은 전쟁 기간 동안 정복한 집단이 자신이 획득한 영토를 표시한 것으로도 볼 수 있다. 자기 씨족의 우월성과 탁월성을 표시하고자 한 욕망은 분명 이 섬의 추동력이 되었다. 섬에 남아 있는 놀랄 만큼 풍부하고 다채로운 휴대용 소형 조각품과 마찬가지로 바위그림은 수백 년 동안 거대한 석상을 제작해낸 장인의 기술이 완전히 소멸된 것은 아니라는 사실을 보여준다. 돌과 나무를 재료로 삼아 장인 조각가들의 '길드'가 예전과 다름없는 완벽한 솜씨를 다른 방식으

47. 베개(느가루아, ngaru'a)로 쓰인 현무암 조약돌에 보이는 여성의 외음부. 길이 26cm인 이 돌은 지금 하와이 호놀룰루의 비숍 박물관에 있다.

로 발휘했던 것이다. 라파 누이의 암각화에 나타난 모티프 중에는 이 섬의 과거로부터 풀리지 않은 채 남아 있는 한 가지 미스터리와 연관된 것도 있다.

롱고롱고

이스터 섬에 변함없이 수수께끼로 남아 있는 대상은 바로 롱고롱고이다. 이것은 정말 문자의 한 형태일까? 그리고 좀더 결정적으로, 섬사람들이 스스로 고안해낸 것일까? 롱고롱고는 나란히 새겨진 기호들로 이루어져 있는데, 그 가운데 많은 부분이 새와 부리 등을 상징한다. 한 줄씩 건너가며 순서가 거꾸로 뒤바뀌어 있고 전체적으로는 균일하고 능숙하게 새겨 쓴 상형문자들이 빼곡하게 담겨 있다는 인상을 준다.[11]

전설에 따르면, 호투 마투아는 이 문자들을 읽고 쓸 줄 알았고 이스터 섬에 들어올 때는 67개의 문자가 새겨진 판을 들고 왔다고 한다.[12] 그러나 전설 속에서는 라파 누이의 고유 수종들 가운데 많은 경우도 호투 마투아가 들여온 것이라고 하기 때문에 롱고롱고 문제와 관련해 전설을 신빙성 있는 자료로 보기에는 무리한 측면이 있다. 이보다 타당하고 적절한 것으로 기억해둘 만한 사항은 초기에 섬을 찾은 유럽인들 가운데 단 한 사람도 서판tablet이나 문자에 대해 언급한 이가 없었다는 사실이다. 물론 그들 가운데는 해안을 탐색하거나 원주민의 집 안으로 들어가 보는 등 조사를 하며 섬에서 며칠씩 보낸 이들도 있다. 롱고롱고에 대해 언급한 가장 최초의 기록은[13] 선교사로 왔던 외젠느 에로가 1864년에 자신의 담당 수도원장에게 보낸 편지이다. 그는 이렇게 썼다. "섬사람들의 집마다 나무나 막대기로 만든 서판이 보입니다. 거기에는 매우 다양한 그림문자들이 새겨져 있고……문자마다 고유한 명칭을 갖고 있습니다. 그러나 섬사람들이 어찌나 이 서판을 대수롭지 않게 여기는지, 저로서는 다른 원시글자처럼 지금의 섬사람들에게는 이 기호들이 그 의미를 찾아보지 않은 채로 그저 보존해야 할 풍습 같은 것이 되었다고 생각할 수밖에 없습니다. 이 섬의 원주민들은 어떻게 읽는지, 그리고 어떻게 쓰는지 전혀 모릅니다." 모든 집에서 이 서판을 발견했다는 에로의 주장은 그보다 앞서 이 섬을 찾았던 사람들이 이에 대해 아무런 언급이 없었다는 사실과 어긋난다. 그리고 섬사람들은 서판을 특별한 가옥에 따로 보관했고 매우 엄격한 타푸였다는 루틀지 여사의 믿음과도 상충되는 것이다.

명확하게 내릴 수 있는 결론은 '글자script'라는 것이 상당히 후반기에 나타난 현상이었다는 점이다. 손으로 글을 쓰는 것은 1770년에 곤살레스가 이끈 스페인 사람들의 방문이 직접적인 자극이 되었다. 이때 스페인 사람들은 이스터 섬의 족장들과 제사장들에게 문자로 작성된 합병 선언서에 '섬사람들의 문자로 서명하라rubriquen en forma de sus caracteres'고 제안했다. 이것이 섬사람들이 처음으로 경험한, 평행선으로 표현된 말이었을까? 합병 문서는 지금 남아 있는데, 거기에 표시된 내용(화보 49)은 오른편에 그려진 전형적인 새 모티프와 여성의 외음부를 제외하면 전혀 의미를 파악할 수 없다. 여기에 표시된 새와 외음부 그림은 서판에 새겨진 문자들과 유사하고 바위그림의 형상과는 똑같다.

그러므로 아직까지 풀리지 않고 남아 있는 딜레마는 다음과 같다. 유럽인들이 섬에 들어오기 전에 이미 섬사람들은 자신들의 '글자'를 만들었을까? 혹은 합병 문서를 보고 난 뒤에 기억 부호처럼 상징을 적는 방식을 고안한 것일까?

한 가지 증거는 서판에서 발견된 모티프 가운데 많은 종류가 이 섬에 풍부한 암각화에도 잘 표현되어 있다는 점이다. 그러므로 어떤 학자들은 이것을 롱고롱고가 고대에 발생했음을 가리키는 가능한 증거로 간주한다. 물론 이에 대해 고고학적으로 증명된 바는 전혀 없고 글자가 새겨진 돌이 발견된 것도 전혀 없다. 스페인 사람들이 제시한 서류를 보고 고무된 섬사람들이 '글자' 방식을 채택하기로 결정했을 거라고 확고하게 주장하는 학자들도 있다. 섬사람들이 전혀 새로운 형태를 고안해냈다기보다는 이미 익숙한 모티프들을 사용했을 가능성이 높다고 보는 것이다.[14] 다시 말하면, 롱고롱고 기호들과 암각화에 그려진 모티프들이 보이는 유사성은 이 수수께끼에 아무런 해답도 주지 않는다. 이 외에도 만일 '글자'가 이미 존재했었다면 왜 족장들과 사제장들은 스페인 서류에 그 모티프들을 더 많이 활용하지 않았을까, 하는 의문이 남는다.

그 기원이 무엇이든 간에 롱고롱고는 현재 세계 곳곳의 박물관으로 흩어진 25점의 목판에 새겨진 형태로만 남아 있다. 19세기 말에서 20세기 초에 걸쳐서 임시로 만들어진 '책'의 종이 위에 남아 있는 기호들도 있지만, 이것은 섬사람들에게 '하위의 글자 형태'로 여겨졌다. 25점의 나무판에는 1만4천 개가 넘는 '그림문자glyphs'가 들어 있고 그 가운데는 지팡이가 새겨진 것도 있다. 지팡이는 원래 롱고롱고 전통 공예품이었을 것이다. 바람에 날려오거나 물에 떠내려온 목판에다 나중에 이 지팡이의 모양을 본떠 정교하게 새긴 것으로 보인다. 원래 이런 목판은 코우하우 타kouhau ta, 혹은 '글자가 새겨진 지팡이 written staffs'라고 불렸을 것이다. 또 다른 이름 코하우 모투 모 롱고롱고Kohau motu mo rongorongo는 최근에 고안된 말인데, 세바스천 잉글러트는 이를 '암송용으로 새긴 문장the lines of inscriptions for recitation'이라고 해석했다. 흔히 코우하우 롱고롱고kouhau rongorongo(암송용 목판, wooden board for recitation)라고 줄여서 부르기도 하는데[15], 메트로는 이것이 '영창을 부르는 이가 든 지팡이 chanter's staff'라는 뜻이므로 망가레바와 마르케사스 제도의 연관성을 시사하는

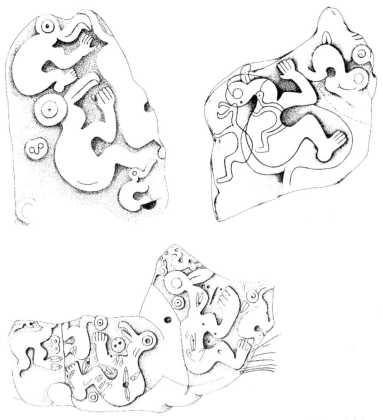

48. 오롱고 마을에서 발견된 많은 새사람 그림 가운데 조지아 리가 투사한 것〔자주 등장하는 눈가리개 모
티프도 눈여겨보라. 마타 느가라우에서 나온 위의 오른쪽 그림은 초창기에 새겨진 뭉툭한 새사람들 형태
에 좀더 정교한 후반기의 형태가 끼어들거나 부분적으로 지워진 흔적을 보여준다. 아래쪽 그림에서는 코
마리(외음부)가 새사람의 머리 위에 새겨진 것을 주목하라〕.

것으로 믿었다. 마르케사스 제도에서는 영창의 리듬에 맞추어 막대기나 장대
를 두드렸기 때문이다.

　롱고롱고(영창, 암송)라는 용어는 1870년대 이전에는 라파 누이에 존재하
지 않았다. 망가레바에서 가톨릭 선교를 포기하고 돌아온 사람들에 의해 유
입된 것이 분명하다. 망가레바에서는 롱고롱고가 성스러운 마라에 노래를 암
송하고 기억하는 임무를 맡은 높은 지위의 전문가 계급이었다. 따라서 이 개

49. 1770년에 섬사람들이 스페인의 선언 문서에 표시한 형태들.

넘이 라파 누이에 최초로 정착한 이들과 함께 들어왔을 가능성이 아주 높다. 그리고 '글자script' 역시 마찬가지일 것으로 보인다.

지금까지 남아 있는 라파 누이 목판들은 모두가 125년이 넘은 것들이다. 많은 경우 전혀 사용하지 않은 것처럼 보이는데다가 이 섬에 나지 않는 외래 수종으로 만든 목판인 경우도 있다. 심지어는 유럽에서 만든 노도 있다. 그러므로 그것들은 모두 유럽과 접촉한 때보다 시기적으로 뒤에 해당하는 것으로 보인다. 1862년에 페루인들이 섬을 약탈하고 섬사람들을 노예로 잡아가는 바람에 문자판을 제대로 이해했던 마지막 섬사람들마저 사라졌다는 이야기가 나오기도 했지만 이는 사실과 다르다. 문자판은 귀족들과 추장, 제사장만 알 수 있었는데 이 권력층 사람들 모두 페루에 노예로 끌려갔다는 것이다. 섬의 연장자들 가운데 많은 수가 페루 노예상들의 습격과 약탈을 모면했던 것으로 보인다. 그러나 노예로 끌려가지 않았다 하더라도 노예로 잡혀갔다가 섬으로 살아 돌아온 극소수의 사람들이 옮긴 전염성이 강하고 치명적인 폐렴과 천연두에 감염되어 이들도 모두 쓰러지고 말았다.[16]

1886년에 이 문제와 관련된 정보를 톰슨에게 제공해준 사람은 한 번도 문자판을 소유해보거나 만들어본 적이 없었고 롱고롱고 문자판을 소유했던 섬의 족장이 부리던 하인 출신이었다. 그런데 그는 남의 눈을 피해 은밀히 문자판의 내용을 얼마간 외워두었었다. 루틀지 여사는 어린 시절에 이 문자판을 읽는 걸 들어보기만 했을 뿐 개인적으로는 '글자'를 전혀 모르는 보통 사람들만 몇 명 만나보았다. 즉 문자판을 해독할 만한 전문가는 한 사람도 남아 있지 않았던 것이다. 섬사람들은 마치 성가집 내용에 대해 질문을 받은 문맹지역의 교구민과 같았다고 한다. 섬사람들은 문자판과 거기에 새겨진 내용을 소중히 여기고 숭배하기는 했지만 그들을 이끌어줄 만한 종교 지도자가 없었기 때문에 그 내용이 무엇인지에 대해서는 아무런 정보도 제공해줄 수 없었다.

1930년대에 메트로는 새로운 문자판에 대한 정보를 얻고자 1천 페소를 지불했지만 소득이 없었다. 많은 문자판들이 이미 파괴되었기 때문이다. 섬사람들이 톰슨에게 전한 말에 의하면 선교사들이 이 문자판들을 이교도의 우상이라며 불태우게 했다고 한다. 그러나 또 다른 섬사람들은 이를 강경하게 부정했다.[17] 어느 선교사는 마을 원주민들이 이 문자판을 음식을 만드는 데 불쏘시개로 썼다고 들었다. 그리고 선교 사절단이 파견되기 전에는 전쟁의 와중에 파괴되었거나 의도적으로 불에 태워버리기까지 했다고 들었다. 족장의 화장용으로 만든 장작더미 속에 롱고롱고 문자판이 들어 있는 경우도 있었다고 했다. 불태우지 않고 남은 문자판들은 영예로운 존재가 죽으면 땅에 함께 묻었다고도 했다. 잉글러트는 과거에 에로가 발견했다는 많은 문자판들이 새로 등장한 종교에서 이교도의 타푸 상징물로 여겨질까봐 성스러운 동굴 속에 숨겨져 왔다고 믿었다.

문자판에 상당히 깊은 관심을 보인 타히티의 가톨릭 주교 하우젠은 선교사들을 보내 타히티로 가져오게 했다. 이 문자판이 불타 전부 사라지지 않고 오늘날 우리가 연구할 수 있게 된 것은 대체로 이 선교사들의 노력 덕분이다. 하우젠은 메토로라는 이름의 섬사람에게 선교사들이 구한 문자판을 읽어보라고, 아니 읊조려보라고 했다.[18] 그 결과 얼마간 값진 단서들을 얻긴 했으나 결코 로제타석처럼 내용을 푸는 실마리는 찾지 못했다. 배움을 받지 못한 메토로는 흡사 대학교재 내용을 설명하려고 안간힘을 쓰는 어린 학생 같았다고 전해진다. 게다가 그가 읽은 내용도 정확하지 않은 것투성이였다. 그럼에도 롱고롱고 문자판은 교대로 돌아가면서 읽게 되어 있다는 사실은 알 수 있었다. 따라서 '역순의 좌우교대식 서법'(92쪽 참조)으로 그림문자가 배열되어 있다는 것은 문자들이 죽 이어져 가다가 행의 끝에서 180도 돌아가도록 구성되었다는 뜻이다. 그 이후 1874년에 어느 섬사람에게 다시 문자판 내용을 읽어보도록 했더니, 같은 텍스트인데도 3주 연속으로 주일마다 읽어준 내용이 매번 달랐다!

알프레드 메트로와, 그 뒤를 이어 롱고롱고 목판 연구에서 최고의 전문가가 된 토마스 바르텔에 따르면 이 그림문자를 구성하는 기본 요소는 약 120가지이고 그 대부분이 사물이나 생물의 외형을 양식화한 것이다. 그런데 이 형태들이 서로 결합되면 1,500~2,000가지의 합성기호를 만들어낸다.[19] 이 기호들은 흑요암 파편과 상어의 이빨로 새겼다.[20] 가장 풍부하게 나타난 모티프는 검댕 제비갈매기인데, 여기에는 검댕 제비갈매기 머리 모양을 하고 앉은 새사람도 포함된다. 바르텔과 여러 학자들은 이 모티프들이 음성 표기법의 기본이라고 결론지었다. 이 표기법에서 그림으로 표현된 상징물들은 사물뿐 아니라 관념을 나타내는 것으로 보았다. 다시 말하면, 낱낱의 그림문자는 다른 글자에서처럼 알파벳이나 혹은 음절을 표시하는 것이 아니라 완전한 한 단어나 생각을 유추하는 단서를 제공하는 '큐 카드cue cards'이고 묵주알처럼 숫자를 세고 기억하는 수단도 된다. 각각의 기호들은 많은 양의 내용을 암기하기 위해 달아놓은 일종의 걸이용 못이었다. 거기에는 관사도, 접속사도, 문장도 없다. 빠진 단어들은 문자판의 내용을 암송하는 사람이 채워 넣어야 했다. 이것은 읽는 법을 배우지 못한 섬사람들이 왜 한 가지 텍스트를 다양하게 해독했는지 그 이유를 말해준다. 이 사람들은 문자판에 담긴 주제에 대해서는 대충 알고 있었을 것이다. 그러나 세세한 내용은 즉흥적으로 생각해내야 했을 것이다.

상황이 그렇다면, 우리가 완전하고 정확하게 문자판을 해독할 수 있는 가능성은 희박하다. 섬에서 뜻밖의 발굴물이 새로 나와서 지금으로서는 불충분하고 빈약한 문자판 자료들이 보충되고 보완되는 일이 생기지 않는다면 말이

50. 나무에 새긴 이 문자판은 '마마리Mamari'로 알려져 있지만 섬사람들은 '코하우 오 테 탕가(Kohau o te tanga 죄수 문자판)'라고 불렀다. 이 문자판은 타히티의 주교 하우젠이 1868년에 습득한 것인데, 길이가 30cm, 폭은 21cm이고 양쪽으로 총 1천 가지 그림문자를 포함한 14행의 기호가 담겨 있다. 지금은 로마의 성심수도회연합Congregation of the Sacred Heart에 보관되어 있다.

다. 그럼에도 바르텔과 여러 학자들은 상징들을 식별해내는 데, 그리고 서로 다른 텍스트가 담고 있는 주제를 검토하고 평가하는 데 상당히 큰 진전을 이루었다. 가령 어떤 목판은 달력을 나타내는 것으로 보인다. 학자들은 문자판에는 역대 왕의 이름이나 종교와 숭배 대상을 설명한 텍스트, 신들을 경배하는 찬가, 제사장에게 필요한 가르침, 살해된 사람들의 목록, 창조신화 등도 담겨 있다고 믿었다.

1995년에 스티븐 피셔는 롱고롱고 목판 구조의 많은 부분을 해독했다고 언명했다.[21] 그의 주장은 세상을 떠나기 직전의 토마스 바르텔에게서 '무한한 지지와 독려'를 받았다. 그러나 일군의 다른 연구자들, 롱고롱고 문자에 대해 나름의 확고한 견해를 견지해왔던 이들을 납득시키지 못한 것은 불가피한 결과였다. 피셔에게 실마리를 제공한 일종의 '로제타석'은 산티아고 막대

51. 산티아고 막대기의 일부. 그
림문자 사이에 새겨 넣은 수직선
들이 보인다.

기였다. 이것은 무게가 2kg으로 나무로 만든 홀이었고 126×6.5cm 크기였는
데, 예전에 이스터 섬의 아리키ariki, 혹은 지도자로 문자판을 가장 많이 보관
하고 있었던(2천3백 점) 한 사람의 소유물이었다. 이 막대기는 군데군데 평범
한 그림문자로 장식되어 있고 불규칙한 간격으로 약 103개의 수직선이 그어
져 있다. 피셔는 이 수직신이 세 종류의 그림문자를 세 그룹으로, 혹은 3배수
로 구분하고 있다는 사실을 알아냈다. 나아가 세 가지 그림문자로 이루어진

52. 산티아고 막대기에 나타난 텍스트의 한 부분을 그린 것.

거의 모든 그룹의 맨 앞에는 '남근 형태의 접미사'(화보 52)가 들어 있다는 것도 알아냈다. 이것은 1870년대에 라파 누이의 정보제공자에 의해 남근이라는 것이 처음으로 확인되었다. 1886년에 섬의 연장자가 들려준 암송을 바탕으로, 그리고 폴리네시아의 다른 지역에서 불려졌다는 영창과 종교를 바탕으로 하여 그는 이 막대기에 새겨진 내용이 창조의 노래, 우주의 생성 혹은 탄생을 담고 있다는 것을 알게 되었다. 즉 교미의 전 과정을 표현한 것으로, 세상 만물의 탄생을 표현하고 있음을 알게 되었다. 세 개 한 벌로 이루어진 그림문자의 맨 처음 기호는 따라서 교미를 하는 존재, 두 번째 기호는 교미를 받는 존재, 마지막 세 번째 기호는 이 교미의 결과 태어난 자식이라는 것이다.

그 이후에 피셔는 지금까지 알려진 25점의 롱고롱고 전통공예품 가운데 적어도 15점은(60%) 전체 혹은 일부가 우주의 생성이나 출산, 생식을 나타내는 3인조의 그림문자로 이루어져 있다는 결론을 내렸다. 그러나 그 15점 가운데 12점의 경우에는 남근 접미사가 빠져 있다는 사실도 확인했다. 따라서 그는 이 글자가 일종의 글자 수수께끼(즉 3인조로 이루어진 각각의 그림문자는 사물을 나타낸다)이자 의미를 그림으로 표현한(즉 남근 접미사는 말에 기대지 않고 하나의 행위를 나타낸다) 혼합 표기법이라고 생각한다.

만일 피셔의 생각이 옳다면 우리가 아직 문자판을 읽을 수는 없다고 할지라도 거기에 적혀 있는 내용을 대부분 아는 것이다. 이스터 섬 사람들이 독자적으로 고유의 '글자'를 개발했거나 외부의 영향을 받았거나 상관없이 이 섬의 문화가 인류 역사상 가장 수준 높은 발전을 이룩한 독특한 신석기 문화라는 사실은 명백하다.

제12장

자멸한 섬

고고학에서 문화나 시기를 상/중/하처럼 세 가지로 나누는 것은 일반적이고 또 편리한 방법이기도 하다. 이스터 섬도 이런 분류에서 예외는 아니어서 이 섬이 거쳐온 역사의 전 과정을 더듬어보는 최초의 시도(1950년대의 노르웨이 원정대에 의해 이루어짐)가 세 단계라는 체계로 매듭지어진 것은 전혀 새삼스러운 일이 아니었다. 즉 초반기(400~1100년), 중반기(1100~1680년), 후반기(1680~1722년)로 분류되었다. 이 분류체계에 대해 의문을 제기하는 연구가 잇따라 나왔지만 이 새로운 연구 역시 비슷한 속성을 지닌 또 다른 세 단계를 제시했을 뿐이다. 즉 정착기(1000년까지), 확장기(1000~1500년), 쇠퇴기(1500~1722년)로 나눈 것이다. 연대순 분류나 제례용 기단, 석상, 매장 등을 주제로, 혹은 건축, 조각, 암각화를 주제로 나누어볼 수도 있겠다. 기단과 석상을 제작한 '황금기'는 12세기 중반에 시작된 것으로 보인다. 그리고 이스터 섬의 '문화절정기'는 15세기였던 것 같다. 1500년경 이후부터는 더 이상 기단 위에 석상을 세우지 않았던 것으로 추정된다. 세웠더라도 극소수로 한정되었을 것이다. 1882년에 가이슬러는 섬의 최고 연장자로부터 마지막 석상 채석 작업이 250년 전의 일이라는 말을 들었다.[1] 그리고 그 이후로는 경제적으로나 인구통계학적으로 석상 제작이 쇠퇴일로에 들었다고 했다.

화려하고 장엄한 건축과 조각을 만든 종교적 동기 이면에는 조각품과 건축물을 진열하고 과시하려는 부족들의 자긍심이 깃들어 있었고,[2] 폴리네시아의 특징이라고 수 있는 치열한 경쟁의식도 자리잡고 있었다. 대개의 문화에서 복합적인 속성은 인접지역이나 부족들과 상호 작용과 생각을 교류하는 기회가 활발하게 이루어지는 것과 밀접하게 연관되어 있는 듯하다. 이런 상호작용과 교류의 기회가 없으면 문화에 담긴 응용력이나 변화의 양상이 단조롭고 단순하게 보인다는 게 통념이다. 그러나 이스터 섬이 끊임없이 사람들을 매혹시키고 사로잡는 이유는 바로 이런 통념을 거스르는 문화로서 악명이 높기 때문이다.

그런데 헤아릴 수 없이 많은 양의 기념비를 채석하고 세우고 또 운반하는 일이 엄청나게 증대하자 식량의 공급도 그만큼 늘어났고 농사를 짓는 이들이 석상 제작에 투여된 사람들을 먹여 살려야 하는 상황이 불가피해졌다. 인구가 증가해갈수록 이렇게 기념비를 제작, 운반하는 종교적 활동도 강화되어 갔으므로 점점 더 많은 식물을 소각하고 나무를 벌목하게 되어 삼림이 훼손되고 수풀이 고갈되었을 것이다. 그것은 불가불 침출과 토양의 부식이라는 결과를 낳았다. 그리고 바람을 더 많이 받아 토양의 수분이 증발함으로써 농작물 생산량이 감소하게 되었다. 땅 위에 자라는 초목의 비율이 점점 줄어들자 수분을 유지하는 양도 줄어들었고 이는 고갈된 샘물과 과거에 의지할 만했던 시냇물까지 말라버리게 했으며 수분 공급도 어렵게 했다. 대형 목재가 사라져가자 점차 심해 어업을 포기하게 되었고 따라서 절실하게 필요한 단백질의 공급원도 줄어들어갔다. 섬사람들은 정원에 울타리를 두르고 토양이 귀중한 수분을 그대로 함유할 수 있도록 돌로 뿌리 덮개를 만들어주는 식으로 이러한 상황에 대처했다. 이것은 그들이 어떤 곤경에 빠졌었는지를 여실히 보여준다. 이론적으로 볼 때 가뭄은 상황을 더욱 악화시켰을 것으로 보인다.

그러나 섬사람들이 재난을 자초한 것은 분명 긴요한 자원을 지속적으로 파괴했기 때문이다. 섬사람들은 야자나무를 남벌했고 그들이 의식하지 못한 채로 들여온 쥐들 때문에 야자나무는 더 이상 살아날 수가 없었다. 미묘하게 유지되어 오던 균형은 무거운 중압감에 눌려 결국은 뒤엉켜버렸다. 환경의 붕괴는 돌이킬 수 없게 되었다.

폴리네시아에서는 독보적인, 1천 년 세월의 경이적인 평화는 산산이 깨지고 말았다. 예전에는 경쟁적으로 기단을 제작하고 석상을 채석하는 방식으로 서로의 자부심을 겨루었지만 이제는 서로간에 약탈과 폭력, 파괴를 일삼게 되었다. 그리고 이런 싸움은 경작지를 획득하기 위해, 혹은 음식이나 그 밖의 다른 자원들을 취하기 위해 벌어졌을 것이다. 섬 전역에서 운용되던 교환체계와 많은 인원이 참가하여 종교적인 기념비를 공동으로 제작하던 협력체계는 완전히 붕괴되고 말았다.

이스터 섬이 이룩한 경탄할 만한 성취는 패트릭 키르히의 표현대로 "문화적 퇴행의 하향 소용돌이에 휘말렸다." 창의적인 발명과 발전이 결합되어 대단한 지속성을 과시했던 탁월하고 독특한 한 문화가 환경파괴의 압력을 견디지 못하고 와르르 무너지고 말았다. 어쩌면 지나친 인구증가도 이 개성 강한 문화의 붕괴에 원인이 되었을 것이다. 키르히가 말한 대로 "일시적이지만 화려하게 그 한계를 능가했다가 참혹하게 붕괴하고 말았다."[3] 다른 섬에 거주한 주민들과는 달리 이스터 섬의 사람들은 대형 카누를 타고 빠져 나올 수가 없었다. 섬에 울창했던 삼림을 파괴함으로써 이들은 지형상으로 바깥세상과 격리된 상황을 훨씬 더 심각하게 단절시켜놓았던 것이다.

폴리네시아의 많은 섬들은 특별한 기술을 필적할 수 없을 만큼 높은 수준으로 끌어올렸다. 즉 하와이에서는 깃털 공예를, 마르케사스 제도에서는 문신기술을 발달시켰는가 하면 뉴질랜드와 하와이, 그리고 그 밖의 섬에서는 목각에서 독보적인 솜씨를 발휘했다. 이스터 섬의 탁월함은 목공예와 문신, 깃털 공예, 타파 작업(꾸지나무 천)뿐만 아니라 암각화와 비범한 롱고롱고 목판에서 그 빛을 발했다. 이 모든 기술이 한데 통합되어 이 섬 문화의 총체를 이루었다. 그러나 무엇보다 이스터 섬 사람들이 공동으로 노력과 기술을 쏟은 부분은 거대한 석상과 기단의 제작이었다. 그것은 폴리네시아의 그 어느 지역보다 종교적으로 화려하고 장엄한 건축과 조각을 만들어내고 싶은 강박증이었다. 윌리엄 멀로이가 언젠가 말했듯이 이 강박증은 광적으로까지 치달았다. "문화적 에너지를 석상과 기단의 제작에 너무 많이 쏟아 부은 탓에 농업과 어업 같은 긴요한 활동이 소홀하게 간과되는 지경에까지 이르렀다. 그리하여 사람들은 배부르게 먹을 양식이 없어졌다. 석상 제작은 도를 지나칠 정도까지 와버린 것이다." 메트로의 말을 인용하면 이것은 "거대 석상에 대한 열광"[4]이었다.

오늘날 이스터 섬 사람들은 그들의 조상들이 이룩했던 탁월한 성취가 스러지고 남은 폐허 속에서 살고 있다. 멀로이는 자신의 기념비 복원작업이 이 섬 사람들의 정체성과 존엄성을 재확인시켜줄 방법이 될 거라고 생각했다. 과거에 제작된 모든 석상들이 그들이 건설한 기단 위에 다시 세워진다면 그것은 진실로 장관이리라. 그럼에도 자연은 이 섬에서 치른 학대와 곤욕에도 불구하고 점차 잃어버린 모든 것을 되찾으려 할 것이다. 화산이 다시 폭발할 가능성은 전혀 없지만 섬에 남겨진 석상들은 모두 비와 바람, 태양빛을 받아 닳아 없어지고 흙 속으로 다시 녹아들어 갈 것이다. 그리고 또 수백만 년쯤 지나면 파도와 바람이 강타하여 이 섬 자체를 무로 만들어버릴 것이다.

제 13 장

최후의 수수께끼

어쩌면 이스터 섬의 모든 수수께끼 가운데 가장 큰 수수께끼는 아직도 남아 숙고를 기다리고 있는지 모르겠다. 즉 이 문명은 왜 몰락했을까? 하는 의문 말이다. 적어도 지금까지 이 의문에 대한 설명으로 네 가지 견해가 제시되었다(외계인이 찾아왔었다는 식의 광적인 무리들의 비주류 주장은 제외하겠다).

반 틸버그는 섬이 격리된 상태로 지속되었기 때문에 문화가 쇠퇴했다는 견해를 제시했다.[1] 이것은 나름의 개연성을 갖고 있다. 격리생활이 개개인에게 미치는 영향이 상당히 파괴적이라는 것은 자명하기 때문이다. 라파 누이의 격리된 상황은 특히 오랜 기간 지속되었다—약 1천 년의 세월일 것이다. 그런데 문제는 이 이론은 증명하기 어렵다는 데 있다. 지금으로서는 이 이론을 입증할 만한 실제적인 증거가 하나도 없는 상태이다.

또 다른 견해는 기후의 변화로, 그랜트 매컬 등이 제시한 것이다.[2] 이 주장은 혹심한 가뭄, 혹은 연달아 계속된 가뭄으로 농작물의 수확이 불가능했고, 이는 기근과 전쟁 등을 유발했다는 것이다. 매컬은 이스터 섬이 20세기에 들어서도 주기적으로 가뭄을 겪어왔다는 점을 강조한다. 그리고 1400~1900

년, 즉 소빙하기Little Ice Age라고 알려진 이 시기 동안에는 가뭄이 훨씬 더 극심했을지 모른다고 말한다.[3] 이 시기에는 세계적으로 온대기후에 속하는 많은 지역들이 가뭄을 겪었다. 그러나 북반구나 남반구의 아열대 기후 지역에서 가뭄을 겪었다는 증거는 별로 없다. 소빙하기 가설을 강력하게 지지해온 사람들이 있지만[4] 안타깝게도 남태평양에서 기후의 변화를 말해주는 증거는 대부분 해수면의 하락에 근거하고 있다. 소빙하기에 세계적으로 해수면의 높이가 조금 떨어졌다는 것은 의문의 여지가 없다. 이것은 당시 온대지역과 아표극지, 극지지역 등에서 얼음덩어리와 조각들이 조금씩 팽창하는 데 필요한 물이 바다로부터 추출되었기 때문이다.[5] 그렇다고 아열대지역의 기후에 분명히 변화가 있었다고는 말할 수 없다. 게다가 그 시기도 정확하게 맞아떨어지지 않는다. 소빙하기는 대략 1400년에 시작되었지만, 이 시기는 이스터 섬의 문명이 최대 번성기로 막 진입하는 시점이었던 것이다.

그러나 이 시기에 태평양의 섬들에서 사람들이 떠난 것 같기는 하다. 그것은 믿을 만한 물의 공급원이 없었기 때문으로 보인다.[6] 이렇게 버려진 섬 가운데는 라파 누이에서 불과 2,250km밖에 떨어지지 않은 피트케언과 헨더슨 섬도 들어 있다. 헌터-앤더슨은 여기서 더 나아가 이 문화가 붕괴한 이유와 수목의 감소 현상도 모두 가뭄 탓으로 돌린다.[7] 우리는 후자를 가능성이 희박한 주장으로 본다. 왜냐하면 꽃가루 샘플에 의하면 마지막 빙하기(BP 18,000년경), 소빙하기보다 훨씬 더 가혹했던 이 시기에도 라파 누이의 저지대에서 야자나무 숲의 밀도가 더 심하게 줄어들지는 않았기 때문이다. 물론 라노 아로이 아래로 숲의 고도제한까지 육박한 것만은 사실이다.[8] 그러나 기후의 변화가 이 문화의 붕괴와 연관 있다는 생각은 상당히 개연성이 있다. 그 시기에 겪은 주요 가뭄을 입증할 만한 독자적인 증거가 제대로 확보되어 있지 않다는 것은 안타까운 일이다. 라노 카우의 소택지는 계속 확장되었는데, 그 속도가 상당히 빨랐다. 그 시기 내내 헐벗게 된 주위의 비탈에서 소택지로 자양성분이 떠내려왔기 때문이었을 것이다. 라노 라라쿠에는 퇴적활동이 중단된

휴지기가 있었을 가능성이 조금 있다. 그러나 탄소가 해안 쪽으로 밀려온 파도에 휩쓸리는 바람에 위에서 설명한 대로(10장) 그 시기를 가늠하기가 어렵다. 그러니 아무도 확실히 알 길이 없는 것이다. 모든 것을 고려해볼 때 여러 차례에 걸쳐 큰 가뭄이 있었을 거라고 믿고 싶다. 그러나 우리는 인구증가에 따른 삼림벌채를 근본적인 원인으로 보고 가뭄은 근접 원인(유인)으로 예상한다. 만일 삼림을 벌목하지 않았더라면 가뭄이 닥쳐왔어도 축축하고 유기물이 풍부한 숲 속의 토양을 경작에 활용할 수 있었고, 기아 식량으로 야자나무 열매를 따먹었을 테니까 섬사람들은 가뭄을 극복하며 살아남았을 것이다.

오를리악 팀이 최근에 발굴한 목탄 잔존물[9]은 1680년경에 가뭄이 왔다는 명백한 증거로 간주되어 왔다(도표 43-2 참조). 그러나 이 자료가 실제로 입증하고 있는 바는 나무를 태우다가 풀을 태우게 된 변화이다. 이것은 삼림을 벌목한 결과 공급할 목재가 소진되었음을 나타낸다고 볼 수는 있겠으나 가뭄이 일어났다는 독자적인 증거는 되지 못한다. 분명, 우무 파에를 고안해낸 것은 목재가 점점 부족해지자 강구된 해결책으로 여겨졌다.[10] 왜냐하면 아주 초창

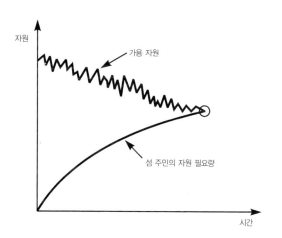

53. 이스터 섬의 자원이 점차 고갈되어 가는 것을 보여주는 도표(즉 삼림벌채의 결과). 가뭄이 일어난 시기에 따라 그 정도가 다양하다. 섬의 인구는 꾸준히 증가하고 필요한 자원도 그만큼 증대한다. 만일 섬에 자원이 점점 고갈되어 간다면 위기는 훨씬 더 빨리 닥쳐온다. 그 위기가 가뭄이 일어난 해에 온다는 점 또한 주목할 만하다. 그러나 가뭄이 위기의 근원적인 이유는 아니다.

기의 화덕은 개방형이고 넓게 확대되었으며 약간 오목한 형태로, 후반기의 특징적인 형태와는 상당히 다르기 때문이다. 그리고 초창기의 화덕에는 아주 큰 숯덩어리가 들어 있는데 반해 후기의 화덕에는 가는 가지와 풀을 태운 자잘한 목탄조각들이 들어 있다. 이는 연소재료의 질이 점점 떨어졌다는 사실을 말해준다.

후반기에 목재를 다시 사용한 흔적이 조금 보이는 것은 여러 방향에서 설명될 수 있다. 가령 자원을 제공할 새로운 지역을 개발한 것으로 볼 수 있을 것이다(앞바다의 작은 섬들이었을까?). 혹은 베어낸 나무뿌리나 그루터기에서 나무가 재생했다거나 땅속에 묻혀 있던 씨앗에서 새로운 나무가 자랐다고 볼 수도 있을 것이다.

가뭄을 이스터 섬의 문화가 쇠퇴한 이유로 끌어내리려는 시도들은 엘니뇨 현상과 연관되어 있다(67, 117쪽 참조).[11] 이 기후적 현상은 남아메리카 서쪽 지역에서 4~7년마다 일어나는데 여느 때보다 높은 해수 온도와 합쳐져서 엄청난 양의 비를 몰고 오는 것으로 되어 있다. 이는 페루 연안의 잔멸치 조업에 끔찍한 영향을 끼친다. 엘니뇨 현상이 일어나지 않는 해에는 양방향에서 라니냐라고 알려진 극단적인 현상이 올 수 있다. 이제는 이 모든 것이 해수와 대기의 순환 속에서 일어나는 좀더 폭넓은 가변성의 일부라는 것을 안다. 그래서 이 현상 전체를 통틀어 엔소(ENSO, El Niño-Southern Oscillation, 엘니뇨와 남방 진동의 밀접한 연관성)라고 부른다. 엔소는 남아메리카에 비를 뿌릴 뿐만 아니라 서태평양(타히티, 쿡 제도, 사모아, 통가, 피지, 뉴질랜드, 오스트레일리아)에 가뭄도 일으킨다. 따라서 보통 일어나는 엔소 현상보다 더 강력한 것이 이스터 섬에 참혹한 가뭄을 야기했을지 모른다는 주장이 제기되어 왔다. 이 견해에 내포된 문제점은 엔소는 태평양의 한쪽에서 적도 근처의 또 다른 쪽으로 따뜻한 표층수가 일진일퇴하는 양상을 수반한다는 것이다. 패런 매킨타이어가 지적했듯이, 이스터 섬은 바로 이 일진일퇴하는 대기압 시소운동의 지렛대가 되는 지점에 놓여 있긴 하지만 그 지점에서 남쪽으로 비껴 있다. 그러므로 태평양의 서쪽과 동쪽 지역들에 비해 별다른 변화를 겪지 않는다. 실제로 1997년에 20세기에 발생한, 그리고 아마도 천년 만에 최대 규모로 발생한 엘니뇨 현상이 라파 누이에서는 전혀 감지되지 않은 채로 지나갔다.[12] 이 섬의 기후 변화를 입증하는 좀더 확실한 개별적인 증거들이 앞으로 발견될 가능성은 여전히 남아 있다. 그러나 지금까지는 확증할 만한 증거들이 나오지 않은 상태이다.

1722년 이전에 유럽과의 접촉으로 야기된 혼란과 분열 때문에 이스터 문화가 붕괴되었다는 설명도 있다. 비록 이 시기는 대체로 서방세계에서 이 섬을 '발견'한 바로 그때로 받아들여지긴 하지만 적어도 이보다 100년쯤 전에, 어쩌면 거의 200년쯤 전에도 태평양 인근에는 많은 선박들이(대개는 스페인 선박들) 정박해 있었다.[13] 1687년에 영국의 해적 에드워드 데이비스는 남위 27도인 남아메리카 서쪽에서 뭍을 보았다고 주장했다(23쪽 참조). 그러나 그가 묘사한 땅은 낮은 모래섬이었으므로 전혀 라파 누이같이 들리지 않는다. 그러나 스페인의 사료 보관소에는 좀더 앞선 시기의 접촉을 입증하는 자료가 보관되어 있을 가능성은 배제할 수 없다. 그리고 이런 접촉이 태평양의 다른 많은 섬들과 마찬가지로 이스터 섬 사람들에게 파멸을 초래할 만큼 불행한 일이 되었을 가능성도 있다.[14] 그러나 이런 식의 정황 해석은 기근과 내분, 내란에 관련된 이 섬의 전설과는 제대로 부합하지 않는다.

네 번째 설명은 목재와 갑각류, 조류 등 생물학적 자원을 과다하게 써버린 결과로 빚어진 생태학적 재난 때문에 이스터 문명이 붕괴되었다는 주장이다. 여기서 과다하게 써버렸다는 정도는 환경을 파괴한 정도가 지속 불가능할 만큼 고갈되었음을 의미한다. 삼림이 사라지고 난 뒤 오래지 않아 이스터 섬의 문명이 붕괴했다는 사실이 반드시 이 둘 사이에 명확하게 연관성이 있다는 뜻은 아니다. 시기적인 연관성—비록 통계학적으로 확립된 것일지라도—이 반드시 인과관계를 나타내는 연관성은 아닌 것이다. 그러나 이스터 섬의 경우에는 이 인과관계가 있을 거라고 믿을 만한 몇 가지 근거가 있다. 무엇보다도 이 사건들은 적절한 순서로 되어 있다. 원인은 반드시 그 결과에 선행해야 한다. 만일 숲의 감소가 문명의 몰락을 '일으킨다'고 하면, 숲이 감소하는 현상이 '먼저' 일어나야 할 것이다. 그런데 라노 카우의 꽃가루 도표에 나타난 시기를 보면 실제로 그랬다는 것을 알 수 있다.

둘째로, 인과관계가 있을 가능성이다. 말하자면, 원인과 결과로 연결되는 모델이나 구조를 생각해볼 수 있다(옆의 모식도 참조). 숲과 인구의 유입으로 시작되는 도표의 중앙에서부터 인구의 감소에 영향을 준 여러 요소들이 어떻게 생겨났고 또 어떻게 원인이나 결과로 상호 작용했는지 파악해보는 것이다. 농작물을 재배하기 위해 삼림을 벌목한 것은 인구가 증가하는 결과로 이어졌을 것이다. 이와 동시에 삼림벌채는 토양을 부식시키고 비옥도를 감퇴시키는 데도 영향을 미쳤을 것이므로, 점차 더 많은 땅들을 개간해야 했을 것이다. 나무와 관목도 카누를 만드는 데나 땔감으로, 혹은 가옥을 짓기 위해 베었을 것이다. 그리고 석상을 운반하고 세우는 데 필요한 통나무와 밧줄을 만들기 위해서도 나무와 관목의 벌목이 필수였으리라. 야자나무 열매를 먹게 되면서 재생하는 야자나무의 숫자가 줄어들었을 테고. 식용으로 유입된 쥐들은 야자나무 열매를 먹고 살았을 뿐만 아니라 급속도로 번식함으로써 야자나무의 재생을 철저히 막아버렸을 것이다(132쪽과 237~238쪽 참고). 풍부한 바닷새 자원을 과도하게 남획함으로써 연안의 작은 섬들을 제외한 섬 전역에서 새들이 사라졌을 터이고, 쥐들은 바닷새가 낳은 알을 먹어치움으로써 이 과정을 가속화시켰을 것이다. 어업과 바닷새, 쥐 등 풍족한 식량은 초기의 인구가 빠르게 증가하는 것을 부추겼으리라. 무제한으로 늘어난 인구는 나중에는 활용 가능한 땅에 부담 요소로 작용했을 테고 점차 분쟁을 낳았으며 급기야는 전쟁을 일으켰을 것이다. 목재와 밧줄로 활용할 나무가 없어지자 더는 석상을 제작하는 일 자체가 무의미해졌고 효과도 없어졌을 것이다. 인간의 욕구를 채워주리라 믿고 숭배했던 석상 신앙이 효력이 없다는 각성은 이 믿음을 버리는 결과로 이어졌을 것이다. 목재가 부족해서 제대로 만들지 못한 카

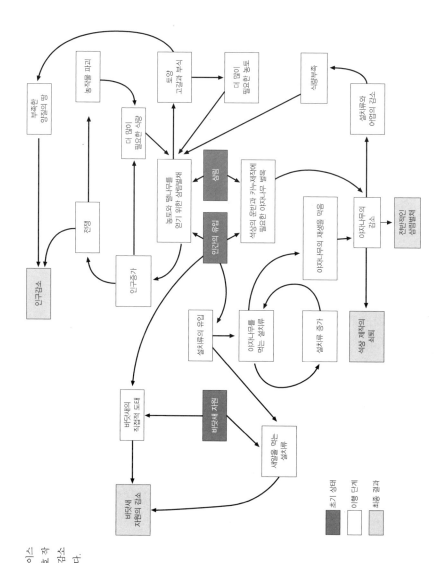

54. 이 모식도는 인간의 유입이 이스터 섬 고유의 자원들과 어떻게 상호 작용을 거쳐 문명의 몰락과 인구의 감소라는 결과로 이어졌는지를 보여준다.

부족한 영길의 땅

농작물 피괴

토양 고갈과 부식

더 많이 필요한 식량

식량부족

섭취류와 어획의 감소

더 많이 필요한 식량

농토와 땔나무를 얻기 위한 삼림벌채

삼림

인간의 유입

습성의 운반과 카누제작에 필요한 야자나무 벌목

야자나무의 감소

전반적인 삼림벌채

전쟁

인구증가

인구증가

야자나무의 재생을 막음

섭취류의 유입

야자나무를 먹는 설치류

설치류 증가

야생 채취의 쇠퇴

바닷새의 직접적 도태

바닷새 자원

새알을 먹는 설치류

바닷새 자원의 감소

인구감소

초기 상태

이행 단계

최종 결과

누로는 해안에서 벗어나 고기잡이를 할 수 없었을 테고 이는 단백질 공급을 더욱 부족하게 만들었을 것이다. 그 결과는 전반적인 기근과 전쟁, 섬 전체 경제의 붕괴였을 것이며, 이것은 현저한 인구감소로 이어졌을 것이다.

물론 이 모든 것은 가설이다. 그렇지만 이 모식도에 나타난 많은 내용들이 실제로 일어났다는 증거가 있다. 정말로 삼림벌채와 기근, 전쟁, 문명의 몰락이 일어났고 인구도 감소했다(화보 54). 다른 설명들도 가능할 것이다. 대대적인 가뭄을 상정해볼 수도 있었을 것이다. 그러나 3만 5천 년의 세월 동안—최후의 빙하기와 후빙기에·절정에 달한 주요 기후 변화까지 거치면서—살아남은 게 틀림없는 삼림이 단지 사람들이 이 섬에 살게 되면서 일어난 가뭄 때문에 스러지고 말았다는 주장은 이상해 보인다. 우연의 일치라고 믿기에는 너무 엄청나다. 새로운 집단의 사람들이 침범했다는 가능성도 상정해볼 수 있을지 모른다. 아니면 어떤 질병이 유입되었을지도 모른다. 그러나 이들 중에 그 어떤 것도 섬이 지나온 전체 역사를 설명해주지 못할 뿐더러 그 설명을 뒷받침해줄 만한 설득력 있고 독자적인 증거 또한 전혀 없다.

이 모식도를 수학적인 근거에서 살펴본다면 생태적인 재난이 일어났다는 가설이 좀더 많은 지지를 얻을 것이다. 실제로 경제이론가 제임스 브랜더와 M. 스콧 테일러가 이러한 시도를 해왔다.[15] 이들은 초창기 섬 인구와 목재의 공급, 활용 비율 등 개연성 있는 추정자료들을 맬서스 이론에 입각한 컴퓨터 모델에 넣었을 때 인구붕괴가 불가피하다는 것을 알았다(화보 55). 그러나 이런 결과가 나오게 된 것은 목재를 석탄이나 석유처럼 재생 불가능한 자원처럼 써왔기 때문이었다. 이들은 이스터 섬의 야자나무는 더디게 성장했다고 결론을 내린다. 이안 매혼은 이와는 다른 수학적 모델을 활용했는데도 도출한 결론은 상당히 유사했다. 물론 여기서도 마찬가지로 로트카-볼테라 포식자와 먹이 방정식이 쓰이기는 했다.[16]

우리는 수학적 모델들을 그다지 신봉하지 않는다. 실제로 우리 가운데 한 사람은(존 플렌리) 공식적으로 이렇게 언명하기까지 했다. "거짓말, 터무니없

288

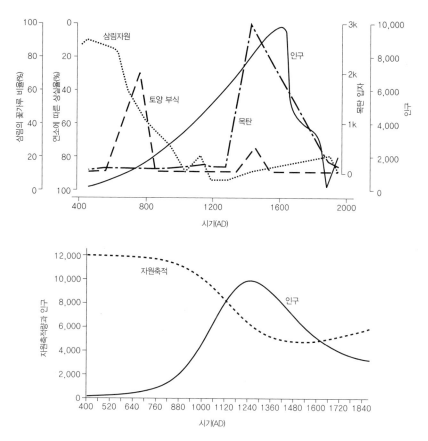

55. 위: 추정된 인구 분포 그래프와 지각변동의 층위학적 증거(토양 부식과 목탄)를 결합한 라노 카우 꽃가루 기록표(삼림자원).

아래: 이스터 섬의 인구와 그 자원을 표시하는 맬서스 이론의 컴퓨터 모델. 인구 감소가 불가피했음을 보여준다(브랜더와 테일러, 1998).

는 거짓말, 통계학이 존재한다. 그리고 최종적으로 수학적 모델들이 존재한다." 또한 우리는 경제학의 강력한 지지자나 옹호자도 아니다. 오히려 경제학이 가장 오래된 전문분야라는 견해에 더 동조하는 입장이다. 조물주가 카오스에서 세상을 창조했듯이, 카오스를 가장 먼저 창조한 존재는 경제학자들이 틀림없다고 보는 편이다. 그럼에도 각각의 저자들이 로트카-보테라 방정식이 적절한 모델이라고 확신한다면, 그리고 그들의 분석이 실제 공간의 자료와 닮은 결과를 산출한다고 확신한다면 그것은 그들의 연구방향이 제대로 되었음을 시사하는 것이다.

이 모든 설명은 우리로 하여금 이스터 섬을 하나의 소우주(미소 생태계)라는 개념으로 나아가게 한다. 즉 지구라는 행성을 축소해놓은 미니어처 모형으로 보게 만든다. 분명, 지구가 우주 속에서 격리된 것은 이스터 섬이 태평양에서 격리된 것과 유사한 면이 있다. 지구 전체의 경제학을 표본화하려는 시도는 그동안 계속 이어져 왔다. 로마클럽*이 행한 초기의 시도는 20세기에 대규모로 재난이 닥쳐오리라는 단정으로 이어졌다.[17] 우리는 지난 책에서[18] 이스터 섬과의 유사성을 강조하는 멀로이를 따랐다가(xii쪽 참조) 다소 악평을 얻었다.

그러나 로마클럽이 제시한 모델들은 무기 침전물같이 깊이 있는 발견이나 재생(가령 석유 같은)에 필요한 개선된 기법 등을 고려할 여지를 제대로 남겨 두지 못했다는 근거로 비판받았다. 또한 이 모델들은 대체물, 즉 재고물품이 소진되면 다른 상품으로 대체된다는 것을 적절히 감안하지 못했다. 대체개념은 개선된 기술을 개발하고, 환경을 활용하는 데 덜 소모적이고, 좀더 효율적인 방법을 개발하는 데 인간의 창의성이 발휘되는 것을 아우르는 수준까지 확장될 수도 있을 것이다. 이런 모색에는 물론 지속가능한 발전이라는 목적이 그 이면에 깔려 있다. 리오 정상회담에서 공표된 바도 이와 같다.[19]

로마클럽의 구성원들은 이러한 비판들을 고려하여 하나의 모형세트를 고안해냈다.[20] 이제는 세계가 농업과 산업, 그리고 그 밖의 경제 분야에서 얼마나 신속하게 지속가능한 개발을 실천하느냐에 따라 다양한 예측이 나올 것으로 보인다(화보 56). 지속가능한 발전은, 틀림없이, 가능한 일이다.

이런 맥락에서, 간략하게나마 이스터 섬과 다른 섬들을 비교해보는 것은

---

* Club of Rome, 1968년에 로마에서 과학자, 경제학자, 실업가, 국제적으로 활동하는 고위 공직자 등이 모여 창립한 연구단체로, '성장의 한계'라는 보고서로 널리 알려짐: 옮긴이

흥미롭다. 마침 이 섬들은 이스터 섬만큼 고립되어 있지는 않더라도 전부 태평양 위에 떠 있다. 이 가운데는 라파 누이보다 더 극단적인 역사를 거친 섬도 있을 것이다. 피트케언과 헨더슨은 완전히 버려진 섬이라고(혹은 섬사람들이 모두 죽었다고), 그 이유는 믿을 만한 물의 공급원이 없었기 때문일 거라고 앞에서 이미 언급한 바 있다. 이보다 현대에 가까운 예로는 나우루를 들 수 있다. 이 섬은 인산비료를 얻으려고 섬을 마구잡이로 파헤친 결과, 섬 주민들이 모두 다른 지역으로 이주하는 수밖에 없었다.

　반면에 좀더 지속가능한 발전 방향으로 나아간 섬들도 있는 것 같다. 이런 섬들의 사연을 전한 패트릭 키르히의 이야기는 놀라움을 자아낸다.[21] 망가이아는 남쿡 제도에 속하는 섬으로, 이 섬과 가장 가까운 라로통가에서 남동쪽으로 약 200km 떨어진 곳에 있다. 이스터 섬과 마찬가지로 화산섬이지만 훨씬 더 오래되었다. 그 결과 섬의 지형은 가파르지 않고 완만하며 현무암 토양(홍토질)이 아주 두텁다. 이 지역에 가장 두드러지는 특징은 마카테아, 즉 둥글게 띠를 두른 산호 석회암이다(실제로는 융기된 산호초). 마카테아가 현무암의 중심부를 에워싼 형세이다. 이 석회암은 열대기후 탓에 땅속 깊이 침식되어 폭이 2km에 육박하고 높이는 최대 50m인 날카로운 석회암 기둥을 이루었고 철옹성처럼 해변을 둥글게 감싸고 있다. 이 현무암 토양과 석회암 기둥 사이에는 고리 모양의 계곡이 형성되어 있는데, 이곳이 망가이아 섬에서 가장 비옥한 땅이고 타로의 관개용수로도 많이 이용된다. 고고학과 화분학에서는 삼림이 우거진 이 섬을 처음 개척한 것이 대략 2천4백 년 전이고 돼지와 개, 닭, 쥐를 들여온 것도 같은 시기일 거라고 본다. 그러나 쿡이 이끈 탐험대가 이 섬을 찾은 1777년에는 섬사람들이 돼지나 개를 기르지 않았다. 아마 닭도 없었을 것이다. 발굴자료와 구전에 따르면 섬사람들은 쥐를 먹고 연명할 만큼 줄어들었다. 수많은 사람들의 유해가 매장 장소도 아닌 곳에서 발견되었다. 이것은 제물로 바쳐진 흔적이거나 싸움에서 패한 집단의 손발을 잘라낸 흔적으로 보인다(실제로 식인이 행해진 것은 아닐지 모른다). 이 정황을 이

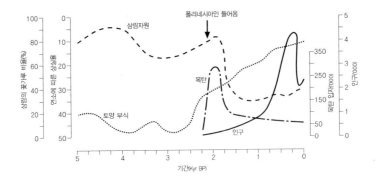

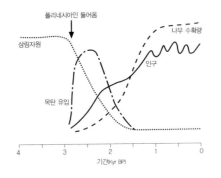

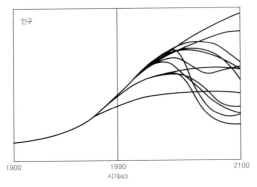

56. 위: 망가이아 섬(남쿡 제도)에서 전개된 상황을 고고학과 화분학적 자료를 토대로 재구성한 것. 인구가 감퇴하다가 다시 회복되는 것에 주목하라(키르히, 1997).

가운데: 폴리네시아 변방에 자리한 티코피아의 상황 전개. 마지막 1천 년 동안 인구가 비교적 안정적인 모습을 보이는 데 주목하라(키르히, 1997).

아래: 로마클럽에서 고안한 지구 인구의 컴퓨터 모델. 지속가능한 발전은 이제 어떤 결단을 내리느냐에 달려 있다(메도우스 등, 1992).

스터 섬과의 비교를 통해 요약해놓은 것이 '도표 56'이다. 결론적으로 망가이아는 생태적으로 위기를 겪었다는 것, 그리고 사람을 제물로 바치는 극단적인 인구 억제조치를 써서 살아남을 수 있었음을 알 수 있다.

티코피아에는 좀더 행복한 사연이 담겨 있다. 이 자그마한 섬은 '폴리네시아의 변방'이다. 문화권은 폴리네시아지만 섬의 위치는 솔로몬 제도에 속해 있다. 이 섬을 제외하고는 솔로몬 제도의 모든 섬들이 확고하게 멜라네시아 문화권이다. 이 섬에 사람이 거주하기 시작한 것은 대략 2천9백 년 전부터이지만 지속가능하도록 살아남은 것은 '과수 원예orchard gardening' 시스템 덕분이다. 즉 구근 농작물은 코코넛과 빵나무와 그 밖의 과실수들을 지붕삼아 자랄 수 있었다. 고고학적 자료를 보면 이 섬의 선사시대는 이스터나 망가이아 섬과 흡사한 방식으로 삼림을 파괴하고 조류자원을 남용하면서 시작되었다. 그러다가 1600년경에 이르러 돼지를 제거하자는 결정에 합의한 내용이 구전으로 전한다. 농작물을 파괴하는 돼지를 막으려면 대형 목재들로 울타리를 쳐야 했기 때문이다. 도표 56을 보면 티코피아가 자급자족형의 표본처럼 나타난다. 그러나 전적으로 그런 것은 아니다. 이 섬은 지금까지도 바다의 갑각류나 조개에서 필요한 단백질을 섭취하고 있기 때문이다. 게다가 사람의 희생도 따랐다. 금욕과 독신생활, 수태의 금지, 인공중절, 유아살해, 바다 항해(보통 자살하기 위한 항해였음), 그리고 때로는 일정 비율의 인구추방 등을 인구 억제책으로 실시했다. 인구 성장률 제로는 문화적으로 신봉하는 하나의 이데올로기가 되었다.

그런데 지구의 지속가능한 발전과 관련하여 태평양의 여러 섬들이 지금도 전해주는 메시지가 있는 걸까? 분명히 있다고 우리는 생각한다. 티코피아 섬은 우리로 하여금 지속가능한 발전이 전 세계적으로 가능하다는 믿음과 자신감을 준다. 그러나 티코피아 섬처럼 자활이 상당히 잘 이루어진 곳에서도(기름진 토양과 열대기후, 다양한 식물군) 극단적인 조치가 필요했다는 사실을 자각할 필요가 있다. 즉 육류의 섭취를 포기해야 했고 엄격한 인구통제는 필수적이었다. 섬 생활의 질이 떨어진 것은 분명한 사실이지만 섬의 사람들과 그 문화는 살아남을 수 있었다. 망가이아와 이스터 섬으로 예시된 선택의 방식은 숙고하는 것마저 힘들 만큼 참혹하다. 패트릭 키르히는 티코피아가 살아남은 것은 이 세 섬들 가운데 면적이 가장 작았기 때문일 거라고 힘주어 말한다. 이 섬의 사람들은 서로를 속속들이 알고 있어서 이스터 섬이나 티코피아 섬에서처럼 경쟁과 불화를 일으키기 힘든 관계였다. 여기서 지구촌이라는 세계화의 필요성이 더욱 분명해진다. 이 섬들이 지구 전체에 던지는 메시지는 명확하다. 즉 소통하라, 절제하라, 보존하라. 그렇지 않으면 무시무시한 미래와 대면하리라.

우리는 인구와 환경자원, 그리고 경제활동을 지속가능한 방향으로 개발하고 발전시켜 나갈 수—그런 발전을 통해 안정을 추구할 수—없는 걸까? 인간의 품성은 이와 반대되는 듯하다. 이스터 섬에 남아 있던 최후의 나무를 쓰러뜨린 자는 자신의 그 행동이 종국에는 다음 세대에게 재앙을 불러일으키리라는 것을 '알았다'. 그렇지만 거기서 멈추지 않고 도끼 자루를 휘두르고 말았던 것이다. 우리는 이미 앞서 섬사람들이 모투 누이를 방문했을 때 새알을 걸신들린 듯 먹었다는 메트로의 설명을 언급한 바 있다. 메트로는 이 외에도 라노 카우 안에 토로미로 나무가 단 한 그루만 살아 있는 것을 보았고 "우리가 섬에 머무는 동안 원주민들은 이 나무의 성장을 주의 깊게 살피고 있었다. 그것은 나무를 벨 적당한 시기를 기다리는 중이었고 자라는 즉시 베어다가 소형 석상들과 그 밖의 '진귀한 물품'으로 만들려는 것이었다"[22]라고 전했다. 1984년에도 간혹 제비갈매기들이 이 섬에 날아들었으나 섬사람들은 기필코 잡아먹어버렸다. 섬사람들이 자연자원을 대하는 이런 태도는 지금도 여전하다.

그러나 우리는 이스터 섬을 생태계의 재앙을 보여주는 모델로 삼아 라파누이 사람들을 향해 비난의 화살을 던지고 싶지는 않다. 그들이 자원을 운용한 방식이 다른 지역 사람들보다 더 나빴다거나 환경에 대한 인식이 더 낮았거나 생태를 보존할 자격이나 능력이 더 모자랐다는 식으로 유추되는 것도 바라지 않는다. 어쩌면 섬의 적재량을 초과했다기보다는 "섬의 적재량을 자신들에게 쏟아 부은 바람에 무너지고 말았다"라고 하는 편이 정확할지 모르겠다.[23] 사실, 지역을 막론하고 사람들은 그들의 환경을 훼손해왔다. 비교해 보았을 때 훼손에 더 민감하게 반응하는 환경도 있다. 매킨타이어가 환기시키듯이, 인간의 역사에서 대대적인 삼림파괴를 보여주는 예는 이 외에도 얼마든지 있다. 마구잡이로 삼림을 벌채한 이유는 군함의 제작이나 건물의 건축 등 다종다양하다. 스스로 붙인 '생태우매성ecostupidity'과 관련하여 그는 폴리네시아인들이 좀더 넓고 복원력이 있는 하와이나 뉴질랜드 같은 섬에 가한 손상이 라파누이 사람들로 하여금 자신들의 생태를 그나마 더 잘 활용했다고 믿게 해서는 안 된다는 점을 강조한다.[24]

우리가 처음 책을 발간한 이래로 10년의 세월 동안 지속적이고 필사적으로 이스터 섬과 남아메리카의 연관성을 찾아온 사람들, 이스터 섬 사람들이 고립된 생활을 했다는 주장을 부정해온 사람들, 혹은 석상들이 의도적으로 파괴되었다는 주장을 부인해온 사람들, 섬사람들이 삼림을 파괴했다는 것—라파 누이는 물론이고 그 밖의 다른 지역에서 그들이 새들을 비롯한 자원들을 어떻게 다루었는지를 드러내는 명백한 증거들이 나왔음에도—을 절대로 믿으려 들지 않았던 사람들이 희망적인 관측과 각별한 기대를 담아 꽤 많은 책을 출간했다. 그러나 사람들이 성공적으로 정착했었더라면 오세아니아의 오지에도 심각한 환경적 변화가 '불가피했을' 것이다. 새로운 환경을 개척할 때 사람들이 언제나 자원을 지혜롭게 활용하는 것은 아니기 때문이다. 환경에 대응해온 선사시대의 인간의 방식은 빈번하게 섬의 생태계와 그 섬에 살던 사람들에게 심대한 영향을 끼쳤다.[25] 과거를 되돌아보면서 비난을 분배하는 일은 무의미하다. 그보다는 미래를 바라보면서 지속가능한 발전의 방법을 모색해 나가야 한다.

부록

이스터 섬 여행

이스터 섬 여행[1]

언제 갈까?

　1980년대 초반부터 여행은 이스터 섬 경제에 큰 몫을 차지했고 대체로 섬 사람들이 독자적으로 여행 관련 업무를 관리하고 있다. 1998년에 이스터 섬을 찾은 관광객 수는 2만1천 명, 이 관광객들이 섬에서 (항공료와 호텔 숙박비를 제외하고) 음식물과 기념품을 사는 데 쓴 비용은 8백만 달러였다. 관광객들은 대개 칠레, 독일, 프랑스, 미국 사람들이다.[2]

　섬의 관광 성수기는 여름철의 몇 달간이다. 즉, 12월부터 3월 말까지 관광객들이 가장 많다. 이때는 많은 칠레의 학생들이 긴 방학을 이용해 이 섬을 찾아오는 시기이기도 하다. 이 말은 여행객이 가장 많은 성수기에는 섬이 사람들로 붐비기 쉽다는 뜻이다. 여행객들이 밀려오고 거대한 크루즈 선박들이 들어오며 칠레에서도 많은 사람들이 찾아오기 때문이다. 섬의 주요 관광지역에는 버스에 빼곡히 타고 온 사람들로 북적대기 일쑤이다. 그래서 봄철(9월에서 11월 사이)이 섬을 찾기에는 더 좋은 시기가 될 것이다. 비용도 더 저렴하게 들고 관광지에도 사람이 한결 적기 때문이다.

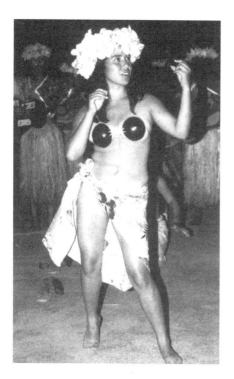

57. 타파티 라파 누이, 즉 라파 누이 축제는 1월 말이나 2월 초인 여름철에 열린다. 섬을 찾는 이들의 많은 관심을 불러일으키는 행사이기도 하지만 이 축제는 비단 여행자를 위한 볼거리에 그치지 않는다. 섬사람들은 이 축제를 자신들이 계승해온 민속전통을 기리고 축하하는 행사로 진지하게 받아들인다.

이스터 섬에는 일 년에 두 차례 축제가 열린다. 칠레 독립기념일인 9월 18일과 보통 2월 초에 열리는 타파이 라파 누이가 있다. 이때는 옛 전통이 깃든 민속춤과 노래가 2주일간 펼쳐진다.

일요일에 섬에 머물도록 일정을 짜면 아주 좋다. 일요일에는 테 피토 테 헤누아 동쪽의 가톨릭교회에서 거행하는 미사에 참석할 수 있기 때문이다. 종파나 교파에 관계없이 모든 관광객들이 따뜻한 환대를 받으며 타히티 사람들과 어울려서 찬송가를 부르며 즐거운 시간을 보낼 수 있다.

어떻게 갈까?

섬의 활주로 확장공사가 완공되었고 많은 나라들이 태평양을 가로질러 이스터 섬에 닿을 수 있게 새로운 항로 개설을 고려하고 있다. 그러나 지금은 칠레 항공사인 란-칠레가 운행하는 민항기 편으로만 이스터 섬에 갈 수 있다. 주 1회 운행하는 비행기가 산티아고와 타히티의 파피테 두 곳에서 출발한다. 유럽에서 산티아고까지의 항공 시간은 대략 16시간 걸리고 로스앤젤레스에서는 약 11시간 걸린다. 항공기 운행 시간은 예고도 없이 수시로 바뀐다. 따라서 출발시간은 반드시 미리 확인해두어야 한다. 이스터 섬의 항공사 사무실은 아베니다 폰트 모퉁이에 있는 아타무 테케나, 즉 항가 로아의 중심가에 있다. 출국하는 비행기에 오르기 전에 세관원들이 여행 가방을 일일이 열어본다. 만일 고고학적인 유물이 될 만한 품목들—섬의 상인들에게서 산 옛날 낚싯바늘이나 작살, 투겁창(마타아)—등은 몰수된다. 이스터 섬은 해양 크루즈를 타고 찾을 수도 있고 남아메리카 본토를 방문하는 길에 들러도 된다. 그러나 크루즈 여행으로 들르게 되면 이 섬에 머물 시간이 너무 짧다.

무얼 가져갈까?

여름일지라도 섬에는 강풍이 휘몰아치고 때로 장대비도 쏟아지기 때문에 바람막이 점퍼(우산보다 낫다)와 따뜻한 옷가지는 필수이다. 더구나 바람과 먼지, 강렬한 햇빛을 막아줄 품질 좋고 넓은 챙 모자와 선글라스, 자외선 차단제는 꼭 챙겨야 한다(여행객마다 꼭 필요한 약이 있다면 그것도 챙겨야 할 것이다. 아타무 테케나에 몇몇 물품을 파는 가게들이 더러 있지만 약국은 한 곳도 없다). 그리고 개인용 안내책자와 지도를 가져가는 것도 바람직하다. 섬에서 사려면 비싸기 때문이다. 편한 옷차림이 좋다. 그리고 거칠고 큰 바위들이 흩어진 땅을 돌아다니려면 튼튼한 작업 부츠 한 켤레는 긴요하다. 만일 하이킹을 할 계획이라면 휴대용 식기세트도 꼭 필요하다. 마을을 벗어날 때는 반드시 마실 물을 준비해서 다녀야 한다. 탈수되기 쉬운데다 지상에서 물을 구하기란 거의 불가능하기 때문이다. 게다가 항가 로아를 나오고 나면 아무 물이나 안심하고 마실 수가 없다. 병에 든 생수는 상점에서 살 수 있다.

섬에서는 필름을 구할 만한 데가 전혀 없다. 그러므로 안감에 납을 댄 가방 속에다 넉넉한 양을 넣어 가져와야만 한다. 그런 다음에도 이것이 공항의 낡은 기계를 통과할 수 있는지 확인해보는 것이 최상이다. 과도 노출 문제를 피하려면 편광 필터가 유용하게 쓰일 수 있다.

이 섬에서 통용되는 화폐는 칠레 페소이다. 섬에 유일한 은행, 방코 델 에스타도(마스터 카드만 쓸 수 있는 유일한 현금 인출기로 은행 안에 설치되어 있다) 앞에는 보통 환전을 하려는 사람들이 길게 줄지어 서 있다. 비자 카드로도 (여권을 필히 보여주어야 하지만) 은행 안쪽 창구에서 돈을 인출할 수 있다. 그러나 이것 또한 줄을 서서 기다려야 한다는 뜻이다. 은행은 여행자 수표를 바꾸어줄 때 수수료를 부과한다(현재는 10달러). 그러나 미국 달러는 어디서든 받아주고(칠레 정부에서 운영하는 국영 우체국을 제외하면) 일반적으로 선호되기도 한다. 신용카드를 받는 곳은 대형 호텔들뿐이다.

어디에 묵을까?

공항에는 여행국 안내센터가 한 곳 있고 투우 마헤케 거리에는 여행안내소 (세르나투르, SERNATUR)가 하나 있다. 위치는 은행과 주지사 집무실의 정서쪽이다. 이 두 곳에 가면 묵을 만한 숙박시설들이 소개된 자료를 받을 수 있다. 그리고 숙소에서는 대부분 기꺼이 공항을 오가는 교통편을 제공해준다. 실제로, 많은 섬사람들이—때로는 호텔 매니저들까지도—공항에 도착하는 여객손님을 마중 나온다. 그러므로 공항에 도착해서 숙박시설을 찾는 일은 수월하다. 섬사람들은 썩 친절하고 그 가족들과 함께 지낼 수도 있다. 이 또한 멋진 체험이 될 수 있겠지만 섬사람들이 모두 영어를 할 줄 아는 건 아니라는 사실을 알아둘 필요가 있다. 그리고 섬사람들과 함께 머물게 되는 경우에는 숙박 여건이 열악할 수도 있다! 이 외에도 스위트룸, 룸서비스, 수영장 등과 현대 여행객들에게 익숙한 다양한 편의시설을 제공하는 대형 호텔을 선택하는 방법도 있다.

야영 시설은 아나케나의 북쪽 해안에 마련되어 있다. 이곳은 이 섬에 있는 두 개의 작은 해변 가운데 하나이다. 항가 로아 마을의 북쪽 끝에서도 야영이 가능하다. 섬에는 많은 동굴이 있지만 그 안에서 잠을 자보면 실망스러울 것이다. 야영객들은 반드시 물을 가져가야 한다. 아나케나 캠프장에서는 물을 구할 수 없기 때문이다.

어디를 둘러볼까?

탈것을 대여하는 것이 관심 있는 지역들을 돌아보는 제일 좋은 방법이다. 마실 물을 들고서 험한 길을 걸어다니는 것은 힘겨운 일이다. 자전거, 오토바이, 자동차, 혹은 미니버스 등의 탈것은 어떤 종류든지 빌릴 수 있다. 영화 〈라파 누이〉 덕분에(그 영화 작업에 가담했던 모든 사람들이 거기서 번 돈을 이 섬에서 신분을 상징하는 새로운 상징으로 등장한 자동차를 사는 데 쓴 듯하므로) 이 작은 섬을 돌아다니는 차가 2천 대나 된다. 그런데 도로는 하나뿐이다! 택시도 많다. 주유소는 공항 근처에 단 한 군데뿐이므로 여분의 타이어를 준비해서 다니는 게 필수적이다.

말을 빌려 타는 일은 별다른 문제가 없고 비용도 아주 저렴하지만 요금을 지불하고 올라타게 되는 말들이 여행객들에게 익숙해진 것은 틀림없을지라도 빨리 달리는 건 내켜하지 않는다(혹은 전혀 속력을 내주지 않는다).

무엇을 살까?

섬에서 가장 인기 높고 쉽게 구할 수 있는 기념품은 나무나 돌로 만든 조각품이다. 보통 초기 개척자들이 발견한 고대 유물을 복제한 것들이다. 상품은 중개인을 통해서 살 수 있지만 만든 사람에게서 직접 구매할 수도 있다. 많은 장인들이 주문 의뢰를 받으면 불과 며칠 만에 작품을 만들어낸다. 기념품을 파는 곳은 여러 군데에 있다. 특히 교회 근처에 새로 생긴 시장이 좋다. 아타무 테케나와 투우 마케헤 사이의 모퉁이에 있는 시장과 공항 터미널의 새로 생긴 쇼핑 지역에서도 살 수 있다.

이스터 섬을 떠나올 때는 조개로 만든 목걸이 선물을 받게 될 것이다. 중요한 방문객이었다면 너무나 인심 좋은 이 섬에서 목걸이를 몇 겹씩 두르고 떠나게 될 것이다.

감사의 말

애초에 폴 반이 이스터 섬 이야기에 관심을 기울이게 된 것은 텔레비전 다큐멘터리로 제작된 토르 헤예르달의 선구적인 원정과 석상을 조각해 세우는 작업 실험에 자극을 받았기 때문이다. 이렇게 생긴 관심이 케임브리지에 들어간 뒤에는 고고학 공부로 발전되었다. 같은 시기에 콜린 렌프루를 섬으로 데려간 BBC 연대기Chronicle와 인류의 진보Ascent of Man 같은 보다 심도 있는 텔레비전 프로그램을 본 제이콥 브로노프스키도 폴과 같은 흥미를 갖게 되었다. 애석하게도 브로노프스키가 선사시대의 섬사람들에 대해 호의적인 말이나 유익한 정보를 전혀 제공한 바 없기는 하지만 그렇다고 해서 섬사람들이 이룩한 문화적 결실을 보고 느끼는 충격이 줄어들지도, 혹은 직접 섬을 찾아가서 보고 싶다는 사람들의 증대되는 욕구가 줄어들지도 않았다.

마침내 1985년에 직접 찾아갈 기회가 왔다. 예술사와 인문학의 박사과정 취득 후 연구과정에 제공된 폴 게티 장학재단의 후원으로 처음으로 이스터 섬을 방문할 계획을 세울 수 있게 된 것이다. 이스터 섬을 주제로 연구하던 그 시점에, 놀랍고도 공교로운 행운으로 존 플렌리—최근에 꽃가루 분석을 통해 이스터 섬 연구에 매우 중요하고 획기적인 공헌을 한 바로 그 인물—가 반의 고향에 있는 헐 대학교에서 가르친다는 걸 알게 되었다.

1977년, 호주 국립대학교에서 특별 연구과정을 마친 플렌리는 에움길로 돌아 영국으로 돌아갔다. 당시 그는 열대 우림을 주제로 책을 쓰고 있던 터라 한 번도 가본 적이 없는 남아메리카를 경유해서 가기로 작정했다. 이렇게 가는 분명한 방법은 타히티로 날아가서 란-칠레 비행기로 갈아타고 칠레의 산티아고와 이스터 섬으로 들어가는 것이었다. 마침내 이스터 섬을 찾아가고 싶었던 플렌리의 유년의 꿈이 실현될 것이었다. 그는 주지사로부터 섬에 대해 연구를 해도 좋다는 허가를 받은 뒤 그곳에서 2주일간 머물기로 했다. 짧으나마 이때 섬에 머물면서 조사한 그의 중요한 연구결과가 이 책의 5장과 10장에 소상하게 설명되어 있다.

1986년에 이스터 섬에서 돌아온 반은 BBC 방송에서 일하던 그레이엄 매시의 충고를 받아들여 당시 허라이전(Horizon, 영국 BBC 방송의 대표적인 과학 다큐멘터리 시리즈: 옮긴이) 편집자 로빈 브라이트웰에게 이스터 섬에 관련된 최근 연구와 관련된 새로운 텔레비전 다큐멘터리 시놉시스를 제출했다. 이것은 1988년에 허라이전으로, 그리고 1989년에는 미국의 노바(Nova, 미국 PBS의 과학 프로그램: 옮긴이)로 각각 방영되어 성공을 거두었다. 이 프로그램에서 고고학 자문은 반이 맡았고 플렌리의 연구결과가 특집으로 다뤄졌다.

우리는 유럽의 많은 친구들, 특히 미셸과 카트린 오를리악, 세상을 떠난 앙드레 발랑타와 그의 파리 그룹, 프랑크푸르트의 게오르크 치츠카, 아네트 파크스와 패트 윈커에게, 자료를 제공해주고 도움을 준 데 대해 깊은 감사의 마음을 전한다. 자료를 제공해준 다른 이들, 호스트 카인과 아네트 비엘바흐, 셜리 체스니, 스티븐 피셔, 로저 그린, 조앤 캐밍가, 그리고 팸 러셀에게도 고마움을 느낀다.

현재, 이스터 섬을 연구하는 대다수의 학자들은 미국에서 활동하고 있다. 그리고 여기서 우리는 소중하기 그지없는 〈라파 누이 저널Rapa Nui Journal〉의 발기인이자 편집인인 조지아 리에게, 그리고 윌리엄 아이레스와 앨런 데이비스 드레이크, 조지 질, 빌 하이더, 패트릭 키르히, 섀런 롱, 찰리 러브, 크리스 스티븐슨, 조안 반 틸버그에게 특별히 감사드리고 싶다. 사진을 제공해준 조지아 리, 스콧 베이커, 조지 질, 빌 하이더, 섀런 롱, 찰리 러브, 에밀리 멀로이, 마크 올리버, 이사벨라 트리, 그리고 자크 비녜에게도 고맙다.

플렌리에게 전문적이고 기술적인 도움을 준 사람들은 새라 M. 킹(꽃가루 수치 계산), 모린 마틴(꽃가루 준비작업), 조운 잭슨과 크리스토퍼 츄(화학실험 준비작업), 키스 스커와 카렌 푸클로프스키(도표와 모식도 작업), 그리고 글리니스 윌쉬(타이핑) 등이다.

섬 쪽으로는, 제라르도 벨라스코(칠레 정부의 라파누이 농업개발기구CORFO 국장)와 그의 아내 마게리타(섬의 상류가문 출신)가 플렌리에게 숙소를 마련해주고 그 밖에도 많은 도움을 아끼지 않은 데 대해 감사드리고 싶다. 그리고 섬에서 잠자리를 내준 욜란다 이카와 그녀의 어머니, 토론과 그 밖의 도움을 준 세르지오 라푸, 유용한 토론을 해준 클로디오 키리스티노, 그리고 환경오염을 감시하는 지구 감시망Earthwatch 자원봉사를 해준 어니스트 이구, 샐리 굿휴, 캐시 마린, 마이크 시몬드에게도 감사드린다.

플렌리에게 연구기금을 제공해준 영국 국립환경연구위원회British National Environment Research Council 측에도 경의를 표하고 싶다. 그리고 연구에 협력해준 짐 텔러 교수와 NERC 방사성 탄소 원소 실험실의 D. D. 하크니스 박사에게도 경의를 표한다.

2판에 부치는 감사의 말

지난 10여 년 동안 자료를 비롯한 여러 가지 도움을 준 데 대해 우리는 앞에서 언급한 친구들과 동료들에게 예전과 다름없이 변함없는 고마움을 표시하고 싶다. 뿐만 아니라 피터 베이커, 엘레나 샤롤라, 프랜시나 포먼트, 에리카 헤이겔버그, 더크 휘계, 빌 빌러, 그랜트 매컬, 프란시스코 멜렝 블랑코, 마이크 피츠, 마리아 외제니아 드 산타 콜로마, 파벨 파벨, 그리고 호세 미구엘 라미레즈 등에게도 감사의 말을 전하고 싶다. 우리의 초판본을 훌륭하게 검토해준 피터 벨우드에게도 고맙다. 우리가 미처 알아채지 못한 초판본의 자잘한 사실 정보에서 빚어진 오류들을 지적해주어 여기 2판에서는 수정할 수 있었다. 카툰을 재수록하도록 허락해준 마이크 윌리엄스에게 깊은 사의를 표한다. 탁월한 사진자료들은 돈과 일레인 드보락의 발빠른 수고로 얻어진 것이다. 미셸과 카트린 오를리악에게, 그리고 짐 텔러와 후안 그라우에게도 신세를 많이 졌다. 꽃가루의 수치를 계산하는 데 도움을 준 케빈 버틀러와 타이핑을 해준 올리브 해리스에게 플렌리의 고마운 마음을 전한다. 그리고 교토 일본 연구센터의 야스다 요시노리 교수에게도 고맙다. 그는 1995년에 이스터 섬을 찾아주었고 2000년에는 일본 NHK 텔레비전 프로그램 준비를 위해 다시 방문했다. 마지막으로 옥스퍼드 대학 출판부의 조지 밀러를 비롯한 스태프들과 우리의 출판 대리인인 세일라 왓슨에게 이 새로운 개정판이 결실을 맺을 수 있도록 수고해준 데 감사한다.

주註

2판 서문

1) 라페루즈La Perouse, 65쪽.

2) 멀로이와 피구에로아Mulloy and Figueroa 1978, 22쪽.

3) 멀로이Mulloy 1974.

4) 멀로이 1997a, 110쪽.

들어가며 이스터 섬의 개관

제1장 유럽인의 발견

1) 이스터 섬을 초기에 찾은 유럽인 총 목록은 매컬McCall 1990 참조.

2) 랭던Langdon 1975.

3) HLA 연구에 대해서는 누보 르가르Nouveau Regard에 실린 J. 도세Dausset의 글, 1982, 228쪽. 참조.

4) 로게벤의 설명에 대해서는 샤프Sharp 1970; 폰 자헤르von Saher 1990, 1993 참조.

5) 부먼의 설명에 대해서는 폰 자헤르 1990/1; 1993; 1994 참조.

6) 스페인어판에 대해서는 멜렝 블랑코Mellén Blanco 1986 참조.

7) 라페루즈 1997.

8) 쿡에 대해서는 비글호울Beeglehole 1961 참조.

9) 포스터Forster 2000; 호어Hoare 1982; 폰 자헤르 1992, 1999도 참조.

10) 가이슬러Geiseler 1995.

11) 톰슨Thomson 1891.

12) 루틀지Routledge 1919; 러브Love 1984도 참조.

13) 라바셰리Lavachery 1935, 1939.

14) 메트로Métraux 1940, 1957.

15) 잉글러트Englert 1948, 1970.

16) 헤예르달과 퍼던Heyerdahl and Ferdon 1961, 1965.

17) 멀로이 1997.

18) 이스터 섬의 과거를 다룬 개론서로는 오를리악Orliac 1995; 리와 캐타니Lee and Catany 1995; 반 틸버그Van Tilburg 1994; 라미레즈와 후버Ramirez and Huber 2000; 특히 피셔Fischer 1993을 들 수 있다. 이스터 섬의 역사를 다룬 개론서로는 콩테 올리베로스Conte Oliveros 1994 참조.

중요한 논문집으로는 *Clava*, vol. 4, 1988, Museo Sociedad Fonck, Viña del Mar; *Circumpacifica. Band II, Ozeanien, Miszellen. Festschrift für Thomas S. Barthel* B. Illius and M. Laubscher, eds., 1990, Peter Lang: Frankfurt; *Journal of New World Archaeology* VII(1), Aug. 1986, UCLA; Valenta 1982; 그리고 절대로 빼놓을 수 없는 *Rapa Nui Journal* (예전에는 *Rapa Nui Notes*였음) 1986 이후.

그동안 많은 전시회가 열렸고 그 전시회마다 다음과 같이 중요한 카탈로그를 발행했다. Esen-Baur, 1989(& Belgian edition, 1990: *L'Ile de Pâques: une Enigme?* Musées Royaux d'Art et d'Histoire, Brussels); Orefici 1995(with a Catalan edition, 1995: *Els Moai de l'illa de Pasqua: Art i Cultures als Mars del Sud.* Fundació 'la Caixa', Centre Cultural: Barcelona; & a French edition, 1996: *Voyage vers l'Île Mystérieuse, de la Polynésie à l'Île de Pâques.* Amilcare Pizzi Editore: Milan); Kjellgren 2001.

국제회의에서도 지속적으로 회의록을 책으로 묶어 발행해왔다: 크리스티노Cristino 외 1988; 에센 바우어 1990; 스티븐슨Stevenson 외 1998; 바거스Vargas 1998; 스티븐슨 외 2001.

제2장 이스터 섬과 그 지형

1) 일반적인 기후와 지형에 대해서는 치츠카Zizka 1989 참조. 개론서로는 포티어스Porteous 1981; 매컬McCall 1994 참조.
2) 헨리Henry 1994.
3) 베이커Baker 1967; 피셔와 러브Fischer and Love 1993.
4) 하세Hasse 외 1997.
5) 베이커Baker 1967, 121쪽.
6) 베이커 1993.
7) 헤예르달Heyerdahl 1958.
8) 스티븐슨 외 1983/4.
9) 크리스티노와 바거스Cristino and Vargas 1998, 1999.
10) 매컬 1993.
11) 클레머와 치츠카Klemmer and Zizka 1993.
12) 이 책 1992년판에서 우리는 개의 뼈를 발견했다고 언급했다(31, 91쪽). 〈라파 누이 저널〉 5(3), 1991, 45쪽의 내용을 그대로 실은 것인데, 나중에 잘못 식별한 것으로 밝혀졌고 〈라파 누이 저널〉 7(3), 1993, 61~62쪽에 보고되었다.

13) 스테드먼Steadman 외 1994.

14) 디살보와 랜달DiSalvo and Randall 1993.

15) 에티엔느Etienne 외 1982; 치츠카 1990, 플렌리Flenley 1993.

16) 스코츠베르크Skottsberg 1956; 올든Alden 1990.

17) 치츠카 1990, 1991.

18) 플렌리 1993.

19) 스테드먼 1989.

20) 칼퀴스트Carlquist 1967.

21) 스코츠베르크 1956.

22) 반 밸구이Van Balgooy 1971.

23) 시크스와 고들리Sykes and Godley 1968.

24) 헤예르달과 퍼던 1961.

25) 올든 1982.

26) 몬더Maunder 외 1999.

27) 몬더 1997. 토로미로 나무에 대해서는 1990년에 에센 바우어가 편집한 다양한 논문들을 살펴보아도 된다; 카트린 오를리악C. Orliac 1993; 릴러Liller 1995.

제1부 최초의 '보트 피플'

제3장 그들은 어디에서 왔을까?

1) 헤예르달 1950.

2) 헤예르달 1952.

3) 헤예르달 1989, 173쪽

4) 헤예르달 1958, 1989.

5) 헤예르달 1989, 233쪽.

6) 같은 책, 229쪽.

7) 래닝Lanning 1970.

8) 헤예르달 외. 1995.

9) 반Bahn 1993a, 47쪽.

10) 래닝 1970.

11) 그린Green 2001.

12) 비트먼Bittman 1984.

13) 서그스Suggs 1951, 16장; 하웰스Howells 1973, 216~218쪽도 참조; 에모리Emory 1972.

14) 테루Theroux 1992, 455쪽.

15) 래닝 1970.

16) 어윈Irwin 1992, 62쪽; 핀니Finney 1993.

17) 어윈 1992.

18) 스미스Smith 1961a, 270~271쪽; 멜렝 블랑코 1986, 150쪽.

19) 잉글러트 1970, 47, 49, 86쪽.

20) 가이슬러 1995, 80쪽.

21) 에모리 1972.

22) 루틀지 1919, 282쪽.

23) 바르텔Barthel 1978, 22쪽.

24) 루틀지 1919, 211~212쪽.

25) 루틀지 1917, 332쪽.

26) 하이저Heiser 1974.

27) 랭던 1988.

28) 반과 플렌리Bahn and Flenley 1994.

29) 옌Yen 1974.

30) 골슨Golson 1965/6(특히 80쪽); 그린 1998, 2000, 2001.

31) 폰 자헤르 1999.

32) 골슨 1965/6, 63쪽.

33) 월린Wallin 1996; 마틴슨—월린과 월린Martinsson-Wallin and Wallin 1994, 162쪽.

34) 스미스 1988, 루틀지 1919, 272쪽도 참조.

35) 퍼던Ferdon 1966, 60쪽; 스미스 1988.

36) 매코이McCoy 1976a, 333쪽.

37) *Tihuanacu, une civilisation des Andes* (Dossiers d'Arche'ologie 262, 2001.04) 참조.

38) 골슨 1965/6, 77, 79쪽.

39) 메트로 1957, 227쪽.

40) 스키너Skinner 1955.

41) 잉글러트 1970, 123쪽; 스키욜스폴트와 피구에로아Skjøsvold and Figueroa 1989; 반 1990도 참조.

42) 바위그림 해독의 모든 오류에 대해서는 리Lee 1992 참조.

43) 밸포어Balfour 1917; 루틀지 1919, 296~298쪽; 배로우Barrow 1967; 배로우 1998.

44) 리와 스태색Lee and Stasack 1999, 153~154쪽.

45) 리와 릴러Lee & Liller 1987.

46) 라미레즈와 후버Ramire'z and Huber 2000, 22~23쪽.

47) 호어 1982, 466쪽.

48) 브랜드Brand 1971.

49) 랭던과 트라이언Rangdon and Tryon 1983; 개관하려면 클라크Clark 1983 참조.

50) 그린 1988; 피셔 1992.

51) 뒤 퓨와 피셔Du Few and Fischer 1993.

52) 부티노프와 크노로조프Butinov and Knorozov 1957.

53) 바르텔 1978.

54) 헤예르달과 퍼던 1965, 255, 333쪽 참조.

55) 질Gill 1990.

56) 질과 오우즐리Gill and Owsley 1993; 질 1994; 베이커와 질Baker and Gill 1997; 챕맨과 질 Chapman and Gill 1997; 질 외 1994.

57) 헤이겔버그Hagelberg 1993/4, 1995; 헤이겔버그 외 1994.

58) 반 1994.

59) 질 1998; 챕맨과 질 1998; 반 1997도 참조.

60) 〈라파 누이 저널〉 14(2), 2000, 58쪽; 클로우Clow 외 2001; 질 2001.

61) 챕맨 1998, 170쪽.

62) 스테판Stefan 2001.

63) 힐과 세르얀슨Hill and Serjeantson 1989.

64) 퍼던 1966, 38쪽; 스미스 1993, 79쪽도 참조; 헤예르달 1989, 175쪽.

65) 랠링Ralling 1990, 282쪽 참조; 〈리스너The Listener〉(19, 1990. 4월)에 실린 논문 6쪽도 참조.

66) 키르히Kirch 2000, 238쪽.

67) 그린 1998, 2000, 2001.

68) 루틀지 1919, 291쪽.

제4장 어떻게, 왜 그 섬으로 갔을까?

1) 폴리네시아의 선사시대에 대해서는 키르히 2000, 1984 참조; 벨우드Bellwood 1978, 1987; 제닝스Jennings 1979.

2) 어윈 외. 1990; 어윈 1992.

3) 루이스Lewis 1972, 1974.

4) 루이스 1974, 752쪽.

5) 키르히 1984.

6) 도드Dodd 1972.

7) 샤프 1957, 1961.

8) 루이스 1972, 307쪽; 핀니 2001, 1993, 4쪽.

9) 그린 1998, 109쪽; 2000.

10) 폰 자헤르 1994, 100쪽.

11) 골슨 1962.

12) 레비슨Levison 외 1973; 핀니 2001, 172~173쪽도 참조.

13) 어윈 1992; 핀니 2001, 173쪽도 참조.

14) 루이스 1972, 102~103, 175쪽.

15) 가이슬러 1995, 16쪽; 멜렝 블랑코 1986, 123쪽.

16) 핀니 2001, 175쪽.

17) 어윈 1992; 어윈 외 1990.

18) 핀니 1985, 1991, 1993; 핀니 외 1989; 어윈 1989, 1990; 카비에데스와 웨일린Caviedes and Waylen 1993.

19) 핀니 1994.

20) 핀니 1994a.

21) 어윈 1992, 93쪽; 그린 2000, 72쪽.

22) 핀니 1993.

23) 핀니 2001; 핀니와 킬론스키Finney and Kilonsky 2001.

24) 앤더슨Anderson 2001.

25) 바르텔 1978, 5쪽.

제5장 이스터 섬의 생활

1) 잉글러트 1948; 메트로 1940.

2) 루틀지 1919, 282쪽.

3) 잉글러트 1970, 88, 93쪽; E. R. 멀로이 1993; 메로즈Meroz 1995.

4) 잉글러트 1970, 87쪽.

5) 래닝 1970, 175쪽.

6) 방사성 탄소 원소 연대 측정법에 대해서는 아이레스Ayres 1971 참조; 흑요암 연대 측정법에 대해서는 스티븐슨, 1988 참조.

7) 매코이McCoy 1973.

8) 스프릭스와 앤더슨Spriggs and Anderson 1993, 210쪽; 좀더 앞선 시기에 대해서는 키르히와 엘리슨Kirch and Ellison 1994.

9) 스키욜스폴트 1993, 1994; 마틴슨-윌린과 월린 1998a, 2000.

10) 셀링Selling의 저작에 대해서는 헤예르달과 퍼던 1961, 519쪽 각주 참조.

11) 헤예르달과 퍼던 1965, 149쪽.

12) 섬의 꽃가루 도표에 대한 완전한 연구 결과는 플렌리 외 1991과 버틀러와 플렌리Butler and Flenley 2001 참조.

13) 플렌리와 킹Flenley and King 1984; 드랜스필드Dransfield 외 1984.

14) 같은 책.

15) 치츠카 1991.

16) 미셸 오를리악M. Orliac 1989, 1993; 치츠카 1989a; 아놀드Arnold 외 1990.

17) 그라우Grau 1996.

18) 미셸 오를리악 1993.

19) 파머Palmer 1868, 1870, 1870a.

20) 메트로 1940.

21) 리Lee 1992, 121쪽. 이 책의 초판본에서(86, 89쪽) 우리는 롱고롱고 목판의 글자들 가운데는 야자나무 몸통을 닮은 것들이 있고 심지어는 유바에아의 특징처럼 가운데 부분이 불룩 튀어나온 형태의 글자들도 있다는 오를리악의 견해(1989)를 따랐다. 그러나 야자나무를 본뜬 그림문자로 보였던 것이 사실은 사탕수수 기호나 '토아toa' 위에 X자를 겹쳐놓은 형태일 뿐이라는 것이 명백해졌다(혹은 X자 모양 위에 'toa'를 겹쳐놓은 경우도 간혹 보인다). 따라서 야자수와 비슷하다는 견해는 잘못된 착각이었음이 밝혀졌다(S. R. 피셔, pers. comm.).

22) 멀로이와 피구에로아 1978, 22쪽.

23) 〈라파 누이 저널〉 15(2), 2001, 125쪽.

24) 반 1995.

25) 스티븐슨 1997, 57~58쪽; 오를리악과 오를리악Orliac and Orliac 1998, 200쪽; 마틴슨-윌린과 윌린 1998, 172쪽; 2000, 32쪽.

26) 키르히 외(연도 미상)

27) 오를리악 2000.

28) 선사시대의 이스터 섬 내부의 상황에 대해서는 매코이 1976 참조; 스티븐슨 1986, 1997; 스티븐슨과 크리스티노Stevenson and Cristino 1986; 스티븐슨 외 1999, 2002; 바거스Vargas 1998; 워즈니악Wozniak 1998.

29) 앤더슨 1989, 2002.

30) 마틴과 스테드먼Martin and Steadman 1999, 50쪽.

31) 스테드먼 1995, 1997, 1999; 마틴과 스테드먼 1999; 키르히 2000, 61쪽.

32) 스테드먼 외 1994; 마틴슨-윌린과 윌린 1994, 170쪽; 〈라파 누이 저널〉 7(2), 1993, 62쪽도 참조.

33) 오를리악과 오를리악 1998.

34) 오우즐리Owsley 외 1983, 1985; 질과 오우즐리 1993.

35) 롱과 질Long and Gill 1997.

36) 질 1988; 2000, 118쪽.

37) 폰 자헤르 1990/1, 51쪽.

38) 같은 책.

39) 같은 책.

40) 의식주 전반에 대해서는 아이레스 1985.

41) 폰 자헤르 1990/1.

42) 스티븐슨 외 1983/4, 1988; 매코이 1976a.

43) 스티븐슨 1997, 51쪽.

44) 바거스 1998a.

45) 같은 책, 124쪽.

46) 피셔 1993a.

47) 퍼던 2000; 가이슬러 1995, 73~74쪽도 참조.

48) 루틀지 1919, 241쪽.

49) 바거스 1998a.

50) 매코이 1973.

51) 리 1992, 95~96쪽.

52) 아이레스 1979.

53) 메트로 1957, 69쪽; 가이슬러 1995, 73쪽.

54) 리 1992, 113~115쪽; 1997.

제2부 돌의 조상: 화석화된 꿈

제6장 석상과 제례의식

1) 폰 자헤르 1992.

2) 루틀지 1917, 344쪽.

3) 카인과 비에르바흐Cain and Bierbach 1997, 106쪽.

4) 루틀지 1919, 313~314쪽.

5) 〈라파 누이 저널〉 9(3), 1995, 90쪽.

6) 반 틸버그Van Tilburg 1986, 1994; 반 1993; 릴러Liller 1993; 라미레즈와 후버 2000, 64쪽.

7) 메트로 1957, 165쪽.

8) 바르텔 1958.

9) 스키욜스폴트 1996.

10) 던다스Dundas 2000, 38쪽.

11) 비녜Vignes 1982.

12) 멀로이 1961, 156, 177쪽, 그림 46.

13) 실렌프룬트Seelenfreund 1988, 79쪽; 스테드먼 외 1994, 88쪽; 마틴슨-월린 1996.

14) 폰 자헤르 1990/1.

15) 가이슬러 1995, 24, 35쪽; 비글호울 1961, 340쪽도 참조.

16) 멜렝 블랑코 1986, 159쪽.

17) 라파엘Raphael 1988.

제7장 채석장의 수수께끼

1) 폰 데니켄von Däniken 1969와 같은 종류의 여러 권의 책들.

2) 메트로 1957, 164쪽.

3) 리 1992, 117쪽.

4) 스키욜스폴트 1961, 368~369쪽.

5) 가이슬러 1995, 27쪽.

6) 같은 책.

7) 루틀지 1919; 멀로이 1970.

8) 마지에르Mazière 1969, 213쪽.

9) 가이슬러 1995, 28~32쪽.

10) 라미레즈와 후버 2000.

11) 루틀지 1919, 185쪽; 헤예르달 1989.

제8장 어떻게 석상을 날랐을까?

1) 울프Wolff 1948.

2) 메트로 1957.

3) 스키욜스폴트 1961, 370~371쪽.

4) 파벨Pavel 1995, 72쪽; 반 1995.

5) 멀로이 1970.

6) 코터렐과 캐밍거Cotterell and Camminga 1990, 226~232쪽.

7) 폰 자헤르 1994a.

8) 걸리와 릴러Gurley and Liller 1997.

9) 아담Adam 1988.

10) 반 틸버그 1996, 1994.

11) 피셔와 피셔Fischer and Fischer 2000, 98~133쪽; 리 1998, 1999; 러브 2000; 매킨타이어 MacIntyre 1999도 참조.

12) 리 1998.

13) 루틀지 1919, 195쪽.

14) 마지에르 1969; '냉장고처럼 밑 부분을 돌리는 방법'에 대한 또 다른 견해로는 〈라파 누이 저널〉 4(2), 1990, 29쪽 참조.

15) 파벨 1990, 1995.

16) 헤예르달 외 1989; 파벨 1995.

17) 러브 1990.

18) 리 1998.

19) 러브 2000, 117쪽.

20) 〈라파 누이 저널〉 9(4), 1995, 124~125쪽에 실린 파제트Padgett의 편지 참조.

21) 〈라파 누이 저널〉 15(1), 2001, 50쪽.

22) 루틀지 1919, 194쪽.

23) 헤예르달 외 1989.

24) 러브 2000; 〈라파 누이 저널〉 14(2), 2000, 61~62쪽; 14(3), 2000, 99쪽; 15(1), 2001, 50쪽; 15(2), 2001, 125쪽: 그리고 〈디스커버링 아키올로지 Discovering Archaeology〉(2000, 11/12월) 12쪽에 실린 논문 C. M. 러브의 '이스터 섬의 미스테리 The Easter Island Mystery'도 참조.

25) 〈라파 누이 저널〉 5(1), 1991, 6~7쪽.

26) 폰 자헤르 1993a, 31쪽.

27) 파벨 1995.

28) 러브 2000; 〈라파 누이 저널〉 14(3), 2000, 99쪽.

제9장 재례용 기단과 푸카오: 석상 세우기

1) 마틴슨-윌린 1994, 1996a, 2001; 마틴슨-윌린과 윌린 1998b; 헤예르달과 퍼던 1961도 참조; 멀로이 1997; 러브 1983; 실렌프룬트 1988; 아이레스 1988; 후이게와 코웨 Huyge and Cauwe 2002.

2) 멀로이와 피구에로아 1978; 후이게와 코웨 2002.

3) 러브 1993, 104쪽.

4) 크리스티노와 바거스 1998, 1999.

5) 러브 1993, 110쪽.

6) 멀로이와 피구에로아 1978; 스키욜스폴트 1996도 참조.

7) 반 틸버그 1986a.

8) 멀로이와 피구에로아 1978.

9) 마틴슨-윌린과 윌린 1998a, 1998b, 2000.

10) 릴러 1990, 1991, 1993a, 1993b; 멀로이 1975.

11) 메트로 1957, 166쪽.

12) 러브 1990a, 17쪽.

13) 러브 1993, 105쪽.

14) 스키욜스폴트 1961, 372쪽; 헤예르달 외. 1989.

15) 러브 2000, 118쪽.

16) 스키너 1967; 배로우 1967, 193쪽.

17) 멀로이 1970; 아당 1988.

18) 파벨 1995.

19) 크리스티노와 바거스 1998, 1999.

20) 던다스 2000, 39쪽.

21) 메트로 1957, 153쪽.

제3부 파국

제10장 파괴되는 조상들

1) 크리스티노와 바거스 1998, 1999; 에드워즈Edwards 외 1996, 12쪽.

2) 폰 자헤르 1992, 36~38쪽; 비글호울 1961, 344쪽.

3) 에드워즈 외 1996; 마틴슨-윌린 2001, 74쪽도 참조.

4) 반 1995; 메트로 1957, 172쪽.

5) 비글호울 1961, 344쪽; 가이슬러 1995, 35쪽.

6) 스테드먼 외 1994, 87쪽.

7) 루틀지 1919, 223쪽.

8) 폰 자헤르 1992, 35쪽; 1994, 99쪽.

9) 스미스 1961, 1990; 헤예르달과 퍼던 1961, 385쪽; 베이커 1967, 119쪽.

10) 〈라파 누이 저널〉 4(4), 1990/1, 56쪽; 6(1), 1992, 14쪽.

11) 바르텔 1978, 6쪽.

12) 매코이 1978.

13) 포먼트Forment 1991; 오를리악과 오를리악 1995a.

14) 포먼트 외 2001.

15) 질 2000, 111, 116쪽; 질과 오우즐리 1993.

16) 피셔 1992a.

17) 체르벨리노 지아노니Cervellino Giannoni 1993; 스키욜스폴트 1994, 112쪽; 반 틸버그 1994, 109~110쪽. 이 모든 주장들에 대한 비평은 반 1997a 참조; 구전에 대한 것은 루틀지 1919, 225~226쪽 참조.

18) 루틀지 1919, 182쪽; 바르텔 1978, 277~278쪽.

19) 스티븐슨 1997, 141~142쪽; 위즈니악 1998.

20) 스티븐슨 외 1999; 라페루즈 1997, 65쪽도 참조.

21) 오를리악 2000, 216쪽.

22) 스테드먼 외 1994, 91쪽.

23) 스테드먼 외 1994; 윌린 1996.

24) 후이게와 코웨 2002.

25) 폰 자헤르 1999, 43쪽.

26) 폰 자헤르 1992, 34쪽.

27) S. R. 피셔, pers. comm.

28) N. M. 웨이스Wace, pers. comm.

29) R. 그린, pers. comm.

30) 걸리와 릴러 1997, 84쪽.

31) 제이콥슨과 브래드쇼Jacobson and Bradshaw 1981.

32) 터너Turner 1965.

33) 페닝턴Pennington 외 1976.

34) 플렌리 외 1991.

35) 같은 책.

36) 오를리악 2000.

37) 미스Mieth 외 2002.

38) 스테드먼 외 1994, 93쪽; 마틴슨-윌린과 윌린 2000, 27쪽.

39) 멜렝 블랑코 1986, 103쪽.

40) 〈라파 누이 저널〉 16(1), 2002, 4쪽—보통 인용되어온 111명은 섬의 주민이 아닌 인구
    조사원까지 포함한 숫자였다!

41) 〈라파 누이 저널〉 6(3), 1992, 57쪽; 14(1), 2000, 23쪽; 15(1), 2001, 55쪽.

42) 키르히 2000, 232쪽.

43) 벨우드 2001, 13쪽.

44) 바거스 1998.

45) 스티븐슨 1986; 스티븐슨과 크리스티노 1986.

46) 쇼Shaw 1996.

제11장 오롱고와 롱고롱고

1) 쇼 1996.

2) 에셴-바우어 1983, 1993.

3) 루틀지 1920; 멀로이 1997(Bulletin 4, 1975, *Investigation and Restoration of the Ceremonial
    Center of Orongo, Easter Island*); 데이비스 드레이크Davis Drake 1992.

4) 루틀지 1917a.

5) 데이비스 드레이크 1992, 31쪽.

6) 피셔 1991.

7) 반 틸버그 1992.

8) 라미레즈와 후버 2000, 40쪽.

9) 리 1986, 1992, 1997.

10) 리 1987, 1992, 1997.

11) 데이비스 드레이크 1988~1990; 피셔 1997.

12) 잉글러트 1970, 74쪽.

13) 헤예르달이 롱고롱고 문자판의 존재를 입증하는 최초의 증거로, 뉴질랜드에서 1851년
    에 입수한 레이 미로(rei miro, 초승달 무늬가 새겨진 커다란 목각 펜던트)를 롱고롱고 문자
    가 새겨진 것이라고 보고한 것은 오류이다. 그런데 헤예르달은 그 전에는 이것을 마오
    리족의 나무 상자로 잘못 생각했었다. 피셔 1997, 8쪽 참조; 반 틸버그 1992, 93쪽.

14) 피셔 1997, 552~553쪽.

15) 피셔 1990.

16) 피셔 1997, 9~10, 562쪽.

17) 섬에 파견된 최초의 선교 사절단에 대해서는 데데랑Dederen 1990 참조.

18) 루틀지 1919, 247~248쪽 참조.

19) 메트로 1940; 바르텔 1978.

20) 피셔 1997, 386~387쪽.

21) 피셔 1995, 1995a, 1997, 1998.

제12장 자멸한 섬

1) 가이슬러 1995; 스키욜스폴트 1996, 104쪽.

2) 샐린스Sahlins 1955.

3) 키르히 1984, 264쪽.

4) 메트로 1957, 152쪽.

제13장 최후의 수수께끼

1) 반 틸버그 1994.

2) 매컬 1993, 1994; 헌터-앤더슨 1998도 참조.

3) 그로브Grove 1988.

4) 넌Nunn 1994, 1999, 2000, 2001; 넌과 브리튼Nunn and Britton 2001.

5) 그로브 1988.

6) 어윈 1992.

7) 헌터-앤더슨 1998.

8) 플렌리 외 1991.

9) 오를리악 2000.

10) 바거스 1998, 128~129쪽.

11) 예를 들어 오를리악 2000.

12) 매킨타이어 2001, 2001a.

13) 랭던 1975.

14) 무어헤드Moorehead 1966.

15) 브랜더와 테일러Brander and Taylor 1998.

16) 메이혼Mahon 1998.

17) 메도우스Meadows 외 1992.

18) 반과 플렌리 1992.

19) 세계 위원회World Commission 1987.

20) 메도우스 외 1992.

21) 키르히 1997; 에릭슨과 고우디Erickson and Gowdy 2000.

22) 메트로 1957, 62쪽.

23) 매킨타이어 1999a, 36쪽.

24) 같은 책, 37쪽.

25) 키르히 2000; 앤더슨 2002, 376쪽.

부록 이스터 섬 여행

1) 리 1989.

2) 〈라파 누이 저널〉 14(1), 2000, 23쪽.

참고자료

Adam, J.-P. 1988. *Le Passé Recomposé*, pp. 143~54. Seuil: Paris.

Alden, B. 1982. 'Le Toromiro, l'arbre des Pascuans, fleurit toujours en Suede' in (A. Valenta, ed.) *Nouveau Regard sur l'Île de Paques*, pp. 119~23. Moana: Paris.

——1990. 'Wild and introduced plants on Easter Island: A report on some species noted in February 1988' in (H. Esen-Baur, ed.) *State and Perspectives of Scientific Research in Easter Island Culture*, pp. 209~16. Courier Forschungsinstitut Senckenburg: Frankfurt, No. 125.

Anderson, A. 1989. *Prodigious Birds: Moas and Moa-Hunting in Prehistoric New Zealand*. Cambridge University Press: Cambridge.

——2001. 'Towards the sharp end: The form and performance of prehistoric Polynesian voyaging canoes' in (C. Stevenson *et al.*, eds.) *Pacific 2000: Proceedings of the Fifth International Conference on Easter Island and the Pacific*, pp. 29~35. Easter Island Foundation Los Osos.

——2002. 'Faunal collapse, landscape change and settlement history in Remote Oceania'. *World Archaeology* 33 (3): 375~90.

Arnold, M., Orliac, M. and Valladas, H. 1990. 'Données nouvelles sur la disparition du palmier (cf. Jubaea) de l'Île de Pâques' in (H. Esen-Baur, ed) *State and Perspectives of Scientific Research in Easter Island Culture*, pp. 217~19. Courier Forschungsinstitut Senckenburg: Frankfurt, No. 125.

Ayres, W. S, 1971. 'Radiocarbon dates from Easter Island'. *Journal of the Polynesian Society* 80: 497~504.

——1979. 'Easter Island fishing'. *Asian Perspectives* 22: 61~92.

——1985. 'Easter Island subsistence'. *Journal de la Société des Océanistes* 80: 103~24.

——1988. 'The Tahai settlement complex' in (C. Cristino *et al.*, eds.) *First International Congress: Easter Island and East Polynesia. Vol. 1. Archaeology*, pp. 95~119. Universidad de Chile, Instituto de Estudios Isla de Pascua.

Bahn, P. G. 1990. 'Juggling dates and swivelling statues'. *Rapa Nui Journal* 4 (2): 24.

———1993. 'The archaeology of the monolithic sculptures of Rapanui: a general review', pp. 82~5 in (S. R. Fischer, ed.) *Easter Island Studies*. Oxbow Monograph 32: Oxford.

Bahn, P. G. 1993a. 'Rapa Nui Rendez-Vous, a personal view'. *Rapa Nui Journal* 7 (3): 45~8.

———1994. 'Celibate Settlers and Forgetful Fishermen: A reply to George Gill'. *Rapa Nui Journal* 8 (2): 40.

———1995. 'Where Giants Walked'. *Rapa Nui Journal* 9 (2): 62.

———1997. 'Talking turkey in Albuquerque'. *Rapa Nui Journal* 11 (4): 163~4.

———1997a. 'Easter Island or (Man-) Eaters Island?' *Rapa Nui Journal* 11(3) 123~5.

———and Flenley, J. 1992. *Easter Island, Earth Island*. Thames and Hudson: London and New York.

————1994. 'Reply to Robert Langdon'. *Rapa Nui Journal* 8 (1): 11~12.

Baker, P. E. 1967. 'Preliminary account of recent geological investigations on Easter Island'. *Geological Magazine* 104 (2): 116~22.

———1993. 'Archaeological stone of Easter Island'. *Geoarchaeology* 8 (2) 127~39.

Baker, S. J. and Gill, G. W. 1997. 'A modification of results of the osteological analysis of the Norwegian Expedition to Easter Island'. *Rapa Nui Journal* 11 (2): 53~7.

Balfour, H. 1917. 'Some ethnological suggestions in regard to Easter Island, or Rapanui'. *Folklore* 28: 356~81.

Barrow, L. J. 1998. 'The birdman in art and mythology in Marginal Polynesia- Easter Island, Hawai'i and New Zealand' in (C. Stevenson *et al.*, eds.), *Easter Island in Pacific Context. South Seas Symposium,* pp. 346~51. Easter Island Foundation Los Osos.

Barrow, T. 1967. 'Material evidence of the bird-man concept in Polynesia' in (G. A. Highland *et al*, eds.) *Polynesian Culture History,* pp. 191~213. Bishop Museum Special Publication 56, Honolulu.

Barthel, T. S. 1958. 'Female stone figures on Easter Island'. *Journal of the Polynesian Society* 67: 252~5.

———1978. *The Eighth Land: The Polynesian Discovery and Settlement of Easter Island*. University Press of Hawai'i: Honolulu.

Beaglehole, J. C. (ed.) 1961. *The Journals of Captain James Cook on his Voyages of Discovery. Vol. II. The Voyages of the* Resolution *and* Adventure 1772~1775. Cambridge University Press: Cambridge. Hakluyt Society, extra series XXXV.

Bellwood, P. 1978. *Man's Conquest of the Pacific*. Collins; Auckland.

——1987. *The Polynesians.* (rev. ed.) Thames & Hudson: London.

——2001. 'Polynesian prehistory and the rest of mankind' in (C. Stevenson *et al.*, eds.) *Pacific 2000. Proceedings of the Fifth International Conference on Easter Island and the Pacific,* pp. 11~25. Easter Island Foundation: Los Osos.

Bittmann. B. 1984. 'Fishermen, mummies and balsa rafts on the coast of Northern Chile' in (M. Druss and B. Bittmann, eds.), *Archaeological Investigations in Chile: Selected Papers,* pp. 53~96. Occasional Publications in Anthropology & Archaeology Series 19, Museum of Anthropology, University of Northern Colorado, Colo.

Brand, D. E. 1971. 'The sweet potato: An exercise in methodology' in (C. L. Riley *et al.*, eds.) *Man Across the Sea. Problems of Pre-Columbian Contacts,* pp. 343~65. University of Texas Press: Austin/London.

Brander, J. A. and Taylor, M. S. 1998. 'The simple economics of Easter Island: A Ricardo-Malthus model of renewable resource use'. *American Economic Review* 88 (1): 119~38.

Butinov, N. A. and Knorozov, Y. V. 1957. 'Preliminary report on the study of the written language of Easter Island'. *Journal of the Polynesian Society* 66: 5~17.

Butler, K. and Flenley, J. 2001. 'Further pollen evidence from Easter Island' in (C. M. Stevenson *et al.*, eds.) *Pacific 2000: Proceedings of the Fifth International Conference on Easter Island and the Pacific,* pp. 79~86. Easter Island Foundation: Los Osos.

Cain, H. and Bierbach, A. 1997. 'The term *Mo'ai* as a key to the idea behind the phenomenon'. *Rapa Nui Journal* 11 (3) 103~8.

Carlquist, S. 1967. 'The biota of long-distance dispersal: Plant dispersal to Pacific islands'. *Bull. Torrey Bot. Club* 44:129~62.

Caviedes, C. N. and Waylen, P. R. 1993. 'Anomalous westerly winds during El Niño events: The discovery and colonisation of Easter Island'. *Applied Geography* 13: 123~34.

Cervellino Giannoni, M. 1993. 'Investigación arqueológica en la Caverna Ana Kai Tangata, Isla de Pascua'. *Rapa Nui Journal* 7 (2):52~4.

Chapman, P. 1998. *An Examination of East Polynesian Population History.* Unpublished ph.D. thesis, University of Otago.

——and Gill, G. W. 1997. 'Easter Islander origins: Non-metric cranial trait comparison between Easter Island and Peru'. *Rapa Nui Journal* 11 (2): 58~63.

———1998. 'An analysis of Easter Island population history' in (C. Stevenson *et al.*, eds.) *Easter Island in Pacific Context, South Seas Symposium,* pp. 143~50. Easter Island Foundation: Los Osos.

324

Clark, R. 1983. Review of R. Langdon and D. Tryon, 'The Language of Easter Island'. *Journal of the Polynesian Society* 92: 419~25.

Clow, C. M., Stefan, V. H., Gill, G. W. and Owsley, D. W. 2001. 'Cranial and facial form descriptions and comparisons of several Polynesian and Peruvian samples' in (C. M. Stevenson *et al.*, eds.) *Pacific 2000: Proceedings of the Fifth International Conference on Easter Island the Pacific*, pp. 437~46. Easter Island Foundation: Los Osos.

Conte Oliveros, J. 1994. *Isla de Pascua: Horizontes, Sombrios y Luminosos. (Historia Documentada)*. Centro de Investigación de la Imagen: Santiago.

Cotterell, B. and Kamminga, J. 1990. *Mechanics of Pre-Industrial Technology*. Cambridge University Press: Cambridge.

Cristino, C., Vargas, P., Izaurieta, R. and Budd, R. (eds.) 1988. *First International Congress: Easter Island and East Polynesia. Vol. 1. Archaeology*. Universidad de Chile, Instituto de Estudios Isla de Pascua, Santiago.

————1998. 'Archaeological excavations and reconstruction of Ahu Tongariki' in (P. Vargas Casanova, ed.) *Easter Island and East Polynesian Prehistory*, pp. 153~8. Universidad de Chile: Santiago.

———— 1999. 'Ahu Tongariki, Easter Island: Chronological and sociopolitical significance'. *Rapa Nui Journal* 13 (3): 67~9.

von Däniken, E. 1969. *Chariots of the Gods?* Souvenir Press: London.

Davis Drake, A. 1988~90. 'A layman's guide to Rongorongo'. *Rapa Nui Journal* 2 (3) to 4 (1).

———1992. *Easter Island: The Ceremonial Center of Orongo*. Cloud Mt Press: Old Bridge, NJ.

Dederen, F. 1990. 'L'évangélisation de l'Île de Pâques' in (B. Illius and M. Laubscher, eds.) *Circumpacifica. Band II, Ozeanien, Miszellen. Festschrift für Thomas S. Barthel*, pp. 103~23. Peter Lang: Frankfurt.

DiSalvo, L. H. and Randall, J. E. 1993. 'The marine fauna of Rapanui, past and present' in (S. R. Fischer, ed.) *Easter Island Studies: Contributions to the History of Rapanui*, pp. 16~23. Oxbow Monograph 32: Oxford.

Dodd, E. 1972. *Polynesian Seafaring*. Dodd, Meade and Co.: New York.

Dransfield, J., Flenley, J. R., King, S. M., Harkness, D. D. and Rapu, S. 1984. 'A recently extinct palm from Easter Island'. *Nature* 312: 750~2.

Du Feu, V. M. and Fischer, S. R. 1993. 'The Rapanui language' in (S. R. Fischer, ed.) *Easter Island Studies*, pp. 165~8. Oxbow Monograph 32: Oxford.

Dundas, C. M. 2000. 'The Easter Island reports of Lt. Colin M. Dundas, 1870~1'. *Rapa Nui Journal* 14 (2): 37~41.

Edwards, E., Marchetti, R., Dominichetti, L. and Gonzáles-Ferrán, O. 1996. 'When the Earth trembled, the statues fell'. *Rapa Nui Journal* 10 (1): 1~15.

Emory, K. P. 1972. 'Easter Island's position in the prehistory of Polynesia'. *Journal of the Polynesian Society* 81: 57~69.

Englert, S. 1948. *La Tierra de Hotu Matu'a: Historia y Etnologia de la Isla de Pascua.* Imprenta San Francisco: Santiago.

——1970. *Island at the Center of the World.* Scribners: New York.

Erickson, J. D. and Gowdy, J. M. 2000. 'Resource use, institutions and sustainability: A tale of two Pacific island cultures'. *Land Economics* 76(3): 345~54.

Esen-Baur, H-M. 1983. *Untersuchungen über den Vogelmann-kult auf der Osterinsel.* Franz Steiner Verlag: Wiesbaden.

——(ed.) 1989. *1500 Jahre Kultur der Osterinsel.* Verlag Philipp Von Zabern: Mainz.

——(ed.) 1990. *State and Perspectives of Scientific Research in Easter Island Culture.* Courier Forschungsinstitut Senckenburg: Frankfurt, No. 125.

——1993. 'The *Tangata Manu* of Rapanui' in (S. R. Fisher, ed.) *Easter Island Studies: Contributions to the History of Rapanui in memory of William T. Mulloy,* pp. 147~52. Oxbow Monograph 32: Oxford.

Etienne, M., Michea, G. and Diaz, E. 1982. *Flora, Vegetación y Potencial pastoral de Isla de Pascua.* Univ. de Chile, Fac. de Ciencias Agrarias, Veterinarias y Forestales, Bolet'n Tecnico No. 47.

Ferdon, E. 1966. *One Man's Log.* Allen & Unwin: London.

Ferdon, E. N. Jr. 2000. 'Stone chicken coops on Easter Island'. *Rapa Nui Journal* 14 (3): 77~9.

Finney, B. 1985. 'Anomalous westerlies, El Niño and the colonization of Polynesia' *American Anthropologist* 87: 9~26.

——1991. 'Myth, experiment, and the reinvention of Polynesian voyaging'. *American Anthropologist* 93: 383~404.

——1993. 'Voyaging and isolation in Rapa Nui prehistory'. *Rapa Nui Journal* 7 (1): 1~6.

——1994. 'Polynesia–South America round trip canoe voyages'. *Rapa Nui Journal* 8 (2): 33~5.

——1994a. 'The impact of Late Holocene climate change on Polynesia'. *Rapa Nui Journal* 8 (1):13~15.

——2001. 'Voyage to Polynesia's land's end'. *Antiquity* 75: 172~81.

——and Kilonsky, B. 2001. 'Closing and opening the Polynesian Triangle: *Hōkule'a's* voyage to Rapa Nui' in (C. Stevenson *et al.*, eds.) *Pacific 2000: Proceedings of the Fifth International Conference on Easter Island and the Pacific*, pp. 353~63. Easter Island Foundation: Los Osos.

Finney, B. *et al.* 1989. 'Wait for the west wind'. *Journal of the Polynesian Society* 98: 261~302.

Fischer, S. R. 1990. '"Rongorongo mechanics" reviewed'. *Rapa Nui Journal* 4 (3): 44~5.

——1991. 'Has the British Museum a "stolen friend" from Rapa Nui?' *Rapa Nui Journal* 5 (4): 49~51.

——1992. 'Homogeneity in old Rapanui'. *Oceanic Linguistics* 31: 181~90.

——1992a. 'At the teeth of savages'. *Rapa Nui Journal* 6 (4): 72~3.

——(ed.) 1993. *Easter Island Studies: Contributions to the History of Rapanui in Memory of William T. Mulloy*. Oxbow Monograph 32: Oxford.

——1993a. 'The calling of H.M.S. *Seringapatam* at Rapanui (Easter Island) on 6 March 1830'. *Pacific Studies* 16 (1): 67~84.

——1995. 'Preliminary evidence for cosmogonic texts in the Rapanui's *Rongorongo* inscriptions'. *Journal of the Polynesian Society* 104: 303~21.

——1995a. 'Further evidence for cosmogonic texts in the *Rongorongo* inscriptions of Easter Island'. *Rapa Nui Journal* 9 (4): 99~107.

——1997. *Rongorongo: The Easter Island Script, History, Traditions, Texts*. Clarendon Press: Oxford.

——1998. 'Reading Rapanui's *Rongorongo*' in (C. Stevenson *et al.*, eds.) *Easter Island in pacific Context: South Seas Symposium*, pp. 2~7. Easter Island Foundation: Los Osos.

——and Love, C. M. 1993. 'Rapanui: The geological parameters' in (S. R. Fischer, ed.) *Easter Island Studies: Contributions to the History of Rapanui*, pp. 1~6. Oxbow Monograph 32: Oxford.

Fisher, M. J. and Fisher, D. E. 2000. *Mysteries of Lost Empires*. Macmillan (Channel 4 Books): London.

Flenley, J. R. 1993. 'The present flora of Easter Island and its origins' in (S. R. Fisher, ed.) *Easter Island Studies: Contributions to the History of Rapanui*, pp. 7~15. Oxbow Monograph 32: Oxford.

——and King, S. M. 1984. 'Late Quaternary pollen records from Easter Island'. *Nature* 307. 47~50.

—— ——, Teller, J. T., Prentice, M. E., Jackson, J. and Chew, C. 1991. 'The Late

Quaternary vegetational and climatic history of Easter Island'. *Journal of Quaternary Science* 6: 85~115.

Forment, F. 1991. *Les Figures* Moai Kavakava *de l'Île de Paques,* Working Papers in Ethnic Art 5, Dept. of Ethnic Art, University of Ghent: Ghent.

——, Huyge, D. and Valladas, H. 2001. 'AMS 14C age determinations of Rapanui (Easter Island) wood sculpture: *Moai kavakava* ET 48.63 from Brussels'. *Antiquity* 75: 529~32.

Forster, G. 2000. *A Voyage Around the World* (N. Thomas and Berghof, eds.). Vol. I. University Press of Hawaii: Honolulu.

Geiseler, W. 1995. *Geiseler's Easter Island Report: An 1880s Anthropological Account.* (Transl. W. S. and G. S. Ayres). Asian and Pacific Archaeology Series No. 12. Social Science Research Institute, University of Hawaii at Manoa.

Gill, G. W. 1988. 'William Mulloy and the beginnings of Wyoming osteological research on Easter Island'. *Rapa Nui Notes* 7: 9/13.

——1990. 'Easter Island rocker jaws'. *Rapa Nui Journal* 4 (2): 21.

——1994. 'On the settlement of Easter Island: In response to Paul Bahn'. *Rapa Nui Journal* 8 (1): 16~18.

——1998. 'Easter Island settlement: Current evidence and future research directions' in (C. Stevenson *et al.,* eds.), *Easter Island in Pacific Context: South Seas Symposium,* pp. 137~42. Easter Island Foundation: Los Osos.

——2000. 'Skeletal remains from Ahu Nau Nau: Land of the Royal Miru' in (C. M. Stevenson and W. S. Ayres, eds.) *Easter Island Archaeology. Research on Early Rapanui Culture,* pp. 109~24. Easter Island Foundation: Los Osos.

——2001. 'Basic skeletal morphology of Easter Island and East Polynesia, with Paleoindian parallels and contrasts' in (C. M. Stevenson et al., eds.) *Pacific 2000: Proceedings of the Fifth International Conference on Easter Island and the Pacific,* pp. 447~56. Easter Island Foundation: Los Osos.

——and Owsley, D. W. 1993. 'Human osteology of Rapanui' in (S. R. Fischer, ed.) *Easter Island Studies,* pp. 56~62. Oxbow Monograph 32: Oxford.

——, Haoa, S. and Owsley, D. W. 1997. 'Easter Island origins: Implications of osteological findings'. *Rapa Nui Journal* 11 (2): 64~71.

Golson, J. (ed.) 1962. *Polynesian Navigation.* Memoir 34, The Polynesian Society: Wellington. Supplement to the *Journal of the Polynesian Society.*

——1965/6. 'Thor Heyerdahl and the prehistory of Easter Island'. *Oceania* 36: 38~83.

Grau, J. 1996. 'Jubaea, the Palm of Chile and Easter Island?' *Rapa Nui Journal* 10 (2):

37~40.

Green, R. C. 1988. 'Subgrouping of the Rapanui Language of Easter Island in Polynesian and its implications for East Polynesian prehistory' in (C. Cristino *et al.*, eds) *Easter Island and East Polynesia. Vol. 1, Archaeology,* pp. 37~57, First International Congress, Hanga Roa 1984. Universidad de Chile, Instituto de Estudios Isla de Pascua, Santiago.

——1998. 'Rapanui origins prior to European contact: The view from Eastern Polynesia', in (P. Vargas Casanova, ed.) *Easter Island and East Polynesian Prehistory,* pp. 78~110. Universidad de Chile: Santiago.

——2000. 'Origins for the Rapanui of Easter Island before European contact: Solutions from Holistic Anthropology to an issue no longer much of a mystery'. *Rapa Nui Journal* 14 (3): 71~6.

——2001. 'Commentary on the sailing raft, the sweet potato and the South American connection'. *Rapa Nui Journal* 15 (2): 69~77.

Grove, J. M. 1988. *The Little Ice Age.* Methuen: London.

Gurley, R. E. and Liller, W. 1997. 'Palm trees, Mana and the moving of the moai'. *Rapa Nui Journal* 11 (2): 82~4.

Hagelburg, E. 1993/4. 'Ancient DNA studies'. *Evolutionary Anthropology* 2 (6): 199~207.

——1995. 'Genetic affinities of prehistoric Easter Islanders: Reply to Langdon'. *Rapa Nui Journal* 9 (1): 16~19.

——, Quevedo, S., Turbon, D. and Clegg, J. B. 1994. 'DNA from ancient Easter Islanders'. *Nature* 369: 25~6.

Hasse, K. M., Stoffers, P. and Garbe-Schonberg, C. D. 1997. 'The petrogenetic evolution of lavas from Easter Island and neighbouring seamounts, Near-Ridge Hotspot Volcanoes in the Southeast Pacific'. *Journal of Petrology* 38: 785~813.

Heiser, C. B. 1974. 'Totoras, taxonomy and Thor'. *Plant Science Bulletin,* 22~6.

Henry, L. L. 1994. 'The area of Rapa Nui'. *Rapa Nui Journal* 8 (3): 71~3.

Heyerdahl, T. 1950. *The Kon-Tiki Expedition.* Allen & Unwin: London.

——1952. *American Indians in Pacific.* Allen & Unwin: London.

——1958. *Aku-Aku: The Secret of Easter Island.* Allen & Unwin: London.

——1989. *Easter Island: The mystery Solved.* Souvenir Press: London.

——and Ferdon, E. Jr. (eds.) 1961. *Reports of the Norwegian Archaeological Expedition to Easter Island and the East Pacific. Vol. 1: The Archaeology of Easter Island.* Allen & Unwin: London.

————(eds.) 1965. *Ibid: Vol. 2: Miscellaneous Papers.* Allen & Unwin: London.

——, Skjølsvold, A. and Pavel, P. 1989. 'The "walking" moai of Easter Island', in *Occasional Papers of the Kon-Tiki Museum,* pp. 36~64.

——, Sandweiss, D. H. and Narvaez, A. 1995. *Pyramids of Túcume: The Quest for Peru's Forgotten City.* Thames & Hudson: London.

Hill, A. V. S. and Serjeantson, S. W. (eds.) 1989. *The Colonization of the Pacific: A Genetic Trail.* Clarendon Press: Oxford.

Hoare, M. E. (ed.) 1982. *The* Resolution *Journal of Johann Reinhold Forster 1772~1775. Vol. III.* Hakluyt Society, 2nd series No. 154. Hakluyt Society: London.

Howells, W. 1973. *The Pacific Islanders.* Weidenfeld & Nicolson: London.

Hunter-Anderson, R. L. 1998. 'Human vs climatic impacts on Rapa Nui: Did the people really cut down all those trees?' in (C. M. Stevenson *et al.,* eds.) *Easter Island in Pacific Context: South Seas Symposium,* pp. 85~99. Easter Island Foundation: Los Osos.

Huyge, D. and Cauwe, N. 2002. 'The Ahu O Rongo project: Archaeological research on Rapa Nui'. *Rapa Nui Journal* 16 (1): 11~16.

Irwin, G. 1989. 'Against, across and down the wind'. *Journal of the Polynesian Society* 98: 167~206.

——1990. 'Human colonisation and change in the remote Pacific'. *Current Anthropology* 31: 90~4.

——1992. *The Prehistoric Exploration and Colonisation of the Pacific.* Cambridge University Press: Cambridge.

——, Bickler, S. and Quirke, P. 1990. 'Voyaging by canoe and computer: experiments in the settlement of the Pacific Ocean'. *Antiquity* 64: 34~50.

Jacobson, G. L. and Bradshaw, R. H. W. 1981. 'The selection of sites for paleovegetational studies'. *Quaternary Research* 16: 89~96.

Jennings, J. D. (ed.) 1979. *The Prehistory of Polynesia.* Harvard University Press: Cambridge, Mass.

Kirch, P. V. 1984. *The Evolution of the Polynesian Chiefdoms.* Cambridge University Press: Cambridge.

——1997. 'Microcosmic histories: island perspectives on "global" change'. *American Anthropologist* 99: 30~42.

——2000. *On the Road of the Winds: An Archaeological History of the pacific Islands Before European Contact.* University of California Press: Berkeley, Los Angeles.

——, Christensen, C. C. and Steadman, D. (n.d.) 'Extinct achatinellid snails from Easter Island: Biogeographic, ecological and archaeological implications'.

——and Ellison, J. 1994. 'Palaeoenvironmental evidence for human colonization of remote Oceanic islands'. *Antiquity* 68: 310~21.

Kjellgren, E. (ed.) 2001. *Splendid Isolation: Art of Easter Island.* Metropolitan Museum of Art: New York.

Klemmer, K. and Zizka, G. 1993. 'The terrestrial fauna of Easter Island' in (S. R. Fischer. ed.) *Easter Island Studies Contributions to the History of Rapanui,* pp. 24~6. Oxbow Monograph 32: Oxford.

Langdon, R. 1975. *The Lost Caravel.* Pacific Publications: Sydney. (2nd ed., *The Lost Caravel Re-explored,* Brolga Press: Canberra.)

——1988. 'Manioc, along-concealed key to the enigma of Easter Island'. *The Geographical Journal* 154: 324~36.

——and Tryon, D. 1983. *The Language of Easter Island: Its Development and Eastern Polynesian Relationships.* Institute for Polynesian Studies: Laie, Hawai'i.

Lanning, E. P. 1970. 'South America as a source for aspects of Polynesian culture' in (R. C. Green and M. Kelly, eds.) *Studies in Oceanic Culture History, vol. 2,* pp. 175~82. Pacific Anthropological Records 11.

La Pérouse, J. -F. de 1997. *Voyage autour du Monde sur l'Astrolabe et la Boussole (1785~1788).* La Découverte: Paris.

Lavachery, H. 1935. *Ile de Pâques.* Grasset: Paris.

——1939. *Les Petroglyphes de l'Île de Pâques.* 2 vols. De Sikkel: Antwerp.

Lee. G. 1986, 'The birdman motif of Easter Island'. *Journal of New World Archaeology* 7: 39~49.

——1987. 'The cosmic Komari'. *Rock Art Research* 4: 51~5.

——1989. *An Uncommon Guide to Easter Island.* International Resources: Arroyo Grande, Calif.

——1992. *The Rock Art of Easter Island: Symbols of Power, Prayers to the Gods.* Monumenta Archaeologica 17, Inst. of Archaeology, UCLA, Los Angeles.

——1997. 'Petroglyph motif distribution in East Polynesia'. *Rapa Nui Journal* 11 (1): 5~9.

——and Liller, W. 1987. 'Easter Island's "sun stones": a critique'. *Journal of the Polynesian Society* 96: 81~93 (and in *Archaeoastronomy* 11).

——and Catany, T. 1995. *Rapa Nui. Histoire de l'Île de Paques.* Editions Olizane: Geneva.

——and Stasack, E. 1999. *Spirit of Place and Petroglyphs of Hawai'i.* Easter Island Foundation: Los Osos.

Lee, V. R. 1998. 'Rapa Nui rocks: Impressions from a brief visit'. *Rapa Nui Journal* 12 (3): 69~72.

——1999. 'Rapa Nui rocks update'. *Rapa Nui Journal* 13 (1): 16~17.

Levison, M., Ward, R. G. and Webb, J. W. 1973. *The settlement of Polynesia, A Computer Simulation*. ANU Press: Canberra.

Lewis, D. 1972. *We, the Navigators: The Ancient Art of Landfinding in the Pacific*. ANU Press: Canberra.

——1974. 'Wind, wave, star and bird'. *National Geographic* 146 (6): 746~54.

Liller, W. 1990. 'The lost observatories of Rapa Nui' in (H. M. Esen-Baur, ed.) *State and Perspectives of Scientific Research in Easter Island Culture*, pp. 145~59. Courier Forschungsinstitut Senckenburg: Frankfurt, No. 125.

——1991. 'New archaeoastronomical results from Rapa Nui'. *Rapa Nui Journal* 5 (1): 1, 4~6.

——1993. 'A survey and documentation of the *Moai* of Rapanui' in (S. R. Fischer, ed.) *Easter Island Studies*, pp. 86~8. Oxbow Monograph 32: Oxford.

——1993a. 'The monuments in the archaeoastronomy of Rapanui' in (S. R. Fischer, ed.) *Easter Island Studies*, pp. 122~7. Oxbow Monograph 32: Oxford.

——1993b. *The Ancient Solar Observatories of Rapanui: The Archaeoastronomy of Easter Island*. Easter Island Foundation/Cloud Mt Press: Old Bridge, NJ.

——1995. 'The oldest Toromiro in the World'. *Rapa Nui Journal* 9 (3): 65~8.

Long, S. A. and Gill, G. W. 1997. 'Facial features of the ancient Rapa Nui'. *Rapa Nui Journal* 11 (2): 72~4.

Love, C. M. 1983. 'Easter Island research'. *Chilean University Life* 16, Spring, 3~8.

——1984. *The Katherine Routledge Lantern Slide Collection of Easter Island and the South Pacific*. Western Wyoming College, Wyo.

——1990. 'How to make and move an Easter Island statue' in (H. M. Esen-Baur. ed.) *State and Perspectives of Scientific Research in Easter Island Culture*, pp. 139~40. Courier Forschungsinstitut Senckenburg: Frankfurt, No. 125.

——1990a. 'The interpretation of site 5~72, an Easter Island Ahu'. *Rapa Nui Journal* 4 (2): 17~19.

——1993. 'Ester Island *ahu* revisited' in (S. R. Fischer, ed.) *Easter Island Studies*, pp. 103~11. Oxbow Monograph 32: Oxford.

——2000. 'More on moving Easter Island statues, with comments on the NOVA program'. *Rapa Nui Journal* 14 (4): 115~18.

McCall, G. 1990. 'Rapanui and outsiders: The early days' in (B. Illius and M. Laubscher, eds.) *Circumpacifica. Band II, Ozeanien, Miszellen: Festschrift für Thomas S. Barthel*, pp. 165~225. Peter Lang: Frankfurt.

McCall, G. 1993. 'Little Ice Age: Some speculations for Rapanui'. *Rapa Nui journal* 7 (4): 65~70.

——1994. *Rapanui. Tradition and Survival on Easter Island*. 2nd ed. Allen & Unwin: St Leonards.

McCoy, P. C. 1973. 'Excavation of a rectangular house on the east rim of Rano Kau volcano, Easter Island'. *Archaeology & Physical Anthropology in Oceania* 8: 51~67.

——1967. *Easter Island Settlement Patterns in the Late Prehistoric and Protohistoric Periods*. Bulletin 5, Easter Island Committee, International Fund for Monuments Inc.: New York.

——1976a. 'A note on Easter Island obsidian cores and blades'. *Journal of the Polynesian Society* 85: 327~38.

——1978. 'The place of near-shore islets in Easter Island prehistory' *Journal of the Polynesian Society* 87: 193~214.

MacIntyre, F. 1999. 'Walking Moai?' *Rapa Nui Journal* 13 (3): 70~8.

——1999a. 'Is humanity suicidal? Are there clues from Rapa Nui?' *Rapa Nui Journal* 13 (2): 35~41.

——2001. 'ENSO, climate variability and the Rapanui. Part I. The basics'. *Rapa Nui Journal* 15 (1): 17~26.

——2001a. 'ENSO, climate variability and the Rapanui. Part II. Oceanography and Rapa Nui' *Rapa Nui Journal* 15 (2): 83~94.

Mahon, I. 1998. 'Easter Island: The economics of population dynamics and sustainable development in Pacific context' in (C. M. Stevenson *et al.*, eds.) *Easter Island in Pacific Context: South Seas Symposium,* pp. 113~19, Easter Island Foundation: Los Osos.

Martin, P. S. and Steadman, D. W. 1999. 'Prehistoric extinctions on islands and continents' in (R. D. E. MacPhee, ed.) *Extinctions in Near Time,* pp. 17~55. Kluwer Acad/Plenum: New York.

Martinsson-Wallin, H. 1994. *Ahu—The Ceremonial Stone Structures of Easter Island: Analyses of Variation and Interpretation of Meanings*. Aun 19, Societas Archaeologica Upsaliensis: Uppsala.

——1996. 'The eyes of the Moai, lost and re-discovered'. *Rapa Nui Journal* 10 (2): 41~3.

——1996a. 'Variation and meaning of Easter Island ahu'. *Rapa Nui Journal* 10 (4): 93~8.

——2001. 'Construction-destruction-reconstruction of monumental architecture on Rapa Nui' in (C. M. Stevenson *et al.* eds.) *Pacific 2000: Proceedings of the Fifth International Conference on Easter Island and the Pacific,* pp. 73~77. Easter Island Foundation: Los Osos.

———and Wallin, P. 1994. 'The settlement/activity area Nau Nau East at Anakena, Easter Island' in *Kon-Tiki Museum Occasional Papers,* vol. 3, pp. 122~216, Oslo.

———1998. 'Excavations at Ahu Hek'i'i, La Pérouse, Easter Island' in (C. M. Stevenson, et al., eds.) *Easter Island in Pacific Context: South Seas Symposium,* pp. 171~7. Easter Island Foundation: Los Osos.

———1998a. 'Excavations at Anakena: The Easter Island settlement sequence and change of subsistence?' in (P. Vargas Casanova, ed.) *Easter Island and Polynesian Prehistory,* pp. 179~86. Universidad de Chile: Santiago.

———1998b. 'Dating of Ahu structures within the La Pérouse area'. *Rapa Nui Journal* 12 (3): 85.

———2000. 'Ahu and settlement: Archaeological excavations at Anakena and La Pérouse' in (C. M. Stevenson and W. S. Ayres, eds.) *Easter Island Archaeology: Research on Early Rapanui Culture,* pp. 27~43. Easter Island Foundation: Los Osos.

Maunder, M. 1997. 'Conservation of the extinct Toromiro tree, Sophora toromiro'. *Curtis's Botanical Magazine* 14 (4): 226~31.

———, Culham, A., Bordeu, A., Allainguillaumes, J. and Wilkinson, M. 1999. 'Genetic diversity and pedigree for *Sophora toromiro* (Leguminosae): a tree extinct in the wild'. *Molecular Ecology* 8: 725~38.

Mazière, F. 1969. *Mysteries of Easter Island.* Collins: London.

Meadows, D., Meadow, D. L., Randers, J. and Behrens, W. 1992. *Beyond the Limits.* Earth Scan: London.

———Meadow, D. L., Randers, J. and Behrens, W. W. 1972. *The Limits to Growth.* Earth Island Limited: London.

Mellén Blanco, F. 1986. *Manuscritos y Documentos Españoles para la Historia de la Isla de Pascua.* Biblioteca CEHOPU: Madrid.

Méroz, Y. 1995. 'Comment on the two *hanau'. Rapa Nui Journal* 9 (1): 7~8.

Métraux, A. 1940. *Ethnology of Easter Island.* Bulletin 160, Bishop Museum Press: Honolulu (repr. 1971).

———1957. *Easter Island.* André Deutsch: London.

Mieth, A., Bork, H.-R. and Feeser, I. 2002. 'Prehistoric and recent land use effects on Poike Peninsula, Easter Island (Rapa Nui)'. *Rapa Nui Journal* 16 (2): 89~95.

Moorehead, A. 1966. *The Fatal Impact: An account of the invasion of the South Pacific 1767~1849.* Penguin: Harmondsworth.

Mulloy, E. R. 'The long and short of it: Some thoughts on the meaning of the names hanau eepe and hanau momoko in Rapanui tradition'. *Rapa Nui Journal* 7 (4): 71~2.

Mulloy, W. 1961. 'The ceremonial center of Vinapu' in (T. Heyerdahl and E. Ferdon Jr., eds.) *Reports of the Norwegian Archaeological Expedition to Easter Island and the East Pacific. Vol. 1: The Archaeology of Easter Island,* pp. 93~180. Allen & Unwin: London.

——1970. 'A speculative reconstruction of techniques of carving, transporting and erecting Easter Island statues'. *Archaeology & Physical Anthropology in Oceania* 5 (1): 1~23.

——1974. 'Contemplate the Navel of the World'. *Américas* 26 (4): 25~33. republished in *The Easter Island Bulletins of William Mulloy,* pp. 89~95. World Monuments Fund: New York and Easter Island Foundation: Houston, 1997.

——1975. 'A solstice oriented *ahu* on Easter Island'. *Archaeology & Physical Anthropology in Oceania* 10: 1~39.

——1997. *The Easter Island Bulletins of William Mulloy.* World Monuments Fund: New York and Easter Island Foundation: Houston.

——1997a. 'Preliminary culture-historical research model for Easter Island' in *The Easter Island Bulletins of William Mulloy,* pp. 97~111. World Monuments Fund: New York & Easter Island Foundation: Houston.

——and Figueroa, G. 1978. *The A Kivi-Vai Teka Complex and its Relationship to Easter Island Architectural History.* AsIan and Pacific Archaeology Series No. 8, Social Science Research Institute, University of Hawaii at Manoa.

Nunn, P. D. 1994. *Oceanic Islands.* Blackwells: Oxford.

——1999. *Environmental Change in the Pacific Basin: Chronologies, Causes, Consequences.* Wiley: New York.

——2000. 'Environmental catastrophe in the Pacific Islands around AD 1300'. *Geoarchaeology* 15 (7): 715~40.

——2001. 'Ecological crises or marginal disruptions: The effect of the first humans on Pacific islands'. *New Zealand Geographer* 57 (2): 11~20.

——and Britton, J. M. R. 2001. 'Human-environment relationships in the Pacific islands around AD 1300'. *Environment and History* 7: 3~22.

Orefici, G. (ed.) 1995. *La Terra dei Moai. Dalla Polinesia all'Isola di Pasqua.* Erizzo: Venice.

Orliac, C. 1993. 'Le Toromiro, l'arbre des Dieux' in *Les Mystères Résolus de l'Île de Pâques,* pp. 388~401. Cercle d'Etudes sur l'Île de Pâques et la Polynésie, Editions STEP: Evry.

——2000. 'The woody vegetation of Easter Island between the early 14th and the mid-

17th centuries AD' in (C. M. Stevenson and W. S. Ayres, eds.) *Easter Island Archaeology and Research in Early Rapanui Culture,* pp. 211~20. Easter Island Foundation: Los Osos.

——and Orilac, M. 1995. *Silent Gods: The Mysteries of Easter Island.* Thames and Hudson: London/Abrams: New York.

————1995a. *Bois Sculptés de l'Île de Pâques.* Editions Parenthèses: Marseille.

————1998. 'Evolution du couvert végétal à l'Île de Pâques de 15e au 19e siècle' in (P. Vargas Casanova, ed.) *Easter Island and Polynesian Prehistory,* pp. 195~200. Universidad de Chile: Santiago.

Orliac, M. 1989. 'Le palmier des Pascuans'. *Saga Information* (Société Amicale des Géologues Amateurs), Paris, 94: 60~4.

——1993. 'Le palmier des Pascuans' in *Les Mystères Résolus de l'Île de Pâques,* pp. 402~413. Cercle d'Etudes sur l'Île de Pâques, et la Polynésie, Editions STEP: Evry.

Owsley, D. W., Mires, A.-M. and Gill, G. W. 1983. 'Caries frequency in deciduous dentitions of protohistoric Easter Islanders'. *Bulletin of the Indo-Pacific Prehistory Association* 4: 143~7.

—— —— ——1985. 'Carious lesions in permanent dentitions of protohistoric Easter Islanders'. *Journal of the Polynesian Society* 94: 415~22.

Palmer, J. L. 1868. 'Observations on the inhabitants and the antiquities of Easter Island'. *Ethnological Society, London, Journal* 1: 371~7.

——1870. 'A visit to Easter Island, or Rapa Nui'. *Proceedings of the Royal Geographical Society* 14: 108~19.

——1870a. 'A visit to Easter Island, or Rapa Nui, in 1868'. *Journal of the Royal Geographical Society* 40: 167~81.

Pavel, P. 1990. 'Reconstruction of the transport of moai' in (H. M. Esen-Baur, ed.) *State and Perspectives of Scientific Research in Easter Island Culture,* pp. 141~4. Courier Forschungsintitut Senckenburg: Frankfurt, No. 125.

——1995. 'Reconstruction of the transport of the *moai* statues and *pukao* hats'. *Rapa Nui Journal* 9 (3): 69~72.

Pennington, W., Cambray, R. S., Eakins, J. D. and Harkness, D. D. 1976. 'Radionuclide dating of the recent sediments of Blelham Tarn'. *Freshwater Biology* 6: 317~31.

Porteous, J. D. 1981. *The Modernization of Easter Island.* Dept. of Geography, University of Victoria, BC.

Ralling, C. 1990. *The Kon-Tiki Man.* BBC Books: London.

Ramírez, J. M. and Huber, C. 2000. *Easter Island: Rapa Nui, a land of Rocky Dreams.*

Alvimpress Editores: Santiago.

Raphael, W. 1988. 'Die Monumentalität in der Bildhauerkunst am Beispiel eines Kopfes von der Osterinsel' in (M. Raphael) *Tempel, Kirchen und Figuren: Studien zur Kunstgeschichte, Ästhetik und Archäologie,* pp. 462~526. Suhrkamp: Frankfurt.

Routledge, K. 1917. 'Easter Island'. *The Geographical Journal* 49: 321~49.

——1917a. 'The bird cult of Easter Island'. *Folklore* 28: 337~55.

——(Mrs S.) 1919. *The Mystery of Easter Island: The Story of an Expedition.* Sifton, Praed and Co.: London.

——1920. 'Survey of the village and Carved rocks of Orongo, Easter Island, by the Mana Expedition'. *Journal of the Royal Anthropological Institute of Great Britain* 50: 425~51.

von Saher, H. 1990. 'Some details of the journal of Jacob Roggeveen'. *Rapa Nui Journal* 4 (3): 33~5, 45.

——1990/1. 'Some details from the journal of Captain Bouman on the discovery of Easter Island'. *Rapa Nui Journal* 4 (4): 49~52.

——1992. 'More journals on Easter Island' *Rapa Nui Journal* 6 (2): 34~9.

——1993. 'Roggeveen and Bouman: an inventory of all the narratives'. *Rapa Nui Journal* 7 (4): 77~82.

——1993a. 'Preparations for Belgian diving expedition to Easter Island'. *Rapa Nui Journal* 7 (2): 30~1.

——1994. 'The Complete journal of Captain Cornelis Bouman, Master of the ship *Thienhoven* forming part of the fleet of Jacob Roggeveen, from 31 March to 13 April 1722 during their stay around Easter Island'. *Rapa Nui Journal* 8 (4): 95~100.

——1994a. 'Austronesian megalith transport today: no hypotheses, just facts–figures– photographs'. *Rapa Nui Journal* 8 (3): 67~70.

——1999. 'The search for the original 1774 Easter Island manuscript of Johann Reinhold Forster'. *Rapa Nui Journal* 13 (2): 42~3.

Sahlins, M. 1955. 'Esoteric efflorescence in Easter Island'. *American Anthropologist* 57: 1045~52.

Seelenfreund, A. 1988. 'Ahu Tautira: Architectural changes and cultural sequence of the ancient ceremonial platform on Easter Island'. *Clava* 4: 69~81.

Sharp, A. 1957. *Ancient Voyagers in the Pacific.* Penguin: Harmondsworth.

——1961. 'Polynesian navigation to distant islands'. *Journal of the Polynesian Society* 70: 221~6.

——(ed.) 1970. *The Journal of Jacob Roggeveen.* Clarendon Press: Oxford.

Shaw, L. C. 1996. 'The use of caves as burial chambers on Easter Island'. *Rapa Nui Journal* 10 (4): 101~3.

Skinner, H. D. 1955. 'Easter Island masonry'. *Journal of the Polynesian Society* 64: 292~4.

——1967. 'Cylindrical headdress in the Pacific region' in (G. A. Highland *et al.*, eds.) *Polynesian Culture History*, pp. 167~89. Bishop Museum Special Publication 56, Honolulu.

Skjølsvold, A. 1961. 'The stone statues and quarries of Rano Raraku' in (T. Heyerdahl and E. Ferdon Jr., eds.) *Reports of the Norwegian Archaeological Expedition to Easter Island and the East Pacific. Vol. 1: The Archaeology of Easter Island*, pp. 339~79. Allen & Unwin: London.

——1993. 'The dating of Rapanui monolithic sculpture' in (S. R. Fischer, ed.) *Easter Island Studies*, pp. 89~95. Oxbow Monograph 32: Oxford.

——1994. 'Archaeological investigations at Anakena, Easter Island' in *Occasional Papers of the Kon-Tiki Museum*, vol. 3, pp. 5~121.

——1996. 'Age of Easter Island settlement, *Ahu* and monolithic sculpture'. *Rapa Nui Journal* 10 (4): 104~9.

——and Figueroa, G. 1989. 'Am attempt to date a unique, kneeling statue in Rano Raraku, Easter Island' in *Occasional papers of the Kon-Tiki Museum* 1, pp. 7~35, Oslo.

Skottsberg, C. 1956. *The Natural History of Juan Fernández and Easter Island, vol. 1.* Almquist and Wiksells: Uppsala.

Smith, C. S. 1961. 'The Poike ditch' in (T. Heyerdahl and E. Ferdon Jr., eds.) *Reports of the Norwegian Archaeological Expedition to Easter Island and the East Pacific. Vol. 1: The Archaeology of Easter Island*, pp. 385~91. Allen & Unwin: London.

——1961a. 'Two habitation caves' in (T. Heyerdahl and E. Ferdon Jr., eds.) *Reports of the Norwegian Archaeological Expedition to Easter Island and the East Pacific. Vol. 1: The Archaeology of Easter Island*, pp. 257~71. Allen & Unwin: London.

——1988. 'A small pottery scam'. *Rapa Nui Journal* 2 (3): 3~4.

——1990. 'The Poike ditch in retrospect'. *Rapa Nui Journal* 4 (3): 33~7.

——1993. 'The Norwegian expedition to Easter Island in retrospect' in (S. R. Fischer, ed.) *Easter Island Studies*, pp. 79~81. Oxbow Monograph 32: Oxford.

Spriggs, M. and Anderson, A. 1993. 'Late colonization of East Polynesia'. *Antiquity* 67: 200~17.

Steadman, D. W. 1989. 'Extinction of birds in Eastern Polynesia: A review of the record, and comparisons with other island groups'. *Journal of Archaeological*

Science 16: 177~205.

──1995. 'Prehistoric extinctions of Pacific island birds: Biodiversity meets zooarchaeology' *Science* 267: 1123~31.

──1997. 'Extinctions of Polynesian birds' in (P. Kirch and T. Hunt, eds.) *Historical Ecology in the Pacific Islands,* pp. 105~23. Yale University Press: New Haven.

──1999. 'The prehistoric extinction of South Pacific birds' in (J.-C. Galipaud and I. Lilley, eds.) *The Pacific from 5000 to 2000 BP,* pp. 375~86. Institut de Recherche pour le Développement: Paris.

──, Vargas, P. and Cristino, C. 1994. 'Stratigraphy, chronology and cultural context of an early faunal assemblage from Easter Island'. *Asian Perspectives* 33 (1): 79~96.

Stefan, V. 2001. 'Origin and evolution of the Rapanui of Easter Island' in (C. M. Stevenson *et al.,* eds.) *Pacific 2000: Proceedings of the Fifth International Conference on Easter Island and the Pacific,* pp. 495~522. Easter Island Foundation: Los Osos.

Stevenson, C. M. 1986. 'The socio-political structure of the southern coastal area of Easter Island: AD 1300~1864' in (P. V. Kirch, ed.) *Island Societies,* pp. 69~77. Cambridge University Press: Cambridge.

──1988. 'The hydration dating of Easter Island obsidians'. *Clava* 4: 83~93.

──1997. *Archaeological Investigations on Easter Island. Maunga Tari: An upland agricultural complex.* Easter Island Foundation: Los Osos.

──and Cristino, C. 1986. 'Residential settlement history of the Rapa Nui coastal plain'. *Journal of New World Archaeology* 7: 29~38.

──, Ladefoged, T. and Haoa, S. 2002. 'Productive strategies in an uncertain environment: prehistoric agriculture on Easter Island'. *Rapa Nui Journal* 16 (1): 17~22.

──, Lee, G. and Morin, F. J. (eds.) 1998. *Easter Island in Pacific Context: South Seas Symposium. Proceedings of the 4th Int. Conference on Easter Island and East Polynesia, Albuquerque 1997.* Easter Island Foundation: Los Osos.

── ── ──(eds.) 2001. *Pacific 2000: Proceedings of the Fifth International Conference on Easter Island and the Pacific.* Easter Island Foundation: Los Osos.

──, Shaw, L. C. and Cristino, C. 1983/4. 'Obsidian procurement and consumption on Easter Island'. *Archaeology in Oceania* 18/19: 120~4.

── ── ──1988. 'Obsidian procurement and consumption on Easter Island' in (C. Cristino *et al.* eds.) *First International Congress: Easter Island and East Polynesia. Vol. 1. Archaeology,* pp. 83~94. Universidad de Chile. Instituto de Estudios Isla de Pascua.

——, Wozniak, J. and Haoa, S. 1999. 'Prehistoric agricultural production on Easter Island (Rapa Nui), Chile'. *Antiquity* 73: 801~12.

Suggs, R. C. 1951. *The Island Civilizations of Polynesia*. New American Library: New York.

Theroux, P. 1992. *The Happy Isles of Oceania*. Putnam: New York.

Thomson, W. S. 1891. 'Te Pito te henua, or Easter Island'. *Report of the U.S. Nat. Museum for the year ending June 30, 1889,* 447~552. Smithsonian Institute: Washington.

Turner, J. 1965. 'A contribution to the history of forest clearance'. *Proceedings of the Royal Society B,* vol. 161: 343~54.

Valenta, A. (ed.) 1982. *Nouveau Regard sur l'Île de Pâques*. Editions Moana: Corbeil, France.

Van Balgooy, M. M. J. 1971. *Plant Geography of the Pacific*. Blumea Supplement (Vol.6).

Van Tilburg, J. A. 1986. *Power and Symbol: The Stylistic Analysis of Easter Island Monolithic Sculpture*. Ph.D. Dissertation, UCLA.

——1986a. 'Red scoria on Easter Island'. *Journal of New World Archaeology* 7: 1~27.

——1992. *HMS* Topaze *on Easter Island*. British Museum Occasional Paper 73, Dept. of Ethnography. London.

——1994. *Easter Island: Archaeology, Ecology and Culture*. British Museum Press: London.

——1996. 'Mechanics, logistics and economics of transporting Easter Island (Rapa Nui) statues'. *Rapa Nui Journal* 10 (4): 110~15.

Vargas Casanova, P. (ed.) 1998. *Easter Island and East Polynesian Prehistory*. Universidad de Chile: Santiago.

——1998a. 'Rapa Nui settlement patterns: types, function and spatial distribution of households structural components' in (P. Vargas Casanova, ed.) *Easter Island and Polynesian Prehistory,* pp. 111~30. Universidad de Chile: Santiago.

Vignes, J. 1982. 'Les yeux des statues' in (A. Valenta, ed.) *Nouveau Regard sur l'Île de Pâques,* pp. 183~7. Editions Moana: Corbeil, France.

Wallin, P. 1996. 'A unique find on Easter Island'. *Rapa Nui Journal* 10 (4): 99~100.

Wolff, W. 1948. *Island of Death*. (repr. 1973). Hacker Art Books: New York (pp. 149~61).

World Commission on Environment and Development. 1987. *Our Common Future (The Bruntland Report)*. Oxford University Press: London.

Wozniak, J. A. 1988. 'Settlement patterns and subsistence on the northwest coast of

Easter Island: A progress report' in (P. Vargas Casanova, ed.) *Easter Island and Polynesian Prehistory,* pp. 171~8. Universidad de Chile: Santiago.

Yen, D. 1974. *The Sweet Potato and Oceania.* Bishop Museum Bulletin 236, Honolulu.

Zizka, G. 1989. 'Naturgeschichte der Osterinsel' in (H. Esen-Baur, ed.) *1500 Jahre Kultur der Osterinsel,* pp. 21~38. Verlag Philipp Von Zabern: Mainz.

——1989a. 'Jubaea chilensis (MOLINA) BAILLON, die chilenische Honig-oder Coquitopalme'. *Der Palmengarten* (Frankfurt) 1: 35~40.

——1990. 'Changes in the Easter Island flora: Comments on selected families' in (H. Esen-Baur, ed.) *State and Perspectives of Scientific Research in Easter Island Culture,* pp. 189~207. Courier Forchungsinstitut Senckenburg: Frankfurt, No. 125.

——1991. 'Flowering plants of Easter Island'. *Palmarum Hortus Francofurtensis* 3: 1~108.

찾아보기